尾崎實中国語学論集

尾崎實 著

好文出版

まえがき

言語を研究する場合、拠って立つ方法論はいろいろあってよい。それは、どれが正しく、どれが間違っているというものではない。ただし、どの方法論に拠るかは、その研究を決定的に左右するものであり、どの方法論を選ぶかが研究者の「生死」を決めることとなる。

また、言語を研究する場合、なんといってもまずは「言語とは何か」という「問いかけ」がなくてはならぬ。すなわち、「言語観」がそこになくてはならないのである。

「言語」とは、単なる人と人とのコミュニケーションの道具としてだけあるのではない。それは、音楽や絵画などと同じく「人の表現」の一つであり、大前提として、そこには「人」が存在する。そして、その「人」を形作るものがその背景には存在する。歴史であり、文化であり、「ものの見方・考え方」である。「言語」をそのようなものとして考えたとき、言語研究というのは、ただ言語だけを見ているだけでは不十分であることになる。

たとえば、中国語は「具象的」な言語であると言われたりする。その典型が「量詞」というものの発達であり、「同じ形状のものは同じ量詞で表され」、先に量詞があることによって、その後に来る「名詞」がどのような形状であるかが予想されるというものである。このことは、恐らく、中国人の「漢字の思想」に由来している。象形文字に代表される中国の文字は、まさに「具象」そのものである。「具象的」ということは、「目に見えるもの」「形に現れているもの」ということであり、それは中国人の思惟方法の特徴でもある。これは、また、中国人の伝統的な語の分類にも影響している。彼らは、語を「虚詞」と「実詞」という二つに分類したが、「実詞」とは「目に見えるもの」、「虚詞」とは「目に見えないもの」「形に現れないもの」＝「気持ちを表す言葉」と考えていた。

「具象的」であることは、一方では「抽象」が不得手ということになる。このことは、近代の「西学東漸」の中で、西洋の新しい「文明」が輸入された時、彼らがその「抽象語彙」を作り出す際の大きな妨げとなったはずである。そこで彼らが採った手段は、日本語からの「逆輸入」ということであった。

このように、言語を考え・研究する場合、その背景にある民族の歴史・文化・思惟方法を常に念頭に置くことが必要となるということである。

尾崎先生の研究はまさにこれであったと思っている。

その知らせを受けたのは、2003年2月13日の夜10時頃だったと思う。

その日の午後の便で、ロンドンから成田を経由して伊丹に降り立ち、自宅に戻って荷物の整理を始めたばかりの時であった。

「尾崎先生が亡くなられた」という電話を受け、思わず言葉を失った私は、それでもその時は何故か涙は出なかった。どこかで、この日の来るのを覚悟していたからだろうと思う。そして、先生は私の帰りを待ってから逝かれたのだと今も思っている。

実はロンドンを離れる前日の夜には塩山正純君と、出発の何時間か前にも、沈国威先生と塩山君とで、尾崎先生の話をしていたのであった。「尾崎先生は今頃どうしていらっしゃるかな？」と。また、今回のロンドン行きの当初の予定では、沈先生や塩山君と同じ日程で、16日に帰国するてはずであったが、卒論の口頭試問等のこともあり、私だけが先に帰国するように変更してあったのである。「虫の知らせ」とはこのことかも知れない。

先生とは大学院の先輩後輩の関係であり、その後は同僚という関係になったが、私にとって尾崎先生は、一人の師と呼んでもいいだろう。それも今の私の研究に極めて大きな影響を与えた師の一人なのだ。

先生と直接お話しするようになったのは、大阪の民間中国語講習会「愚公会」であったと思う。毎週土曜日の午後から開かれた講師学習会には、香坂順一先生を中心に、上野恵司さん、佐藤晴彦さん、荒川清秀さんなど市大の先輩方が沢山集まり、作品講読や教授法などについて熱い議論が行われていたのであるが、そこに、尾崎先生もいつも来られていた。

先生は、口数こそ少なかったが、その発言には「重み」があった。香坂先生が最も信頼をおかれていたのが恐らくは尾崎先生であったと思う。だからこそ、『中国語学』の「旗人が教えた北京官話」の(2)以降の執筆を任せられたのだと思うし、「近世語研究会」や「中国語検定協会」を興される時にも、必ず、尾崎先生をその中心メンバーに据えられたのである。私が、よく香坂先生に、「先生、あの本貸して下さい」とお願いすると、ほとんどの場合、「内田君、あの本は、尾崎君に貸してあるから、尾崎君に言って貸してもらいなさい」と言われたものである。

本書に収められている論文リストを見てもわかるように、先生は決してご自分の研究されていることを次々と世に問うという形はとられなかった。むしろ、ご自分の研究をお一人で楽しまれるという感じの方であったと思う。私が、ある人の学問研究の高さや質は必ずしもその業績の数だけでは測れないと確信できる理由の一つには先生の存在があるのだ。

もちろん、『語言自邇集』や『官話類編』に関する先駆的なお仕事や、「清代北京語」や『紅樓夢』の「時計」に関する論文、「時間と時量」に関する論文、最後の論文となった「パンの受容度」の論文など形として残されたものはあるのだが、その背後に隠された先生のすさまじい「蓄積」に私はただただ感服し、そこから多くのものを学んできたのである。

この10年来、「西学東漸」と言語文化接触の研究が盛んになってきたが、今私たちが扱っているような資料（中国語はもちろんだが、英語、フランス語、ポルトガル語、ラテン語などの文献）を先生はもう何十年も前からひそかに取り扱ってこられたのである。遅れてきた私は、先生からそれらのことを先生との何気ない会話の中から何度も何度も教えて頂いた。先生とお話ししていると毎回、何らかのヒントが得られたものである。

「それはな、コルディエを見ろ」「あれはな、ドーリットルに書いてある」というように、モリソン、ウェード、ワイリー、エドキンズ、ドーリットル、ロブシャイド、マティア、ゴンサルベス、コルディエ、方豪・・・。これらの人々の名前を何度先生からお聞きしたことだろう。特に、先生はご自分では語られなかったが、「時計」に関する論文などを読むと、方豪のものから多くを学ばれたのだと思われる。いや、まさに、「現代の方豪」

と呼んでもいいのかも知れない。ゴンサルベスの『漢洋合字彙』に注目されたのも、尾崎先生が恐らく最初であるし、『官話類編』や『語言自邇集』についても然りである。

先生は、中国語と英語はもちろんだが、多分、ポルトガル語、フランス語、ラテン語も読めていたふしがある。でなければ、あれだけのことをご存知のはずがない。とりわけ、英語の読みの速さは凄かった。

もう10数年も前になるが、上海の復旦大学で先生とご一緒した時は実に楽しかった。二人で、毎日、古本屋三昧である。ただ、お互いの蒐集の範囲が重なるために、一緒には行かない。そして、宿舎に戻ると、お互いの収穫を見せあったものである。私が『華英音韻字典集成』を買ってきた時は、「一晩貸して」と言われ、次の日には、その英文の序文と、厳復の中国語序文を全部読んでしまわれているのだ。その確かな語学力に私は「この人には勝てない」と思ったものである。

先生の書かれたものを読んだり、口頭発表を聞いたりした時の、あの「わくわく」する気持ちは一体なんなのだろうかと思う時がある。

『"您"にかかわるいろいろなことがら』(「近世語研究会」での口頭発表)や『古新聖經問答』とポアロの『古新聖經』の関係を論じたもの(東西研と接触研での口頭発表)などは、まさにポーの推理小説を読んでいるような錯覚さえ覚えるものである。それは、単なる「言語現象」を記述するだけでなく、「文化事象としての言語」を取り扱っているからであり、最初に述べたように、「言語」の背景にある、民族の歴史、思惟方法等を併せて論じているからだろうと思う。

まさに、時枝誠記の言う「スペキュレーション」である。

「学問の至極の妙味は、スペキュレーションにあると、僕は思ってゐる。事実を山ほど集めて、そこから素晴しい結論が出るだらうなんて期待するのは、学問の邪道さ。」「地球が円いと考へた最初の人間は、やつぱり大変な思惑師だよ。最初の見込みさへ確実なら、事実は必ずあとからついて来るものさ。思惑をやる人間が不精(ぶしょう)なのぢやなくて、資料の上に安心して寝そべつてゐる人間の方が余程のんきだし、不精だよ」(『国語学への道』144～5ページ)

時枝はこのように述べているが、尾崎先生の研究の醍醐味はまさにこれであった。それに加えて、現代語、近代語、古典語、ヨーロッパ諸語の蓄積である。まさに東西を見据えた「中国学」そのものなのである。

「あんた、うち（関西大学）に来ない？」という電話で、私の新しい人生は始まったような気がしている。あの電話がなければ、今頃は福井に埋もれていたかも知れないとさえ思っている。もちろん、それまでも、今の研究に興味は持っていたが、やはり私の今の本格的な研究は、そこから始まったのである。

実は先生から頼まれていたことが二つある。一つは、学位を取ること、もう一つは、某出版社から私が学生時代から出版予定に上がっていた『中国語の表現法』を書き上げることである。前者は、私の世界観として今でも抵抗はあるのだが、一応、約束は果たした。残りの一つは、もう20数年も前に「あんたに、あれを書いて欲しい」と言われたのであるが、なかなか果たせずにいる。先生は一度は投函されようとして、結局、投函せずにそのまま持ち帰ったとおっしゃっていた。先生は、それを、恐らくは世間のどこにでもあるような、単なる中国語の現象のみを記述したものにはしたくなかったのだと思う。私には手に余る仕事であるが、でも、いつの日か、それを完成させて先生の墓前に報告したいものだと考えている。

今だから言うが、私の学位請求論文（『近代における言語文化接触の研究』関西大学出版社, 2001）の最後に収めた論文「“您”に関わることがら」は、この日の来ることを覚悟して、そのために書いたものである。そして、その論文はお別れの時に、棺に原稿用紙と共に入れさせて頂いた。先生に気に入ってもらえたかどうかは自信がない。多分、「あんた、まだよく分かってないな」と言われそうである。確かにそういう部分があるのは事実である。「時の計り方」にしても、まだ十分に理解が出来ない部分があるのである。それでも、研鑽あるのみである。先生の学恩に報いるために。

本書には尾崎先生の生前の論考をほぼ全て網羅して収録した。ただ、1点だけどうしても入手できない論考がある。「旧訓読への疑問」（『東書高校通信　1964年6月』）という論文であるが、もしどなたかその所在をご存知であれば出版社まで是非ご連絡いただきたいと思う。

論考の収録順序については、神戸市外国語大学の佐藤晴彦氏と相談して決定した。本文の校正は特に佐藤氏に全面的にお願いした。索引の校正については、尾崎先生の最後の学生であった愛知大学の塩山正純氏の手を煩わせた。また、好文出版の諸氏には大変なご迷惑をおかけした。記して感謝する次第である。

なお、奥付の2月13日は尾崎先生の命日である。その日に本書を上梓できたことをせめてもの先生への供養とするものである。

2007年1月15日

内田　慶市

目　次

まえがき　……………………………………………………内田慶市　I

旗人が教えた北京官話（2）……………………………………………1
旗人が教えた北京官話（3）…………………………………………15
清代北京語の一斑……………………………………………………27
普通話常用詞の変遷 ――清末・民国時代の語彙と現代語語彙―― ………………49
江南のことばと北京のことば………………………………………67
“汉语”のニュアンス ……………………………………………71
「数量」と「程度」――現代中国語における“很”の用法――……………………77
形容詞と“很”とピリオド …………………………………………91
“一切”について ――現代中国語発展の一側面―― ………………………99
“～掉”について …………………………………………………113
時点と時段 ―― “～点钟”の用法から―― …………………………133
“怎么”について ――方法・手段と原因・理由の用法から―― ………………145
已然と未然 ――近代中国語における“上”“上头”の用法から―― ………………159
現代中国語の否定詞“不”と“没（有）” ……………………………175
“关于”と“对于”について（その一）――近代中国語の用法から―― ………177
現実を注視する描き方 ――老舎の《月牙儿》から―― ………………………191
老舎の小説における“为是”の用法 ………………………………201
“～于”構造の語 ――魯迅の短篇小説から―― …………………………217
魯迅の言語（一） …………………………………………………233
魯迅の言語（二）――接詞“头”“儿”“子”について―― ……………………251
近代中国における時間の表しかた…………………………………271
清代末期における外国文化受容の一斑 ――時刻法の場合――…………………295
《红楼梦》の中の舶来品 ――時計の場合―― …………………………299
清代末期におけるパンの受容度……………………………………303
パンと中国人 ……………………………………………………323

中国語表現論ノート……327
《杭州白话报》の記事から ──林白水と岸田吟香とのこと── ……337
ロブシャイドの《英华字典》をめぐって ……339
ゴンサルベスの《洋汉合字汇》(1831年)
──ポルトガル人がまなんだ中国語について──……343
《官话指南》をめぐって ──明治期日中文化交渉史の一側面── ……347
《官话类编》所収方言詞対照表 ……351

著者経歴/著者論著目録……389
あとがき ……佐藤晴彦 392
人名・書名・事項索引 ……396
語彙索引 ……405

尾崎實

中国語学論集

旗人が教えた北京官話(2)

〔おことわり〕

この稿の前号掲載分は香坂が執筆したが，ここ二三ケ月多忙を極め，この状態がしばらく続きそうなので，北京語非北京語という問題に平生非常に関心を持っている尾崎実君に続を執筆してもらうことにした。尾崎君は清末から民国初めにかけて外国人が著わしたテキスト類をよく調べているので，興味ある説明をあたえることと思う。使用するテキスト，基礎となる資料は前号にあげたものを踏襲するが，説明の過程で，前号の稿と出入あるいは重複が生まれるかも知れない。しかし，出入はあった方がむしろ好ましく，重複は別資料によって説明されれば，かえって問題がより明らかに解決されることにもなろう。

中途で執筆者交替という異例なことではあるが，こういう性質のものは，なん人かがそれぞれの角度から取扱った方が，むしろ適当でもあると考え敢えて尾崎君に依頼することにした。(香坂順一)

§7 “不可”・“不好”・“别”

这个事情，你 不可／不好 告诉他。　第 3 课 -17

ここで“不可”“不好”を排除してこれらを“别”と訂正し，「北京語ナレバ你别告诉他ト云フベシ。不好告诉他ハ必ズ我ニ限ル」と註記している。一般にいって動作の禁止をあらわすことばには，“别”“不要”“不可”“不好”“莫”などがあるが，今，“不可”“不好”と並記された二つのことばについて，旗人輔立山のことばからすれば，これらは共に満足出来ないものであった。なぜなら，(1)：こうした場合，旗人のことばでは“别”だけが存在していたのであり，(2)：「不好告诉他ハ必ズ我ニ限ル」という説明からもわかるように，彼のことばには“不好”の強い禁止を表わすという用法が存在しなかったからである。(3)：そこで，輔立山は“不可”を“别”とおきかえたと見ることが出来るのである。(1) の点については：旗人の筆になる会話教科書，例えば金国璞の《华言问答》などを一見すれば明白な如くに，このような場合はすべて“别”でもって表わされており，今日では老舍なども時として用いる“不要”などは見られない。また，これよりさき，《官话类编》が編纂された頃には，

> 别 much used colloquially in Central and North Mandarin, and also not infrequently in books. It is used in some places in the South, but in others, thus it is used in Nanking（南京）but in Kiukiang（九江）。

と英文註釈文（*Mandarin Lessons Reuised* Edition 1898 以下略す）にいっているが，《南京语自在》(民国 8 年)などでは“别”ではなくて“不要”“莫”が用いられている。

(2) の点については：“不可”は会話教科書類においても，いわゆる四字成語の類で見かけられるように，上の場合もこれが文章語めいているということによるのだろう。ただ，このことばが《官话类编》の編纂された当時，中国全土に通ずる“通行话”であった旨，英文註釈本に記されている。また，“不好”についても同じく英文註釈本に，

> 不 好 means *ought not*, or *should not*, and implies an impropriety. It is extensively used in this sense both in Central and Southern Mandarin, but is not often heard in Pekingese.

と説明されているが，これは今日においても認められるだろう。いうまでもなく，“不好”には二つの用法があって，その一は“ought not, should not”の強い禁止を表わすもので，その二は“improprrely”を説く場合のものである。さて，「不好告诉他ハ必ズ我ニ限ル」というのは，後者の用法を指すのであるが，そのさき《红楼梦》《儿女英雄传》と北京語で著わされたという文献には，前者の用法も時として現われている。しかし，その現われ方が，前者の場合は“not often heard”的であるが，後者についでは“often heard”的であることは認められよう。今，《儿女英雄传》からの一例をあげておこう。

（安太太）……说道：“……只是如今他只管去了，两个媳妇儿究竟好去不好去，倒得斟酌斟酌。……”（亚东本　40-48）

では今日，中国各地においてこれらのことばがどのようなところで用いられているか，《汉语方言词汇》（文字改革出版社 1964　以下略す）によって見よう。

北京・済南・瀋陽などの各地域では“別”が，成都・合肥などの各地域では“不要”が，西安・揚州などの各地域では“不要”が，梅県・南昌・長沙・昆明・成都などの各地域では“莫”が，“不好”は陽江の地域でそれぞれ用いられている。なお，普通話は“別”。

§8-1　“没”・“没有”

　　　　　　　　没　　晚
这个时候，他们还　　吃　　饭。　第3课-25
　　　　　　　　没有　　夜

これに，「还没有吃晚饭，这个时候儿ニナルノニ他还没吃饭么ニ対スル答辞」。「没有吃晚饭。現在彼等は未ダ食事ガスマナイ（ト人ニ告グ辞）」と註記されている。だが，この説明とこれよりさきの第3課-1で，

　　没　　早
他还　　吃　　饭。
　　没有　　朝

の「他没吃早饭（は）还没吃早饭（のこと）。「他没有吃早饭（は）北京ニテハ用ヒズ。必ズ还没吃ト云フ。」といっている説明とは矛盾をきたすのではないだろうか。

“没”“没有”はともに，動詞・形容詞の前に用いて，動作・行為・状態の変化などが存在しないことをいうと一般に説かれているが，“没吃早饭”が“还没吃早饭”の意であることからすれば，まだ朝食をとっていない——現在食べていないが，これからもうすこししたら，近い将来に食べるだろう，という将来における動作・行為・状態の実現を予測してのことであろう。このことには，以上のような場合に，“了”をつけないということからしてもいえることだろう。なぜなら，“了”をつけてしまうと，

将来における実現性がなくなってしまうからである。では一方，“没有”の方は如何であろう。

「現在彼等ハ未ダ食事ガスマナイ（ト人ニ告ぐ辞)」というのも，現在彼等は食事中だが，その動作･行為がまだ完了していないというのではなく，現在もまだ食事をとっていない。という意味の「スマナイ」であろう。第3課-1の例文と関連させながら，英文註釈文では，

> In speaking, the 有 is very often omitted after 没, especially in the North. When writing, however, teachers will generally insist on using it ; especially is this so in the South. As often in Chinese, the practice belies theory. When 有 is omitted, the 没 is generally read *mei*, which is presumably a contraction for 没有 ; albeit in the North *mei* is frequently heard with 有 following.

と記しているが，“有”をあとに加えることによって，動作・行為・状態の変化が存在しないことを強調しようとしているのではないだろうか。なお，“这个时候，他们还没吃晚饭”と例文は終っているが，これだけではなくてこの後にまだことばが続くようにも思われる。また，最後に“呢”を加えればどうであろう。より一層北京語らしく思われよう。では，今日でのこのことばの分布状態を《汉语方言词汇》によってみてみよう。

“没”は済南･西安･合肥の各地域で,“没〔有〕”は北京･瀋陽の各地域で,“没有”は成都・揚州の各地域で用いられており，温州・陽江・廈門の各地域では“未”が，長沙・南昌の各地域では“冒”が，蘇州では“猃”が用いられている。普通話は“没〔有〕”

§8-2 “晚饭”・“夜饭”・“宵夜”

	没		晚		
他们还		吃		饭。	（同上）
	没有		夜		

ここでは，“夜饭”を排除して“晚饭”をとり，「夜飯ハ南辺ノ語。之ヲ宵夜ト云フ」と註記している。“夜饭”が南方語であるという輔立山の指摘はまず当っていよう。

看看天色晚来，六老吃了些夜饭，自睡。(《初刻拍案惊奇》古典文学出版社 p. 241)

倪一淘吃夜饭去。(《海上花列传》亚东图书馆　1-3)

只见女辛搬进夜饭来。(《鲁迅小说集》人民文学出版社　p.421)

李月辉记起郑秀梅还没吃夜饭，说道…… (《山乡巨变》人民文学出版社　p.26)

こうして，文献的に観察することだけでも，“夜饭”が伝統的に南方語系統のことばであることが理解できよう。なお，《现代吴语的研究》においても，紹興など 15 ケ所あまりのところで“晚饭”というところは一ケ所としてなく，《语辞辨异》(江成编　东方书店　1953) においても，“北方话的‘晚饭’‘晚报’在江南叫‘夜饭’‘夜报’”と記述している。また，“宵夜”というのも，これは原来が南方の習慣であって，商店の店員などが夜おそくになって食べる夜食のことである。E. J. EITER の *A Chinese Dictionary in the Canton dialect* においても，“宵夜 to carouse or sup late at night”と記録している。なお，英文註釈本には，

夜饭 Supper. 晚饭 is used both in Pekingese and in Southern Mandarin, but 夜饭 is generally used in Shantung(山东).

といって，“晚饭”は一応南北に通ずることばであるのに対して，“夜饭”は山東での夕食のことをいう普通のことばであるという。だが今日では，とりわけ北方の一部では，“晚饭”と“夜饭”はそれぞれ別の意味を表わす二つのことばであって，後者は“夜宵(儿)”のこと，つまり南方の“宵夜”のことである (《昌黎方言志》科学出版社　1960)。

§9 “不要”・“别”

你不要管我的事。　第 4 课 -3

ここでは，“不要”を排除して“别”に訂正し，“不要”は“南边话”と註記する。

(1)：この訂正は，輔立山のことばからすれば妥当であろう。また，南方語であるとするのもあたっていよう。さきにふれた通りである。なお，英文註釈本でも，

不要 Do not—much used everywhere, especially in the South, where it takes the place of 別 in the North.

という。(2)：しかしながら，この場合のみについていうと，この“不要”というのは，山東省のある地域のことばをそのままうつしとったのではないだろうか。単なる推測にしかすぎないのではあるが，《官话类编》が最初は山東語でのみ課程が編まれていたということと，《海上花列传》などに見られるようないわゆる合成字がここでは記録されていないことから，あるいは“不要”と表記せざるを得なかったのではあるまいか。「即墨方言音韻語彙」（支那研究　No.54）で坂本一郎教授が，「不要　正音 bu yao（原文は注音字母)。禁止を表わす時屢々『pæ』となる。例・“你不要做”。北京にて“別”となるに似たり」。と説かれ，英文註釈本では，

In Eeastern Shantung, it is read pai 4. It is in reality a contraction of 不要。

と説明されている。もし，そのようなのであれば，ここで南方語というのは当たってはおらず,“乡下话”と説明されるべきところであろうか。なお，《官话类编》の編者 C・W・Mateer は登州で活動した宣教師である。

§10　“姑娘”・“闺女”

他有两个儿子，一个 姑娘 / 闺女 。　第 5 课 -4

ここでは，“闺女”を排除して“乡下话”と註記している。英文註釈本にも

In Shantung(山东), the common term is 闺女。The term 姑娘 is also used of the daughters of officers and educated men. In Peking 闺女 is used when speaking of one's own daughter, while 姑娘 is used in other cases.

といっているが，こうした説明は，清代末期から民国初期にかけてのことなのであって，《官话指南》においても“姑娘”は現われるが，“闺女”は用いられていない。今日では，

这是爸爸疼你，傻闺女。（《骆驼祥子》中国戏剧出版社　p.11）

闺女大了要婆婆家，可别太心急呀。(同上 p.11)

のように，前者の“闺女”は自分の娘のことをいっているのであり，後者の“闺女”は一般的にいっているものである。なお《昌黎方言志》においては“女儿”“闺女”“丫头”“姑娘”の順序で記録されているが，ここで，“女儿”には“新”という印つまり“新兴的词”という註記があり，かつてはやはり“闺女”が一般的に娘という意味でよく用いられていたことを示していよう。今日では，《汉语方言词汇》によれば，北京では“闺女”“姑娘”“丫头”“女花儿”の順で，済南では“闺女”“小妮儿”が，瀋陽では“姑娘”“丫头”が，西安・成都・合肥・揚州の各地域では“女儿”がそれぞれ用いられている。普通話は“女儿”。

§11 “老婆”・“家里”・“娘儿们”

他的 老婆／家里 不曾过日子。　第 5 课 -8

ここでは，“老婆”は“很粗的话”。“家里”は「北京的土话，娘儿们ト云フ方好聴ナリ」と註記して，“姑儿们”を追記している。(1)：“老婆”は今日でも普通に用いられているようであるが，英文註釈本にも，

The term 老婆 is often used (generally in Shantung) by the common people for wife, but is more or less disrespectful. When thus used the accent is thrown on the 老, also 子 or 儿 is frequently added.

と，いう如くなのである。

(2)：“家里”が北京土語であるという指摘はよく理解できない。会話教科書類や《儿女英雄传》など北京語を基礎にして著された文献においてあまり見かけないからでもある。なお，《昌黎方言志》には，“老婆子”“媳妇儿”“家里”“屋里的”という順序で記録されている。しかし，今日でも，北方においては，“家里”というよりむしろ，

我屋里的，你二婶子了。(《骆驼祥子》，中国戏剧出版社　p.13)

の如くにいわれるようである。なお，英文注註本では，“家里”に“wife and children”という意味のある旨しるされているが，湖南方言で著わさ

れた《山乡巨变》では，姓のあとに“家里”をつけて，おくさん又はむすめさんという意味に用いられている。

盛家里，快过来一下。（人民文学出版社　p.168）

盛家里，再告诉你一个好消息。（同上）

そして又，

你女屋里是哪一区？（同上 p.148）

となって，女どもは……という意味にもなる。また，《河南话与普通话词汇语法比较》（河南人民出版社　1959）では，“女人—家里人”として記録している。

(3)：“娘儿们”が「好聴」であるというのも，さきの二者に比較してみて，粗野なこともなく，土くさいことばでもなく，又“媳妇（儿）”と比べても上品さもほどほどだと思ったからであろう。

今日，北京では洗練されたことば“媳妇儿”が，済南・瀋陽・合肥・梅県・広州・陽江・南昌・揚州の各地域では“老婆”が，西安・成都・蘇州の各地域では“女人”が，昆明では“婆娘”がそれぞれ用いられている。普通話は“妻子”。（《汉语方言词汇》）

§12 “老头儿”・“老头子”

那个老头 儿/子 没有儿子。　第 5 课 -12

ここでは，“老头子”に「硬ナリ背着说ノミ」と註記されている。“老头”に“儿”がついても，“子”がついても，意味の上では何ら変るところがないのであるが，ただ“老头子”は面とむかってはいわないことばなのである。今日においても，やはり同じことが言えるようである。現在，北京・瀋陽の各地域で“老头儿”が，済南は“老头”が，合肥・揚州・南昌の各地域では“老头子”が，西安では“老汉”が，成都では“老汉儿”が，南昌・梅県の各地域では“老人家”が用いられている。（《汉语方言词汇》）普通話は“老头儿”。

§13 “老婆子”・“老太太”・“老妈子”

这个 老婆子 / 老太 ，有七十多岁。　第5课-13

ここでは，“老太”を“老太太”と訂正して“老妈子”を追記し，“乡下的人管着老妇女说老婆子。城里的人说老婆子那一定是下等的人。若是管着使换人可以说老妈子或是老婆子，再说老太太是恭敬的话。所以若是在道儿上跟要饭的老妇女要说话的时候儿也得说老太太”。と註記している。

当時はこのように区別して用いられたのである。さて，現在では，北京・済南・瀋陽・揚州の各地域で“老太太”が，西安・南昌・潮州の各地域では“老太婆”が，成都では“老婆婆儿”が，昆明では“老奶”が，合肥・揚州の各地域では“老奶奶”がそれぞれ用いられている。普通話は“老太婆”。(《汉语方言词汇》)

なお，これから述べていくことは，《官话类编》の本文に見えるものからではなく，前記した註記を旗人輔立山のことばとみなして，その中から一二の問題点を選び出してのものである。

(1)：“管”（介詞）

註記の最初の部分，“乡下的人管着老妇女说老婆子。”

この“管(着)～说～”という用法はこの漢字テキスト本の学習者も，旗人の先生に就いてこそ初めて学び得たことばであろう。それ程にこの“管”の介詞としての用法は特異な存在である。北京語でもって著わされたという《红楼梦》《儿女英雄传》《语言自迩集》にして，なお現れていない。この《官话类编》の本文については言うまでもない。“解”(介詞)とか“敢情”というようなことばよりももっと土語性の強いものなのだろうか。さて，介詞としての“管”について，このような“管（着）～说（“叫”となる場合の方が多い）～」”という命名語法の他に，黎錦熙は

我刚才管他说过。(《新著国语文法》p.202) という例文を“他应该管我叫老哥。”という例文とともにあげて説明している。

すると，これは，私はたった今あの人に話をしてしまったという意味なのであり，私はたった今あの人をしかりつけてしまったというのではない。普通話ならば，“我刚才对他说过。”ぐらいであって，“我刚才把他说过。”ではないのである。こうした“管”の用法は，今日でも書面上ではあまり見かけない用法と思われる。さきの命名語法が最初に書面上にとりあげられたのは，

看官，你道这小蓉为什么这么管东阁子叫小叫子呢。（《老残游记资料》外编一卷 p. 50 中华书局 1962 筆者の推測では 1905 ～ 1907 の間に成稿）であるらしい。別に，このことをめぐって，《老残游记》の作者劉鉄雲が山東の人であり，こうした用法が《老残游记》のいわゆる初・二集にも見られないところからも，この《老残游记外编》が別の北京人の筆に出たのではという推測が出されている。

今日においても，こうした用法は，老舍の作品などにも見られるとはいえ，“把”など他の表現法との量的比較となると，よく使用されているとはいえないのではないだろうか。今，老舍の《柳树井》での一例をあげておこう。

王顺子是我的小女婿，管我叫姐姐，睡觉吃饭都跟着他娘。（北京宝文堂书店 p.12 1954）

こうした“管”の介詞としての用法がこれと同じ用法を示す“把”や“将”などのように，ひろく材料･用具･処置にまで応用されなかったのは，“把”が動詞として，手に握りもつ，おさえるという意味から，そして“将”が動詞として，手にとる，手をかす，ひきいるという各々の具体的な動作を示すことから，一般的にひろく「もつ」という意味に変化していったのに反して“管”は動詞として，～に関係するという具合に，材料・用具・処置にまで応用され難い意味を最初からもっていたためでもあろう。この為にも，“管”の介詞としての用法に特異な存在価値がみとめられよう。なお，ここで，介詞“把”“将”について漢字テキスト本に加えられた訂正をみると，そのすべての場合において，“将”を排除して“把”に訂正するか，或いは訂正する旨註記されている。これは，旗人のことばにあって，“将”が介詞として入りこめぬ程に“把”“管”が優勢をしめており，又，

“将”が文章語めいていたことによるだろう。また,《语言自迩集》において,“将”は一二例現われるが，必ず“把”と対置してかかれ，読者に理解しやすくなっている。なお,《红楼梦》においては，“管”が用いられてはいないが,王力は,北京語ではこうした命名語法の場合に,“赶着他叫什么”ということが往往にしてある、と註記し,《红楼梦》の例をあげて説明している。

又见平儿赶着周瑞家的叫他周大娘。(《中国现代语法》上册　p.200)

なお，この第6回の個所はテキストによって異文のあることをいっておこう。今日では，北京・済南・瀋陽・西安・成都・昆明・合肥・揚州・長沙・南昌の各地域においてそれぞれ“把”が用いられており，近世においてはより多く用いられた“将”は広州・陽江・廈門・潮州・福州の各地域でそれぞれ用いられている。普通話は“把”。(《汉语方言词汇》)

(2)：“跟”(介詞)

註記の最後の部分。所以若是在道儿上跟要饭的老妇女要说话的时候儿也得说老太太。

この輔立山の註釈文の例は介詞としての用例であるが，これは連詞の用法とともに北京語であるといってよいだろう。すくなくとも，清代末期にはそうであった。なぜなら，それの現われる文献が北京語を基礎としてかかれた《儿女英雄传》《语言自迩集》，そして北京語のもつ特色のひとつに入れられる他のことばが記録されているところに現われ，例えば《负曝闲谈》，そしてその他の地域のことばに基いて記録されたとおぼしき文献・個所には現われないということによる。

なお,《语辞辨异》で“跟”は江南地方では“跟随”ということを指すだけである。といっているのと，鲁迅の文章を関連させて読んでいくと，更に明白にその差が理解できよう。つまり鲁迅の文章にあっては，“跟”は常に動詞なのである。

跟公输般走到便殿里……(《鲁迅小说集》，人民文学出版社。P.539)

又,《现代吴语的研究》においても明白な如く連詞に“跟”を用いるところは一ケ所もない。

では，その現われ方についてみてみよう。“跟”の連詞としての用法は，《儿女英雄传》が著わされた頃にはもう話しことばとして，ある程度使われていたらしい。《儿女英雄传》での例：

就是我过来那年，舅母跟我姐姐在园里住的那一程子的事么。（亚东本 40-34）

しかし，こうした用例は非常に少い。では，介詞としての用法はとなると，

咱们索性把东庄儿的房子交给庄客们看着，我还搬回来跟老爷子住，早晚儿也好照应。（亚东本 40-10）

の如くにまだ動詞としての意味が濃厚であるが《语言自迩集》になると，連詞・介詞ともに使用されている。では介詞としての用法が，文学言語として現われるのは一体いつ頃なのであろうか。おそらくは，1903年頃からと思われる。その例をあげると，

昨天晚上跟沈金标说的话。原是死吃河豚的意思，……（《负曝闲谈》上海文化出版社　p.12）

というのがあげられるだろう。このように介詞としての用法の多くが“跟…说…”という型をとっているが，

跟他要多少钱。（《语言自迩集》改订版　p.144）

不曾跟东家借一点吗。（《官话类编》8-16）

の如くに，介所向“从”の用法のものも見られる。しかし，

他说的话，跟我一样。

というような場合の介所比の介詞はまだあらわれていないようである。このようなことにあるいは“跟”が動詞から連詞あるいは介詞に用いられるようになった理由がふくまれているのかも知れない。英文註釈本にも，

跟 The heel; to follow; to followupon inquiry ;*to apple to*. In Pekingese, with together with, and.

という。

今日の情態についてみると，北京・済南・瀋陽・揚州の各地域においては“和”が，北京・西安・成都・合肥・長沙・南昌の各地域においては“跟”が，揚州・梅県の各地域においては“同”が用いられている。普通話は“和”（汉语方言词汇）

§14 “娃娃”・“孩子”

	娘		老婆儿		孩子		
李师		要雇一个		看		。	第5课-23
	母		老妈		娃娃		

ここでは，“娃娃”を“南边话”と註記している。輔立山のこの指摘は当を得ているだろう。彼にとって，“娃娃”とは赤ん坊のことか，あるいはそれ以上に人形ということが頭にひっかかったのである。(未完)

［編者注］：

本論文は冒頭の「おことわり」にもあるように、香坂順一著「旗人が教えた北京官話 (1)」を受け続いで執筆されたものである。従って、香坂論文の要点が分からなければ、本篇も理解できないと思われるので、以下に香坂論文の要約をかかげておく。

＊香坂順一「旗人が教えた北京官話 (1)」(『中国語学』146号) の要約

(1) C.W.Mateerの『官话类编』(*A Cause of Mandarin Lessons based on idiom*) は中国語研究に有用である。それは北京語、南京語 (場合によっては山東語もある) という二種、三種の方言を併記しているからである。その版には次のようなものがある。

① 1892年初版上海美華書館 (Presbyterian Mission Press)

② 1898年増補改訂版

③ 1906年再版改訂本：Mateer夫人を中心として行われた。

④ 1909年テキスト版:③の注解・訳文を削除した、漢字による本文のみ。

(2) 筆者香坂氏の所蔵する④の版に「自辛亥五月初一日起，就旗人輔立山而念之于燕京」というメモが入った本がある。つまりこの本の旧蔵者は辛亥の年 (1911年、明治44年) 輔立山という旗人に中国語を習ったのである。しかも非常に熱心に勉強したらしく、全200課中、74課まで輔先生の言われたことを忠実に書き込んでいる。その書き込みはとりわけ20課までが密になっている。

(3) その書き込みは時には原書に「北京語」とされているものでも、「郷下話也」「南方話也」というように、輔先生の口頭語のみを尺度として改訂が行われている。その改訂された語は、老舎作品の語彙と対立しているものも少なくない。あるいは老舎より少しまえの北京語かも知れない。

以上の要約から分かるように、尾崎論文で「第３課—17」とあるのは④のテキストの課数と頁数、「輔立山」とあるのは教えた旗人の先生のこと、「英文註釈本」というのは②のことを指す。

旗人が教えた北京官話(3)

§15　“仨”sā

这些杏儿/子，三/三个钱一个。　第5课-21

ここでは“三”が排除されて“三个”が認められている。もちろん,輔立山は“sa qian yi ge”ということばを用いてはいたものの,“三”という表記をそのまま［sa］と読むことに不安を感じて排除したものと思われる。現在では,

仨人一块儿去。（《北京话单音词词汇》p.215）

のように“仨”と表記されるこのことばも,清末期では多く,

俩三 lia[3] sa[1]（语言自迩集）初版改订版　p.89）

三 sa[1]（《官话类编》改订版　p.14）

赶他们三人吃完了饭…（《华言问答》p.99。この本には原来注音は記されないが,筆者のものには学習者が“三人”に「サアレン」と注音している。）

の如く“三”と表記され,［sa］と読まれた。《燕说》においても,

呼三开口声曰萨。（卷4）

とある。また,このような用法は《儿女英雄传》には“撒”,蒲松龄の曲類では

“叁”“毵”“毶”“𣬛”“鬖”と表記されている。ついでに“俩”についてみると,

我们俩彼此很对劲。（《语言自迩集》初版改订本　p.74）

没有别人就是我们俩。（《华言问答》p.9）

昨日听见这个信儿，就把我俩乐得百吗儿似的。（《儿女英雄传》亚东本　p.21-11）

娘俩才待打那材，已自家开了。（《蒲松龄集》）中华书局　p.1057）

のように“俩”とかかれることが多いが，

宾客密如麻，东[走+两][走+两]西[厶+仨][厶+仨]，八百席一霎安排下。(《蒲松龄集》p.1070)

のように表記されているものもある。《汉语拼音词汇》(增订稿)では，“仨”“俩”がともに収められているが，方言である旨の註はない。また，《昌黎方言志》の21頁をみると，“俩么”“仨么”とあとに“么”をつけている。

§16 “铺床”・“铺坑儿”

李师娘在楼上铺床。 第6课-7

ここでは“铺床”の“床”を削って，“坑儿”(“炕儿”の誤り)と訂正し「タトエ床上ニ寝具ヲ敷ク時モ立铺炕儿ト云フ」と註記している。“铺床”を“铺炕儿”と訂正するのは，北方人の習慣からのことであって，「床をとる」というのは，輔立山からすれば“铺炕儿”でなければならなかったのであろう。こうしたところから，たとえ床の上にフトンをとっても“立铺炕儿”と“炕儿”がもち出されてくるのである。また，“立铺炕儿”は“搭铺炕儿”ともいって，二者の動作の結果はともに同じであるが，これらは，床の上にフトンを敷くまでに道具だてをする場合の“立”という行為，“搭”という行為，つまり行為の着眼の仕方の差異として把えられるものである。そこで輔立山は，床の上に寝具を敷く時にまず長椅子などをたてて，板をわたし，そしてフトンを敷くというように，「たてる」という行為に着眼して“立铺炕儿”といったのであろう。なお，“搭”という動詞を用いた。

他见天在院子里搭铺睡觉。(《华言问答》p.112)

のような例は普通である。

§17 “叫门”・“打门”・“敲门”

不用 叫／打／敲 门，他不在。 第6课-10

ここでは“打门”“敲门”を排除して“叫门”を認め，“敲门”は〈文〉と文章語である旨を註記し，「打门ハ自己ガ門ヲ打ツ音ヲ聴ク時ニ用フ」と説明しているが，この説明の意味がわからない。英文註釈本ではこの中

国文に対して,

You need not knock at the door ; he is not at home.

という解釈が記され,

打门 To knock at the door.

敲门 To knock at the door.

叫门 To halloo ; *to knock at the door.*

という語釈があるが,これらのことばのよく用いられる地域の説明はない。《官话类编》編輯上の方針からいうとこの場合,"叫门"は北京語,"打门"は山東語,"敲门"は南京語ということになろう。しかし,これら三つのことばについて,それぞれの第一義からみれば"打门""敲门"という二つのことばが,ともにドアをたたくということから,ノックして案内を乞うという意味になるのに対して,一方"叫门"は,

戴勤才要上前叫门，老爷连忙拦住，自己上前把那门轻敲两下。(《儿女英雄传》亚东本 14-9)

のように,"叫"という動詞には具体的な動作がなく,その為,必ずしもドアをノックするという動作が入らず,戸口で案内を乞うということになろう。上の Mateer の"叫门"の"to knock at the door"という語釈も,実はイタリック体で記されており,これは前言の説明によると,ことばをはば広く解釈した時のものである。さらに,英文註釈本で,

Both 打 and 敲 are used of knocking at the door. In some places one is more used, and in other places the other. 敲 is the more proper and elegant of the two words. 叫门, *to call the gate*, is also largely, used in the same sense. The book term is 叩门。

といっているように,旗人輔立山はいちばんはばのあることばとして"叫门"を認めたのだろう。"敲"が〈文〉というのは上記英文の"elegant"という註からも理解出来ようが,《语辞辨异》によると,「北方で"敲竹杠""敲门砖"などの他に普通"敲"という字は用いない」といっている(p.11)。《汉语拼音词汇》(增订稿)には,"叫门""打门"の２語を収めるが"敲门"は収めない。

§18 “有病”・“生病”

他母亲 有病/生病 躺在炕上。 第6课-11

ここでは“生病”を排除して“有病”を認めている。さて,「病気になる」「病む」ということばは方言を入れて“病了”“生病”“害病”“犯病”“患病”“不舒服了”“不好了”“不得好”“有病了”……と多くあるがまず,例文の意味を英文註釈本によって調べてみると,

His mother is lying on the *k'ang sick*.

と解釈されている。つまり「病気にかかった状態でねている」ということである。したがって,“有病”の方がこの種の連動式としては適当である。一方“生病”は文字通り「病気になる」ということであるが,これは方言色があるようで,江蘇省一体では“生病”という語が優勢を占めているようである(《江苏省和上海市方言概况》江苏人民出版社 1960)。それで,“有病”“生病”のこの区別から見ると旗人輔立山の処置は妥当なわけである。なお,今日「病気になる」という場合,北京・長沙・広州・陽江・福州の各地域では“病”が,西安・成都・昆明・合肥・揚州の各地域では“生病”,済南では“(长)病”,瀋陽は“〔闹〕病”,厦門は“破病”(《汉语方言词汇》),洛陽は“不得好”(《方言与普通话集刊》第2本)がそれぞれ用いられている。なお,《普通话三千常用词表》(初稿)(文字改革出版社)には“生病”のみが,《汉语拼音常用词汇》(山西人民出版社)には“害病”のみが,《汉语拼音词汇》(增订稿)には“害病”“闹病”“生病”がそれぞれ収められている。

§19 “纺线”・“纺棉花”・“弹棉花”

大姑娘,在家里纺 线/棉花 。第6课-12

ここでは,“纺线”とはいってよいが“纺棉花”とはいわない。“棉花”を用いる場合は動詞に“弹”を用いるという旨の註記がされている。とこ

ろが金受申の《北京话语汇》には“棉花”を支配する動詞に“纺纺 fǎng fang”というのをあげて,次のようにしゃれことばに用いている。

我不是自个儿给自个儿吹，你不信买二两棉花纺纺。

“纺纺”は“访访”の借音となり,「尋ねる」「問いあわせる」という意味になるのだという。“纺线”“纺棉花”はともに「糸をつむぐ」という意味であるが,これらは動詞と客語の意味的な関係が異なっている。“纺线”は「つむいで糸にする」ということで——“包饺子”の類——であり,“纺棉花”は「棉花で糸をつむぐ」という——“捆绳子”の類——である。どちらも中国語として無理なものではなく,輔立山が“纺线”を認めたのは,彼の語感からしてこの方が普通であったからだろう。なお,《汉语拼音常用词汇》(山西人民出版社)には“纺纱”“纺线”が収められ,《汉语拼音词汇》(增订稿)には“纺纱”“纺棉花”が収められ,“纺线”は収められていない。また,英文註釈本では,

In some places 棉 is omitted, and 纺花 used alone.

とも説明する。

§20 “老些”・“好些”

在桌上有 老些/好些 书。　第6课-16

ここでは“老些”を排除して“好些”を認めている。この場合,このままでは“老些”は北京語として解釈されるものであるが,1898年の改訂版では“好些”が右側に記されており,上の例文とは順序が逆になっている。おそらくこれはテキスト版の誤りのようである。“老些”ということばは,現在の北京語でも用いないようだ。さて,ここの“老些”についても,さきに第2課のところで説明された“一大些”と同様に,“乡下话”と見られるようで,傅朝陽の《方言词例释》では小桔の《打城隍》からの例文として,

吃了老些药，也没管乎。

花了老些银子。

を収めて,“老些”を“许多”と解釈している。《打城隍》の作者小桔について,筆者は知らないが,ただ,近世白話に“老”が“好”と同じく程度副詞に用いられるので,“老”“好”の共通のはたらきは歴史的にも認められる。なお,同じく《方言词例释》と《东北方言词汇例解》(《方言与普通话集刊》第2本)では,ともに周立波の《暴风骤雨》からの例文,

大地主心眼坏了，花招可老了。

を引用して,この“老”は“多”であるという。また,《方言词例释》では《红楼梦》から,

原来这铁槛寺……现在还有香火地亩，以备京中老了人口，在此停灵。(第15回)

という例文をあげて,“老”は“多”の意味であるとしているが,これと同じ例文をあげて,陸澹安の《小说词语汇释》では,“老”を「死の隠語」であるとしている。これは,人民文学出版社本の《红楼梦》の註(p.154)にも「死を忌諱してのことば」とあり,《方言词例释》の誤りである。

§21 “铺子”・“店”

他父亲的 铺子/店 在大街上。　第6课-17

ここでは“店”を排除して“铺子”を認めている。この処置は旗人輔立山からすればまさしく当たっていよう。なぜなら,一般に店・商店という場合,北方の人たちにとっては“铺子”“铺儿”であり,“店”は,

贵国的人，向来有住店的，有住庙的。(《语言自迩集》初版改订本　p.87)

のように,「はたご」「宿」を指してのことばだから。

§22 “黄了”・“倒了”

张先生的 钱铺/钱店，已经 黄了/倒了。　第7课-1

ここでは“钱店”が削られて“钱铺”が認められ,“黄了”“倒了”のこ

とばには排除・認定の印はないが,"黄了，北京土语，关门"という註記がある。

"钱铺""钱店"については,上に述べた如くである。また,"黄了"が北京土語であるという指摘は当たっていよう。"黄"というのは事柄がだめになってしまうことであり,この意味をしゃれていった北京の歇後語に"喇嘛的帽子，黄了"というのがある。そして陸志韋の《北京话单音词词汇》にも,"那件事黄了"という例をみる。なお古いものの例では,《小说词语汇释》に《红楼梦》から

薛蟠听了这话，又怕闹黄了宝蟾之事……（第80回）

をとり出し,"俗谓事情脱空为 '黄'"と説明している。英文註釈本では

There is some uncertainty whether 黄 for "bankrupt" should not rather be written 荒 *hwang*[1] and read *hwang*[2].

といっているが,これは《官话类编》編輯上での最もよき協力者であった鄒立文の意見なのか,もしもMateerの考えに出るものとすれば,漢字を知りすぎたアメリカ人の勇み足というところだろうか。もっとも,梁斌の《红旗谱》（人民文学出版社　1959　p.160）には,

你们这个官，谎啦！

と,"谎"という文字を用いているが北京語では"黄"とかかれることは前述した通りである。"倒"については英文註釈本に,

倒 is the more widely used of the two forms.

と説いているように地域的な局限性がない。したがってどちらかを削り取ってしまうということをしなかったのだろう。

§23 "了"

我已经吃了饭。　第7课-3

ここでは上の例文を"我已经吃了饭了"と文末に"了"をつけるように訂正している。このことは二つの面から説明出来よう。一つは"已经"という副詞があり,しかも文がいいきっている場合であるから,この副詞に呼応するものとして語気助詞の"了"をつけたと考えられよう。もう一つは,"吃了饭"のような動詞（V）+客語（O）で,客語（O）になんら

の修飾成分のない時に，いいきりにするには，V+“了”+O+“了”あるいはV+（“了”）+O+“了”となる。（《汉语教科书》上巻　p. 205）。したがって，この文では“吃了”の“了”は省けても文末の“了”は省けないということになる。輔立山が文末に“了”をつけたのは，“已经”という副詞の存在と，いいきりの文であるということによったものである。ここで少しよそ途にそれるが，動詞接尾辞の“了”と文末の“了”の読み方についてのべておこう。周知のことであるが，現代の北京語では，

盖了盖儿了 gài le gàir le（《北京话语汇》p.57）

のようにどちらも［le］と読んでいる。しかし，《语言自迩集》についてこうした“V了O了”の場合についてみると，

受了伤了。（初版改订本 p.89）

受了罪咧。（同上　p.139）

灰了心咯（同上　p.213）

のように，“V了”の“了”は他の文字で記されることがないにかかわらず，“O了”の“了”は，“了”“咧”“咯”とひとつの文字に限られず，何種類かの文字でこれを表わしている。そして同じく《语言自迩集》（初版改订本 p. 7）で，文末におかれる“了”について，

了 *liao*, to end : ended ; after verbs, sign of the past, but at the end of a clause very often a mere expletive, and then pronounced la, or lo.

のように，文末におかれた“了”は[la]あるいは[lo]と読まれたという。つまり，"V了O了”の“O了”の“了”が，“了”“咧”“咯”と幾種にも表記がされてはいても，［la］もしくは［lo］のように読まれたのである。また《官话类编》では，

顶了天喇。（改订版　p.478）

のように表わしている。なお，「助動詞の“了”（V了の了）までもが[le]とよまれるようになったのは1880年頃からとおもわれる（太田辰夫教授『中国語歴史文法』p.391）」というが，《语言自迩集》《官话类编》を見るかぎりにおいては，V了の“了”はまだ[liao]と読まれており，[le] [la]と読まれたらしい形跡は見つからない。この“～了～了”の型（いま“A了B了”と略する）は，呉語における“A仔B哉”，広東語における“A咗B咯”の

型にあたるもので,"A 了 B 了"の二つの"了"は,原来が異なった性質のものなのである。ただ二つとも同じく"了"で表わされているので,時に混乱を起こすわけである。また,普通語では"A 了 B 了"の"了"を二つながらに [le] と読んでいるが,北方語の中でも,

保定：他吃了 [ᶜliou] 饭了 [.lie]。

怀安：我到了 [.lao] 家了 [.lia]。

满城：他吃了 [ᶜliou] 饭了 [.lian]。

万全：他吃了 [lao˧] 饭了 [.liey]。(以上《汉语方言概要》文字改革出版社 1960 p.56)

他吃嚠 [liou・lou] 饭咧 [lie]。(《昌黎方言志》p.35)

のように,二つの"了"の読み方が異なっており,したがって異なった表記で示されているものがある。

§24 "赔"・"贴"

他们的买卖做 赔/贴 了。　第7课 -10

ここでも何らの註記がないが,"贴"を排除して"赔"を認めている。ここの"贴"という字はあまりみかけない。《康熙字典》《正字通》《汉语词典》にも納めていないが,Lobscheid の《英华字典》(1868) の"lose"の頃に,"贴本""铦本"という語があり,そこに"贴""铦"の文字がみられる。石山福治編『最新支那語大辞典』には,"赊"の頃に,「商業にて損失するの意 (贴を用いること多し)」とあり,"贴"="赊"という意味の説明がある。しかし,"赊"は非入声字であり,"贴"は"舌"が声符であるから明らかに入声字である。Lobscheid の字典でも,"shit"と音を註している。同じく入声の文字でこれと同じ意味に用いられるものに,"失 (本)""折 (本)"(呉語ではよく"脱"という補語をともなって"失脱""折脱"として用いられる) のほかに,"蚀 (本)"がある。これらの中,"蚀 (本)"はもっとも普遍性があるようで《同音字典》《汉语拼音词汇》(増订稿) にも収めている。"贴"の声符"舌"は食列切船母,"蚀"は乗力切船母,でともに三

等であり，ただ入声韻尾が“-t”“-k”のちがいだけである。弘仲南の《广东俗语考》の〈釈形体〉の項をみると，「広東人は舌（した）を，この文字が“蚀本”の“蚀”と同音なので忌避し，反義語を用い“利”［lei］という」と記してある。“舌”は“-t”であり，“蚀”は“-k”であるが，“蚀本”というとき，shikbun>shitbun となるところから“舌”=“蚀”を連想して使用をさけたものである。広東ほどに入声韻尾がはっきりしていない地区，たとえば,呉語地区などでは“蚀”と“舌”の同音化は容易に考えられよう（現に，呉音では“食”“舌”はともに zəʔ）。“赔”を“赊”にむすびつけるよりも，“蚀”にむすびつけた方が自然である。ただ，“赔”は南方系のことばであるところから，輔立山が用いていることばの中にこの語がなかったのは当然である。

§25 “赚”・“寻”

他做了一年买卖，赚了／寻了 一百五十两银子。　第7课-12

ここでは“寻”に排除する印をつけて“赚”を認めている。英文註釈本では

寻 *Hsin*². *hsun*². To seek, to investigate; commonly, usually; *to gain*, to make money.

とあるが，そのよく用いられる地域の説明はない。“赚”というのは，北方では商売をしてもうけるという，つまり何がしかの資本を投入してその中から利益を得るということであるが，一方南方では，だまして取るという否定面のつよいことばである。また，北方では“寻钱”は金をもらうことであり南方では金をもうけるということになる。なお，肉体労働によって金を得る場合には，

小的的母亲还给人做点儿针线活，挣钱几吊钱……（《华言问答》p.62）

のように“挣”を用いるが，南方においてはこれが，北方の“赚钱”と同じにも用いられる。《燕山丛录》に，

赚钱曰挣钱。

とあるが，これは“挣钱”を広義に用いた例であろう。

§26“吃彀(够)”・“吃饱”

我已经吃彀了。　第7课-14

ここでは，動詞“吃”が削られて“我已经彀(够)了”というか，或いは“我已经吃饱了”という旨の訂正がされている。これはつまり，“吃彀了”とはいわないという意味であろう。“彀”とは，一定の数量・十分な程度に達するということであり，“饱”とは腹一杯になり満足するということである。“酒彀(够)饭饱”といわれるように，酒を飲むには限度があるが，飯は腹一杯食うというのであり，この場合も，“我已经吃饱了”というのは，飯を腹一杯に食べた時のことであり，“我已经彀(够)了”というのは，限度をわきまえての飲酒かもう十分・たくさんだという時のことであろう。

§27　“客堂”・“客房”

等他来了，可以请他到 客堂
客房 坐一会儿。　第7课-23

ここでは，“客堂”“客房”ともに排除する印がつけられているが，排除して何に訂正するのかは記されていない。そして，“客堂，庙里的”“客房，店里的”という註記がされている。つまり，“客堂”は廟の客間にしか用いられず，“客房”は宿屋の客部屋にしか用いられないということであるが，一般に客室という場合，北方では，

小的的主人不叫小的在客厅里伺候着……(《华言问答》p.119)

とあるように，“客厅”が普通であり一方《海上花列传》などでは，

阿巧正立在客堂中蓬着头打呵欠。(亚东本38-2)

のように，“客堂”が用いられており南方では一般にこのようにいうのであろう。或いは“客厅”に訂正するがよいか？

§28　“当”・“得”dei

你当小心那个火，不要烧了房子。　第7课-24

ここでは“当”を排除して“得”に訂正し,“当”は“南边话”であると註記する。

“当”を“得”に訂正するのは,旗人輔立山のことばからして妥当であろう。しかし,“当”を“南边话”と説明しているのは少し疑問である。「文章語」という説明ならば,まだ理解出来よう。或いは,“当心”という南方語を意識してのことかも知れない。

§29 “看”・“瞧”

你看我怕你吗。　第8课-6

ここでは,“看”を排除して“瞧”に訂正し,“我不敢惹你么”と註記している。

註記の中国文は原文とあっており,“看”を“瞧”に訂正したのは,旗人のことばから考えてうなずける。北京の人は「みる」という時,必ず“瞧”を用いて“看”は用いないということでもないが,《语言自迩集》《华言问答》についてみれば,そのほとんどの場合に“瞧”が多く用いられている。これは北京官話では,“瞧”が非常に優勢であることを示している。《海上花列传》や《山乡巨变》では,“看”だけで“瞧”がないことも,“瞧”の局限性を示している。今日でも,“瞧”を用いるのは北京語だけであり,北京の歇後語を例にとってみても,

骑马逛灯,走着瞧。

のように,“瞧”を用い,《汉语方言词汇》によると,普通話で“看”のところを,北京では“瞧”“看”“眇”の順,西安・済南・成都・昆明・合肥・蘇州・長沙・梅県・廈門の各地域は“看”,瀋陽は“看”“眇”の順,揚州・南昌の各地域は“看”“望”の順,陽江では“看”“瞄”の順に,それぞれ対応語を当てており,“瞧”が北京だけであることがいっそうはっきりしている。

(未完)

清代北京語の一斑

§1　はじめに

光緒4年，北京聚珍堂から始めて《儿女英雄传》（以下《儿女》と略す）が出版されたという。この小説が一たび世に出ると，これまでの小説がもってきた性格に，新らしく別の価値が加えられた。《儿女》は北京語の教科書[(1)]であるということである。そしてこの価値は，わが国と中国において通用したようであり，とりわけ，わが国においては，早くから《儿女》の北京語の教科書性に注目し，重要視した。この間の事情は，外務省の留学生として，明治20年（光緒10年），北京に学んだ天野恭太郎なる人が筆写した《官话儿女英雄传》[(2)]によっても知ることが出来よう。これは原本《儿女》と比較して，さらに口頭語に近く表されている。つまり，わが国では，最初から《儿女》を語学学習の教材としてとりあつかって来たのであるが，それはその言語が北京語であるということが前提になっていたものである。

一方，光緒4年，――明治11年，この時にはすでに中国語学習は，従来の南京語学習から，北京語学習へと路線が改められていた――外務省派遣の留学生，金沢の人，中田敬義ら3名が北京で北京語を学習していた。当時，北京語であらわされた，北京語学習の教科書としては，T・F・WADEの《语言自迩集》（以下《自迩集》と略す）が唯一のものとされていた。翌明治12年，《自迩集》の影響をうけた広部精による『亞細亞言語集』が出版されると，のちこれに続いて，おびただしい数に上る北京語学習の教科書があらわれた。なお，このようなものの他に，中国人のための「正音」関係の書籍や語彙集の類を遺産としてうけついで来ていたのである。

さて，ここで，筆者自身の北京語研究ということに関して，一つの反省・疑問をよぎなくされている。今日も，《儿女》が北京語の教科書であるとよく耳にし眼にする。文学は言語芸術の一種であり，そこであらわされているものは，文学の素材としての言語なのであり，けっして，聴覚言語そのものではない。天野恭太郎が筆写した《官话儿女英雄传》にしても，これが《儿女》のかきかえとすれば，口頭語を学習するにあたり，口頭語へさらに接近することが求められ，修正の必要があったことが理解できよう。また，胡適がいうように，「《儿女》には，同じく北京語であらわされた《红楼梦》に記されていない北京土語がみられる。」(3)

しかし，ある書物に，北京土語あるいは北京語的な表現法がみられるといって，その書物がそのまま，北京語であらわされているということにはならない。つまり，北京語研究にあたり，《儿女》を資料にしようとする場合，それが北京語であらわされているか，どのような北京語であらわされているか，ということを認識することが第一に必要であろうと思われる。ところが従来，北京語研究にあたり，最初から北京口頭語の教科書として編輯された教科書類の利用はあまり行われず，ほとんど放置されたままであった。このような事情には，資料としての不適格性ということも認められるが，これらに対して一種の偏見があったこともいなめない。清代北京語の研究はこのような資料不在のまま進められて来たのである。《自迩集》以下の北京語教科書と称されるものが，資料として有効であるかどうかの検討をまったく行うことなく，ある風潮のリアクションとして，教科書であり会話書であるというだけで，片すみに追いやられてしまったのである。これらの資料の有効性を教えた人に香坂順一・太田辰夫両先生がおる。しかし，両先生ともこれを実証的に取扱ってはいない。そこで筆者は清代北京語を考察してゆく一つの過程でこれを実証してみたいと思う。

§2　目的と方法

1）清代北京語のすがた

清代北京語は現代北京語の直接的な源である。清代北京語の姿を知ることによって，現代北京語の姿がより明確に把握できるだろう。清代北京語の姿は，清末期に出版された北京語教科書にその一斑があらわれている。だが，これではあまりにもばく然としたことでもあり，その資料も又ぼう大な数にのぼる。そこで，ここでは，C. MATEER の《官话类编》(4) T·F·

WADEの《自迩集》[5] 福島安正の『自邇集平仄編四声聯珠』[6] について考察する。なお,《官话类编》を資料として採用した理由を簡単に記すと,

①量的に十分であること。

②記述の語彙が単一の方言でなく,しかもそれらが並記されていること。

③課文の底稿が旧白話小説——《好逑传》・《西游记》・《水浒》や,白話でもやや硬い表現をとっている《圣谕広训》や,《正音咀华》などから模範となる句を断片的にとり出し,これらをもとにして,口頭語に接近をはかったものであること。

④方言語彙の採集が漢字表記上,安定していないものをさけていること。[7]

などの点から,漢字による表記が安定している語彙の地域的分布を調査する上で,好都合であると認めるからである。また,方言の並記については,

○ 北京語——南京語

○ 北京語——山東語

○ 山東語——南京語

○ 北京語——山東語——南京語 [8]

の型で記されている。つまり,並記のある一方は,北京語をふくめた広義の北京語としてみることが出来るものである。

それで,まず《官话类编》にみえる並記された語彙のうち,生活語彙と語法語彙に限定してこれを抽出し別表〔F-1〕を作成。これらと《自迩集》あるいは『四声聯珠』とのいずれかの語彙とが一致するものを選び出し別表〔F-2〕でこれらを清代北京語と認定する。この調査はまた,同時に《官话类编》に記す北京語の量的な確認ということにもなる。

2)《儿女英雄》の言語

a:上記の調査によって得られた清代北京語〔F-2〕を資料として「清代北京語の教科書」とされた《儿女》[9] の語彙を調査別表〔F-3〕とする。これは,文学言語としての《儿女》の言語が,どの程度当時の口頭語を反映しているかという点を調査するものであり,《儿女》の言語の特色を調査することにもなるだろう。なお,《儿女》は清の道光年間(1821-1850)にあらわれたものと推定されており,厳密にいって,これと対比出来るだけ

の北京口頭語を記録した資料はない。しかし,《自迩集》を例にとってみると《自迩集》中の〈谈论篇〉はその他の章と比較して用語の面で，他のものよりやや古めかしく,しかも《红楼梦》のそれとも同一でなく,かえって,《儿女》の言語との一致がみられるのである。したがって，上記の資料をもとに,《儿女》の言語の調査を行うことはさしつかえないように思われる。

b:一方,南方の口頭語をもとにしてかかれたという《官场现形记》(10)《二十年目睹之怪现状》(11) の言語を〔F-2〕で調査する〔F-4〕。この調査によって，北京語であらわされた小説の言語の姿がよりあきらかなものとなるからである。

3）清代北京語と現代北京語との関係

清代・現代北京語の二者間に，変化がみられるかどうか。みられるとすれば，どのようなところにそれが認められるかという点，つまり，清代北京語と現代北京語とのへだたりを実際にさぐるために,〔F-2〕によって,老舍の戲曲《龙须沟》(12)《茶馆》(13)《宝船》(14) の言語について調査する〔F-5〕。

§3　検　討

1）清代北京語のすがた

《官话类编》の課文には，重複を含めておよそ1900個所におよぶ並列の記述がみられる。しかし，この並列記述はすべてある種の方言に分類出来るというものではなく，例えば

王先生病重的时候，知道父子快要分离，彼此都甚悲伤，就出了一个对子，给他儿子说，

莲/怜子 心中苦。他儿子说 梨/离儿 腹内酸。(p.620)

の如きシャレことばとしての並列記述もあるが，こうした記載はきわめて少い。

また，並列記述の各組み合わせをみると，それらが相互に完全な同義・

同機能語ではなく，類義的なものとして並記してあるものもある。例えば

　　　家　　　　爱
我 整天　　就是　替人担忧（p.299）
　　　的　　　　好

における“爱”“好”がそうであり，

　　哥儿俩
只您　　　　来了吗。（p.223）
　　弟兄两个

での“哥儿俩”“弟兄两个”がそうである。また，今日の“普通话”からすると，その各々のさすところが異なっているものもある。例えば，

　　　　打仗
不可和人　　。（p.30）
　　　　打架

がそうであろう。しかし，これについては，方言上の差と見ることができる。(15)

そこで，全並列記述のうち，これらの類に入るものを除き，生活語彙と語法語彙にかぎって抽出〔F-1〕し，これらと《自迩集》あるいは《四声聯珠》とのいずれかの語彙と一致するものを選びだしたものが〔F-2〕である。つまり，量的にいって〔F-1〕のおよそ80％が北京語として認められることになり，これらを清代北京語として認定した。なお，〔F-1〕において，○印のつかないものについては，

i）犁铧—镢头—犁头

などのように，単に《自迩集》《四声聯珠》において用いられていないというものもあり，

ii）镇—链子

などの場合のように，これらの語彙がないだけで，他に同義語として，“镇链子”などが用いられているものもある。しかし，後者は前者に比べて調査の結果では多くでてきていない。なおさらにこれらの他に，

iii）半憨子—呆子　　俺　　—我
　　冬里　—冬天　　恁么的—这么着

火烧	— 烧饼	身	— 件（袄）
傢什	— 傢伙	不割舍	— 舍不得
面	— 脸	打仗	— 打架
天井	— 院子	断然	— 断断
管许	— 想必	想许	— 横竖
归齐	— 到底	原起	— 起先
后头	— 后来	喇	— 咧

などについては，左側の語彙，つまり《官话类编》では右側に記されており北京語を含めた北方語となるものが，《自迩集》《四声聯珠》のいずれにも見えなく，かえって，左側のものがすべて見える。これらの左側の語彙の性格について

○ 旧白話のもの—冬里

○ 文言的なもの—断然

○ あまりにも土語的なもの—半憨子

○ 南方語のもの（つまり，ここでの組合せが左右反対と思われるもの）—面，天井，身

以上の項目におよそわけられるが，《自迩集》《四声聯珠》から考察するかぎりにおいて，その他の大部分のものは，北京語ではなく，山東もしくは北方の地方の語彙であると思われる。[16] しかし，“喇—咧”については，《自迩集》《四声聯珠》において，“喇”が単にみえないというだけであり，“喇”が北京語としての用法であるには違いない。

2）《儿女英雄传》の言語

a-1：〔F-2〕と《儿女》の語彙とが一致するもの。

〔F-2〕と〔F-3〕とを対比すると，〔F-2〕のうちのおよそ80％が《儿女》にみえることがわかろう。このことから，《儿女》がいかに当時の北京口頭語をとり入れてあらわしているかが理解できよう。われわれ先輩の「直感」である《儿女》は「北京語の教科書」ということも正しかったということになるであろう。また一面，文学の素材となる言語として用いられた〔F-2〕の語彙が主として下江官話で表わされているといわれる文学作品の

言語とどのような対照を示すかがまた別な問題として浮びあがってくる。ここでは具体的には李伯元の《官场现形记》，呉趼人の《二十年目睹之怪现状》を下江官話をもとにしてかかれた文学作品の資料として，〔F-2〕の語彙群と比較したばあいどのような差を示すかが興味ある問題となろうが，これは後にのべることにし，《儿女》の語彙について注意をひいたものに説明を加えておく。

a-2：〔F-2〕と《儿女》の語彙とが一致しないもの。

i）字体が同一でその意味・はたらきが異なるもの。

○孩儿 ○平常 ○简直的

など。

《儿女》には，“孩儿”“平常”“简直的（剪直的）”はともに用いられている。しかし，これらは《儿女》において，

“……你在他坟前烧一陌纸钱，奠一杯浆水，叫声‘父母，孩儿今日把你二位老人家都归故土了’那才是个英雄！……”（亚东本 19-30）

の如くに，“孩儿”は子供が両親にむかって，自分のことをいう場合に用いられており，“娃娃”のような一般名詞の意味では用いられていない。もっとも，この時は読み方が異なるのかも知れない。

同じく“平常”については，

“……况且我打听得姑娘脾气骄纵，相貌也很平常。……”（亚东本 2-3）

の如くに用いられ，時間詞として用いられることはない。

“简直的”については，この語彙は〔F-2〕にもみえるが，そのほとんどの場合が「まったく」といった意味に用いられており，ここでの意味の用い方，

“……只是奴才到底糊涂，老爷就给他个一二百也不少，就剪直的给他三百也不算多，……”（亚东本 39-11）

のように，「いっそうのこと」「そのまま」という意味で，現代語のように「まったく」という意味に用いられることはないし，“简”は“剪”とかかれ，かならず“～的”となる。

ii）意味・はたらきが同一でその字体が異なるもの。

○疆 ○疆才 ○晌饭 ○挺 ○～不掉

など。

“疆”“疆才”“晌饭”について，いま，《汉语方言词汇》(17) でしらべてみると，

北京—刚才

済南—将才（疆才と同じ）才将

成都—将才

昆明—才将 刚刚

北京—晚饭

済南—晚晌饭

西安—后晌饭

と記録されている。

また，“挺”については，河間府の言語であらわされたL·WIEGERの《汉语人门》(18) で，“顶”に[t'ing]として注音されている。つまり“挺”のことと思われる。なお，清末期に出版された会話教科書類を通観しても，“顶”が[t'ing]とよまれた例はこの他にない。

“～不掉”については，

俗语讲的再不错：“是亲的割不掉，是假的安不牢”（亚东本 p.28-30）

のように用いられており，この他に対話の部分や地の文には用いられていない。これはちょうど“晌饭”が，

“‘清晨吃晌饭’早呢！”（亚东本 p.32-27）

の如くに用いられていることと同様に《儿女》における特殊な例と考えられよう。なお，このような例と，《儿女》での助詞の“咧”が，ある特定の人物の場合にのみ用いられている点とあわせ考えると，登場人物をきわだたせるための作者の手法であったと思われる。これらの他に，“今天”“自个儿”“可”（逆接連詞）などがあるが，これらは口頭語が文学言語に入るための十分な資格がまだなかったものとして考えてもいいだろう。いずれにせよ，この項目において，《儿女》の言語のもつ特色の一面がうかがえよう。

b：〔F-2〕と《官场现形记》《二十年目睹之怪现状》の語彙との比較。

〔F-2〕と〔F-4〕の対比において，〔F-2〕のおよそ70%のことばが，《官

场现形记》もしくは《二十年目睹之怪现状》にあらわれてくることがわかる。しかし，このような語彙は，文学言語としてのはばの広さを示しているだけで，決して《儿女》と《官场现形记》もしくは《二十年目睹之怪现状》とが同一の口頭語を基礎にした白話であらわされているということにならないことに，注目しなければならない。なぜなら，ここにおける比較調査で，お互いに一致しなかったものにこそ，問題がかくされているからである。つまり，

i)〔F-2〕にみえて，《官场现形记》もしくは《二十年目睹之怪现状》にみえないもの。

○波稜盖　○价儿　○取灯　○桃儿
○那儿　○这儿　○叫门　○结实
○宽绰　○晚　○管保　○简直的
○巧了　○乍 など。

ii)《官场现形记》《二十年目睹之怪现状》にみえて，〔F-2〕にみえないもの。

○底里　○底子　○肥皂　○家私
○老板　○婶婶　○声气　○夜饭
○中饭　○怎么的　○这咱　○几多
○闹热　○随便 など。

があげられる。i) ii) を対比すると，簡単にいって，《官场现形记》《二十年目睹之怪现状》には北京語を基礎にした口頭語が少いということであり，また，〔F-2〕には非北京語がみえないということになるだろう。例こそ多くはないが，これらのごく常用される語彙について，二者間に相異のあることは，いうまでもなく，《官场现形记》《二十年目睹之怪现状》が基礎となっている口頭語が北京語ではないことを暗示していよう。なお，ここでは同じように《官场现形记》《二十年目睹之怪现状》を資料として採用したが実際は，詳細に調査してみるならば，この両者においても語彙に差異があることを認めうるであろう。(19)

3) 清代北京語と現代北京語との関係——現代北京語のすがた

清代北京語と現代北京語とが如何なる関係にあるかを調査するに，〔F-2〕

と，老舎の戯曲作品《龙须沟》《茶馆》《宝船》の3篇にみえる語彙の関係で見ていく。

i）〔F-2〕と老舎作品との語彙が一致するもの。

〔F-5〕のうち，およそ70％の語彙が〔F-1〕と一致する。この数字から見ると，あまり多く一致しているように受け取れないが，この結果は戯曲3篇に限定したためのものであり別の作品，例えば《老舍短篇小说选》などを資料に加えると，70％の数字はさらに上昇する。調査の方法が飛躍するが，ここで〔F-2〕を，老舎の作品から語彙を採集したといわれる倉石武四郎編著『岩波中国語辞典』で検出すると，そのほとんどが一致することに注意してよいだろう。このことは老舎の作品にあらわされている言語がいかに口頭語を反映しているかということを証明するばかりではなく，清代北京語と現代北京語という点からみると，両者がほとんど一致する。つまり，すくなくとも，歴史的に受けついで来た北京語は安定していると考えていいだろう。もちろん現代北京語が，清代北京語を全面的に継承して来ているというものではない。およそ90年の年月に，わずかながらもそこに変化を認めることはできるようである。

ii）〔F-2〕と老舎作品の語彙とが一致しないもの。

○巧了　○客堂（客房）　○您纳（他纳）など。

“巧了”の

那巧了是饽饽铺。（“四声聯珠”3-6）

“……不怕星光月下，看着那人家是黑洞洞的，下去必得手；不怕夜黑天阴，看着那人家是明亮亮的，下去不但不得手，巧了就会遭事……”（《儿女英雄传》亚东本31-32）

のように，“大约”“也许”とほぼ同じ意味をあらわしているもの。このような用法は，現在も口頭語としては存在するが，あまりに北京土語的なために，現在では文字言語としては用いられない。なお，この語彙は《国语辞典》には収められていない。『井上中国語辞典』の新·旧版および，斉鉄恨の《评解口语文词典》（民国52年台湾国语日报社）などに収めている。

北方で普通に客室という時，

小的的主人不叫小的在客厅里伺候着……（《华言问答》p.119）

の如くに“客厅”が用いられ，南方では，

阿巧正立在客堂中蓬着头打呵欠。(《海上花列传》：亚东本 38-2)

のように“客堂”が用いられる。《自迩集》についてみると，

……一齐过庙里前院儿来，往客堂里走。(第 2 版 p.267)

と，“客堂”が用いられるが，この語彙はいわゆる初版改訂本にはない。《儿女》では，

这正面是个正房，东厢房算个客房，……(24-21)

と“客房”が用いられる。しかし，老舍は“客厅”しか用いないようである。

また，“你”“他”の尊称として，“您纳”“他纳”と“～纳”の接辞をとる語彙があるが，これらは少しく古い北京語であると思われる。《自迩集》についていうと，

你纳 > 您 > 您纳

の順でよく用いられているが，“您”はない。《儿女》では，“你老”“你老人家”が用いられるのみであり，“你纳”“您纳”“他纳”“您”“您”はともに用いられていない。老舍においては，“你纳”“您纳”“他纳”は用いられないが，“您”“您”が用いられる。しかし，“您”は老舍においても多く用いられることはない。

iii）ここで，老舍作品の現代北京語性をより明確にする一例として，《儿女》の言語との対比を見よう。

動詞と動詞との中間に“将”が入る語法がある。この用法は，近世中国語ではごく普通に対話の部分にも用いられた。こうした用法は，「《红楼梦》では地の文のみに見え，対話の部分では用いない」(太田辰夫「紅楼夢の言語」『中国の八大小説』)が，《儿女》では，対話・地の文ともに用いられている。しかし，現代北京語では，対話の部分はおろか，地の文においても用いられることはまずない。

最後に，〔F-2〕〔F-3〕〔F-5〕の語彙群を通観すると，各組合せの中，左右両者の語彙が同一資料にみえる語彙群がある。しかし，これらのうちのある一方の語彙については，そのあらわれる度数からしても少く，あらわれるときの理由がハッキリしているものが少くなく，反対に，それらが《官场现形记》《二十年目睹之怪现状》にのみ，あるいはそこでよく用いら

れていることに注目し，同時に，これらのもう一方の語彙が〔F-2・3・5〕において，そこにおいてのみ，あるいはそこでよく用いられていることと考えあわせると，北京語としての一種の固定性・安定性·習慣性が再び観察できるだろう。若干の例をあげると，

○ 根儿（底子）　○今儿个（今天）
○ 脸（面）　○嗓子（喉咙）　○院子（天井）
○ 屋子（房子）　○晚饭（夜饭）　○胰子（肥皂）
○掌柜的（老板）　○多么（几多）　○这儿（此地）
○ ～不了（～不掉）　○撒谎（扯谎）　○说（讲）
○忘了（忘记）　○知道（晓得）　○热闹（闹热）
○ 反倒（倒反）　○赶紧（上紧）
○ ～给（～把）　○俩（两个）

などがそうである。そしてまた，老舍作品において，そのあらわれる度数からいって，〔F-2〕〔F-3〕に見えるものの他に，より多く用いられる新しい語彙がみられる。例えば，“想许—横竖”に対する“反正”[(20)]“管保—保管”に対する“准保”などがそうであり，〔F-2〕において，南方または北方の地方の語彙とされ，〔F-3〕でもみえなかったもので，今日，現代北京語の中では安定しているものもある。例えば，“登时—立时”に対する“马上”がそうであり，“今儿个—今天”に対する“今天”などがそうであろう。

§4 結　論

1)《官话类编》の並列記述において北京語としているものは，部分的にではあるが，そのおよそ80%がまず妥当なものとして記されていると考えてよい。

2)《儿女》は，それ自身の特色ある言語をもち，やや古い北京語の形をのこしつつも，清代北京口頭語を十分に反映しており，今日においても，依然北京語の教科書として認められてよい面をもっている。そして，南方人のあらわした小説においては，文学言語の一般の性格を保有しつつも，その基礎とした口頭語に《儿女》などと差異のあることを明白にしている。

3) 北京語はそれ自身において，変化推移しているが，現代北京語は清

代北京語に比較して，さほどにかけはなれたものではない。これは，北京語の安定性を示しているものとして理解できる。

4）中国語の語彙･語法史を研究していく上に，とりわけ北京語研究にあっては，清末期の北京語を基礎としてかかれた会話教科書類は，今日なお，大きな役割をはたし，有用なヒントを与えてくれるものである。

（この稿は 1965 年の大会で発表した内容を詳しくしたものである。）

1965-10-26

〔注〕

(1) 群学社《儿女英雄传》胡仲诗先生序（民国 12)。亚东本《儿女英雄传》胡序（民国 14)

(2) 魚返善雄「民国の文芸」(児女英雄伝写本の発見)

(3) 亚东本《儿女英雄传》胡序

(4) AMERICAN PRESBYTERIAN MISSION PRESS 1892. ここでは 1898 の第 2 版。

(5) 初版改訂本。基礎とした言語に，Colloquial Chinese as spoken in the capital and the Metropolitan Department とある。

(6) “燕话”を学ぶためのものという。陸軍文庫。明治 19.

(7) - (8) *MANDARIN LESSONS-INTRODUCTION.* なお，このテキストの記述の詳細は『中国語学』146 号香坂順一「旗人が教えた中国語」を参照。

(9) 上海亚东图书馆《儿女英雄传》民国 14. 亚东本と聚珍堂，申報館本との校勘は太田辰夫先生が『清末文学言語研究会会報単刊第 1 号』において行っている。

(10) 人民文学出版社《官场现形记》1957. なお，本書の校勘ならびに語彙索引には宮田一郎氏《明清文学言語研究会会報単刊 8》がある。

(11) 人民文学出版社《二十年目睹之怪现状》1959. これについても同氏の語彙索引が近刊されるとのこと。

(12) 人民文学出版社《龙须沟》1953

(13) 中国戏剧出版社《茶馆》1958

(14) 光生館「宝船」1963

(15) 打 架 is the more general and proper term for “to fight”. 打 仗 is, however, largely used in Shantung and elsewhere in this sense. *MANDARIN LESSONS*

p.31

(16) それぞれ，《*MANDARIN LESSONS*》の英文註にいう。

(17) 文字改革出版社《汉语方言词汇》1964

(18) Léon Wieger《Rudiments de Parler Chinois Dialecte du 河間府》Imprimerie de la Mission Catholique, 1899.

(19) 両者の語彙索引を編んだ宮田一郎氏の言によると，両者の語彙の差は相当に大きいということである。

(20) 金受申《北京话语汇》修訂本によると，“横竖”**héngshù** は“反正”“无论如何”であり，“横是”**héngshì** が“一定是”となっている。“想许”に対して“横竖”をおいているのは，“横是”の方が妥当するかも知れない。確定を意味する“一定”も主観の判断が強く入れば，推量の語気に傾く。“横竖”の“竖”も軽声とする（张洵如《北京话轻声词汇》）

F-1	F-2	F-3	F-4	F-5
1				
白日（天里）	○	○	○	
白薯（地瓜 · 山芋）	○		○	
白天（天里）	○		○	
半憨子（呆子）	○	○	○	
雹子（冰雹）	○			
波稜盖儿（波罗盖儿）	○		○	
饽饽（馍馍）	○	○○		
长虫（蛇）	○○	○○		
车（车子）	○	○○	○○	○
北屋（后房）				
被（被子）				
笔帽儿（笔套儿）				
匙子（勺子）	○○	○	○	
匙子（调羹）	○○	○	○	
窗户（窗子）	○	○	○	○○
炊帚（刷帚）				
矬子（矮子）	○			
错儿（漏子）	○		○	○
褡子（褡裢）				
大后年（老后年）				
大乱子（大漏子）				
大娘（大妈）	○○	○	○	○
道儿（路）	○	○○	○○	○○
道儿（道路）	○	○○	○	○○
当儿（当口）				
底细（根底）	○	○	○○	
底细（底里）	○	○	○○	
地方（地处）	○	○	○	○
地方（落地）	○	○	○	○
地方儿（地方）	○○	○○	○	○○
冬里（冬天）	○	○	○	○
儿子（小厮 · 男娃）	○	○	○	○

F-1	F-2	F-3	F-4	F-5
分儿（地步）	○○	○○	○○	○
父亲（爹）	○	○○	○	○
盖儿（盖子）	○	○	○	
缸（瓮）				
高粱（秫秫）	○	○		○
根儿（底子）	○	○	○	○
胳膊（膀子）	○○	○○	○○	
各样儿（各样）	○	○		
工夫儿（工夫）	○○	○○	○	○○
姑娘（闺女）	○○	○○	○○	○
姑娘（女儿）	○○	○○	○○	○○
姑爷（女婿）	○○	○	○○	
瓜子儿（瓜子）				
柜（柜子）	○○	○○	○	
锅（灶）	○	○	○	○
哈巴狗（吧狗）	○	○		
孩儿（娃娃）	○	○		○
孩子（娃娃）	○	○○	○	○○
耗子（老鼠）	○	○○	○○	○
黑下（下黑・夜里）	○○	○	○	○
猴儿（猴子）	○			
胡同（巷）	○○	○	○○	○
花儿（花）	○○	○	○	○○
活（生活）	○			○
灰（土）				
火烧（烧饼）	○		○	○
饥荒（亏空）	○○	○	○	
家当（家私）	○	○	○○	
家雀（麻雀）	○			○
家下（家口）	○			
傢伙（傢使）	○	○	○	○
价儿（价钱）	○	○	○	○
傢什（傢伙）	○	○	○	○

F-1	F-2	F-3	F-4	F-5
肩膀儿（肩头）	○	○	○	
轿（轿子）	○○	○○	○○	○
街坊（邻舍）	○		○○	○
结巴（结巴子）				
今儿（今天）	○○	○	○○	○○
今儿个（今天）	○○	○	○○	○○
今日（今天）	○	○	○○	○
锯（锯子）				
客堂（客房）	○	○	○	
老妈（妈妈）				
老婆（家里）	○	○	○	○
老天爷（天老爷）	○			○
老头儿（老头子）	○○	○○	○○	○○
烙铁（熨斗）				
落花生（长生果・长生）	○			
姥姥（老娘・家婆）				
犁铧（镵头・犁头）				
粮草（柴米）				
两样儿（两样）	○○	○	○	○
驴（驴子）	○○	○	○○	○
馒头（馍馍）	○	○○	○	
煤油（火油）	○		○	
妹妹（妹子）	○	○	○○	○
门儿（门）	○	○○	○	○○
面（脸）	○	○	○	○
明儿个（明天）	○○	○	○	○○
母狗（草狗）				
母牛（牸牛）	○			
脑袋（头）	○	○○	○	○○
年头儿（年岁）				
钮襻儿（扣门儿）	○	○○		
钮子（扣子）	○	○		
女猫（母猫）				

F-1	F-2	F-3	F-4	F-5
疟子（疟疾）	○	○○		○
旁边（侧边）	○	○	○	○
瓶子（瓶）				
笸箩（簸儿・箩儿）	○			○
铺子（店）	○	○	○	○
前儿个（前天）	○○	○	○	
瘤（瘤头）				
取灯（自来火・洋火）	○	○	×○	
日蚀（护日）	○	○		
日头（太阳）	○○	○○	○○	○
嗓子（喉咙）	○	○	○○	○
衫子（褂子）	○	○○	○○	
晌午（中时・中上）	○	○	○○	○
上边（上头）	○	○○	○	○
上面（高头）				
婶子（婶婶）	○	○	○○	
生日（周岁）				
声儿（声气）	○	○	○○	○
四季儿（四季）				
瘦人（瘦子）				
俗语儿（俗语）	○○	○		
镇（链子）				
桃儿（桃子）	○	○	○	
天井（院子）	○	○	○○	○
团子（垫子）				
外边儿（外边）				
外人（旁人・别人）	○×○	○×○	○○	○
晚饭（夜饭）	○	○	○○	
王瓜（黄瓜）	○○	○		
屋子（房子）	○○	○	○○	○
午饭（晌饭・中饭）	○	×	○○	○
物件（东西）	○○	○	○○	○
喜鹊（鸦鹊）	○			

F-1	F-2	F-3	F-4	F-5
媳妇（奶奶）	○	○○	○	○○
媳妇（娘子）	○	○○	○	○○
媳妇（新娘子）	○	○○	○	○
下巴（下巴骨）	○	○		
小伙子（小汉子）	○			○
杏儿（杏子）				
性子（性体）	○	○	○	
学堂（学房）	○	○	○	
爷爷（父子）	○	○	○	
夜里（黑夜）	○	○○	○○	○
胰子（肥皂）	○	○○	○	○
营生（事情）	○	○○	○○	○
茔地（坟地）	○	○○		
影儿（影子）	○	○○	○○	○○
玉米（包米・六谷）	○	○		○
早饭（朝饭）	○	○	○	
早起（早上）	○	○○	○○	○
枣儿（枣子）	○	○		
宅子（房子）	○○	○○	○○	○
毡（毡子）	○	○	○	○
掌柜的（老板）	○	○	○○	○
砖（砖头）	○	○	○	○
转年（来年）				
桌单子（抬布）				
镯子（镯头）	○	○	○○	
昨儿（夜来）	○	○	○	○
昨日（昨天）	○○	○	○○	○
座位（座儿）	○	○	○○	○
2				
俺（我）	○	○○	○○	○○
多么（几多）	○	○	○	○
多少（几多）	○	○	○○	○
多咱（多会儿）	○	○	○	○

F-1	F-2	F-3	F-4	F-5
多咱（几儿・几早）	○×	○	○	○
多咱（几早・么咱）	○	○	○	○
那么些个（那些）				
那么着（那么样）	○○	○○	○	○
那儿（那里）	○	○○	○	○○
您纳（您）	○○			○
恁么（那么）	○○	○	○	○
恁么的（这么着）	○	○	○	○
谁（那个）	○○	○○	○○	○
谁（什么人）	○○	○	○○	○
他纳（他）	○○	○	○	○
我们（俺）	○	○○	○	○
咱们（我们）	○	○	○	○
怎么着（怎么的）	○	○	○○	○
这里（此地）	○	○○	○○	○
这么（这样）	○○	○○	○○	○○
这儿（此地）	○	○○	○	○
这时候（这咱）	○	○	○	
这早晚（这咱子）	○	○		
自个儿（自己）	○○	○	○○	○
自己个儿（自己一个）	○○	○		
3				
顶（乘）轿	○○		○	
嘟噜（挂）葡萄				
方（块）砚台	○○		○	
副（剂）药	○○		○	
回（发）乘	○			
件（领）衣裳	○	○	○	○
块（锭）墨	○			
角（封）文书				
身（件）袄	○	○	○	○
条（只）腿	○○	○		
头（匹）驴	○	○○	○○	○

头（只）牛	○○	○		○
F-1	F-2	F-3	F-4	F-5
尾（条）鱼	○○	○		○
眼（口）井				
腰（条）裙子				
张（铺）床				
枝（根）烟袋				
座（统）碑				
4				
爱（好）	○	○		○
安排（安置）	○	○○	○○	
巴不得（望不能・望不到）	○	○	○	
巴不能够（望不能）	○		○	
不割舍（舍不得）	○	○	○	○
～不了（～不掉）	○	○○	○○	○
擦（抹）	○○	○○	○○	○○
成家（娶亲）				
出阁（出门子）	○○	○	○	
出嫁（出门）	○	○	○	
穿换（拉扯）	○○			
撺掇（摄弄）				
打盹（瞉盹）	○	○	○	○
打哈息（打呵欠）				
打鸣（啼鸣）	○			○
打仗（打架）	○	○○	○	○
倒（跌）	○○	○○	○	
待要（要）	○	○○	○	○
～得慌（～得够受）	○	○	○	○
～得了（～起来了）	○	○○		○○
得（要）	○○	○	○○	○
提溜（拧）	○	○	○	
对劲儿（合脾气）	○	○	○	○
关门（歇了）	○		○	○
喝茶（吃茶）	○○	○○	○○	○

喝酒（吃酒）	○○	○	○○	○
F-1	F-2	F-3	F-4	F-5
合算（上算）	○		○○	
溅（濽）	○			○
浆洗（糨洗）				
铰（剪）	○○	○	○	○
教学（教馆）	○		○	
叫（喊）	○	○○	○	○○
叫喊（喊叫）	○	○○	○	○○
叫门（敲门）	○○	○	○	○
觉着（觉得）	○	○○	○○	○
落价（跌价）				
流泪（淌眼泪）				
没（没有）	○○	○○	○○	○
灭（焬）	○	○		○
拿（捉）	○	○○	○○	○○
赔（贴）	○	○	○	○
碰（顶）	○	○	○○	○
撇（丢）	○○	○○	○	○○
破（猜）	○	○	○○	○
～起来（～将起来）	○	○○	○○	○
瞧（看）	○○	○○	○○	○○
娶（将）	○	○	○	○
嚷嚷（吵）	○○	○○	○	○
认识（认得）	○○	○○	○○	○
撒泼（发泼）				
撒谎（扯谎）	○	○○	○○	
商量（谋和）	○	○	○	○
上弦（开弦）	○			
捎（带）	○○	○○	○	○
拾（捡）	○○	○	○○	○
收工（散工）	○		○	
睡觉（困觉）	○	○	○○	○
说（讲）	○	○○	○○	○

说闲话（拉闲聒儿闲场白）	○	○	○	○
F-1	F-2	F-3	F-4	F-5
算计（打算）	○○	○○	○○	○
玩儿（耍）	○○	○	○	○
忘（忘记）	○○	○	○○	○○
下雪（落雪）	○		○	
下雨（落雨）	○	○	○○	○
有病（生病）	○○		○○	○○
再见（再会）	○	○		○
占卦（算命）	○	○	○○	○
长疥（生疮）				
诊脉（评脉号脉）	○		○	
知道（晓得）	○	○○	○○	○
赚（寻）	○	○	○○	○
5				
肮脏（癞歹）	○	○		○
笨（蠢）	○	○○	○○	○
笨（拙）	○	○○	○○	○○
不济（不好）	○	○	○○	○
不中（不行）	○	○○	○○	○
冻（冷）	○	○		○
粉红（水红）				
光润（鲜明）	○	○	○	
害臊（害羞）	○○	○○	○○	○
贱（便宜）	○○	○○	○○	○
结实（硬）	○	○	○	○
俊（标致）	○○	○	○○	○
快活（开味）				
宽绰（宽余）	○	○○	○	
拉遢（拉疲・拖疲）	○			
凉（冷）	○○	○○	○○	○
便宜（方便）	○○	○○	○	○○
漆黑（墨黑・乌黑）	○	○	○×	○
强（好）	○○	○	○○	○○

热闹（闹热）	○	○	○○	○
F-1	F-2	F-3	F-4	F-5
软弱（柔弱）	○		○○	
湿（潮）	○	○○		○
痛快（爽快）	○○	○○	○○	○
晚（迟）	○○	○○	○	○○
许多（几多）	○	○	○○	○
酽（厚）				
脏（龌龊）	○	○	○○	○
真切（亲确）				
6				
别（莫）	○	○○	○○	○
从早（从先）				
抽冷子（打不瞧・偷冷）	○			
抽冷子（冷不防・冷地里）	○×	×		×
抽冷子（偷冷的）	○			
大约（光景）	○	○	○○	
当下（时下）				
登时（立时）	○○	○	○○	
登时（爽然・霎时）	○	○○	○○	
顶（挺）	○	○○	○	○○
动不动（好不好）	○		○	○
断然（断断）	○	○	○○	
凡常（平常）	○		○	
反倒（倒反）	○	○	○	○
赶紧的（上紧的）	○	○○	○○	○
刚（才）	○○	○○	○○	○○
刚（疆）	○	○○	○	○
刚才（才刚）	○○	○	○	○
刚才（疆才）	○	○	○	○
管保（保管）	○	○	○	○
管许（想必）	○		○	
光（寡是）	○	○	○	○
归究（究竟）	○	○	○	

归齐（到底）	○	○	○	○

F-1	F-2	F-3	F-4	F-5
共总（统共）	○		○○	
好容易（好不容易）	○	○	○	○
好生（好慎）				
后头〔后来〕	○	○	○○	○
忽然（突然）	○	○	○○	○
既是（既自）	○	○	○	
既自（既已）				
简直的（直绝）	○	○	○	
仅仅（可可）	○	○		
净（尽）	○	○	○○	○
究竟（归真）	○	○	○	
来不来的（先不先的）	○	○		
老（总）	○	○○	○	○○
老老实实的（安安生生的）	○	○	○○	○
冷孤丁（冷打惊・打冷惊）	○			
拢总（通统）				
目下（眼时间）	○		○	
前头（头前）				
悄悄儿（悄悄的）	○○	○○	○	
巧了（好象）	○○	○○	○	
头里（早头）	○		○○	
头里（起先）	○○	○	○○	
突然（骤然）				
往后（日后）	○○	○	○○	
先前（早前）	○	○		
想许（横竖）	○	○	○	
眼看（眼见）				
眼时下（眼时间・眼前）				
也许（行许）	○	○	○	○
一块儿（一堆儿）	○	○	○	○
原本（本来）	○	○	○○	○○
原起（起先）	○	○	○	
乍（忽）	○	○○	○	

F-1	F-2	F-3	F-4	F-5
7				
不论（随便）	○		○○	
可（却）	○		○	○
任（管）	○	○	○	
任（随便）	○	○	○○	
任凭（管）	○	○	○	
8				
好些（一亲）	○	○	○○	○
好些（老些）	○	○	○	○
好些个（一大些）	○			
俩（两个）	○○	○○	○○	○○
一些（一点）	○	○○	○	○
些个（一些）	○		○	
9				
赶（等）	○○	○○	○○	○○
给（替）	○○	○○	○○	○○
给（与）	○○	○○	○○	○○
～给（～把）	○	○	○○	○
跟（对）	○○	○○	○	○○
叫（被）	○○	○○	○○	○○
10				
得了（好了）	○	○○	○○	○
喇（咧）	○	○○	○	○○
来着（过咯）	○	○	○	○
来着（来呢・的呢）	○	○	○	○
似的（一样）	○	○	○○	○○
11				
～不刺（～不刺拉）	○	○		
～布渍（～渍渍）				
（整天）家（～的）	○○	○		○○
合计 383	285 3 124	231 3 133	195 2 183	163 1 92

〔註〕

1）表中の各語彙の排列は便宜的なものである。

2）合計の数字は，各々の語彙が各々の資料にみえた時の合計数である。

3）上段は左側の，中段は中間の，下段は右側の語彙をそれぞれあらわす。

4）表中×印は各資料において，中間の語彙のみえることをいう。

普通話常用詞の変遷

——清末・民国時代の語彙と現代語語彙——

§1　はじめに

a）問題となること

この10月1日，中華人民共和国では，第17回目の国慶節をむかえ，また，わたくしたちの中国語学研究会にあっても，今年は第17回目の大会をむかえた。この17年間において，中国社会に大きな変革があったように，日本の中国語学界にもいくつかの大きな変革がみられた。しかし，この二つの変革・変化というものは，もちろん，相互に影響しあっているものではなく，中国社会の変革が，一方的に日本の中国語界に影響をあたえたものである。

ことばは，社会の進展にともなって変化・発展するものである。中国においてみられるように，古い社会から新しい社会への対照がはっきりしており，いくつかの面で，断絶すらみられるような社会では，ことばに，いちぢるしい変化のみられることは，これまた当然のことであろう。

この春，日本中国語学代表団の一員として訪中された香坂先生は『書報』（4号　極東書店）の「訪中雑誌」で次のようにいっておられる。「今度の訪中で，わたくしたちがいちばん強く感じたことの一つに，中国語の＜硬さ＞がある。＜硬さ＞といっても，中国語がごつごつした感じをあたえるようになったというのではない。平たくいえば，人民日報の社説にみられるような語彙が，一般の人の口からいとも簡単にとび出してくるということである。倉石辞典で上の2・上の1にランクされているような語がやたらに用いられているのである。……，中国の社会の現実を反映した語彙が，夥しく日常語に入って来ており，わたくしがむかし学んだ会話の本の中のどこをさがしても発見することの出来ないことばが，やたらにとび出して来るのである。」

このことは，わたくしたちをとりかこむ条件がもたらした，およそ20年にわたる現実の中国語からの隔離が，われわれにかぶさって来ていることによるものと，いえることなのでもある。解放後，中国社会において，根本的な大きな変革がおきた。それがもたらした変化・発展はおどろくほど速く，大きく，それが直接ことばに，とりわけ，その語彙面に，影響をおよぼしたのである。今日の中国語のその特徴的な一面が，語彙面にあらわれているといわれるのも，理解できることである。だが，こうした新・旧社会の交替によることばの変化は，われわれ日本人にとってのみ，注意されたというわけではなく，かれら中国人にも，この変化がすでに無視できないところまできており，《常用词语例释》《五四以来汉语书面语言的变迁和发展》《词义辨析》などの書物や,〈十年来汉语词汇的发展和演变〉〈十年来我国农村语言的变化和发展〉(《中国语文》)などの論文がみられるようになっている。これらの資料は，主として書面語の新旧語彙の交替・語義の変化という語彙の発展という点に観点をしぼってみているものが多いのであるが，書面語即口頭語という面が大きくなりつつある現在，文言対白話というように，対立させた関係でこれをみるわけにはいかない。また，口頭語については，口頭語のもつ力動的な変遷については，単に，へだたりがあるという一種の感じかたをすることにより，変化をみとめ，詳細な変化の傾向・方向については，“置之不理”看過して来たのであった。

b) 目的と方法

そこで，わたくしは，ここでは現代中国語の，とりわけ，口頭語の変化を，われわれ日本人としての立場で，日本において教授・学習の対象にした中国語の変遷ということも同時に考えながら，中国語学習者のいずれもが多かれ少なかれもっている，既修中国語と現実の中国語とのへだたりという感じが，どういうところから来ているのか，その問題を具体的にたしかめておこうと思う。また，ことばは，社会の変化と密切な関係にあるもののため，ことばの変化の様相をとらえるには，社会の変化ということを念頭におかねばならないことは，いうまでもないことであろう。そして，さらに，中国語は，五四以前すでにインドヨーロッパ語の影響をうけて，いくらかの新しい語法形式をうみ出し始めたが，中国語の語法に，当時あらわれた変化は，つまるところ，中国語の語法の本質にかかわるものではなく，中国語として許容できるという条件の下に行われてきたのである。しかし，語彙の面では異なっていた。語彙の新しい事象に対する反応は最も敏感である。その敏感なるがゆえに，中国語の語彙には，清代の洋務運動の時からすでにはげしい変動がみられ（《五四以来汉语书面语的变迁和发展》），五四以後の変動は五四以前の変動という基礎の上にのって形成されたものである。五四前後の二つの時期の中国語の語彙の発展は，異なった特徴をもっており，また，不可分な歴史的連系をたもっているために，現代中国語の語彙の発展をしらべていくには，洋務運動の時期からはじめなければならない、という点もあわせ考えると，この場合，次のような方法をとっていくのが，妥当だろうと思われる。すなわち，日常語に属しているものを，新旧二つの社会（時期）でもとめ，それらを比較検討するという方法である。こうした場合，教科書を資料としてみるのが，最も適当であろうと思われる。なぜなら，教科書は，一定の編集方針にしたがい，一定の方向をもっているものであるとみれば，現実社会に対する反映の最もよくあらわされているものの一つであるからでもあるし，そのためにこそ，そこで用いられていることばは，日常生活と密切につながりのあるものであり，日常生活とは，かけはなれたものでありえないからでもある。具体的に例をあげていえば，過去の日本の中国語教科書は，とりわけ，実用という面に大きな傾斜をもっており，日常語というものをなるべく網羅しようと大きな努力をはらったものであり，戦後のテキストのように，語彙面を多少犠牲にしても中国語の語法事項を優先させているものとは，異なっている。

このようなテキストとして，もっとも分量的に豊かなものは《语言自迩集》であり，一方，日常生活語をよく集中させているのは，《急就篇》である。この2種を旧社会の日常語をみる資料にすることは，きわめて適当であると考えられる。そしてまた，新社会での日常生活語を集めたものとして，最もまとまっているものとして《普通话三千常用词表》がある。これら二者間においてあらわれたことばの比較検討をすることにより，現代中国語の日常語の変遷の一斑をみることができるとともに，日本の中国語教育における中国語が，どのようなものであったということも知ることができよう。そしてまた，現代中国語に対していだいているところの，へだたりという感じを具体的に取り出してみることもできると思われる。

§2　常用語の規定

常用語というのは，普通に，一般の人がある卑近な考えをあらわすのに，必ず知っておかなければならないことばのことであり，こうしたことばの量・範囲は，必ずしも万人がすべて同じというものではなく，相対的にはかられる統計的なものであって，その範囲，性質については，それを用いる人の時代·職業·趣味·教育などの，大まかにいって，環境の相違によって異なってはいるものの，そこには必ず，一定の限度というものがあり，例えば，ある種の専門的な学術語とか，特殊な古語・方言などは，この範囲には入らないものであろう。以上のような理解にたって，ここでは，変遷という一種の歴史を大きく把握していく立場にあるのであり，《普通话三千常用词表》におさめる常用語について，常用語とは何かとか，どういった語彙が常用語として認められるべきであるとか，どういった語彙が新旧交替し，語義の変化を行ったかという，全面的に，一語一語について具体的にとりあげながら考察するのではないので，《普通话三千常用词表》に何らかの不満があるとしても，これを再検討するということはしない。ただ《普通话三千常用词表》が編集された時点においてのものとして，そのまま，《语言自迩集》《急就篇》と，《普通话三千常用词表》とを，二つの時期における常用語の現われたものとして，考察を進めることもゆるされるだろう。

§3 資料

a)《语言自迩集》について

日本がはじめて中国と外交関係を持ち通商条約をむすんだのは，明治4年（1871）で，それまでの中国語学習の教科書は《唐话纂要》であり，そのことばは長崎通事の伝統による南京官話であって，北京官話ではなかった。ところが，明治9年（1876），清朝との交渉の必要上，北京語学習の要求がだされ，留学生を北京に派遣し，主として旗人語の学習を行わせることにより，ここに，中国語学習の対象は南京官話から，狭義な意味の北京語にかわった。ところが，当時，中国語学習のための教科書は，1867年，トーマス・ウエードの編んだ《语言自迩集》が唯一の最も権威あるものとみなされており，また，この他には，適当なものがなかったためからも，明治18年（1880）の広部精の『亜細亜語言集支那官話之部』をはじめとする，《自迩集》の影響をうけた教科書が数多くあらわれた。もちろん，こうした教科書による学習目的は，主として実務に役立つということが考えられてはいたものの，編集されたことばの基礎となっている北京語についてみると，《红楼梦》にみえるような古い北京語がまじりこんでおり，均質なすべて一貫しているものではなかった。これは《自迩集》の成立過程というものと関係のあるものであろう。そして明治37年（1904），宮島大八の『官話急就篇』が出版されるまで他にも数多くの当時影響力をもった教科書が出されたが，それは，むしろある階層ある職業に属している人のことばが多くもられ，程度の高い外交・商務のためのものであり，最低限度の日常生活語をみるものとしては，取扱っている語彙の範囲がやや広すぎるように思われる。なお，《自迩集》には，連語などをふくめると，語数およそ8000語ある。（明清文学言語研究会単刊9「《语言自迩集》語彙索引」）。

b）『急就篇』について

《自迩集》以後，その編集方針を踏襲して出来た初級中国語の教科書としての『急就篇』は，なる程，今日強くさけばれているところの語法的な配慮とか，文型といった点についての不備はありはしたものの，当時においては，相当の役割をはたしたものであることは否定できないだろう。ただ問題は，「初級の必修教科書として文学革命も五四運動にもおかまいなく，今日まで生きついてきたこと」（『中国語学事典』安藤彦太郎）であった。しかし，昭和８年，『改訂急就篇』となって，戦後ちかくまで，中国語教科書の王座を占めその勢力を示して来たことは周知の事実である。なお，現在『新訂急就篇』が出版されているが，ここで用いるものは，『新訂』ではなく，『改訂52版急就篇』（昭和16年版）であることを，おことわりしておかねばならない。語彙数についていうと，問答下まで，連語などふくめておよそ2500語。

以上の２冊をもって，旧社会の日常語を反映した資料とし，これに相応するものとして，《普通话三千常用词表》を選び出した。

c)《普通话三千常用词表》について

これは，1959年，文字改革出版社から出されたもので，文字改革委員会の編集になるもの。おさめる常用語はおよそ3000語。これらはすべて，一般大衆が日常生活で，また一般教養をみにつける上に必要なもっとも常用されるものであり，この3000語は，普通一般の通俗読物での用語テストした結果，70～80%の高率を示すほどにえらばれているといわれ，とりわけ《小学语文课本1・2・3・4》についてみると，78%～88%の有効度を示しているといわれる。これは，もちろん，こうした類のものの中には，日常生活，一般教養をみにつける上でのことばが，比較的多く用いられているということでもあり，また，その常用語が反復してあらわれる度数もまた比較的多いためである。加うるに，これらの常用語は主として，普通話を学習したり，普通話の教科書を編集したり，読物などをあんだりする時に参考として使用されるものである点からも，この度の検討には，うってつけの資料であると思われる。なお，3000語といっても，これだけで日常語のすべてがことたりるというのではけっしてなく，“我们的目的很明确，是用来帮助教学普通话，也就是说让学习普通话的儿童和成人首先掌握一批日常生活和文化学习上较常用因而也就较有用的词，从而打下说好普通话的底子”と，編集者もいっている通りである。

§4　検討

語彙の変遷を考察していく場合，二つの方法が考えられる。語彙の変遷とは，普通，時代をまたがる変化をあつかっているからで，ここからも，一つは，変化の結果を中心にしてみる場合であり，いま一つは，その語彙の変化の原因を中心にしてみていく立場である。ここでは，さきに目的のところで述べたように，現代中国語の変遷をみるばかりではなく，日本において中国語教育の対象とした中国語の変遷をも同時に検討していこうとするものであるので，あとの立場にたって検討を加えていきたいと思う。いま,《语言自迩集》『急就篇』を A,《普通话三千常用词表》を B とすると，

	A	B
1	+	+
2	+	−
3	−	+

+とはそこに語彙があらわれていること。
−とはそこに語彙があらわれていないことをいう。

上の表のような関係が出来あがる。つまり，a）いずれにもあらわれているもの，b）いずれか一方のものにあらわれて，いずれかの一方にあらわれないもの。

ということが問題として出てくるが，ここでは，b）の場合についてのみ，比較検討を行っていきたい。いま一度図示すれば，

	A	B
(1)	+	−
(2)	−	+

という点についてである。この二つの場合を比較検討し，そのあらわれる語彙の性格をもとに大別すると，a）方言，b）社会文化生活用語，c）外来語，d）文言，という分類ができる。以下この分類にしたがってみてみよう。

なお，以下の例語のうち，下線を附したものは，《汉语拼音词汇》に収めることを意味する。

(1)

a) 方言

ここでいうところの方言とは，狭義の北京土語をふくめた北方語ということであり，(2) の場合の呉語をふくめた南方語というものに対立して考えられるものである。

a－1 “儿化”しているもの

“儿化”の現象については，簡単に北方語の特徴としてみれないようなばあいがある。例えば，近世語における《水浒》での“～儿”のように，近世語では“～儿”が前の音節に吸収される純粋の“儿化”ではない。しかし，近代・現代語では，ひろく，北方語の特徴の一つとしてみることができるだろう。例えば，

“本儿”“水儿”“门儿”“你儿”“什么儿”“尖儿”“走儿”“差不多儿”

などがあげられる。また，

“今儿”“几儿”

などと，日にちをあらわす用法があるが，これは“儿化”現象とはみとめられず，北京方言として処理しなければならないものである。

a－2 北方語

“俺们”“才刚”“俊＝(美)”“俩”

などがあるが，《汉语方言词汇》では，このいずれをも記録していない。“才刚”については，《昌黎方言志》には収めるが，《汉语方言词汇》には，済南で“才将”ということを記す。また，《儿女英雄传》には，“才刚”はみえるが，“刚才”は用いられていない。なお，これらの他に，“罢了（咧・咯）”などがあって，当時の発音の変化をあらわしているものもある。

a－3 北京方言

“耗子”“敢情”“自个儿”“接（介词)”“跟（介・连词)”“今儿”“几儿”

などがあげられ，これらの他に，やや古い北京語として，《红楼梦》などにもみえる“肯＝(爱)”の用法がある。例文をあげると，

你这马是什么，口也老了，下巴都搭拉了，腿也软，肯打前失，(谈论篇百章之三十三)

また，金受申の《北京话语汇》には，“敢情”“自个儿”を収めるが，

他のものは収めない。“接”は，他のテキストなどでは，“解”と記されているものであり，陸志韋《北京语单音词词汇》にも収められていない。しかし，黎錦熙《新著国语文法》では，“解”ではなく，“接”と記している。

b）社会文化生活用語

b－1　旧社会語

b－1－1　朝廷に関係するもの

“君上”“皇上”“臣子”“朝廷”“皇城”“差使”

など。

b－1－2　市民生活に関するもの

“财主”“财主家”“主仆”“主儿”“底下的”“奴才”

などで，階層・階級による人間の上下関係をいっている。

b－1－3　尊敬・謙譲語

“高”を語頭にもつもの：高见／高寿

“令”を語頭にもつもの：令尊／令堂

“贵”を語頭にもつもの：贵处／贵干

“奉”を語頭にもつもの：奉求／奉扰

“敝”を語頭にもつもの：敝处／敝国

“舍”を語頭にもつもの：舍弟／舍妹

“贱”を語頭にもつもの：贱姓／贱货

などがある。現在普通の，日常生活では，こうしたことばは，用いられないという。しかし，“贵姓”については，現在も用いるという。なお，対外接待などの場合については，いくらか用いているようである。

b－1－4　応酬語

“彼此”“久违”“托福”“虚度”

などであり，応酬語がすべてなくなったというものではない。

b－1－5　生産に関するもの

“发财”“升官”“功名”“老牌”“补缺”

など。その他科挙の試験に関する用語がみられるのは，この時代は読書し，役人になり権勢財力を掌握することを人生の目的としていたからであろう。

b－1－6　消極的・非生産的なもの

“废物”“不成器”“不成材料儿”“贼匪”

などがあげられる。これらはいずれも人を罵ることばである。人間関係が対等な社会では，罵語の使用は少くなり，またそのもつ意味にも変動のあるのは当然である。このように人間を人間扱いしない意味を内包する罵語は他の内容のものに変っているわけである。また，

“超然”“风流”“高贵”“阔气”“清高”“荣华”“消遣”“享受”“文雅”

など，このような語は，社会から超然としたもの，旧社会での生活のあり方のあらわれとしてのものである。このような語彙が，今日の中国語になくなったとは考えられないが，かっては肯定面をもったこれらの語は，すでに今日では否定的な語気を帯びているものが少くないことに注意する必要があろう。《语言自迩集》谈论篇百章之八で，

你别看小说儿这种书。若是看书，看通鉴，可以长学问，记得古来的事情，以好的为法，以不好的为戒，于身心大有益处啊。至于看小说儿、古儿词，都是人编的没影儿的瞎话，就是整千本儿的看了，有什么益处呢?

といっているのは，興味あることである。

b－2　旧風俗

b－2－1　満洲族に関するもの

“辫子”

などがあるが，これは，今日も女性のおさげ髪のことではなく，男子についてのもの。

b－2－2　一般風俗

“算命的”“风水”

などの迷信に関するものの他に，“吃烟”(阿片をすう)の習慣，役人用の“轿子”など。

c)外来語

ここにあらわれた外来語とは，主として満洲語のこと。例えば，

“笔帖式”“喳”“章京”“阿妈”

などがそうである。なお，程撲洵＜近四十年来中华国语变化之大略＞（『華

語月刊』）によれば，清末期に北京で満洲語が流行した時期があるという。“阿妈”については，そうした影響をうけているのかも知れない。“喳”は“嗻”とも記される。

d）文言

よく用いられているものの中，いくつかをとりあげる。

d－1 “此”を語頭にもつもの。

“此处”“此刻”“此时”“此次”“此等”

や，文言“如”とむすんでの，“如此”“如此如彼的”など。

d－2 “何”を語頭にもつもの。

“何所”“何干”“何怕”“何如”“何等”“何难”“何不”

や，文言“如”とむすんでの“如何”などが，用いられており，これらの用いられている場所では，伝統的な文学言語の使用上でも指摘できるように，話者が相手に対して，一段高いところに立っている場合に用いられており，“如”とむすんでの“如此”“如何”が，現在も文学言語において用いられていることは，この語のむすびつきの強さをしめしていると同時に，また，“如”がいかに口頭語からはなれているかということをも意味しよう。このように，古めかしさにより会話を通じて自分の地位や学問を示す必要のない社会では，これらの語が感情的に中立な書面語に残っても，口頭語からはなれていくのは当然である。なお，《汉语拼音词汇》には，“何干”“何如”については〔文〕と注記している。

(2)

a）方言

ここでいうところの方言とは，狭義の呉語をふくめての南方語ということであり，歴史的な経過をたどって，現在むしろ，南方語に定着しているものを指していう。

a－1 “子”“头”を接辞にもつもの。

“窗子”（窗户）“锯子”（锯）“猴子”（猴儿）“砖头”（砖）

などで，これらは現在，呉語となっている。あとの（　）の語は，相応する北方語。

a－2　これら以外のもの。

“统统”“啥”“早上”“阿姨”“肥皂”“垃圾”“番茄”“欢喜”

などであり，これらはいずれも今日，呉語に定着しているか，あるいは南方語でよく用いられるもの。

b）社会文化生活用語

b－1　新社会語

b－1－1　社会活動をあらわすもの。

この類のことばは，もっとも特徴的であり，また，量的にも最も多い。このことは，いうまでもなく，人民が社会の主人公となったためのものであり，名詞についていうと，例えば，

“政治”“标语”“政府”“委员”“民主”“利益”“立场”“命令”“主义”“经济”“劳动”“生活”“计划”“福利”

などであり，このグループに入るものについて，《普通话三千常用词表》は106語あげているが，このうち，Aにみえるものは，このうちのわずか1割にもみたないほどであり，また，これを動詞についてみると，例えば，

“支持”“声明”“决议”“发表”“主张”“组织”“批评”“调查”“检讨”

“提出”“改革”“承认”

など，いわゆる行為動詞であり，このグループに入るものは，全部で135語あるが，このうち，Aにもみられるのは，名詞の場合と同じく，わずか1割にもみたないものである。そして，ここにおいてみられるものは，そのほとんどが，現代日本語の語彙とその語形を同じくしているということも，特徴の一つである。こうしたことばが，われわれ日本人にとって，視覚言語としての理解は比較的容易であるが，音声言語としては，日本の戦前のテキストによる中国語教育をうけたものには，抵抗を感じるといわれるものであろう。また，高名凯《现代汉语外来词研究》によると，現代中国語の外来語のうち，政治・経済・社会・法律・文化・哲学・軍事・心理の方面に関する語彙は，日本語からの借用が数多くあるという。こうした意味からも，現代日本語の語彙と，語形を同じくするものについては，それが現代日本語と，その意味するところが異なり，また，従来もっていた意味・機能にさらに新らしい意味・機能がかさなっていった場合，その

さすところの意味，あるいは機能のこまかな分析は，おろそかに出来ないものである。なお，こうしたことばは，このグループのことばには，かならずしもかぎってはないのである。

b－1－2　市民生活をあらわすもの

人民が人民の社会をうちたてたことによって，かって存在した階級・階層による，あるいは，職業からくる，ある種の固定観念がとりのぞかれ，よりよい労働者としての地位向上のために，名称をあらためたものがある。例えば，かっては，“三把刀”といって人々からさげすまれた“厨子”は“炊事员”に，“剃头的”は“理发员”に，そして“裁缝”が“缝纫工”というように，また，“邮差”の“～差”がもっていた「下っ端の役人」の如きある種の語感は，“邮递员”となることによって，固定観念がとりはらわれた。

b－1－3　生産活動に関するもの

ここにおいてあらわれたものは，(1)の場合においてみられた，試験に通り役人になり，権勢財力を掌握するという傾向の消滅とともに，これらに関する語彙は常用語からはずれてしまっており，もっぱら，産業生産面の積極性をあらわすことばに多くかわっている。工業方面では，

“工地”“车间”“工厂”“制造”

などであり，農業方面では，

“施肥”“插秧”“播种”

などであって，さらに，これらに関係した道具の名も多く登場した。例えば，

“车床”“车轴”“双铧犁”

など。

b－1－4　生産的で積極性をあらわすもの

人民の社会となり，人民がみずから社会を作り上げていく過程で，生産に，学習に積極的にとりくむ姿勢をあらわすことばが多くみられる。例えば，

“顺利”“确实”“胜利”“亲热”“搞”“进行”“争取”“试验”

などである。

b－1－5　新語

新らしい社会の現実を反映した新語が誕生するのは当然である。新語については，社会発展の各段階に応じて，その時に必要なことばがいろいろな分野にうまれるために，詳細に，個別的に分類すること自身，きわめて困難である。一二の例をあげるにとどめる。

“人民公社”“民兵”

など。なお，これらの他に，語法用語では，文章を正確にあらわすためにも，欧化・新興語法といわれるものがうまれた。と同時に，一般の語彙にあっても，語素の入れかわりなどによっても，従来用いられてきたことばの意味・機能が変化したり，新らしく加わったり，あるいは，固定したり，また，その語のもつ好悪感が変化したりするものもみうけられる。例は省略。

c）外来語

中国語は，外来語の導入に際し，そのはじめ音訳法をとることもあるが，漸次，意訳法あるいは，半音・半意訳法にうつっていく傾向がある。

c－1　音訳

“坦克”“马达”

c－2　意・音訳

“拖拉机”“水泵”

など。

c－3　意訳

“水泥”“原子能”

などであって，全体として，生産に関係するものが出て来ていることは注目してよいだろう。

d）文言

ここでは“任何”だけがあらわれているが，これは，旧白話語彙として，現代口頭語にのこっためずらしい例であろう。“任何”は英語での“any”にあたるもので，これにあたることばがなかったところから，その便利のためのこったものと思われる。

§5 結論

以上のことがらから，明らかなことは，

1）第一に，特殊な北京語をふくめての北方語の後退と，これに対する，呉語をふくめての南方語の進出であろう。とりわけ，呉語の進出が目立っているが，こうした呉語の進出の情況は，民国時代五四文学の文学言語の影響をうけてのものと思われる。そしてまた，五四以後から抗戦前まで，上海のしめた特殊な位置によっているものと思われる。とりわけ，多くの作家は大量に呉語地区の方言を文学作品を通じて紹介し，それが人々の口にのるようになっていったということが考えられる。抗戦後は，また，陝北・東北・西南地区の方言が入って来た。かっては，ある地方の方言であると意識されていたものが，今日ではすでに，その方言色の意識されていなくなっているものもあり，A の資料が，まったくの北京語で編集されていたという点からみると，現代語における非北方語の混入はおどろくべきであろう。

2）ことばが，現実社会の反映であるということを如実にものがたっているのが，社会文化生活用語の類のことばであろう。かっては異民族の足下におさえつけられ，あるいは“莫谈国事”のおふれに，おののいていた人民も，人民の人民のための人民による社会が作りあげられたため，政治・経済・生産・文化・軍事などの面の用語が，人民にとって無関心でありえなくなり，確実に，自分たちのものにしたということをあらわしている。また，その社会の発展段階に即して，新らしい意味・機能のことばがうまれ，しかも，それらのうちの多くのものが，すくなくとも語形の上で，現代日本語と，にたものをもっていたということも，聴覚，あるいは，視覚言語として，われわれに一種のとまどいをあたえるものであった。

3）またそれら以上に，中国の言語事情から隔絶されていたために，現実の中国語を把握できずにいたことが，今日のとまどいをまねく，一つの原因にあげられるであろう。しかし，一方，これらの客観的障碍があったとしても，われわれの無関心さも問題になりうる。たとえば，“进行”“车间”という二語をとってみても，これらは，すでに 1927 年ごろから，今日使

われている意味で用いられていた。“进行”については,《中华国语大辞典》に,“①向前进。②着手办理事情。”とあり,

在俱乐部领导下进行课外政治的、文化的、体育的一切活动。(《抗大动态》1938)

“车间”については,

厂家在此种工潮中，所受损失，至为重大，且车间常发生一部分工人之仇视，……(《上海总工会报告书》1927)

と用いられている。こうした意味でも，われわれは今日の中国社会の動きをただ傍観するということは出来ないであろう。

以上，大まかにいって三つのことがらが，お互いにかさなりあって，現代中国語の常用語に，われわれがある種のへだたりを感じるところのものになっていると思われる。

最後ではあるが，“进行”“车间”の例文は関西大学芝田稔先生からご指教をうけた。

(この稿は1966年10月20日中国語学研究会第17回大会で発表したものを整理したものである。)

以下，参考資料として,『改訂急就篇』と《普通话三千常用词表》との語彙調査の表をかかげる。『改訂急就篇』－《普通话三千常用词表》＝以下の表。

1) 改訂急就篇の問答下まで，連語などを含めて約2500語。

2) 人名・地名・書名・数字は除いた。

3) 各語彙のあとの数字は頁数。

4)『改訂急就篇』にあり《普通话三千常用词表》にない語,約1000語,40%である。

礼拜　冬子月　毛 4 ／铜子儿　中间儿 5 ／时候儿　今儿　明儿　昨儿　前儿　后儿　上月　本月　下月　午前　午后　早起　每天　这程子　上回　下回　这回　日头坡儿 6 ／城　道儿　屯儿　通商口岸　爸　表兄弟　叔伯　弟兄　舅舅　本家　皇上　百姓　官农人　买卖人　和尚　东家　掌柜的　裁缝　厨子　底下人　财主　穷人 7 ／无赖子　司机人　土匪　花子　要饭的　新郎　新娘　老爷　少爷　爷们　娘儿们　牙

疼 发烧 泻肚 猴儿 耗子 仙鹤 蛇蚤 金 银 锡镴 8 ／竹 洋槐 樱花 牡丹花 玫瑰 茉莉 吃食 豆儿 胡椒面 蒜苗 豆芽 菜 海参 火腿 鱼翅 燕窝 哈蟖 海带菜 9 ／李子 鸦片 茅厕 花园子 街门 兵营 海关 洋行 兵工厂 饭馆子 洋布 呢子 哈喇 羊皮 马褂儿 兜儿 10 ／家伙 墨盒儿 酒杯 花瓶 铁锅 洋铁 罐子 牙签儿 匣子 漆器 胡琴儿 毡子 荷包 枪子儿 军火 蓬 洋火杂货 洋钱 银元 11 ／纸币 钞票 汇票 合同 章程 凭据 经费 性质 学界商界 政事 言语 腔调 议论 面子 命运 海量 大小 远近 生熟 红白 紧松长短 有无 胜败 悲喜 12 ／静闲 兴旺 体面 寒碜 慷慨 大宗 零碎 乐（le）办理 溜达 拾掇 委任 令尊 令堂 令兄 令友 令正 令郎 令爱 贵国 贵处贵寓 13 ／贵庚 宝号 家父 舍弟 敝友 内人 小儿 小女 敝国 敝处 贱姓 14 ／史书 唐诗 一钩 一竖 三点水 草字头 走之儿 宝盖儿 提手 甲 乙 丙丁 戊 己 庚 辛 壬 癸 子 丑 寅 卯 辰 巳 午 未 申 酉 戌 亥 16 ／省城口皮 宁绸 杭缎 湖丝 端砚 绍兴酒 高丽参 关东烟 日本刀 15 ／码子 17 ／十几 病 19 ／几时 没 准 20 ／起早 油炸果 水烟袋 21 ／看报 瞧书 城外 生意 洋货铺 22 ／沏茶 绿茶 23 ／喝茶 打 用饭 偏过了 吃烟 舍亲 游历 24 ／中国话 觉乎 也是 不算 改天 请安 醉 25 ／楼上 出门 理会 许是失火 府上 托福 26 ／康健 久违 彼此 久仰 岂敢 好说 那儿的话 贵恙 承问 浅蓝 照例 27 ／花样儿 时兴 也就是 今儿个 28 ／约 棒球儿 商船 匾 29 ／数儿 整 西北 浪 30 ／写信 家里 粮食店 站 31 ／二等 床位票 江轮好几 什么的 子儿 上车 景致 真是 大观 32 ／告假 得（dei）定规 前边儿考中 33 ／优等 来 招商局 34 ／讲习会 多咱 今日 挂号 那么 35 ／天天见隔 一处 俩 均摊 月底 36 ／邀 做活 某宅 37 ／道谢 回片 总要 主笔 平和阴历 几儿 月份牌 说不定 头等 每位 大洋 38 ／柜 多儿 饭钱 其 在内 烧酒 炸丸子 拌鸡丝 39 ／饼 杂样儿 碗 芙蓉汤 秘书长 书记官 40 ／留学生公使 年限 续 亲笔 怕是 代笔 见得 笔迹 令表兄 帮 41 ／和 一样儿 只管装假 龙井 怪不得 新禧 同喜 拜年 或是 42 ／护照 现洋 票子 总得 路上样儿 晚车 时间表 43 ／这溜儿 客栈 一家儿 属 差不许多 伙计 开帐 寻常相仿 长里下 44 ／夜作 发财 吉言 又是 决 不够本儿 45 ／行市 照旧 影片特色 国产 大片儿 供 观音菩萨 灵 这早晚儿 散 出口 大宗儿 46 ／鲜 嫌膻味儿 告白 过奖 不过是 塞责 罢咧 公干 47 ／考察 商务 照应 理当 那

么些 赶上 48 /大凡 耐久 着凉 觉着 碳气 腻 没准儿 49 /稍 烂 胰子 乱七八糟 费话 回信 决不 至 不碍 若 输东儿 讲礼 懂得 51 /却 下棋 月饼 并不 瞒 米棋 脊梁 肿 敢情 52 /汇钱 远东 大会 各国 选手 声儿 隔壁儿 爆竹 光景 祭神 成家 娶 53 /第二天 开船 听戏 凉水 喝不得 所 话 赶 闹肚子 奉扰 54 /浮躺 拜访 合格 万幸 55 /那块儿 对面儿 早不了 字儿 56 /买办 散学 天分 使 谓之 回回 57 /地方 古时 转音 送行 知会 份 股票 利 厘 到手 每年 58 /季儿 想不开 依 容让 合乎 对待 来回儿 59 /向日莲 晚香玉 爬架 喇叭花 嘍 齐全 草花儿 值钱 出城 钓鱼 华鲫鱼 碰巧 敢自 做事 60 /取笑 吃得来 口味 钱儿 垫上 特意 奉 还 小事 挂心 笔墨 每月 薪水 61 /津贴 阁下 荣行 偏巧 不在乎 签子 皮包 手使 62 /多大会儿 解手 货车 搭客 好 半天 有所 里头儿 63 /房钱 口儿 门儿 64 /何妨 数目 抵得住 地名 进口 足见 日见 65 /故此 获利 毁 照样儿 认 如何 嫌恭 正是 地方儿 66 /俗语 面善 街坊 提醒 仿佛 欠安 愈 67 /大好 世兄 入学 岁数儿 宝眷 离不开 老伯 68 /老人家 家夫 张罗 贵甲子 老先生 高寿 69 /小刀子 顶 外套 生来 出兵 70 /晌觉 本钱 地步 身躯儿 才干 管保 71 /这么些个 上弦 旱 据 年头儿 军务 年成 封 72 /了然 消遣 天儿 为是 屋门儿 妙极了 解闷儿 73 /伴儿 嫌弃 佳日 转学 得意 79 /愿书 证明书 打麻将 上瘾 好好儿的 恰当 75 /打发 水土 服 聚会 难道 76 /早半天 晚局 后半天 花钱 侯恭候 至迟 必 大喜 出阁 道喜 当不起 惊动 大远 赏脸 77 /(以下印刷事情により省略。必要の向きは大会資料を参照,または筆者にお申出下さい)

江南のことばと北京のことば

夢と現実が交錯していたためであろうか，気がついた時は，日程をあと数日残すだけになっており，２週間にわたる中国参観旅行は，あっけなく終わった。

われわれの訪問地は，上海・蘇州・無錫・そして北京であったが，このコース，ことばの面からいえば，呉語地区の中心地から，北方官話の中心地への移動であった。

入声の響きに心奪われながら，江南のことばと北京のことばを比較していたが，二・三印象に残った点を以下に記し，報告にかえようと思う。ただ，誤解している点が多くあると思われるので，ご叱正をお願い申しあげたい。

紙幅の都合で，要点をまとめると，

§1　文字改革の一コマ

§2　江南語と北方語とで対立関係にある語彙のうち

　(1) 南北差の明白なもの

　(2) いずれか一方に安定しているもの

§3　清末期のことばから見た江南語の語法特点

である。

§1 “十八”と“三十”

上海一の大通りを，銘酒の友を求めて，とある食料品店に入ると，“六鱼”とある。横書きならいざしらず，竪書きになっていたため，てっきり，“十八鱼”と思っていたが，何のことか，とんとわからない。よく見ると，“十”と“八”の方が，“八”と“鱼”に較べて結びつきが強いらしい。そこで，近くにいた“小朋友”に教えを請うと，「daiyu」ということであった。

ところが，北京について驚いた。上海の“十八鱼”は北上すると，“卅鱼”になっていた。

北京での太刀魚，実は“卅鱼”と書くのが正書法らしいが，板切れに書いた墨の字が水でにじみ，「sayu」に見えたのであった。

簡体字とは，人民の知恵の一つであるが，“六”＝“带”＝“卅”という，地域差を表わしている二つの文字は，将来どのように整理されるのか，とても気になった。

§2－(1)　ハンカチ

ところは“上海市第一百货商店”。“手帕”コーナーは，中国でも“小朋友”に人気のある売場の一つらしい。

ここで，辞書にも登録されていない，めずらしいことばを耳にした。“ハンカチ包みにしたら，この絵が出てきて，とっても美しい”という意味であったが，みなさん，ハンカチを「juantou」といっていた。

しかし，北京では，付添いの通訳の方々は“手绢儿”“手帕”といっていた。

この「juantou」，《汉语拼音词汇（増订稿)》などにも収めていないが，《汉语方言词汇》では，詞目に“手帕”をあげ，蘇州で“绢头”としている。

§2－(2)　清涼飲料水とサンダル

“冷”と“凉”との対立関係について，《语辞辨异》では，次のように説明している。「気温・風・気温に対する感覚を形容する時，江南語（主として上海語）でも，北方語（主として北京語）でも，“天真冷”“冷风”“我冷”のように“冷”というが，このような場合，“冷”と“凉”は，温度の差を表わしているだけで，その他の諸物を形容する時には，北方では“凉饭”“菜凉了”“冰凉的”“凉碟”のように，“凉”としかいわないし，江南では“冷饭”“小菜冷脱嘞”“冰冰冷格”“冷盆”のように，“冷”としかいわない」。

上海到着以来，ひそかに期待していたことの一つに“冷饮”があった。北京にいけば，“凉饮”になるとばかり思っていたが，旅行中，どこへ行っても“冷饮”で，“凉饮”とはいわない，ということであり，サンダルも，上海から北京まで，これまたどこでも“凉鞋”で，“冷鞋”とはいわない，とのことであった。

なお，《汉语拼音词汇(增订稿)》などにも，“冷饮”は収めていない。

§3　江南語の語法特点

江南で耳にしたことばの中で，以下のような表現に，特に注意を引いた。

⑴ 你在看什么书?

⑵ 我没有去过。

⑶ 这个(真珠)比那个大的多。

⑷ 社员的生活也一年好一年。

これらの表現法，今日，文学言語としても，一般に認められている，ごく普通の型で，一見したところ，何の問題もないようであるが，⑴～⑷ を，清末期の北京語 (A)，清末期の南方官話 (B) と比較すると，興味深い点が指摘される。

⑴は，動作の進行持続を表わす表現の一つだが，A では“…着”型をとり，B では“他还得说话”のように，“还得”型をとっていて，清末期では，“在”型の表現が，まだ存在していないことを表わしている。

しかし，この“在”は，上海語の“勒拉”に相当しているので，上海語を共通語風に翻訳した書面語から入ってきたものと思われる。

⑵ は否定詞の問題で，A では“没有”になることもあるが，極めて少なく，基本があくまで“没”であるのに対して，B には“没有”しか用いられていない。

また，旅行中，通訳の方のことばを除くと，江南では“未”が“没”になることは，まったく，なかったと思われる。

⑶ は，同一時における比較を表わす表現で，A では“…的多”になることもあるが，“没”の場合と同じく，基本は，あくまでも“…多了”であるのに対して，B では“的多”型しか用いられていない。

⑷ は，時間詞をともなった漸層の表現で，A では“一年比一年好”型しかないのに対して，B では，呉語式の“一年好一年”型しか用いられていない。

以上，初歩的な検討だが，⑴～⑷ と A との相違点は，そのまま，⑵ ～⑷ と B との共通点ということと，上海語の影響を受けて，共通語の中に入った新しい表現法の出現ということとを表わしており，上記の四項目は，江南語の語法特点に数えられる，と考えられよう。

なお，Aとは《语言自迩集》であり，Bとは，F. W. BALLERの*MANDARIN PRIMER*のことである。

“汉语”のニュアンス

“成分”

いま,中国では,“兴无灭资”という旗幟のもとで“成分”ということが,やかましく論議されている。日本語では,「混合物を組成する物質·元素」「文の主要部分」(『言苑』)ととかれて,化学用語・文法用語としてのことばである。中国語においても,従来は日本語と同じ用法であったことは《汉语词典》が証明している。だが,今日では,この従来の用法に加えてこの語は人間についても用いられるようになった。例文をみよう。

1) 地主成分,低头认罪,听从改造呗! =地主階級は,頭をさげてあやまり,いうことをきいて考えをあらためなされ!(《红石钟声》)

2) 她是什么成分? =かの女はなに出身か?(同上)

3) 这个女的,成分好,劳动好, =この女の人は,出身階級もよく,しごとぶりもよいし,……(《瘦马记》)

以上の例文にみられるように,人間についてその人の属していた階級・出身階層をいっていることばである。そして,これがまた,唯成分論の如く用いられると,この“成分”は貧農・下中農のこと,とまで具体的にその出身階層を指している。“成分”はまた“成份”ともかかれる。

4) 工人队伍迅速地增长和扩大,也掺进了一些复杂成份=労働者隊伍ははやくふえ拡大したが,いくらかのややこしい階層がまたはいりこんだ。(《人民日報》)

“反映”

日本語では,「うつりあうこと,互に配合のよいこと」「感情・思想等がある物にうつってみえること」(『言苑』)中国語にも,もちろん,こうした用法はある。たとえば,

睁开眼,看见房顶反映着一点暗红的火光。=眼をあけると,屋根に一点

どす黒く赤い火の光がうつっているのがみえる。

文学是时代的反映。＝文学は時代の反映である。

“反映”とは，もともと，光線が反射することをいったものだが，ここから，ある基本的な状態・関係からうまれた副次的な現象をいうようになった。そして，それがさらに，以下の例文にみえるような意味にまで，ひきのばされ変化した。

1）出书不久……劳动人民反映意见“照书中所说，我们太苦，太没希望了”……＝本が出てまもなく……労働者たちは意見をいってきた。“本にかいてあるようでは，わたしたちは，あまりにも貧しく，あまりにも希望がなくなっている。”……（《骆驼祥子》）

2）有意见也不能乱反映。＝意見があるからといっても，やたらに意見を出してはいけない。（《当家人》）

3）各班分头讨论讨论。对总结，对受表扬的同志还有哪些意见，都可以反映上来。＝各各分隊はそれぞれ討論しなさい。総括書，顕賞される同志に対しては，まだどれだけの意見があっても，すべて上申することができます。（《欧阳海之歌》）

4）你们红石各阶层有什么反映没有？＝あなたがた紅石の各階層のかたは，何か意見がありますか？（《红石钟声》）

5）我非上居民委员会，重重的反映他一顿。＝わたくしは住民委員会にいって，かれを一度つよく意見しなければなるまい。（《皆大欢喜》）

以上の例文にみられるように，はじめの例文の用法に加えて，あらたに能動的・積極的な意味あいがくわわり，あとの例文(1)(2)(3)では「(意見を) いう，提出する。つたえる」となるばかりでなく，例文(3)では，“反映”のしかたが，公開の直接的なものではなく，「間接に（意見を）つたえる」（『香坂・太田辞典』）という意味になっている。また，例文(4)の“反映”は，“意见”に相当するものとなり，例文(5)での“反映”は，従来の“说”にあたるものであろう。また，“反映”と同音で，よくにた意味のことばに“反应”があるが，“反应”とは，化学上の変化，あるいは外部からの刺激によっておこる，心理上の，あるいは一般的な変化・反響をいうことばであり，さきの“反映”が，能動的で積極的な意味あいのことばであるのに対して，消極的で受動的なことばである。

“配合”

『井上ポケット支那語辞典』に，“配合”は，「組合わせる，配合する」「交合する」とあり，『言苑』には，「とりあわせること」「夫婦とすること」とある。現代中国語では，どうだろうか。『支那語辞典』での意味のほかに，次の例文のような用法がある。

在这前后，三家村黑帮，配合右倾机会主义分子，先后写出了海瑞骂皇帝、海瑞罢官……＝この前後，三家村の黒いグループは，右傾機会主義の分子に呼応しながら，前後して，「海瑞罵皇帝」「海瑞罷官」をかいて……（《中国语文》）

畅述和三家村的其他黑帮一起，配合美帝国主义、现代修正主义，对我们的总路线、大跃进进行恶毒的污蔑和攻击，……＝楊述は三家村の他の黒いグループといっしょになって，アメリカ帝国主義・現代修正主義に呼応しながら，われわれの総路線・大躍進に対して，あくどい侮辱と攻撃を積極的に行ない，……（同上）

これらは，「組合わせる」という意味から引申されてうまれた「呼応する」「協力する」ということばであるが，ここでとりあげたものは，「……に……しながら」という，つまり，「……に呼応しながら」という意味で，“配合”という語のもつ機能の面からみると従来の中国語になかった，あたらしい用法である。清末期の中国語からすると，今日の中国語には，いわゆる新興語法、欧化語法といわれるものが数多くみられる。ここでとりあげたものも，そのあたらしい関係詞のひとつである。もうひとつだけ，この類のものをあげておこう。

“包括”

1）美国在战后所推行的“统一欧州”的计划，实际上就是要把包括英国在内的西欧国家置于它的直接控制和奴役之下的计划。＝アメリカが戦後おしすすめてきた“ヨーロッパ統一”の計画とは，実際は，英国をふくむヨーロッパ国家をその直接支配の下におき奴隷としておいておこうとす

る計画なのである。(《人民日报》)

2) 除了对西欧的争夺，美国和包括法国在内的欧洲老牌殖民主义国家在非洲的斗争也异常激烈的。＝ヨーロッパに対する争奪の他，アメリカとフランスをふくむヨーロッパの有名な殖民主義国家のアフリカでの闘争もまたとくにはげしいのである。(同上)

従来の中国語では，“包括”は“包含总括”(《汉语词典》)と，とかれており，日本語でも，「ひっくるめること」(『言苑』）である。が，上の例文の“包括”はすこしこれと異なっていよう。いまもし英語でいうならば，“including”にあたるもので，「……をふくめて」という意味である。また上の例文であきらかなように，こうした意味のばあい，よく，“包括……在内”という型をとることがある。しかし，“在内”をともなわないこともある。

3) 现在正是我们摆脱帝国主义的邪恶影响包括在体育方面的邪恶影响的时候了。＝いまがちょうど，われわれは，体育面のよこしまな影響をふくめて，帝国主義のよこしまな影響から脱脚する時なのである。(同上)

なお，“包括”とよくにた意味のことばに，“包含”があるが，これには，こうした用法はないようである。

“检讨”

さて，話題をまたもとにもどそう。このことばは，日本語では，「しらべたずねること」「検査し攻究すること」(『言苑』）とあり中国語では，“检验讨论”“宋朝官名，掌编修国史”“明清二朝翰林院职官，位次于编修”(《广辞林》)とある。だが，現代中国語では，もっと異なった他の意味で，多くの場合が用いられている。例文をみよう。

1) 他到公社汇我一报，免不了当众检讨＝かれが，人民公社にやってきて，わたしのことを報告したなら，みんなの前で，反省しなければなるまい。(《十年树木》)

2) 我向连长・向全班同志检讨，保证今后决不再犯。＝わたしは中隊長・全分隊の同志に対して自己批判し，こんごけっして二度と違反することのないよう致します。(《欧阳海之歌》)

3) 这是我的检讨。请组织上给我处分。＝これはわたくしの自己批判書です。

どうか組織で処理されますようおねがいします。(《山村花正红》)

4) 写检讨能像吃冰棍似的那么舒服。=自己批判書をかくことは,アイスキャンデーを食べるように,それほどに気持ちのよいものか? (《皆大欢喜》)

上の例文であきらかなように,この“检讨”も従来は,職官名を除くと,人間に対してはあまり用いられなかったことばである。ところが,上の例文では,すべて人間に対して用いられている。例文1) 2) では,「反省する・自己批判する」という意味であり,そのしらべ方が,人間の内面のものにまでおよんでおり,その結果として,「反省し,自己批判」した具体的な内容事項をしるしたものが,例文3) 4) の「自己批判書」なのである。なお,この「自己批判書」は,“检讨书”(『香坂・太田辞典』)ともいう。なお例文(1)では,かりに「反省する」と訳したが,これも「自己の誤りを点検し反省する」(『倉石辞典』)ということである。

「数量」と「程度」

――現代中国語における“很”の用法――

§1 はじめに

現代中国語で,程度を表わす副詞として用いられる“很”(“狠”“哏”とも表記する)は,影の部分の多い,不思議なことばの中の一つである。

まず,現代語では,「形容詞が述語になった場合,普通は,その形容詞の前に,程度を表わす副詞をつける。そのうち,もっともよく使用されるのが“很”で,……,この場合の“很”は,すでに機能が弱っていて,程度を強調する意味をほとんど失っていて」[(1)],一種の繫詞になっている[(2)],と説かれているが,なぜ,その場合に“很”が選ばれるのか,という点になると,林語堂[(3)]などの見解をふまえたと思われる呂叔湘[(4)]や,独自の見方を示すドラグノフの説明も[(5)]疑問を解くに十分であるとはいえない。

そして,近代語では,例が多くあるわけではないが,《儒林外史》[(6)]に,

○他只因欢喜狠了,痰涌上来,迷了心窍。(42)

○方六老爷行了一回礼,拘束狠了,宽去了纱帽圆领,换了方巾便服,在阁上廊沿间徘徊徘徊。(547)

《儿女英雄传》[(7)]でも,

○这事可糟了,糟很了,糟的没底儿了。(25-20)

のように,“～很了”という構造があらわれる。およそ,「“很”は“～得很”という構造で用いはじめられたにもかかわらず,独立性がないので,“～很了”という用い方があることは,一般に考えにくい」[(8)]のであるが,現在も,成都では使うという[(9)]。

最後に,“很”の用法を歴史的に考察された太田辰夫先生は,「副詞として用いられた例は,元代から見える。ただし,一定の文献にかぎってあらわれ,蒙古人と接触することの多い北方の人々の間におこなわれる俗語であったと想像される。元曲などにはきわめて稀にしか用いられず,おそらく,漢人はあまり用いなかったのではあるまいか,……,明代の文献にも

多くあらわれているとはいえない。しかし，北京ではたしかに用いられており，文学作品にあまりみえないのは，それが北京語とはかなりちがった方言によることを物語るらしい。……，“很”は清代になってはじめて多く用いられるようになった」[10]。といわれる通り，このことばは，そもそもが，なぞの部分のきわめて多いことばであった。

ところが，中華人民共和国成立後の現代中国文学を代表する作家の一人，柳青の三作品，《种谷记》[11]，《铜墙铁壁》[12]，《创业史》[13]には，上記した影の部分を解明していく上で，非常に興味深い“很”の用法がみられる。そこで，柳青の“很”を出発点に，さきに挙げた現代語，近代語における“很”のなぞを検討していくことにしたい。

§2　柳青の“很”

柳青の三作品には，“很”は以下の通り用いられている。

(1) “很”＋名詞・形容詞

○“不要紧，”梁三老汉翻眼看看生宝，很内行地说，……（《创业史》，以下，《创》と略す—— 125）

(2) “很(是)”＋形容詞

○“好处很多！老人家。”（《创》—— 317）

○高增富自己朝郭振山的草棚院走去，脚跟很有劲。（《创》—— 78）

○……再则他自己还挑选得很是严格，……（《种谷记》，以下，《种》と略す—— 121）

(3) 補語

○因为削去扫帚把上的细枝，不象割竹子，快得很哩。（《创》—— 218）

○可惜得很！（《创》—— 387）

○赵德铭初来时奇怪他们既非一个家里的人，又不是亲戚，在族内也远的很了，为什么会这样度量大呢？（《种》—— 29）

○怪得很很！[14] 庄稼人，地一多，钱一多，手就不爱握木头把儿哩。（《创》

—— 115）

(4)“很（是）”＋動詞

○也有人估计，他做不到的话，很可能犯法，……（《创》—— 41）

○任老四爽朗地笑着，很满意自己观察事物的眼力。（《创》—— 71）

○他和教员一路拉谈着，……，有时又很使他感动。（《种》—— 13）

○众人很是了解他在许多会上提的意见，……（《种》—— 84）

○王加扶自己却很有些局促不安；……（《种》—— 12）

○……跟着接二连三垮台的便很有几组；……（《种》—— 25）

○锣声停了，稻地里和官渠岸很活跃了一阵。（《创》—— 132）

○媳妇见纸不少，便狠剪了几张，恨不得一回把它用完。（《种》—— 35）

(5)“很”＋数量詞

①“很”＋“几”

○他早不适于种地了，……，所以很几年以来，总是帮老汉安种停妥，……（《种》—— 68）

○他本是个好劳动，但陆续不断地用手揉眼也很几年了。（《种》—— 68）

○……，其原因仅是因为近来有很几次他的意见受了大多数人的反对，……（《种》—— 84）

②“很”＋“些”

○我注意你很些日子哩！（《创》—— 43）

(6)“很”＋時間詞

○想了很一阵，他突然感到屋子里亮了起来，……（《种》—— 98）

○那民兵停了很一阵，才宣布现在可以走了。（《铜墙铁壁》，以下《铜》と略す—— 11）

○这时天明了很一阵，他早到什么地头钻下了。（《铜》—— 99）

○众人惋惜了很一阵，才四散去了。（《铜》—— 99）

○半夜以后下小了，又过了很一阵，完全住了。（《铜》—— 126）

○…，改霞为了不使代表主任发觉，故意沉默了很一阵，……（《创》—— 51）

○他沉默了很一阵，然后咬住牙说：……（《创》—— 61）

(7) 述語

○石德富接住银凤的手巾，对老陈说："你老人家为甚不款款在那塔歇着哩？万一敌人上这面山上来，你跑动啦？"
"不怕，这塔离大沟还很一节，我心焦得不行。你们快喝汤吧。"（《铜》—— 147）

以上の用例のうち，まず，(5)～(7) についてみると，これらの"很"の用法は，《国语辞典》[15]《现代汉语词典》[16] はおろか，陸志韋の《北京话单音词词汇》[17]，《汉语方言概要》[18]，《汉语方言词汇》[19] や，方志所録の方言など各種の方言調査の記録[20] にもみえない。とりわけ，現代諸方言の記述的な調査研究が，あまりにも不足し，あまりにも不充分である現在，判定に明確さが欠けはするが，こうした"很"の用法は，柳青が陝北地方の農民の生活全般にわたって，長期間の詳細な観察を行っていること[21]，そして，その為でもあるが，三部の作品には，方言調査の資料に記録された陝西省の方言語彙，文法と一致するところが多く指摘されるところから[22]，いま，とりあえず，陝西省北部の方言文法の一つに考えておきたいと思う。

すると，次いで，二つのことが想定されるだろう。その第一は，"很"＝"好"という関係の予測であり，第二は，"很"＝"多"という関係の予想である。

第一の予測は，(5)(6) のような意味を表わす場合，"很"＋数量詞，"很"＋時間詞，といった構造しかとらない，というのではなく，(5)——①の時には，

○给咱们每亩加上一斗租子，好几石大米哩呀！（《创》—— 64）

といった，"好"＋"几"の型がより多く，(5)——②ならば，

○村里好些人讥笑哩！（《创》—— 52）

といった"好"＋"些"の型の方がより多く，(6) の場合には，

○他自报他捐两棵白杨树，表示“中、贫农的团结性儿”，博得了好一阵雷动的掌声。(《创》——68)

のように，“好”＋時間詞の型の方がより多く用いられているので，その表わす意味ともども，容易に的中する。ただ，残る問題は，“很”と“好”との二者における，音変化ということである。さきにも述べた通り，現段階では，現代諸方言の記述的な調査研究が，非常に遅れているので，不明なところもあるが，もし，蕭豪韻から真文韻に変化した例が他にもあるとすると，柳青が“好”とかかわりの深い“好生”を，使わないわけではないが，極度に避けていること，そして，広東語では程度副詞に“好”があるだけで，“很”のないことなどは，“好”が状況語に用いられた場合，常に感嘆の語気を含むが，という一点を残しつつも，“好”から“很”へという音変化の傍証になるだろう，と思われる。なお，音変化があったにしろ，なかったにしろ，“很”，“好”の表わす意味が，“多”であることは，異論のないところだろう。

また，第二の予想である，“很”＝“多”の関係は，(7) からも容易に推察可能なところで，当該個所を，別に表現をとると，“还有一段路”とでもいえるだろう。この用法，われわれが，現在，手にすることの出来る諸道具，資料からすると，判読不可能とまでいえる程に，稀な例で，従来，紹介されたことがなかった，といっても過言ではない，と思われる。

もっとも，“很”＝“多”の関係を機械的に想定し得る場合もあるが，これまた，資料的に限られているという点で，興味深い。

○家中哭了多一阵，猛然想起事一宗，一把扫帚拿在手，坡注底下扫净踪[23]，……

ここで用いるところの“多”，現代中国語として，特に問題があるわけではないが，おそらく，普通なら，“好”となってよいところだろう。ただ，筆者の大胆な想像では，この“多”，もともと，“很”となるはずのところではなかったか，と思われる。そのわけは，この話の話し手に注目したい。《刘巧团圆》を伝える韓起祥は，1915年，陝西省の北部は横山の生まれ，3歳で失明し，のち“说书的”になったが，この人のことばの特色は，満洲語の入っていることなのである[24]。

およそ，満洲語と中国語とのかかわりを，現代中国語との関連で説くならば，忘れてならない事項の一つに，現代中国語の成立に直接関係のある，19世紀後半の北京語で記録された《语言自迩集》(25)における，《清文指要》(26)から *THE HUNDRED LESSONS*，つまり，《谈论篇百章》への書きかえ，ということがある。この二者の間における関係は，筆者のいう，初版改訂版本(27) などの《问答之十》に，

〇那清文指要，先生看见过没有。仿佛是看见过，那是清汉合璧的几卷话条子那部书，是不是。是那部书。那部书却老些儿，汉文里有好些个不顺当的。先生说得是，因为这个，我早已请过先生，重新删改了，斟酌了不止一次，都按着现时的说法儿改好的，改名叫谈论篇。

と記すように，《谈论篇百章之二》の最後の一段，

〇若照着这么学，至多一两年，自然而然的，就会顺着嘴儿说咯，又愁什么不能呢。

は，《清文指要》では，

〇要是这样学了去，至狠一二年间，自然任意顺口不打蹬儿的说上来了啊，又何愁不能呢。

となっていたのである。

筆者は，満洲語に対して，何の知識もないために，《清文指要》に記すところの満洲語と中国語との関係は，一切，わからないが，ただ，満洲語に対応する中国語にのみついていうと，少なくとも，嘉慶年間には，“很”が“多”の意味で用いられていた，ということと，古い中国語から新しい中国語への変化が，“狠”から“多”への変化で示されている，ということが重要なのである。

ただ，こういった例は，現代中国語における柳青の場合と同じように，非常に数少なく，それ自体が問題であるが，以上のことがらなどを含めると，筆者は，“很”の本籍地を，さきに，陝西省北部と予想したが，いまは，更に一歩進んで，満洲人，あるいは，蒙古人と深いかかわりのある地方の，とても限られた人々の間におこなわれ，現在もおこなわれている俗語，という注釈を加えておきたいと思う。

§3　数量と程度

§2で柳青の“很”の用法を検討している中で，従来，影の部分に入っていた“很”の独立性は，《铜墙铁壁》からの事実で例証された。そして，ややぼんやりとわかったのが，“很”の本籍地の推定と，“很”“好”“多”の三者の間に，非常によく似た共通点があって，互いに密接な関係を保ちながら結びついているらしい，ということである。

そこで，まず，§1であげた，近代語で用いられる“～很了”という構造が，なぜ，存在可能か，という点から，考察に入りたい。

考えられる理由は，いくつかあるが，筆者は，香坂順一先生があげられる推測の一つ，《儒林外史》の時期にみられる，“～得极了”から“～极了”への移行が，この構造を誘い出したのでは，という見方が，最も妥当なのではないかと思う。《儒林外史》では，

○你一个弱女子，视如土芥，这就可敬的极了。(480)

○汤镇台道：“这便好的极了。”(529)

という“～的极了”型と，

○这秃奴可恶极了！(289)

○我杀过矢棋，心里快活极了，那里还吃得下酒！(624)

という“～极了”型の二種類が平行して用いられているが，「“～的极了”と“～极了”とでは，後者の用例の方が多く，またこのばあいまえにくる述語にあたる形容詞も，《红楼梦》や《醒世姻缘传》にみられるように一定しておらず多様である」(28) ところから，“～极了”の用法が，もうすでに安定していたと考えられるということと，そしていま一つ，“～的极了”と同時に用いられていた，

○黄球道：“这好的很了。只是事不宜迟，老爹就要去办。”(232)

のような“～的很了”構造も，現代語で“～的极了”がすでに用いられなくなっているのと同様に，ごく稀にしか用いられなくなっているのに対し，“～很了”が，現在も用いられていること，“～极了”の場合と，事情が一致しているからである。

なお，この“～的很了”型は，《语言自迩集》の初版本の系統にはみえ

ないが，1886年に改訂された第2版には，その〈践约传〉に，

○张生留他住了两天，到第三天白马将军说，这两天骚扰得很了，明儿是我们营里放饷的日子，众兵都去领饷，我只好告辞了。(258)

○一边儿说着一边儿送将军出去，临别又再三的说，劳驾的很了。(257)

と用いられ，同年，陸軍文庫から出版された福島安正の『自邇集平仄編四聲聯珠』にも[29]，

○那实在是详细的狠了，等过两天我买一部。(56)

○可笑得狠了。(78)

○这么说起来，坐船走水路，实在是难得狠了 (144)

○……，有黑豆，有黄豆，有匀豆，有赤小豆，有蓁豆，有豌豆，有青豆，多得狠了。(274)

と，“～得很”型に劣らず用いられ，のち，『官話指南』[30]や，宮島大八の『急就篇』[31]にもみられたが，20世紀に入ると，ほとんど用いられないようになった。

では，残る問題，現代中国語で，程度を表わす副詞として用いられる“很”とは，一体，どういうことばで，何を意味しているのか。よく似た関係にある“好”“多”との共通点と相違点とを比較検討しながら，考察に入りたい。

	数量	程度	感嘆	疑問
很	(a) ○	(b) ○		
好	(c) ○	(d) ○	(d) ○	(e) ○
多	(f) ○	(g) ○	(h) ○	(i) ○

まず，“很”“好”“多”の各々が表わすところに対応する例文を，主として《现代汉语词典》から求め，その関係を図示すると，上の通りになる。

〔図表の註〕

1) 数量とは“数量大”のこと。

2) ○印はその用法があること。

3) 例文は次の通り。

(a) 我注意你很些日子哩！ (b) 好处很多。(c) 村里好些人讥笑哩！（以上は§2から）(d) 好冷。(e) 哈尔滨离北京好远？ (f) 多才多艺。(g) 走不多远，他又回来了。(h) 这个问题多不简单哪！ (i) 他老人家多大年纪了？（以上は《现代汉语词典》から）

この表を一覧すれば，“很”と“好”“多”との共通点，相違点は歴然としている。“好”“多”が非常によく似た働きをし，ともに，数量，程度，感嘆，疑問用になるのに対し，“很”は，数量，程度用の働きしかなく，感嘆，疑問に用いられていない。あるいは，感嘆のところに，別の印を入れて，その語気を伝えることもある，とする方が，より正しいのかも知れないが，いまは，音声面を除外するので，空白にしておく。と，問題は，“很”になぜ数量，程度用の機能しかないのか，二つの用法しかない，とはどういうことか，ということである。

さて，この表をよく見ていると，非常におもしろいことが，わかるだろう。一つのことばが，意味内容の異なる二つの用に当っていること，一つのことばが，意味内容の異なる四つの用に当っていることである。これは，中国人の発想法とも認識法とも表現法ともいえることで，数量の多いことが，程度を表わし，感嘆の語気を伝え，最後には，疑問をも表わす。つまり，数量の多いこと，程度，感嘆，疑問とは，数量の多いところを起点として伸びる一本の線上の，ある具体的な数量的な段階を示している，といえることである。

まずい譬えだが，千里山か天六から，国鉄新幹線の上り列車に新大阪から乗ったとしようか。程度が名古屋，感嘆が豊橋ぐらい，とすると，疑問は，目下のところ，東京という具合いなのである。

この見方を肯定すると，“很”は，“好”“多”が，数量的に奔放な伸びを示すのに対し，せいぜい，数量と程度の間を遠慮がちに動くことばである，といえるのではないだろうか。このことは，以下の例文が語るところでもある。

“很”には，かつて，“～着哩”，“～着呢”，“～着的哪”といった強化された程度を表わす構造とともに用いられ，

○那计老头子爷儿两个不是善的儿，外头发的话狠大着哩。(《醒世姻缘》)[32]

○我那里闲的丫头很多着呢，你喜欢谁，只管叫来使唤。(《增评补图石头记》[程本])[33]

○他们到了冬天，很舒服着的哪。(『自邇集平仄編四聲聯珠』―― 231)

といった結びつきをして，“真”“实在”に相当する働きがあった。が，こうした用法は，“很”の常用化につれて，しだいになくなると同時に，

○听见说你的清话，如今学得很有点儿规模儿了么。(《语言自迩集》——228)

のような，“很”と“点儿”という，アクセルとブレーキの関係にも似た結びつきが現われ出した。もっとも，この個所は，もとの《清文指要》では，

○你的清话说的有了些规模了，……。

と，“很”がなかったのである。

そして，20世紀に入ると，“很”のこういった用法は，文学言語の仲間入りもして，主として，下江官話で活用され，李伯元などは，

○从前走过几趟上海，大菜馆里很扰过人家两顿。(《官场现形记》上——93)[34]

○这几天里，抚院很认得了几个外国人，提起富强之道，外国人都劝他做生意。(同上——98)

のように使い，なんと，“很”は，“多量”[35]という，その本来の意味に近く，用いられるようになって来たが，その時が，また，

○那清文颇有几分相似，……。(《语言自迩集》——349)

○看这桩事，我老师颇有点尽力的地方在里头(《儿女英雄传》——40-84)

○……，且喜平日看文章的这些学生里头颇有几个起来的，……，(同上——3-2)

といった用法における“颇”がなくなり出す時でもあった。

現代語では，もうすでに，書面語になりきっている“颇”も，19世紀後半では，まだ，口頭語で，それは，

○……，也还颇颇的受过几句父母教训，如何肯作！(同上——23-35)

のように，重ね型のあったことからも，理解されることである。即ち，口頭語ということを軸にした“颇”から“很”への交代にもぶつかったのである。

では，この場合の“颇”は，一体，どう解けばよいのだろう。饒継庭は，さきにも記したように，こうした“很”は，“多量”である，という。一方，《新华字典》[36]は，“颇”を，“很”，そして“相当地”の，二つのかけ離

れた意味に説いているが，あとの“相当地”の意味こそ，いま，求めている解釈と見てよいだろう。すると，あとは，“多量”と“相当地”との意義面でのつながりだけである。数ははっきりといえないが，それ相当に多くの数量，というふうにいえると思われるが，如何であろう。この意味こそ，現代中国語で，“很”が文法的機能を果す時に担った意味で，ドラグノフがいう，最も中性的とは[37]，まさしく，この意味のことを指していたものと思われる。

§4　まとめ

陝西省北部で，満洲人，あるいは蒙古人と深いかかわりのあった人たちの間で，もとから，俗語として，数量の多いことを表わしていた“很”は，ずっと長い間，文学言語にも収められず，地下水の流れのように深くかくれたところで用いられて来ていたが，その流れに井戸を掘る人がいて，今日，初めて，われわれは，その流れのうまさを味わうことが出来たのであるが，限られた資料からの，初歩的な考察のため，未解決の問題が，まだ，数多く残されているが，とりあえず，以下のことがまとめられると思われる。

(1)“很”は，本来が，数量の多いことを表わすことばであった。それが，程度を表わす副詞としても用いられたわけは，中国人の発想法の基本の一つとでもいえるところの，数量的な発展・成長とは，何を表わしているのか，ということを理解することによって，始めて，解決されるだろう。

(2)そのため，現代中国語で，一種の繋詞として機能する時の“很”も，実は，『それ相当の多い数量で表わされる』という実義を持っていた，と考える方がよいのではないだろうか。

〔註〕

(1)　日本語版『基礎中国語』。満江紅書店。1976－10。p.104。

(2)　A・A 龍果夫《现代汉语语法研究》。科学出版社。1958－4。p.168。

(3)　山田和男訳『開明英文文法』。文建書房。1968－10。p.312。

(4) 《中国文法要略》。商務印書館。1956－8。p.150 に，“一切表高度的词语，用久了都就失去锋铓。‘很’字久已一点不‘很’，‘怪’字也早已不‘怪’，‘太’字也不再表示‘超过极限’。旧的夸张没落了，新的夸张跟着起来，不久又就平淡无奇了。”という。

(5) 註 2) に，“副词‘很’的意义在所有程度副词当中是最中立的一个，因而使用的频率也就最大。‘很’在词义和语法双重职能上的经常应用就导致它在‘这本书很好’或‘他跑的很快’这类句子里，在极大的程度上丧失了它的实在意义。”という。

(6) 人民文学出版社。1977－1。

(7) 亚东图书馆。民国 21－4。

(8) 香坂順一「近世語ノート（七）」（『明清文学言語研究会会報』第 12 号収録）

(9) 袁家骅编《汉语方言概要》。文字改革出版社。1960－2。p.55。また，A. GRAINGER『西蜀方言』。“WESTERN MANDARIN” AMERICAN PRESBYTERIAN MISSION PRESS. 1900. にも収める。

(10)『中国語歴史文法』。1958－5。江南書院。p.271。

(11) 人民文学出版社。1963－5。

(12) 人民文学出版社。1976－2。

(13) 中国青年出版社。1960－6。

(14) 许树声〈西安方言的一些特殊语法现象〉（《中国语文》1958－9 収録）に紹介する方言文法の一つ。

(15) 中国大辞典编纂处编。1936－12。

(16) 中国科学院语言研究所词典编辑室编。1973－5。

(17) 科学出版社。1956－6。

(18) 註 9) に同じ。

(19) 北京大学中国语言文学系语言学教研室编。文字改革出版社。1964－5。

(20) 波多野太郎編『中国方志所録方言彙編』第二篇。横浜市立大学。1964－10。や，黎锦熙〈陕北关中两县方言分类词汇〉《中国语法与词类》“黎锦熙选集之二”北京师范大学出版部 1950－10 収録）など。

(21) 人民文学研究会訳『創業史下』。新日本出版社。1964－4。の解説に詳しい。

(22) 柳青の方言語彙については，別に報告を行う予定。

(23) 中国人民文艺丛书。新华书店。1949－5。p.68。

(24) 神戸市外国語大学研究叢書第6冊。太田辰夫『満洲文学考』。神戸市外国語大学研究所。1976－3。p.93。

(25) 再版。T. F. WADE, W. C. HILLIER. 1886. SHANGHAI. *THE STATISTICAL DEPARTMENT OF THE INSPECTORATE GENERAL OF CUSTOMS.*

(26) 太田辰夫「清代北京語語法研究の資料について」(『神戸外大論叢』2－1 収 録) を参照。

(27) 拙篇『語言自邇集語彙索引（初稿)』，明清文学言語研究会。1965－10。を参照。

(28) 註8) に同じ。

(29) ここでは，三光堂。大正2年の再版本を用いる。勿論内容は同じ。

(30) 文求堂書店。明治38年4月の再版本。

(31) 善隣書院。明治37年12月の再版本。

(32) 萧斧〈早期白话中的“X着哩”〉(《中国语文》1964－4収録）からの例文。

(33) 註32) と同じ。

(34) 人民文学出版社。1957－10。

(35) 饶继庭〈“很”字＋动词结构〉(《中国语文》1961－8収録)。

(36) 商务印书馆。1971－11。

(37) 註 (5) を参照。

形容詞と“很”とピリオド

§1　はじめに

ことばのもつ特色の一つとして，どこの国の人であろうとも，そのほとんどすべての場合，ことばを使って思考し，その思考に基いて行動する，ということがあげられる。この点については，まず，異論なく承認されるだろう。ただ，ある国の人が，どのように思考し，どのように行動するかということは，その国のことばを追求することによって求められるとは，必ずしもいえないが，すくなくとも，その国のことばをすかしてみることは可能なことであり，ことばの研究は，つまるところ，そこまで行くべきもののように思われる。

例えば，“这本书是我的”（この本はわたくしのです）という中国語を，“本这的是书我”といえば，まるで通じない。それは，なにをいっているのかわからないためで，つまり，中国語になっていないからである。

では，“这本书是我的”が，なぜ，中国語として成立するのだろうか。いま，音声という面を除いて，文字化された場合についてのみ考えると，この場合，単語と単語との結びつきが，中国語に特有の一定の規則に従っているからである，ともいえる。が，それでは，そのような一定の規則が，中国人の思考方法とか，中国人の世界把握の仕方そのもの，ともいえるものと，いかなる点でふれあい，どのようにかかわりをもっているのか，ということになると，スッキリとした回答は，まだ用意されていないかのようである。勿論，まったく，なされていないわけではない。とりわけ，中国語の歴史的研究の成果は，多くのことがらを教えてくれてはいるのであるが，部分的な形でしか，窺い知ることができないでいるのである。いや，あるいは，ごく，あたりまえのことゆえ，ことさら，論究する必要もなかったのかも知れない。ここでとりあげる，形容詞と“很”とピリオドとの関係も，また，その中の一つである。

§2 問題のありか

もうすでに周知のところであるが，現代中国語では，「形容詞が述語になった場合，普通は，その形容詞の前に，程度を表わす副詞をつける。そのうち，もっともよく使用されるのが“很”である」(*ELEMENTARY CHINESE*)。つまり，形容詞が単独で述語に用いられた，

①这本书好

は，これだけでは一次表現として完結されたことにはならず，例えば，“那本书不好”などと，具体的に比較対照されて，

②这本书好，那本书不好。

となり，はじめて完結するか，あるいは，

③这本书好不好?

といった，選択式の疑問文の答えとしてか，

④这本书好，你去买它来。

といった複文の分文としてしか成立しない（ドラグノフ《现代汉语语法研究》）といわれている。

一方，見方をかえて，“很”の方からすると，「この場合の“很”はすでに機能が弱まっていて，程度を強調する意味をほとんど失っており」(*ELEMENTARY CHINESE*)，一種の繋詞になっている（ドラグノフ 同上），といわれている。

しかも，これらの規則・説明は，一音節の形容詞の場合にのみ有効である，というわけでもないだろう。

“很”と形容詞との関係は，それぞれの面から，以上のように説かれてはいるが，わたくしにとって，まだ，よく理解しかねるのは，形容詞述語文が，一次表現として完結するために，1) なぜ，“很”などの程度副詞が必要なのか，ということであり，2) その場合，“很”は，なにを意味しているのか，ということであり，また，3) 比較対照するとか，疑問文の回答とか，複文における分文といったものが，およそ，なにを意味しているのか，ということであり，とりわけ，4) 形容詞とは，どのようなことばなのか，ということである。

なぜなら，同じく形容詞とはいっても，“绝对的性质形容词”（朱德熙《现代汉语形容词研究》），例えば，“真”“假”“错”などは，程度副詞の修飾は受けないし，“又……又……”といった構造も作らないし，普通，この種の形容詞は，

⑤这个消息是真的。那张画是假的。这种说法是错的。

という形をとる以外に，他に表現の形がない（ドラグノフ　同上），といわれるからである。

そこで，以上の問題をみていくにあたり，小稿では，とりあえず，1）2）4）の三点に焦点をあて，まず，4），そして，1）2）という順序で検討に入りたい。

§3　形容詞と話し手の評価・判断

さて，形容詞は，「人あるいは事物の性質・形状または行為・動作などの状態を表わす単語である」（『中国語学新辞典』），といわれている。いま，この定義に従うと，中国語の形容詞は，〈……という性質・形状をもっている〉，〈……という状態にある〉という，人あるいは事物または行為・動作などの，静的な姿を表わしていることばである，といえるだろう。しかし，ここで，より大切なことは，性質・形状あるいは状態とは，話し手の評価・判断と別個に存在するものである，ということ，その意味する内容は，人あるいは事物または行為・動作の静的な姿が，時間とは関係なく，平面的につづいていることを表わしている，ということである。

すると，ここから，形容詞とは，一本の線にたとえられる性格をもっていることばである，といえることになるだろう。そこで，形容詞を一本の線にたとえながら，その線のもつ意味について考えてみよう。数学でいう座標軸，X 軸 Y 軸のいずれでもよい。いま，そのうちの一本を想像すればよい。例えば，“好”ならば，“好”という性質は，0< 好≦ n，で示される範囲をもつ一本の線で，“好”にかかわる，あらゆるすべての具体的な姿の集合体であるために，それ自身では，とらまえどころのない，きわめて漠然とした，抽象的な姿しか表わしていないことになる。では，そのとらまえようのない姿を，とらまえられるようにするには，どうすればよいだろう。どうしても，その線上に，切れ目を入れて明確にしなければな

るまい。しかし，切れ目を入れる，とはいっても，別に客観的な基準が必ずしもあるわけではないから，話し手の評価判断によって切れ目を入れるより，他に方法がない。だから，同一の対象をある人は，X軸ならX軸の＋5のところに切れ目を入れるかも知れないし，ある人は，＋10のところに入れるかも知れない。それは，あくまでも，話し手の評価判断にまかされているのであるが，問題は，このようにして，とらまえようのない姿を，とらまえられる，具体的な姿にかえてきていることであって，別の面からすると，程度副詞とは，まさしく，その切れ目を入れる時に使うことばであったわけで，例えば，さきの＋5は，“较好”を表わしていたのかも知れないし，＋10は，“最好”を表わしていたのかも知れなかったのである。

つまり，裸のままの形容詞は，話し手の評価判断によって，具体化という意味づけがなされた，ということができ，一方，程度副詞の方からすると，“较”とか“最”は，話し手の評価判断をになったことばであった，ということができるのである。

すると，当然，同じ類に属する“很”も，その例外ではありえず，“较”や“最”の場合と同じく，話し手の評価判断をになって働くのである。だからこそ，“这本书很好”が「この本はとてもよい」という意味にも理解されるのである。

それでは，なぜ，“很”が最もよく使用されるようになったのだろうか。この理由については，わたくし自身，まだよく調査していないので，はっきりしたことはわからない。ただ，他の程度副詞とのかねあいから，いわゆる官話地区で常用されるようになり，本来が表わしていた意味が，別の形が受持つようになって，語彙的な意味が弱まってきた，という点も，まったく否定することはできないだろう，と思われる。

また一方，“真”“假”“错”などの形容詞は，上記のたとえに従うと，それら自身が，もうすでに，絶対的な数値，というよりは，むしろ，きわめて具体的な姿を表わしているために，ことさら，“很”などで切れ目を入れる必要もなく，のこるは，むしろ，そのような絶対的な数値を，たしかに確認した，ということの方が，より大きな意味をもち，そのために，例文⑤のような形をとるものと思われる。

なお，こうした見方は，“多”“少”という，数量形容詞の定語としての用法と，深くかかわりをもっている，と考えられる。それは，「“多”“少”が定語として用いられるばあいには，必ず前に副詞“很”を伴う。例えば，“很多书”を“多书”とか“多的书”とかいうことはできない。同様に“很少人”を“少人”とか“少的人”とかいうことはできない」(*ELEMENTARY CHINESE*) からである。しかし，この場合も，上記のたとえにならうと，“多”“少”は，“好”などのように，O< 形容詞≦ n あるいは，−n ≦形容詞 <O という数値を表わしている線でもなく，また，“真”などのように，絶対的な数値を表わしているものでもないが，それら自身のうちに，すでに，ある程度の数値を示している，有限の線である，と考えなければならないだろう。

なぜならば，いま，例文⑤と比較してみると，例文⑤では，“真”などの性格が，“是”と“的”とによって，つまり，話し手の評価判断によって，二度にわたり確認されている。ところが，“多”“少”の方は，もうすでに，有限の数値をもつ線上に，切れ目を入れるのであるため，切れ目を入れること自体が，すでに，話し手の評価判断ということを表わしていることになるので，その後で，もう一度，“的”によって再確認する必要が，とくにない，と思われるからである。

§4　まとめ

すると，これまでにみてきたことは，およそ，以下のようにまとめられるだろう。

まず，形容詞とは，〈……という性質・形状をもっている〉〈……という状態にある〉という，人あるいは事物または行為・動作などの，静的な状態を表わしていることばで，一本の線にたとえられる性格をもっている，ということであり，程度副詞“很”とのかかわりあいから，形容詞は，

(1) “好”などに代表されるグループで，それ自身では，つかみどころのない，抽象的な姿しか表わしていないもの。

(2) “多”“少”などに代表されるグループで，それ自身のうちに，すで

に，ある程度の数値を含んでいるもの。

(3) “真”“假”などに代表されるグループで，それ自身が，もうすでに，具体的な姿を示しているもの。

の三種に，大きく分けられた。そして，(1)の場合，例えば“这本书很好”が，一次表現として完結していた理由は，話し手の評価判断をになった“很”が，“好”と結びつくことによって，そのつかみどころのない姿を具体的な姿にかえていたからであり，(3) の場合，例えば“这个消息是真的”が，一次表現として完結している理由は，本来が具体的な姿を表わしているものに，“是”“的”という，話し手の評価判断をになったことばが結びついて，その具体的な姿を，再確認していたからである。

すると，ここから，さらに一歩進んで，“这本书很好”“这个消息是真的”が，一次表現として完結するために，すくなくとも，次の三つの条件とでもいえるものの必要なことが導きだせるだろう。つまり，

(1) 表現自体がすでに状態を表わしていること。

これは，中国語では，形容詞が状態を表わしていることばである以上，そのことばが述語になっておれば，それがすでに状態を表わしていることは，また，当然のことである。そして，

(2) 話し手の評価判断を表わすことばが，述語となることばに結びついていること。と，

(3) 具体的であること。

の三つである。しかし，この三つの条件は，きわめて密接に関連しあっており，相互間で優劣の関係をもつものでないことは，これまでの説明でわかるだろう。

なお，ここで，最初にあげた，「形容詞が述語になった場合，普通は，その形容詞の前に，程度を表わす副詞をつける」という規則に立返ると，この規則が規則として成立するのは，中国人の世界把握の仕方とでもいえる条件のうち，すくなくとも，上記の三条件は満足していたからである，といえるだろう。

後　記；

紙幅の都合で，説明のための例文・註は，一切つけることができなかった。おそらく，誤解の生まれることだろうが，後日，あらためて考えなおしたい，と思っている。

“一切”について

——現代中国語発展の一側面——

§1 前 言

すべてのものは変化する。言語についてみても，それは例外ではない。よくいわれているように，言語の変化発展の様相は，語彙面と語法面とでは同じでない。語彙は新しい事像に対する反応が最も敏感で，直接的であるに対して，語法では社会の変化の影響を直接的に受けることはない。中国語についていえば，中国人の思考方法を直接的に変えるようなことはない。語法面での変化発展が，語彙面のそれに較べてきわめて緩慢であるといわれるのはこのためである。とりわけ，表面的に大きな変化をみせた近代以降の中国語の様相についてみても，五四以前すでにインド・ヨーロッパ語の影響によって，いくらかの新しい語法形式を生み出しはしたが，それらは，つまるところ，中国語の語法の本質をゆさぶるものではなく，それまでの中国語の語法が許容できる範囲内で受容したものであり，その変化は，忽然として中国人の思考方法の圏外から将来されたものでは決してない。たとえば，

現在正是我们摆脱帝国主义的邪恶影响包括在体育方面的邪恶影响的时候了。

この文における“包括”の用法について考えてみると，これは動詞の介詞用として理解されるものであり，欧化的な用法で，英語の“including”の影響をうけて生まれたものとして考えられている。[(1)] しかし，こういう発想法は，近世語でいえば《三侠五义》などの旧白話においてもみられる。ただ，用いられている語彙が“连”であるというだけのことである。[(2)] こうした，いわゆる新興語法の新興というものは，言語の歴史の断絶の上に生まれるものではなく，その継承と発展の上に生まれたものであり，いわば中国語の体質改善によるものが少なくないのである。本稿でとりあげる“一切”についても，また同じような面が出てくる。

§2　目的と方法

本稿では，主要資料として，現代中国語の最も代表的なものと考えられる《毛泽东选集》を選び，まず，ここから現代中国語における“一切”のあらゆる用法を抽出し，歴史的資料にみられる用法と比較しながら，現代語における用法の特色を見い出し，これらの用法を可能にした諸条件を，構文論の面から考察し，“一切”の品詞の帰類に関連づけていこうとする。なお，さきにも述べたように，言語の発展変化は，言語の歴史からの断絶によって将来されるものではなく，それぞれの段階で許容される条件の下で緩慢に行われて来ているものであるから，ある発展変化の様相を捉えようとするならば，比較的長期にわたる資料を準備し，その対比の下に確かめていかねばならない。このために，ここでは，歴史的資料として旧白話で記された作品を副次的に用いることにした。

§3　検　討

§3－1：主語の位置におかれるもの。

現代語においては，以下の例文の如く用いられる。〔　〕の数字は《毛泽东选集》合订一卷本，人民出版社 1966 年 1 月の頁数。

(1) 新闻纸、出版事业、电影、戏剧文艺，一切使合于国防的利益。〔334〕

(2) 本位主义，一切只知道为四军打算，不知道武装地方群众是红军的重要任务之一。〔89〕

(3) 有这种意见的人，也常说一切应服从战争，他们不知道如果取消了经济建设，这就不是服从战争，而是削弱战争。〔114〕

(4) 军事的规律，和其他事物的规律一样，是客观实际对于我们头脑的反映，除了我们的头脑以外，一切都是客观实际的东西。〔175〕

(5) 置红军的支队于次要的作战方向也是必要的，不是一切都要集中。〔221〕

(6)……，不是想到那里有许多困难需要解决，而是认为那里的一切都很顺利，比延安舒服。〔1160〕

ここにあげた例文中の“一切”は，いずれも主語の位置にあると考えられる。つまり，いずれも陳述しようとする対象であり，それ以後の部分は，“一切”に対して陳述を加えるという役割をもっている。しかし，ここで注意すべきことがある。それは例文 (1)～(3) と例文 (5)～(6) の区別である。前者については，あたかも状語としての用法に誤解されるほどであるが，後者についてみると，例文 (5)～(6) はいずれも“一切”のすぐあとに範囲副詞“都”が続いている。歴史的資料においても，主語の位置に立つ“一切”は次のようである。

○如风于空中，一切无障碍。(下 164)

○汝等若能信受是语，一切皆当得成佛道。(上 200)

○其中诸众生，一切皆悉见（下 92)

いま，資料の見方が十分ではないが，『法華経』(岩波文庫本）によると，上記の如く，“一切”は単独で或いは範囲副詞“皆”“皆悉”を伴って主語の位置に立つ。しかし，《儒林外史》[3] では，

○……。李二公说，他平生有一个心腹的朋友，叔公如今只要说同这个人相好，他就诸事放心，一切都托叔公，不但叔公发财，连我做侄孙的将来都有日子过。(23 回)

このように用いられており，例文 (1)～(3) のように“都”などの範囲副詞と呼応しない用法はなく，また，例文 (6) のように“一切”が中心語となる用法もない。

以上の例文から，およそ次のことがいえる。1)“一切”が仏語で用いられるようになってから，範囲副詞と呼応せず単独で主語の位置に立つ用法は，現代語までに大きな空白があることになる。この空白を直接に結びつけることは適当ではない。現代語でのこうした用法の発生は，別に考えられるべきであり，やはり，西欧語の“all”などの影響をうけて用いられるようになったものと考えられる（後述する「“一切”と“所有”」に関連)。また，中心語になるという用法の拡大も同じ理由によると考えられ，この機能は新しいものであると思われる。2) そして，“一切”が仏典翻訳に用いられるようになってから現代語まで，主語の位置に立つ“一切”は，範囲副詞と呼応して，引続き用いられているといえる。

§3－2：定語の位置におかれるもの。

“一切”をうける被修飾成分によって分類すると，次の通りになる。

“一切”＋名詞

(7) ……，解决群众的生产和生活的问题，盐的问题，米的问题，房子的问题，衣的问题，生小孩子的问题，解决群众的一切问题。〔133〕

“一切”＋名詞性連語

(8) 一切从前为绅士们看不起的人，一切被绅士们打在泥沟里，在社会上没有了立足地位，没有了发言权的人，现在居然伸起头来了。〔19〕

“一切”＋動詞

(9) 为所欲为，一切反常，竟在乡村造成一种恐怖现象。〔18〕

“一切”＋動詞性連語

(10) 这个斗争不胜利，一切减租减息，要求土地及其他生产手段等等的经济斗争，决无胜利之可能。〔25〕

“一切”＋指示詞＋名詞性連語

(11) 一切这些群众生活上的问题，都应该把它提到自己的议事日程上。〔133〕

“一切”＋“的”＋名詞

(12) 总起来说，假如我们争取了上述的一切条件，包括经济建设这个新的极重要的条件，并且使这一切的条件都服务于革命战争，那末，革命战争的胜利，无疑是属于我们的。〔120〕

“一切”＋“的”＋動詞

(13) 一切的“走”都是为着“打”，我们的一切战略战役方针都是建立在“打”的一个基本点上。〔225〕

ここにあげた例文中の“一切”は，いずれも名詞（動詞は行為動詞であり，行為動詞は同時に行為名詞）を修飾しており，定語の位置に立つものであるということができる。

古い資料の《神会和尚遺集》(4) では，次のようにあらわれる。

○断一切恶，修一切善。（105）

○然则更不假修一切行耶？（113）

○一切万法皆依佛性力故，所以一切法皆属自然。（99）

○非论凡夫，如来说无为一法，一切贤圣而有差别，何况今日一切诸学者，若为得同？(126)

また，近世語で記された《儒林外史》[5]では，

○一切行财下礼的费用，我还另外帮你些。(19回)

○这事不要你费一个钱，你只明日拿一个帖子同姓王的拜一拜，一切床帐、被褥、衣服、首饰、酒席之费，都是我备办齐了，替他两口子完成好事，你只做个现成公公罢了。(25回)

○到了二十多岁，学问成了，一切兵、农、礼、乐、工、虞、水、火之事，他提了头就知尾。(47回)

○我从今日起，就把店里的事，即交付与你，一切买卖、赊欠、存留，都是你自己主张。(21回)

このように用いられている。

以上の例文によると次のことがわかる。1) 近世語と現代語とにおける用法は，“人”を表わす名詞が近世語にないという点（後述する「“一切”と“所有”」に関連する）を除いてほぼ一致する。2) 一方，《神会和尚遺集》における用法は，“一切”の後に“贤圣”“学者”という“人”を表わす名詞が来ているだけでなく，“恶”“善”という形容詞が位置している。後に位置する形容詞・動詞を名詞用にするという“一切”の機能は，現代語に特有なものでなく，むしろ，中国語固有のものである。3) また，“一切”が修飾する名詞は，そのほとんどが抽象名詞である。抽象名詞とは数量することができない。具体性を欠く名詞を統括するということは，実は，統括されるものの数量をいっているのではなく，実は，統括されるそのものの類（範囲）をいっていることを理解しなければならない。これは“一切”が単独で或いは中心語となって，主語の或いは客語の位置に立つ機能をもつようになったことと関連するが，それは，“一切”がもともと，“一律”の意味を表わしていたものが，次いで，統括の意味に転じたことに原因する。[6]

ここでは，以下の四つに分けてみることができる。即ち，例文 (8), (9) (10), (7) (11), (12) (13), の四つである。

例文 (8) については，前の主語の位置に立つ用法で若干ふれた。つまり，

《儒林外史》での例文を比較すれば一目瞭然であるが，例文 (8) の“一切”は“都”などの範囲副詞と呼応していない。この意味では (9) (10) の例文も同じく理解することができる。このことに関して，呂叔湘の《中国文法要略》は，興味ある記述をしている。

〇口语里虽没有加在名词前的概括词,却有两个概括词可以加在动词前，“全”和“都”。(1956 年修订重版 145)

つまり，全体を表わす時には，とりわけ口頭語にあっては，主語の部分で全体を表わすことがなく，その機能は副詞が動詞の前に位置することによって補強していた。しかし，主語の位置に立つ実詞の方で，全体を表わす“概括之词”が用いられるようになれば，当然，従来は別の述語部分で補強していた副詞の修飾成分としての機能は，無用の長物となってしまうわけである。なお，呂叔湘の記述は，口語と白話の区別について説明しているものであるから，“一切”がすでに口頭語として用いられている今日では，この見方はすでに古いことになる。しかしまた，さきの場合と同じく，例文 (11) などの如く，従来通り“都”と呼応して用いることもある。

例文 (9) (10) については，“反常”“減租”“減息”これらはいずれも行為動詞である。「行為動詞がほとんどすべて行為名詞であるということは，中国人の思惟に関係があると思われる。中国人は具体的にものをみる。行為動詞は具体性に欠ける。具体性に欠ける行為というものを，かれらは行為そのもの，行為名詞とみるからではないだろうか。とにかく，行為は同時に行為そのものであり，行為そのものは同時に行為でもあるわけだ(7)」。《神会和尚遺集》における“行”,《儒林外史》における“买卖”“赊欠”“存留”，いずれも行為動詞であり同時に行為名詞である。

例文(7)(11)については,興味あることをみることができる。それは,“一”(数詞)“切”(量詞)と“一切”をみた場合のおかれる位置である。次の例文が参考となるだろう。

〇要有一段向他们进行教育的时间。(《毛泽东著作选读乙种本》193)

この“一(数詞)段(量詞)”は，“的”と“时间”の間におき，

〇要有向他们进行教育的一段时间。

と，いずれにも位置することができる。つまり，例文 (7) と (11) は，上

の“一段”におけると同じ対比をしている。

現代語においては，例文（11）は，“这些群众的一切问题”ということができるし，例文（7）は“一切群众的问题”ということができる。こうした“一切”を考察していくに，次の例文は解決の糸口を示してくれる。

○对的，一切依照当时具体情况看来对于当时的全局和全时期有利益的，尤其是有决定意义的一局部和一时间，是应该捉住不放的，不然我们就变成自流主义，或放任主义。〔206〕

○综上所述，可知一切勾结帝国主义的军阀、官僚、买办阶级、大地主阶级以及附属于他们的一部分反动知识界，是我们的敌人。〔8〕

これらの例文をよくみると，いずれも，“一切”は抽象名詞の定語として機能しており，前の例文では，“一局部和一时间”という中心語はきわめて長い定語を修飾成分としている。また，後の例文でも，“一切”の修飾をうける中心語は，これも多く長い定語を修飾成分としている。この情況は，あたかも，いわゆる「新興語法」でみられる“一个”“一种”“这些”“那些”の冠詞的用法と酷似している。つまり，“一切”は冠詞的な機能をもつようになってきているのである。“一切”を定語成分の最初に位置させ，この後続成分が，体言あるいは体言構造であることを容易に予想させ，聞手の緊張をといて中心語との間に修飾成分があることを知らせ，その始まりを明確に示す役割を果し，長い複雑な文成分の構成を明示する機能を表示しているものと考えられる。そして，また，ここで更に注目すべきことは，現代語においては，“一切”は中心語と直接に結びつくことが多くないということである。このことは，上の考えを更に確実なものとする。なぜなら，“这些”“那些”の指示代詞が定語として機能する時，その特色としては，中心語に最も近く，即ち中心語に直接結びついておかれるのが通例であるのに対し，反対にこれが冠詞的用法に用いられると，中心語と最も離れた場所に位置し，定語成分の冒頭におかれるためである。そして，統括を意味する“一切”の定冠詞的用法の例を示しているのが例文（7）（12）である。例文（7）（12）では，“一切”の意味する内容が，必ず“一切”のおかれている位置以前ですでに述べられているということが重要なのであり，これらの用法と，さきにあげた《儒林外史》からの例文にみられるように，“一切”の意味する内容が，必ず“一切”のおかれている位置以後でないと表われてこない，という点を比較してみれば，旧白話と現代語とにおける用法の差異は，おのずから明白なものとなるだろう。

例文(12)(13)については，“一切”に構造助詞の“的”が加わって，“条件”“走”（ここではあとの“打”と同じく，動詞を名詞化している）の定語となっている。つまり，“一切的”は形容詞的修飾語として，旧白話においてみられなかった機能を果している。そして，例文(12)は，“一切条件”“一切的条件”の意味上の区別が，どのような差異として表われるかを示してくれる。前者が，その類のすべてをいっているに対し，つまり，“条件”を列挙すれば数えきれないほどに一定のわくがないのに対し，後者は，あるわくの中での全量をさしていっている。

さて，ここで，現代語における“一切”の後におかれる被修飾成分を整理し表にすると以下のようになる。

“一切”＋〔指示詞〕＋名詞〔性連語〕（人・こと）
“一切”＋動詞〔性連語〕
“一切”＋“的”＋名詞（人・こと）
“一切”＋“的”＋動詞　　　　　　　　　　　　　　　［一図Ｉ］

§3－3：客語の位置におかれるもの。

(14) 农会在乡村简直独裁一切，真是说得出，做得到。〔15〕
(15) 他们发号施令，指挥一切。〔20〕
(16) 他们挂起红带子，装得很热心，用骗术钻入了政府委员会，把持一切，使贫农委员只作配角。〔75〕
(17) 正像斯大林所说的话：“干部决定一切。”〔268〕

ここにあげた例文の“一切”は，いずれも，“独裁”“指挥”“把持”“决定”という動詞の動作の対象となっており，客語である。このように，“一切”を単独で客語の位置におく用法は，“一切”を単独で主語の位置におく用法と同じく，《神会和尚遗集》の中でもあらわれる。

○如来以无分别智，能分别一切；岂将有分别心即分别一切？（141）

また，《三侠五义》においても，

○蒋爷便回转东京，见了包相，将一切说明。(96 回)[8]

このように，介詞“将”で提前させて用いている。しかし，主語の位置に立つ“一切”は会話の文で用いられたが，客語の位置に立つ“一切”は地の文にしか現われない。また，現代語にあっても，こうした用法は主として政論体の文章に多くみえ，現代文学作品では多くない。こうしてみると，“一切”が単独で客語用となるのは，“一切”が仏典翻訳に採用されて以来，継続してその機能を保ってきていると考えられる。

§3－4：“一切”と“所有”

王力は《语文学习》24･27 期〈古语的沿用〉で，次のようにいっている。

○……后来“所有”本身就表示“一切”的意思。

○“一切”表示完全没有例外。……“所有”也就是“一切”。

“一切”“所有”について，歴史的資料に基いてみると，“一切”はこれまでにあげた例文で明白であるが，“所有”についてもまた同じように古くから用いられている。

○一切内外，所有诸声，虽未得天耳，以父母所生，清净常耳，皆悉闻知。(《法华经》，下　94)

○所有一应合属公吏、衙将、都军、监军、马步人等，尽来参拜，各呈手本，开报花名。(《水浒》，2 回)[9]

しかし，歴史的資料において，すくなくとも《儒林外史》では，“一切”で統括されるものは必ず「もの･ことがら･性情･行為」であるのに対し，“所有”で統括されるものは“人”をも包括した。*Dictionary of Spoken Chinese* でも，[10]

All …… also expressed with yichye (of things)

…… swoyoude (of things or people) (311)

といっているが，これが現代語について適用されないことは，§3－2での例文によって明白である。現代語では，“一切”“所有”ともに“人”をも包めて統括する機能をもっている。そうすると，“人”を統括する場合の“一切”の定語用は，§3－2であげた例文の如く，《神会和尚遺集》から現代の政論体まで空白があることになる。《神会和尚遺集》から現代政論体まで結びつけるのはむりであり，現代語の用法は，その発生を別に考えた方がよい。やはり，西欧語の“all”などの影響をうけて用いられるようになったものと思われる。また，現代語における“一切”“所有”の用法の差異を，曹述敬は意義面から説明し，例文をあげながら《语文学习》41期〈“一切”和“所有”〉で次のようにいっている。

○“所有”是就一个整体总说，意义接近“全部”，给人的感觉是“总而不分”。“一切”虽然也是总说，却不是指一个整体，“一切”所指示或代替的人或事物，总是意味着可以条举，可以分指的。因此他跟“各”、“各个”、“各种”、“种种”比较接近。他给人的感觉是“既分又总”。……什么地方的“所有”和“一切”可以互换，什么地方不能互换，要看“所有”和“一切”所指示或代替的事物是就整体总说，还是就许多个体说。……“‘所有’‘一切’之类往往是和‘都’字相应的”。我想可以再补充一句，“所有”又可和“各”字相应，而“一切”不能。

曹述敬は“所有”の意味は“全部”に近いという。“全部”もまた新しい語彙であるが，“所有”と“全部”についてみると以下の通りである。

(1)´ 所有乡村中男女老幼，一律平分。〔73〕

○这四种权力——政权、族权、神权、夫权，代表了全部封建宗法的思想和制度，特别是束缚中国人民农民的四条极大的绳索。〔33〕

(2)´ 所有的共产党，中国共产党也同样，都是以这个经验和列宁斯大林对这个经验的理论综合作为指南的。〔180〕

○在散慢的手工业基础上，全部的精密计画当然不可能。〔127〕

(1)´(2)´ ともに，“所有（的）”“全部（的）”は定語として機能しており，とりわけ，例文(2)´は“一切”の場合と同じく構造助詞“的”を伴っている。以上の点についてのみいえば，“所有”は意味・機能の二面において，“全部”が“人”を統括することがない点を除いて，きわめて類似した用法をもっている。しかし，“全部”には“所有”にない次の機能がある。

(3)´ 永新、宁冈两县的党组织全部解散，重新登记。〔77〕

(4)´ 只有后一论断，才是全部地正确的真理。〔190〕

例文(3)´(4)´ともに“全部”は状語として機能しており，とりわけ，

例文 (4)´ は構造助詞“地”を伴っている。また，“全部”が状語として機能する時，二つの特色がみられる。一つは例文 (3)´ が示すように“全部”のあとの動詞は必ず二音節であること。その一つは“局部”や“部分”との対比において用いられることである。状語の場合は，

○全部退却，例如俄国在一九〇六年、中国在一九二七年：局部退却，例如俄国在一九一八年的布列斯特条约时。〔190〕

また，定語の場合も，

○这是暂时的和局部的失败，不是永远的和全部的失败。〔187〕

の如くである。

以上，現代語における“所有”“一切”“全部”の用法について整理し，表にすると次のようになる。

	単独使用	主語	客語	定語	状語	述語	補語
所有	×	×	×	○(的)	×	×	×
一切	○	○	○	○(的)	×	×	×
全部	○？	○？	○？	○(的)	○(地)	×	×

○印はその機能が一般的なこと。
○？印はその機能が一般的でないこと。
×印は，その機能が存在しないことを示す。

[一図Ⅱ]

上の表によると，“一切”“全部”が単独で或いは中心語として機能するが，“所有”にはこの機能がない。また，“全部”が構造助詞“地”を伴って状語としての機能をもつことに対して，“所有”は“地”をとることができないことを考えると，“一切”が“地”をとることがないにもかかわらず，機能面ではむしろ，“全部”は“一切”に近いと考えられる。

“一切”と“所有”には，また次のような用法がある。

(5)´ 所有一切所谓过分的举动，在第二时期都有革命的意义。〔19〕

(6)´ 总而言之，所有一切封建的宗法的思想和制度，都随着农民权力的升涨而动摇。〔34〕

こうした“所有”と“一切”が結合した形は《神会和尚遺集》にはすでに用いられている。

○譬如大海之内，所有一切诸宝皆因摩尼宝力而得增长。(182)
また《三侠五义》においても，

包公道……所有一切费用你要好好看待。(39 回) [11]

このように，口頭語として現代語以前に用いられている。しかし，近代に入り，北方のある地域では，“一切所有”という結合形が安定していたようである。[12]

○世上一切所有的人，都是亚当夏娃的后代。(《官话类编》1898 年　290)

○我的儿，你常和我在一处儿，我一切所有的，都是你的。(同上)

例文 (5)′ (6)′ の“所有一切”について，王力は，

……有时候，“所有一切”四个字只代表“一切”的意义。

と《语文学习》27 期でいっている。

“一切”と“所有”がお互いに結合しあうことについては，さきにあげた例文も示すように，これら二者は，お互いに意義面で同じ意味範囲を表わしているということである。[13] しかし，“所有一切”という結合形に安定していることについて，次の“所有”の機能が参考になる。“所有”は指示代詞を修飾する。

(7)′ 所有这些例子都指明。〔142〕

(8)′ 所有这些都指明。〔146〕

こうした用法は，《三侠五义》にもあらわれる。

○地保道，……，所有这些喜庆的事情，全出在尊府。(37 回) [14]

現代語では，例文 (7)′ のように後に名詞を伴うこともあり，例文 (8)′ のように後に名詞を伴わないこともある。[15] しかし，旧白話では，例文 (8)′ のような用法はないようである。また，現代語旧白話ともに“这些所有”という結合形がないことは，さきの“所有一切”の結合形と大いに関係がある。それは，“这些”“一切”が量を表わしているのに対して，“所有”は範囲を表わしているということである。つまり，まず範囲で限定し，次に量でしぼる。このように結合することによって，誤解の生まれるのを防ぎ，正確にその意味を伝えようとしている。

§4 結語

以上，大きく4項目にわたり，現代中国語における“一切”について，歴史的資料を若干参考にしながら，その特色をさぐり，それらを可能にした諸条件を求めて，初歩的な考察を行った。現代語における“一切”は歴史的資料，とりわけ旧白話における機能と比較すると，多様化しており，その多様化をなす一因が，“一切”と関係あるその他の語彙との相互関係によって生み出されてきたものであることは，本文中で指摘した通りである。

さて，“一切”は単独で使用することができ，主語，客語，定語の位置に立つが，述語になれない。§3－4での図Ⅱの通りである。すると，ここからは名詞，代詞，形容詞，動詞のいずれにも帰類するものがなくなる。そこで，意義面より“一切”を考えると，“一切”は統括を意味し全量を表わす語彙で，数量範疇として把握できる。しかし，数量詞として捉えても，“一切”は“一”以外の数詞をとることができない。“一切”の“一”は数の“一”を表わしているものでなく，全体を表わしている。同類を表わす“一般”“一样”が構造助詞“的”を後に伴なうことがあるように，“一切”は“一切的”と“的”を伴なうこともできる。また，数量詞は一般に重ねることができるが“一切”はできない。しかし，これは全体を表わしているという意味上の制約をうけているからである。そして，述語になれないという点をもあわせ考えると，“一”以外の数詞しかとれない，分離のできない一語と認められるもので，特殊な数量結構の単語と考えるのが妥当であると思われる。なお，現代語では，“一切”とは異った，名詞のすぐ前におかれ，これを修飾するが，述語になることができず，名詞や代詞にも似た点があるが単独で使用することのできない“某”“各”“任何”“所谓”などの帰類の不安定な語彙が多く用いられるようになっている。

〔註〕

(1)　拙稿「漢語のニュアンス」『書報』 No.73. 極東書店。（本書 71 頁）

(2)　香坂順一「近世語ノート（四)」『明清文学言語研究会会報』 No.9. p.89。我的牙

却是二十八个，连槽牙。(35回)

(3) 人民文学出版社。1961年10月。p.230。

(4) 胡适校敦煌唐写本。亚东图书馆。

(5) 人民文学出版社。1961年10月。p.196, p.254, p.451, p.213。

(6) 中国在上古简直没有一个字等于加语 all 的。"一切"在最初只是"一例"的意思，直到佛经的译语里才相当于 all 的意义。(《中国语法理论》上册。中华书局。1957年7月。p.255。)

(7) 香坂順一「近世語ノート (四)」『明清文学言語研究会会報』 No.9. p.76。

(8) 中华书局。1962年8月。p.434。

(9) 中华书局。1953年11月。p.19。

(10) エール大学。1966年

(11) 中华书局。1962年8月。p.181。

(12) 近代だけでなく，《法华经》にも，

○以要言之，如来一切所有之法，如来一切自在神力，如来一切秘要之藏，皆于此经宣示显说。(下158) とある。

(13) "所有"の"所"について考える時，《神会和尚遺集》の例文が参考になる。

○临发之时，所是道俗顶礼和尚，借问和尚入内去后，所是门徒若为修道，依止何处。(176)

○其夜所是南北道俗并至和尚房内，借问和尚入来者是俗是道。(177)

また，元曲での，

○不是我卖弄所事儿精细。(望江亭 2折)

○只除了心不志诚，诸余的所事儿聪明。(金线池 3折)

があり，これらの"所"は，"所谓"などの"所"と同じではない。なお，今日北京語に，

○天所晴了。という用法がのこっている。

(14) 中华书局。1962年8月。p.173。

(15) いずれにしろ，この結合形が，口頭語で用いられていることはたしかである。

○人家把牲口全都没了，人家跟着来了，是希望有个确实的回话，咱们这里顶着这种罪名，对于所有的这些驮夫，也没个吩咐吗？(《评书〈聊斋志异〉选集》第一集王者。天津人民出版社。1956年3月。p.13。)

“～掉”について

§1　前　言

現代中国語の特色について，それぞれの見地から，すでに，数多くの論考がなされているが，筆者も，この点について，2・3の考察を行ったことがある。「“一切”について」[(1)]は，現代中国語の特色を新興語法という面から接近してみたものであり，「普通話常用詞の変遷（――清末・民国時代の語彙と現代語語彙――）」[(2)]は，南方語と北方語との交流という点からの接近であり，「普通話の中に入った方言詞彙」[(3)]は，文学言語における，語彙の歴史的な安定性という点からの接近であった。

本稿でとりあげる“～掉”も，南方語と北方語との交流という観点から，現代文学作品を中心に，若干の歴史的資料を用いながら，これらによって反映されている，現代中国語のもつ特色の一斑をさぐり出し，あわせて，“～掉”という構造がもつ本質的なものを説明してみようと思う。

ただ，ある交流の様相を捉えようとするならば，比較的長期にわたる資料を準備し，その対比の下に確認していかねばならないが，現在，その方面の準備が不十分であり，資料が，とくに歴史的資料がきわめて限定されていることを，まず，おことわりしておかねばならない。

§2−1　“～掉”の用法について

“～掉”という構造についての考察は，いずれの語法研究家も，あまり注意をはらっていないようで，各家の語法書にも，明解な記述は，されていない。しかし，現代文学作品には，“～掉”の使用は実に多いのである。

(1) 万一闹出个什么儿来，可不叫街坊四邻笑掉了大牙。(红：50)

(2) 是呀，跑关东的人们，有不少是冻掉鼻子耳朵的，甭动它，过几天就好了，一动就要掉下来。(红：207)

(3) 西藏上层反动集团挖掉了这位老人的眼睛。(欧：105)

⑷ 曾武军从挎包里拿出欧阳海扔掉的那封信说，……。(欧：109)

⑸ 雪落在地上，老半天也没化掉。(红：219)

⑹ 把书皮上画着红旗的，书里印着共产主义字样的，都要烧掉。(红：459)

⑺ 光一九三九年就死掉六万多矿工，一九四二年至一九四三年死掉一万三千多矿工。(不：8－2)

⑻ 几家穷邻居，把陈竹青的母亲埋掉之后，偷偷给陈竹青去信，叫他千万不要回家，……。(不：3－8)

⑼ 经理咆哮着，简直像要把谁一口吃掉一样。(不：5－36)

⑽ 大块头脱掉衣服，打赤膊，甩胳膊蹬腿地接过盘龙棍，……。(不：6－36)

⑾ 一个工人从里面跑出去了。不知他怎么搞的,没有跑掉,被抓了回来。(不：7－12)

⑿ 他好象也听见了什么声音，急忙丢掉小棍站起来，从怀里掏出那支木头手枪，睁大了眼睛四处张望着。(欧：52)

以上のように，“～掉”は，単音節の動詞に後置されて，⑴·⑵ の“掉”は“下来”, ⑶ の“挖掉”は，“挖下来”“挖去”に, ⑷ の“扔掉”は，“扔去”に，⑸ の“化掉”は，“化完”に，⑹ の“烧掉”は，“烧去”“烧没”に，⑺ の“死掉”は，“死去”“死了”に，⑻ の“埋掉”は“埋好”に，⑼ の“吃掉”は，“吃去”“吃下来”に，(10) の“脱掉”は，“脱了”“脱去”に，(11) の“跑掉”は，“跑走”に，(12) の“丢掉”は，“丢了”“丢开”“丢去”に，それぞれ解釈することができる。

また，“～掉”は，単音節動詞に後置されるばかりではなく，複音節の動詞にも後置することができる。例えば，

⒀ 大股土匪已经打垮，剩下座山雕这些顽匪逃进深山老林，我们一定尽快地把他们消灭掉。(智：13)

⒁ 对于过去这些阶级压迫、阶级剥削，我们不能不知道，也不能忘记掉。(不：1－1)

⒂ 不赔，就打破这饭碗，把你开除掉。(不：7－37)

この中，例文 (13) の“消灭掉”は，“消灭了”“消灭没了”に，(14) の

“忘记掉”は，“忘记了”“忘记没了”に，(15) の“开除掉”は，“开除了”にと，それぞれ解釈される。

しかし，上にあげた15例によっても明らかなように，例文 (1)·(2) と，例文 (3) から (15) までの，“掉”は，大きくいって，2種類にわけられる。つまり，例文 (1)・(2) では，“掉”は「おちる」という意味に相当し，例文(3)から(15)までの“掉”は，意味がそれほど具体的でない。後者の“～掉”は，光生館の『現代中日辞典』がとくように，動作の完成·落着から，消滅までの，数種の意味をあらわしており，その働きは，分析的なものではなく，綜合的な働きをする補足語であり，いずれの場合も，結果補語として，日本語訳すれば，「……してしまう」という日本語が，これにあたることがわかる。また，『現代中日辞典』が解釈しているように，「動作の結果，その客体が消滅したことを示す」ばかりでなく，その主体についても同じ結果がのべられることは，例文 (5)・(11) が示す通りである。

なお，例文 (7) のように，“～掉”が，消失をあらわす敍述句（存現句・現象句）に用いられているということは，存現・消失をのべる文自身が，ある種の状態の発生をあらわすものであると理解できる以上，消失をのべる文に“～掉”が選ばれていることは自然であり，それは，また，他の多くの補足語が，ある種の状態をあらわすのに用いられているのと同じである。つまり，このばあい，“～掉”は，補足語として機能しているのであるから，

○杨掌高的高利贷剥削，就像旱地蚂蟥一样，越叮越深，越吸越进，血没有吸饱是死也拉不掉的。（不：2−51）

○他推辞不掉，只好接受了。（欧：353）

このような“不”による隔離形式がとられることも当然である。一方“得（的）”による隔離形式は，今回とりあげた資料のうち，清末期の文学作品，劉鉄雲の《老残游记》に，

○……，一被他们知道了，这几十万人守住民埝，那还废的掉吗？（130）

と，いうのがあるが，現代文学作品の中では，“个”による隔離の場合と同様に，未検出ではあるが，その可能性を考えることは別におかしくない。

§2−2 “～掉”の本質について

では，ここで，さきの§2−1で指摘した問題にかえろう。§2−1であげた例文のうち，例文 (1)・(2) と，例文 (3) から (15) まで，日本語訳した場合，“掉”は，「おちる」と，「……してしまう」という。二つの意味に理解されるとのべた。「おちる」と「……してしまう」は，二つのことばであるが，中国人も，同様の理解をしている。たとえば，《同音字典》では，

○掉 ①落。〔例〕掉雨点。帽子掉在地下了。②减少，消失。〔例〕（省略）③去。〔例〕剪掉枝杈。前天的话并没忘掉。④转。〔例〕（省略）⑤摇动。〔例〕（省略）(122)

このように説明している。一体，「おちる」と「……してしまう」「なくなる」とは，どういう関係にあるのだろうか。ひきつづいて，各家の説明をきいてみよう。

まず，歴史的資料に記述するものとして，W. C. MATEER の《官话类编》には，

○“掉”to fall, to lose, to fail, —— added as an auxiliary to such words as will take the qualifying idea of falling, losing, or failing. It is much more frequently used in the South than in the North.（下線は筆者，以下同じ。）(247)

と記しており，江南書院の『簡約中日辞典』では，

○主要動詞の表わす動作が落下・消失・改変する意味をあらわす。方言においては北方方言よりも多くしかも非常に軽い意味で用いられ，たとえば〈扔掉（“掉”は軽声）・なげる〉は，北方では〈扔〉だけで十分である。(306)

光生館の『現代中日辞典』では，

○動詞に後置し動作の完成・落着・動作の結果，その客体が消滅したことを示す。(129)

とあり，『岩波中国語辞典』では，

○動詞のあとに付属して，その動詞の動作によって何かがおちたり失

われたりすることを示す。(128)

とあり，愛知大学の『中日大辞典』では，

○……してしまう：離脱・消失・変化を示す補語として，動詞に後置される。(344)

と記している。一方，藤堂明保先生の『漢字の語源研究』では，“掉”の基本義を，

○抜きん出る。抜き出す。

と，説いて，以下のように解説される。

○「揺なり。手＋卓声」……〈左伝，昭11年〉に，「尾大不掉」という文句がある。尾が大きすぎて，水中から抜き出せぬとの意。北京語の掉も，抜け出る意であり，ポロリと物が抜け落ちるのを「掉下来」という。

さて，以上の各家の記述を，綜合してみると，“掉”は，次のように図式化して，理解することができるだろう。即ち，

おちる
抜け出る
抜け落ちる
} →（離脱）→ あとになにものこらない（消滅・消失）
　　　　　　→ 新しい事態の発生（変化）

ということであるが，これを，主体・客体という見方に立ってみた方が，よりはっきりする。即ち，

おちる→　主体客体上の変化　→新しい事態の発生
↓　＝これは平行している＝　↓
落着・完成　　　消滅・消失

——表 I

という“掉”の理解であり，「離脱」という動作の開始から，「離脱」した，その結果，「消失・消滅」「落着・完成」による変化を示しているのである。

つまり，このような理解の上に立つと，例文（1）（2）と，例文（3）から（15）までは，なんら，別々に考える，考えなければならない根拠はなく，反対に，上記の表 I の相関関係を，理解することによってのみ，例文（1）（2）と例文（3）から（15）までの，“掉”の関連性が，説明できるのである。

§3　検討――資料に反映された“～掉”

§3－1　現代文学作品における“掉”

本稿で資料とする文学作品は，《不可忘记阶级斗争丛书》[4] 9種，《革命现代京剧样板戏》[5] 2種，《欧阳海之歌》[6]，《红旗谱》[7]，《评书聊斋志异选集》[8] 9種，《老舍小说集》[9] の6品である。そして，これらの資料にあらわれた，すべての“～掉”を抽出し，それらの“掉”に，ほぼ相当する語と，対照した調査が，次の表Ⅱである。[10]

		去	了	没	完	好	下来	走	开
拔　掉	(智23)	○	○						
扒　掉	(265)			○					
搬　掉	(2－27)	○		○				○	
剥　掉	(3－28)	○	○				○		
擦　掉	(5－14) ※ (8－30)	○	○						
吃　掉	(智23)	○	○	○			下去		
冲　掉	(28)	○		○				○	
抽　掉	(105)	○							
除　掉	(2－8) ※ (73)	○	○						
吹　掉	(6－6)	○		○			○	○	
打　掉	(△480) ※ (6－5)	○		○					
倒　掉	(6－33)	○	○						
丢　掉	(52) ※ (6－35)	○	○						○
抖　掉	(智3)	○	○				○		
拂　掉	(7)	○		○					
废　掉	(7－14)	○		○					
改　掉	(401)	○	○						
干　掉	(沙63)		○						
花　掉	(7－8)	○							
化　掉	(△219)				○				

			去	了	没	完	好	下来	走	开
毁　掉		(△66)	○							
剪　掉		(1－9)	○							
窨　掉		(3－42)	○	○		○	○			
磕　掉	※	(5－40)						○		
开除掉		(7－37)		○						
砍　掉		(4－36)	○							
拉∧掉		(2－51)						○下去		
赖　掉		(5－7)	○							
漏　掉		(3－43)	○	○						
埋　掉		(3－5)		○			○			
卖　掉		(2－3)	○	○						
免∧掉	※	(8－6)		○						
抹　掉		(4－23)	○		○					
弄　掉		(368)	○	○						
跑　掉		(7－12)	○		○				○	
敲　掉		(6－14)	○		○					
去　掉	※	(8－2) (36)		○						
扔　掉		(2－12)	○	○						
杀　掉		(△272)		○	○					
烧　掉		(394)	○		○					
舍　掉	※	(100)	○	○						
失　掉		(8－5)	○							
收　掉		(1－53)					○			
甩　掉		(72)	○	○	○					
死　掉		(8－2)	○	○						
蹚　掉		(△140)	○	○	○					
踢　掉		(△372)						○		
推迟∧掉		(353)	○	○						○
脱　掉		(6－36)	○	○	○		○			
挖　掉		(3－28)	○					○		
忘　掉		(3－36)	○	○	○					
忘记掉		(1－1)		○						
洗　掉	※	(8－31) (296)	○	○						

		去	了	没	完	好	下来	走	开
消灭掉	(智 13)	○							
卸 掉	(356)	○					○		○
轧 掉	(1－8)	○							
用 掉	(2－39)	○	○						
砸 掉	(△3)	○	○	○					
摘 掉	(62)	○	○				○		○
59		46	32	18	2	4	9 下去(2)	4	4

――表Ⅱ

(1) (　) 内の数字は，その語彙の個所を示す。
(A－B) は《不可忘记阶级斗争丛书》
(A) は《欧阳海之歌》
(△ A) は《红旗谱》
※ (A) は《老舍小说集》
※ (A － B) は《评书聊斋志异选集》
(2) ∧印は隔離形式を示す。ただし，すべて，“不”による隔離である。
(3) 出所は，重複していても，すべて，一個所しか示していない。

以上，表Ⅱに記したものが，現代文学作品にあらわされている“～掉”であるが，ここから，およそ，次の４点が指摘される。

1)：北京語を基礎にしたものとみられる《评书聊斋志异》と《老舍小说集》では，“～掉”という構造の用いられている頻度が，きわめて少いことである。表Ⅱのうち，※印をつけたものが，それであるが，《评书聊斋志异选集》についてみると，“～掉”があらわれる個所は，第５・６・８集にかぎられており，それぞれが，あるまとまった話の中においてのみ，あらわれることと，それぞれ各冊の後記によると，いずれも，陳士和の講述を整理した人の言語が，入っていることを，記していることは，§2－2であげた，《官话类编》での記述と，綜合して考えると，“～掉”の構造が，地域的に制限された用法であるようにも考えられ，興味深い。また，※印のうち，“免不掉”は，“免不了”にあたるものであり(11)，“免”と“掉”が，“不”“得”という，特定の語の外は，隔離されないところから，いわゆる慣用的な一語とみてもよいのではないだろうか。

2)：《汉语拼音词汇（增订稿）》と，表Ⅱとを比較すると，表中，下線を引いたものが，それにあたるが，《汉语拼音词汇》に収めてあり，表Ⅱに出ていないものは，“省掉”ただ1語ということになる。今回の調査は，資料を限定しているので，あらわれていないだけで，もっとはば広く，調査を行えば，“省”と“掉”のむすびつきは，意味上，なんら抵抗がないから，用例を検出することができるだろう。また，《普通话三千常用词表（初稿）》と，対照してみると，“丢掉”“脱掉”だけが，収められているにすぎず，他のものは，すべて記録されていない。この中，“脱掉”は，“脱”と等号で結ばれており，“脱掉”を同義複合語とみているようにも受取ることができる。

3)：表Ⅱの語彙で，“～掉”を構成する単音節動詞についてみると，“废”“拂”“舍”“失”以外は，すべて，単独で機能することができる。この点から考えれば，“～掉”となる結合が，きわめて，解放的であることがわかる。しかも，解放的に結合しているということは“～掉”のあらわす意味が，《同音字典》で解釈があたえられているように，“去”あるいは“了”となり，§2－2で示したように，離脱・落着・完成・消失・消滅という，根源的な意味をふまえながら，用いられていることがわかる。

4)：また，§2－1での例文(1)(2)の「おちる」という，“掉”の最も根源的な意味をもって附加し，構成する“～掉”の用法が，どちらかといえば，北方語を基礎にしてあらわされた作品、例えば、《评书聊斋志异选集》や《红旗谱》に，より多く用いられているということは，“掉”の自立性と同時に，北方語，南方語における“掉”のあらわす意味の相違を示している，と考えられる（後述する“掉”と“脱”の項を参照）。

§3－2　清末期における“～掉”

清末期での資料は，大きく，3種類にわけて考察することが好ましい。

それは，口頭語資料と文学言語の資料が，明白に，北方語を基礎にしたものと，南方語を基礎にしたものとわけてみることが，調査を，より有効にするからでもある。その分類は以下の通り。

(1)：《语言自迩集》[12]《四声联珠》[13]《官话指南》[14]《汉语入门》[15]《华音启蒙》[16]《正音咀华》[17]の６種で，北京語（北方語）を基礎にしてあらわされた口頭語資料。

(1)'：《老残游记》[18]：北方語を基礎にしてあらわされた，文学言語の資料。

(2)：《康熙帝遗训》[19]《写本湖北官话》[20]：おおむね当時の，標準語と考えられる口頭語の資料。

(3)：《汉语跬步》[21]《南京语自佐》[22]：北方官話に対応する，下江官話を基礎にしてあらわされた口頭語資料。なお，前者は，日本人が，北京語学習にうつる以前，南京語を学習するために，使用した教科書である。

(3)'：《官场现形记》[23]《活地狱》[24]：下江官話に基づいてあらわされた，文学言語の資料。

以上の各資料にあらわれた，すべての“～掉”を抽出すると，(1)のグループからは，

○刮掉（汉语入门　：624）
○革掉（　〃　：1000）
○忌掉（　〃　：660）
○捽掉（　〃　：660）
○洗掉（　〃　：660，官话指南：144）

を検出することができ，これらを表Ⅱと対照すると，“洗掉”だけが一致する。《汉语入门》は「河間府」の，《官话指南》は，当時としては，最新の北京語であるが，これらよりも，やや古い北京語であらわされている，《语言自迩集》《四声联珠》では，一つの“～掉”の用法すらとり出すことができず，また，同じく，北方語を基礎にしてあらわされた他の２種の資料についても同様である。ところが，同じく，北方語を基礎にしてあらわされている（1)'の文学言語の資料，《老残游记》の場合は，

○辞（不）掉（112）

○除掉（43）

○废（的）掉（130）

○杀掉（54）

○烧掉（147）

などが用いられており，(1)´ とは共通するものはないが，表Ⅱと対照すると，“除掉”“废掉”“杀掉”“烧掉”が一致する。一方，(2) のグループは，どちらかといえば，南方語に傾斜をもつものであるが，当時としては，ごく普通の中原の言語を反映していると考えられるものであるが，これらについてみても，“～掉”の用法は，まったくみられない。

(3) のグループの《南京语自佐》でも同様であるが，やや古い資料の《汉语跬步》には，

○裁掉了	(4－9)	○弃掉了	(4－10)
○打掉了	(4－9)	○去掉了	(4－11)
○丢掉了	(4－10)	○甩掉了	(4－10)
○烂掉了	(4－10)	○删掉了	(4－10)
○抹(得)掉	(3－13)	○消掉了	(4－31)
○拿掉了	(3－22)	○咬掉了	(4－10)
○折掉了	(4－3)		

が用いられている。これらのうち，(1) (1)' のグループと共通するものは一つもないが，表Ⅱと比較すると，下線を引いた五つの語彙が共通する。また，《汉语跬步》に，“不丢掉”[(25)] (1－62) と，収められてはいるが，これは，“看见”を，“不看见”というように，方言語法の反映とみてよいだろう。[(26)] 最後の (3)´ のグループでの用法は，同じ文学言語といっても，(1)´ の《老残游记》の場合と異なり，使用される動詞の種類は，きわめて，豊富になっている。《官场现形记》では，

○办　掉	(799)	○打发掉	(843)
○参　掉	(554)	○打发(不)掉	(835)
○吃　掉	(583)	○倒　掉	(802)
○除　掉	(586)	○丢　掉	(609)
○辞　掉	(549)	○端　掉	(899)

○攒　掉　(811)	○罚　掉　(737)
○赶　掉　(616)	○抢　掉　(852)
○还　掉　(817)	○烧　掉　(833)
○攒　掉　(553)	○少　掉　(612)
○嫁　掉　(303)	○失　掉　(868)
○戒　掉　(328)	○送　掉　(977)
○扣　掉　(737)	○死　掉　(925)
○卖　掉　(895)	○退(不)掉　(125)
○拿　掉　(791)	○脱(不)掉　(824)
○弄　掉　(895)	○玩　掉　(902)
○跑　掉　(735)	○忘　掉　(958)
○忘记掉　(638)	○摔　掉　(777)
○歇　掉　(813)	○走　掉　(860)
○押　掉　(891)	○做　掉　(894)
○用　掉　(613)	

などが用いられており，同じ著者による《活地狱》でも，

○办　掉　(53)	○吃　掉　(116)
○包　掉　(23)	○除　掉　(1)
○跌　掉　(51)	○赖　掉　(166)
○丢　掉　(52)	○去　掉　(23)
○飞(不)掉　(158)	○脱　掉　(89)

などが用いられて[(27)]おり，これらと表Ⅱとを比較すると，下線を引いた語が共通している。さらに《汉语跬步》での用例と対照すると，“丢掉”“去掉”の２語だけ一致し，また，《官场现形记》《活地狱》ともに共通するものは，“办掉”“吃掉”“除掉”“丢掉”“脱掉”の５語である。

以上のことから，清末期における“～掉”を整理すると，大きく次の２点が，指摘できよう。

⑴：北方語を基礎にしてあらわされた資料では，南方語を基礎にしてあらわされた資料に比較して，“～掉”の用法が，きわめて少ないということであり，とりわけ，北京口頭語を反映している資料において，まずは

用いられない，と考えてもよいほどである。

(2):これと反対に，南方語を基礎にしてあらわされた資料では，口頭語・文学言語の資料をとわず，“～掉”の使用が豊富であり，§3－1での小結が，清末期においてもいえるだろう。

§3－3　近世語における“～掉”

ここでは，単に，参考として，《初刻・二刻拍案惊奇》[28] での“～掉”の用法を紹介しておくにとどめる。この資料では，“～掉”は，以下のように用いられている。

○败　掉	(174)	○失　掉	(280)
○吹　掉	(15)	○送　掉	(182)
○费　掉	(407. °32)	○推　掉	(436. °32)
○挤　掉	(111)	○脱　掉	(229. °307)
○砍　掉	(111)	○洗　掉	(607)
○卖　掉	(252)	○烧　掉	(°700)
○弄　掉	(244)	○走　掉	(28)
○摘　掉	(581)		

これらのうち，§3－2と共通するものは，下線を引いたものであり，表Ⅱと共通するものは，“吹掉”“砍掉”“卖掉”“弄掉”“烧掉”“失掉”“脱掉”“洗掉”“摘掉”で，表Ⅱ，§3－2，§3－3と，三時代に共通するものは，“卖掉”“弄掉”“失掉”“洗掉”“脱掉”の5語である。

なお，《初刻拍案惊奇》と《二刻拍案惊奇》における“掉”の用法・頻度は同じでない。今は，単にこのことを指摘するにとどめるが，いずれにせよ，いつごろから，補足語としての“～掉”が成立したのか，何にかわるものとして，これが用いられるようになったのか，調査が不十分のため，つまびらかではないが，香坂順一先生は，“～却”との関連から中世から近世へと移る過程であると考えておられる。[29]

§4　“～掉”と“～脱”

趙元任の《现代吴语的研究》の〈现代吴语调查格〉[30] という，従来，未発表であった部分に,〈国语—吴语对照词表〉なるものがあって,そこで,“～掉”と“～脱”の関係を,次のように記録している。

○—— diaw 掉（文・—去）：teq 脱，loq 落（216）

このままでは,“～掉”“～脱”の“～”に相当する個所に,どの性格の語が入るのか,よくわからないが,すくなくとも,呉語地区においては,“～掉”に対応するものが,“～脱”であることは,理解できる。しかし,それでは,呉語地区において,“～掉”なる構造の表現法が,まったく,ないのかといえば,そうではなく,靖江,諸曁,餘姚,鄞県においては,“～脱”ないし,“～落”などと共に,“～掉”は用いられている。また,《上海人学习普通话手册》[31]には,〈上海语——普通话〉の語彙対照表を収めているが,そこには,

○揩脱——擦掉[32]（68）

このように記録されているところからすると,“脱”は“掉”と同じ意味・はたらきをしていると考えられる。ここでは,さらに資料にもとづいて“～掉”と“脱”の関係についてみると,《官话指南》には,

○这个领子浆得这么软，而且这上头的坭也没洗掉，……（144）

と,いう個所があるが,これは,“～掉”の《官话指南》にみられる,わずかな1例である。この個所を,これを呉語に反訳した,《土话指南》では,

○箇个领头，浆来软来，而且面个坭，还勿曾净脱个哩，……（108）

のようになっており,また,同類の例を他に求めると,《官场现形记》に,次のような個所がある。

○洋人那里的钱就是退不掉，还算你因公受过，上司跟前不至于有什么大责罚的。（125）

○魏老格人倒是划一不二格，托仔俚事体俚总归搭侃办到格机器退勿脱，格是外国人事体，关俚啥事。（123）

この“退不掉”と“退勿脱”は,同じ意味をあらわしている。つまり,“掉”は“脱”と対応して用いられるわけである。では,“掉”と“脱”は,まったく同質のものであろうか,まったく相互に交換・入れかえが出来るものであろうか。坂本一郎先生は『華語月刊』第99号で,“～脱”を,

○（“～脱”の“脱”は——筆者)北京語では“了”“完”“好”“光”“开”

“去”等に当るが，「消失」から完成まであらわし，北京語にはぴったりあてはまる詞は無い。(14)

このように説明し，例文として，

○地碗茶冷脱者。

○地盆火腿臭脱拉者。(15)

などをあげられ，これらの“脱”は，北京語では，単に“了”であらわす，ととかれる。つまり，この例文から，明白なように，“～掉”と“～脱”では，“～”の個所に入る語彙の性格が，かならずしも同じではないのである。“～掉”の場合は，§3でみたように，動詞しか“～”の個所に入らなかった。しかし“～脱”では，上の例文のように，形容詞も，“～”に入るのである。そして又，《语辞辨异》によると，

○舞弄一样东西，北方说“耍”，江南说“掉”。北方话的“掉下去”，江南话是“落下去”。(6)(33)

といっており，北方語と江南語では“掉”のあらわす意味が異なることを示している。

では，ここで再び“掉”と“脱”の根源的な意味について，みてみよう。『漢字の語源研究』によると，

○脱　ぬけ出る。……「虎口を脱す」とは，スッとぬけ出ること。

と，説明されている。

スッとぬけ出る → (離脱) → あとになにものこらない（消滅・消失）
　　　　　　　　　　　　 → 新しい事態の発生（変化）

という理解を，主体客体の関係に立ってみると，

ぬけ出る → 主体客体上の変化 → 新しい事態の発生
　　　　　　　　↓　＝ これは平行している ＝　↓
　　　　　　落着・完成　　　　　　　　消滅・消失

ということになり，表Ⅰの相関図が，そのまま，“脱”の場合にもあてはまるだろう。つまり，“掉”と“脱”は，意味的には，ともにかけはなれ

た間柄というよりは，むしろ，きわめて広い重なった意味領域をもつ言葉であることがわかる。なお，F. L. H. POTT の *Lessons in the Shanghai Dialect*(34) では，

○ Thoeh—theh　脱脱，to take off（120）

と記しており，動詞の“脱”と補足語の“脱”の発音が，同じく記されていない。(35) あるいは，こうした点が，“脱”と“掉”の関係というよりは，むしろ，“掉”のかくされた一面を，きりひらく糸口になるのかもしれない。

§5　結　語

以上，大まかではあるが，現代中国語の“～掉”について，南方語と北方語の資料の対比の下に，若干の歴史的資料を参考にしながら，その分布と機能についてさぐった。

まず，現代中国語における“～掉”は，歴史的資料での反映と比較すると，その根源的な意味をのこしながらも，きわめて，解放的に動詞と結合し，一種の強調のムードをあらわして，その表現を豊かにしている。また，補足語としての“～掉”は，MATEER の言葉通り，北方では，南方におけるほどの機能力がなかったことを，確認することができる。そして，“～掉”は，離脱・落着・完成・消滅・消失という，それぞれの段階を示すことは，§2－2の表Ⅰで説明した通りである。なお，“掉”は“脱”と，意味面ばかりでなく，機能面にも，多くの大きな類似した点をもっていることを指摘するにとどめたが，これらの関係は，南方語による資料によって，更に，その関係を，詳細に調査する必要があるだろう。歴史的に通観すれば，“～掉”は，“～却”“～脱”(宋代から明代で生産性がなくなったと考えられる)と，きわめて深い関係をもった言葉で，大体，南方系の口頭語を基礎にしたものに多くみられるが，《金瓶梅词话》(ここでは“掉”が“吊”で表記される)，蒲松齢の作品，《红楼梦》(分布する個所がいわゆる後40回であることは興味深い)，《三侠五义》，《儿女英雄传》にもみられるために，文学言語に関するかぎり，すくなくとも，清代末期には，普遍的にといえるほどに，用いられたものと考えることができる。そして，魯迅その他の，五四文学作品にあらわれる“～掉”は，方言に基礎をおきつつも，この文学言語の

影響をうけてのこととも考えられる。

（本稿は昭和43年度文部省科学研究：一般研究『現代中国語における文学方言の調査研究』の成果の一部である）

〔註〕

(1) 『人文研究』19 － 10　大阪市立大学文学部

(2) 『中国語学』　170

(3) 昭和42年度年次大会で報告（中国語学研究会）

(4) 资本家的鬼花样→1，地主发家的秘密→2，碑→3，半个铜板→4，催命铃→5，黑暗的旧码头→6，盐工苦→7，矿工恨→8，百岁衣→9，以上全体の略称は，不　少年儿童出版社　1966.

(5) 沙家浜→沙，智取威虎山→智，人民文学出版社　1968.

(6) 人民文学出版社　1966.

(7) 人民文学出版社　1959.

(8) 第2・3・4・5・6・8・9・11・12集，天津人民出版社　1956.

(9) 南华书店。

(10) 現代文学作品の資料のうち，五四時代のものについて，若干の魯迅作品からみると以下のようである。

〈彷徨〉（人民文学出版社　1953）

拔掉32　糟掉136　拆掉185　除掉69　放掉151　关掉55　化掉135　埋掉32

卖掉32　撇掉189　失掉154　死掉4　送掉158　忘掉150　熄掉68

〈故事新编〉（人民文学出版社　1952）

喝掉65　烂掉91　卖掉88　杀掉89　失掉114　死掉18　洗掉90

〈呐喊〉（人民文学出版社　1954）

毁掉45　剪掉81　烂掉70　杀掉17　死掉20　搬掉99

(11) 官话类编　p.241

(12) 1868年，初版。

(13) 1890年，初版，陸軍文庫。

(14) 文求堂，明治35年。

(15) Imprimerie de la Mission Catholique 1899.

(16) 横浜私立大学本。

(17) 光緒本。

(18) 人民文学出版社。

(19) 大阪屋，魚返善雄编。

(20) 采華書林。1968. 同書については，波多野太郎「北方話西南方言について」(『横浜私立大学論叢』No.20－1) を参照。

(21) 六角恒広『近代日本における中国語教育』を参照

(22) 民国8年，江矜夫篇。

(23) 人民文学出版社。

(24) 通俗文艺出版社。

(25) 単語・連語だけが記録されている。

(26) 香坂順一：「近世語ノート (59)」『明清文学言語研究会報』10号

(27)《官场现形记》《老残游记》と同時資料と考えられる南方語に傾斜をもった文学言語の資料《二十年目睹之怪现状》(人民文学出版社 1956) では，

撕掉 17 送掉 46 咬掉 47 推掉 101

が用いられている。

(28) 古典文学出版社。○印は《初刻拍案惊奇》をあらわす。

(29)『中国文化叢書， 言語』p.324.

また，時代は降るが，清代における《儒林外史》(作家出版社 1956) は，"～掉" の使用が豊富で，第54回では最も多く用いられており，以下の通りである。

剥掉 419 打掉 375 抖掉 457 倒掉 537 赶掉 468 挤掉 537 滚掉 482 卖掉 418 弄掉 336 剜掉 446

一方，北京語を基礎にしている《儿女英雄传》(亚东本) においても

参掉 39－10 累掉 27－8 失迷掉 33－16 甩掉 27－27 撕掉 11－11

が用いられている。

(30) 科学出版社 1956.

(31) 新知识出版社 1958.

(32)《语辞辨异》によると，

江南话一般用"揩"，只有在表示用力磨擦的时候才用"擦"，例：擦皮鞋，北方话只有"擦"，没有"揩"。(3)

(33) “耍舌头”“掉舌头”という言葉があり，同じ意味をあらわす。

(34) The American Presbyterian Press 1920. 筆者の知る限りでは，動詞と補足語の“脱”を，異なった表記にしているのは，POTT だけである。

(35) §2－2での『簡約中日辞典』の説明にも，“～掉”が軽声である表記がある。しかし，これは，一般補語，たとえば，“～住”“～开”“～起”“～下”などの軽声化から類推したもので，疑問がある。なお，《汉语拼音词汇》では非軽声。

例文・例語のあとの括弧の中の数字は，頁数をあらわす。

時点と時段

――“～点钟”の用法から――

§1　はじめに

1894年，アメリカ人宣教師アーサー・スミスは，*Chinese Characteristics*[(1)]の中で，中国人が時間に無頓着である理由の一つに，

①支那に於ては，一昼夜を以て，僅に十二時に区分し，而して時の名は，我が欧米諸国の如く，甲時より乙時に移るの点のみを表するにあらずして，一昼夜を十二分したる其の一部の全部を表す。此の例を以て推すが故に，西洋に於て，最も一定不変の語たる“正午”(Noon)なる語も，支那に於ては，午前11時より午後1時に至るまでの間を概称するなり[(2)]。

と説き，また，中国人が愚蒙である一つの証として，

②～，数量上に用ゆる両意の語ありて，更に一層答詞を曖昧ならしむ。～，例へば，「足下は此の処に“几日”(How many days) ありしや」と問へば，「然り。予は“几日”(Several days) ありたり」と答ふるが如し。[(3)]

のように述べた。

アーサー・スミスのいう言語事実が，中国人の時間に無頓着であること，愚蒙であることの証明になり得るか否かは，暫時，論外としても，われわれの注意を惹くのは，同じ表現形式が，概念の異る二つの事柄に当ることの不思議さである。

もっとも，現代中国語では，“正午”は正午12時しか表わさないため[(4)]，近代中国語とは異り，むしろ，一形式二事柄の均衡は崩れている，ともいえるが，後者の“几”は現代中国語でも，近代中国語と異るところはない。

現代中国語におけるこうした表現法は，アーサー・スミスが指摘する，時点と時段や，特指疑問（数）と不定（数）といった意味関係だけでなく，他にも，数多くの意味関係において見られることは，中国語を理解する者の均しく認めるところである。

こうした一形式二事柄の現象が，中国人がその言語体系から，意図に合った表現形式を選択し運用する時，意識されない意識として働く，中国人特有の言語感覚に乗ったものであるとすれば，その中国人特有の言語感覚とは，如何なるもので，如何なるタイプの意味関係が生成されているのだろうか。

小稿では，近代中国語の中で，時報時計に触発されて誕生した，新しい表現形式の“～点钟”がもつ，二つの用法から，この表現形式が，一形式二事柄を生み出す背景を，初歩的に求めながら，その均衡が崩れ，如何ように変化していったかを検討したい。

§2　近代中国語における“～点钟”

“～点钟”は，近代中国語で，以下のように用いられた。

①我天天七点半钟起来，就吃点心，回头请先生念三点半钟的书，就吃饭咯，回来骑马出去。（《语言自迩集》63）(5)

②生平最相信的是“养气修道”，每日总得打坐三点钟；这三点钟里头，无论谁来是不见的。（《官场现形记》以下《官》と省略　473）(6)

③虽说一处处都是草草了事，然从两点钟吃起，吃了六七台，等到吃完，已是半夜三点钟了。（《官》484）

①の“七点半钟”は，7時30分で時点のことであるが，“三点半钟”は，3時間30分のことで時段。②の“三点钟”は，ともに3時間で時段を表わすが，③の“两点钟”“三点钟”は，ともに2時・3時と時点を表わしていて，“～点钟”という表現形式は，時点と時段との二つの事柄を表わしていた。そこで，

④～说几点钟便是几点钟，～（《官》96）

のような場合，文脈の助けなしでは，正しい理解が不可能になるため，

⑤不到半点钟工夫，居然买了回来。（《官》983）

⑥十点钟的时候，有一位米先生来找你，～（《官话类编》484）(7)

⑦六点钟时，轮船进口靠定，顿时拥上无数人来。（《苦社会》84）(8)

のように，“～点钟”の後に，“工夫”を付けて時段を補足し，“的时候”“时”を付けて，時点を補足することもあった。

では，このような現象は，“～点钟”の時点用が，時段にも当てられているためなのか，それとも反対に，時段用が時点にも当てられているためなのだろうか。

§3　一形式二事柄

この疑問には，次の二点に留意しながら検討することにしたい。

第一の点は，“～点钟”という表現形式自体が，何をどう表わしているか，ということであり，第二の点は，慣用句として用いられる，任意の時段を表わす特異な表現形式――日常生活の行為で時間の長さを示す方法――は，どのようにして時段を表わしているか，ということである。

まず，第一の点から見ると，数詞と“点”と“钟”との関係は，

①当下吃过稀饭，打过两点钟，～（《官》116）

②～，等到打过十二点钟我来同你去（《官》409）

③～，不料敲过十二点钟，来安送张局票来叫小红，～（《海上花》34-12）(9)

④～，敲过十点钟，喊外婆搬稀饭来吃，～（《海上花》60-4）

⑤～，看看自鸣钟上刚正打过十一点，～（《官》389）

⑥那是桌上的西洋钟当当打了二下，～（《轰天雷》353）(10)

⑦床头报时钟刚敲十一句，～（《冷眼观》110）(11)

のように，例文を見れば，一目瞭然。数詞は，時報時計が時を打つその回数であり，“点”は，“下”とも“句”ともなる動量詞で，“钟”は，時を打つ動詞“打”“敲”が及ぶ対象であって，“～点钟”とは，時報時計がいくつか時を打ったという，すでに現実のものとなっている，客観的で具体的な事実――動作――に基いて命名された表現形式であることが分るであろうし，現代中国語で，2時が，①のように，“两点钟”となる理由も，ここから首肯されるだろう。

しかし，例えば“三点钟”の場合，鐘が三つ鳴ったとは，起点から数えて三番目の3時という特定の時点を表わしていると同時に，それはそのまま，起点から数えて3時間という特定の時段をも表わしている。が，一方，起点から数えない，任意の3時間という時段も，何故，同様に“三点钟”で示されるのだろうか。問題は，ここに絞られる。そこで，第二の点の，

慣用句として用いられる，日常生活の行為で時間の長さを示す，任意の時段の表現形式そのものについて見ると，

⑧大虫去了一盏茶时，～（《水浒全传》5）[12]

⑨一盏茶时，不见出来。（《水浒全传》119）

⑩再略等半钟茶的工夫就是了。（《红楼梦》58-645）[13]

⑪～，不一顿饭时早又醒了。（《红楼梦》89-91）

⑫不够我一顿饭时，～（《儒林外史》595）[14]

⑬约莫也有半碗茶时，～（《儿女英雄传》6-12）[15]

⑭隔了半盏茶时，～（《儿女英雄传》31-14）

⑮约有两三顿饭时，老包才下楼来。（《海上花》60-5）

⑯约莫过了庄户人吃一顿饭的时光，～（《铜墙铁壁》以下《铜》と省略　62）[16]

⑰过了一顿饭时光，～（《铜》100）

⑱过了一锅烟时光，～（《铜》111）

⑲过了吸一锅烟时光，～（《铜》166）

⑳约莫过了没吃两三锅烟的工夫，～（《种谷记》33）[17]

㉑溜达到最远处至南坡上，折转回来有尿泡尿的工夫。（《铜》200）

中世中国語から現代中国語に至るまで，この特異な表現形式に見られる，一貫した特色は，時代を問わず地域を問わず，モナ・リザの微笑にも譬えられるように，人により，時により，所によって，さまざまな面を見せつけ，抽象的に或いは主観的に看做され易い時段が，お茶を飲んだり，めしを食ったり，タバコを吸うという，日常生活で常用される動作で表わされているだけでなく，何杯，何膳，何服分の時の経過という，この表現形式を使う人たちにとって，誰にでも当嵌り，何時でも，何所でも見られ，すでに，共通の価値が公認されている，特定の具体的で身近な動作で表わされている，ことである。とりわけ，興味深いのが，⑩の文脈であり，《铜墙铁壁》での用例だろう。⑩は，

㉒袭人笑道：“方才胡吵了一阵，也没留心听钟几下了。”晴雯道：“那劳什子又不知怎么了，又得去收拾。”说着，便拿过表来瞧了一瞧，说：“再略等半钟茶的工夫就是了。”

と，続くが，如何にボロとはいえ，今も現実に動いている時計を目の前に

しながら，しかも，

㉓人回：“二更已后了，钟打过十一下了。” 宝玉犹不信，要过表来瞧了一瞧，已是子初初刻十分了。(《红楼梦》63-701) (18)

といい，

㉔素日跟我的人，随身自有钟表，不论大小事，我是皆有一定的时辰。横竖你们上房里也有时辰钟。(《红楼梦》14-135) (19)

というように，日常生活での最小時刻単位が“一刻”(15分)であった時代に，午後11時10分，とまでいえる，時計を使いなれた，当時にあって，極めて稀な人たちが，それでもなお，「ほんの一寸の間」を，「小さな湯のみ茶碗に半分入ったお茶を飲む間」と，いわざるを得ない，身に染込んだ，生活体験を尊重し重視する，意識されない意識は，当然，注目されてよいだろう。そして，《铜墙铁壁》でも，腕時計などつけていない農民が，豊かな生活の知恵に裏打ちされた太陽時計に頼る間は，⑯～㉑の慣用句が使われるのに対して，近代兵器で武装した野戦軍が攻撃に出る最後の場面では，

㉕十分钟以后～ (214) (20)

㉖～，防空耽误了二十分钟，～ (222) (21)

と，“～分钟”だけで時段を表わす作者の用意にも注意したい。

以上，大まかではあるが，二つの点から，一形式二事柄が起る背景を，初歩的に求めたが，そのポイントである，第一の点からの疑問，例えば“三点钟”の場合，“三点钟”には，(i) 起点から数えて三番目の3時という特定の時点，(ii) 起点から数えて3時間という特定の時段，そして，(iii) 起点から数えない任意の3時間という時段の三種類の意義があるが，(iii) が (i) (ii) と同じ表現形式で表わされるのは，第二の点から明白になったように，任意の時段の表現形式は，特定の行為・事柄で表わされているのと，同じ理由によるものと思われる。

つまり，中国人が，その言語体系から，意図にあった表現形式を選択し運用しようとする時，意識されない意識として，現実の，事実の，具体的，客観的，特定，同一，一致，既定の，確実な，ともいえる，幾分多義的で

広がりのある世界に，この世界に対立し矛盾するような，仮定の，虚構の，抽象的，主観的，不定，任意，近似，類似，予定で，推定の，ともいえる，幾分多義的で広がりのある世界が，絶対否定的に対極するのではなくて，相対的に肯定しつつ，調和を保ちながら存立していると想定し，それぞれ，個別的な意味関係ごとに呼応し結びついて，“几”の時なら，特定と不定，“三点钟”の時なら，特定と任意という風になって，対の世界を作り，しかも，後者の世界の事柄は，基本的に前者の世界の事柄として表わされる，という感覚がある，と思われるからである。

§4　“～点钟”から“小时”へ

清代における時刻表現法は，現在とは異り，不定時法で，夜は夜時間だけの表現形式があって，一夜を5更に分割，1更間を“更次”とも“更头”ともいう一方，一昼夜を96刻に等分すると同時に12辰刻に等分，1辰刻間（120分）は“时辰”で表わし，各辰刻を“初”と“正”とに2分したにもかかわらず，19世紀の後半，“～点钟”という，調和のとれた一形式二事柄の表現形式が，新しく誕生するまで，60分間を表わす表現形式はなかった。

しかし，19世紀末から20世紀初頭にかけて，60分間だけを表わす新しい時段の表現形式が，上海・広東などを中心とする，南方の沿岸都市で使用され始めた。

①一个钟头进来一个元宝。（《官》513）

②一天一夜二十四个钟头，～（《官》513）

③～，足足把了一个钟头。（《官》830）

④那只船早已驶过通州有半个钟次了。（《冷眼观》158）(22)

⑤一天二十四个时辰，～（《苦社会》45）(23)

⑥定有一个时辰，刚刚灌毕，要想揭起衣服看看身上的伤，碍着链子不能动（《苦社会》57）(24)

⑦天天所受的打骂，二十四句钟，极少要受八小时，～（《黄金世界》115）(25)

⑧一天工夫有十小时的功课，六小时外堂，四小时内堂。（《宦海》77）(26)

⑨自此一日七小时，一礼拜三十六小时，～（《苦学生》293）(27)

⑩约莫两小时的光景，～（《冷眼观》162）[(28)]

⑪～，足足打了四个小时。（《狮子吼》638）[(29)]

この内まず, ①②③の“钟头”と, ④の“钟次”とについて見ると, これらは,

⑫匡超人每夜四鼓才睡，只睡一个更头，便要起来杀猪、磨豆腐。（《儒林外史》199）[(30)]

⑬昨儿夜里好,只嗽了两遍,却只睡了四更一个更次,就再不能睡了。（《红楼梦》565）[(31)]

のように用いられた, “更头”“更次”からの類推と思われるが, ここで注意すべき事柄が二点見られる。その一は, “更头”“更次”は, 本来が, ともに夜時刻専用の用語であったにもかかわらず, “钟头”“钟次”へと, 約120分から60分へと内容が変るにつれて, 昼夜の別がなくなってしまっていることであり, その二は, その頻度数から見ると, “钟次”に較べて, “钟头”の圧倒的な優勢ぶりである。これは, 60分間を表わす新しい時段の表現形式が, 南方の沿岸都市で使用され出したことと深い関係があると思われる。その係わりの一つとして,《儒林外史》では, “更次”はなくて, “更头”しかないが,《红楼梦》では, 反対に, “更头”はなくて, “更次”しか使用されないことが指摘される。が, これは, それぞれが基礎とする言語の地域差を反映する一現象として見ることができるだろう。なお, 現代中国語から見ると, “钟次”が《现代汉语词典》[(32)]にも入っていないのは, これが, 時段表現形式の激変する勢いに対抗していくことができなかったことを表わしているものと思われる。

次いで, ⑤⑥の“时辰”について見ると, この表現形式には, 近代中国語では, 不明な部分が多い。が, それは, 本来, これが,

⑭知道凤姐素日的规矩，每到天热，午间要歇一个时辰的，进去不便，遂进角门来，到王夫人上房内。（《红楼梦》318）[(33)]

⑮等了三四个时辰,不见来,直等到日中,还不见来。（《儒林外史》162）[(34)]

のように用いられ，その表わす内容は，

⑯一个时辰　one two-hour period.

一个时辰又八刻　one she-shin (the space of two hours) contains eight kh'eh.

と,《五车韵府》でもいうように[35], 120分間のこととして用いられることが多く,単に,“一个时辰”というだけでは,120分間か60分間かの区別が,明白でない場合が多いからである。

“时辰”が,60分間を表わすようになったのは,“钟头”“钟次”の出現に,やや遅れたと思われる。これは,⑤⑥の《苦社会》での例や,《官场现形记》でしか現れないが,とりわけ,後者の後半部以降で,確かに60分間であると計算できる用例が見られるからである。単純な用例でなく,文脈が必要なため,少し長くなるが,二個所あげておく。

⑰船上女老班也进舱招呼,问衙门里的老爷几时好来。王二瞎子不等钱太爷开口,拿指头算着时候,说道:“现在是五点钟,州里大老爷吃点心;六点钟看公事;七点钟坐堂。大约这几位老爷八点钟可以出城。”钱琼光道:“那可来不及。我们这位堂翁也是个大瘾头,每日吃三顿烟,一顿总得吃上一个时辰。这个时辰单是抽烟,专门替他装烟的,一共有五六个,还来不及。此刻五点钟,不过才升帐先过瘾;到六点钟吃点心;七点钟看公事;八点钟吃中饭;九点钟坐堂;碰着堂事少,十点钟也可以完了,回到上房吃晚饭过瘾;〜(763)[36]

この対話を,二人の登場人物別に,5時から9時までに分け,順序通り整理すると,

	5	6	7	8	9
王二瞎子	朝食	公務	出廷	外出	
銭琼光		朝食	公務	昼食	出廷

のようになり,話す内容に,1時間ずつのズレのあるのに気がつくが,そこから,“一个时辰”が1時間であることが分るだろう。

⑱自从头天晚上闹起,一直闹到第二天下午四点钟,看看一周时不差只有三个时辰;过了这三个时辰,便不能救,只好静等下棺材了。(617)[37]

同様に,推理小説なみの用例であるが,前の晩が,何時頃を指すかによって,異るだろう。“晚上”とは,日が落ちてから深夜までの間を指すが,常識的に,“初更”のころとすれば,午後7時からのため,3時間となるが,“二更”の頃とすれば,午後9時からのため,6時間に近い。しかし,日

が落ちてから間もなくの頃も，その一部であるため，ここでは，“三个时辰”とは，3時間のこと，としておきたい。

また，《儒林外史》では，

⑲才去不到两个时候，只听得一片声的锣响，三匹马闯将来。(40) [38]

のように，“时辰”が“时候”となって，現在の2時間を表わしているが，近代中国語でも，“时辰”と同様，これが，60分間を表わすことがあったか否かは，まだ，よく分らない。

ただ，現代中国語について見ると，一部の方言で，“时辰”が以下のように使用されているのは注意してよい。

⑳不到两个时辰，我的意兴早已索然，颇悔此来为多事了。(《鲁迅小说集》225) [39]

㉑我们天天做的八时辰的活。(龙果夫《现代汉语语法研究》96) [40]

最後に，⑦⑧⑨⑩⑪の“小时”について見ると，この表現形式は，現代中国語では，特に注記も不要の普通の語彙として，むしろ，“钟头”などよりは，洗練された語気を伝える同義語として常用されるが，近代中国語では，“～点钟”“钟头（次）”“时辰”が，口頭語として用いられたのに対して，あくまでも書面語で，例文が示す通り，小説では，必ず，地の文で使われ，セリフの中や，テキスト類では使われなかった。

ただ，何故，60分間を“小时”というかについて，恐らくは，120分間の“时辰”を“大”に見立ててのことと予想されるが，正しいところは，よく分らない。[41]

大まかな検討であったが，以上を概観すると，次のようにまとめられるだろう。

まず，時計の用途が，富と地位とのシンボル――玩具――と[42]，生活必需品――道具――と[43]の二つに分けられるとすると，19世紀の後半，時報時計が時を打つ，その行為によって命名された表現形式“～点钟”は前者に，20世紀に入るや，わずか数年のうちに，南方の沿岸都市を中心に広まった“钟头”“钟次”“时辰”“小时”は，後者に分類されるだろう。

そして，60分間を表わす表現形式の変化は，急激であったにもかかわらず，“～点钟”の後を受けて，まず，在来形式の類推から入って摩擦を少なくし，次いで，在来形式の内容を変えて，自らの文化としての自覚を高め，最後には，時報時計のメカニズムとは，およそ縁遠い“小时”にまでもっていった手段は，中国人が，外国文化を吸収し，自らの文化に仕上げていく時の，必経之路として見ることが出来ると思われる。

〔注〕

(1) A. H. Smith, *Chinese Characteristics*, 1st ed., 1894. 小稿では，渋江保訳『支那人気質』，明治29年，博文館による。

(2) 同上　43頁

(3) 同上　107頁

(4) 羅布存徳（W. LOBSHEID）原著，井上哲次郎訂増『増訂英華字典』，明治16年，藤本氏蔵版，Noon, の項では，午，正午，中午，午時，晏昼，亭午，停午，晌午，十二点鐘と記し，附録で，9 to 11 A.M.（上午 forenoon）is 巳，11 to 1 P.M.（正午 noon）is 午, 1 to 3 P. M.（下午 afternoon）is 未，とも記しており，“正午”に，時点と時段との両義のあったことが分る。

(5) 2nd ed., Shanghai: Published at the statistical department of the inspectorate general of customs, 1886.

(6) 人民文学出版社，1957年，北京。

(7) Revised ed., Shanghai: American presbyterian mission press, 1898.

(8) 作者不詳，漱石生の序がある。1905年，申報館。小稿では，阿英編《反美华工禁约文学集》，1960年，中華書局による。

(9) 亚东图书馆，中華民国15年，上海。

(10) 籐谷古香，1904年，海虞社。小稿では，阿英編《晩清文学丛钞》小説四巻上冊，1961年，中華書局，による。

(11) 王濬卿（八宝王郎），1907年，小説社。小稿では，阿英編《晩清文学丛钞》小説四巻上冊，1961年，中華書局，による。

(12) 中华书局，1965年，香港。

(13)《红楼梦八十回校本》人民文学出版社，1963年，北京。

(14) 人民文学出版社，1977年，北京。

(15) 亚东图书馆，中華民国 21 年，上海。

(16) 柳青，人民文学出版社，1976 年，北京。

(17) 柳青，人民文学出版社，1963 年，北京。

(18) (13) に同じ。

(19) 同上。

(20) (16) に同じ。

(21) 同上。

(22) (11) に同じ。

(23) (8) に同じ。

(24) 同上。

(25) 碧荷馆主人，1907 年，小说林。小稿では，阿英編《反美华工禁约文学集》，1960 年，中华书局による。

(26) 张春帆，宣统元年，上海环球社。小稿では，阿英編《晚清文学丛钞》小説三巻上冊，1960 年，中华书局，による。

(27) 杞憂子，《绣像小说》に連載，1905 年。小稿では，阿英編《反美华工禁约文学集》，1960 年，中华书局による。

(28) (11) に同じ。

(29) 陈天华，《民报》に連載，1903 ~ 1904 年。小稿では，阿英編《晚清文学丛钞》小説三巻下冊，1960 年，中华书局による。

(30) (14) に同じ。

(31) (13) に同じ。

(32) 商务印书馆，中国社会科学院语言研究所词典编辑室编，1979 年，北京。

(33) (13) に同じ。

(34) (14) に同じ。

(35) A Dictionary of the Chinese Language by the Rev. R. Morrison. D. D. Reprinted, 1865.

(36) (6) に同じ。

(37) 同上。

(38) (14) に同じ。

(39) 今代图书公司，1973 年，香港。

(40) 科学出版社，1958 年。

(41) 単なる思いつきにすぎないが，“大銭”と“小銭”の比率が，一対二になる地方もある。また，『談徴』（汲古書院『明清俗語辞書集成』3 に収める）に，“一日分十二时，毎时又分为二。曰初，曰正。是为二十四小时”とあるが，本当に俗語として用いられていたか否かは疑問である。

(42) 後藤末雄著，矢沢利彦校訂『中国思想のフランス西漸 1』（平凡社東洋文庫 144）の「乾隆帝と西洋文化」の項参照。

(43) 拙稿，「清代末期における外国文化受容の一斑——時刻法の場合——」（『関西大学東西学術研究所所報』第 32 号）参照。（本書 295 頁）

“怎么”について

——方法・手段と原因・理由の用法から——

§1

現代中国語の“怎么”には，いろんな用法があるが，その中に，方法・手段を表わす用法と原因・理由を表わす用法のあることは，《现代汉语八百词》(1) などで周知の事実である。

しかし，方法・手段といい原因・理由といい，見方を変えれば，180度逆で最もかけ離れた意味を表わすこの2つの用法が，例えば《现代汉语词典》(2) では「性質・状況・方式・原因などを尋ねる」となって，一つの項目に収められているのも事実である。

では，一つの項目に収められている二つの用法の使い分けは，どのようになっているのか。そして，なぜ，二つの用法が一つの項目に収められることになるのか。小稿では，この2点について，初歩的な検討を加えることにしたい。

§2

第1の点には，老舎の《牛天赐传》(3) の用例を主な材料に，第2の点には，劉鉄雲の《老残游记》(4) の用例を主な材料にしながら，検討することにしよう。括孤の中は頁数である。

方法・手段を表わす用法

①可是，怎么通知亲友呢？（7）

②怎么办呢？（9）

③事实上，他很成功。他不晓得怎么成的功。(10)

④看看太太和纪妈讨论怎么裁，怎么作，完全没她的事，多么难堪！（45）

⑤怎么行礼？作一个看看！（61）

⑥牛老者记得死死的，只有“老山东儿”会教馆，不知是怎么记下来的。(72)

⑦怎么上山东呢？ (85)

⑧怎么告诉呢？ (124)

⑨妇人把来晚，与怎么起身，乡下的路怎么难走，和四个孩子怎么还没吃饭，都哭过了。(134)*

⑩她告诉他说话要小心，～，衣服该怎么折，茶要慢慢的喝。(178)

* 四个孩子怎么还没吃饭　は原因・理由を表わす。

原因・理由を表わす用法

①嗯，怎么写上字又抹去了呢？ (5)

②要不怎么我嘱咐你呢，你听过《天雷报》？ (6)

③要不然怎么老出汗呢。(20)

④哟！怎么这么胖呀，多体面呀，可是个福相！ (24)

⑤要不然怎么英雄有时候连娃娃一齐杀呢。(32)

⑥啊，我怎么没看见呢？ (32)

⑦要不怎么老刘妈不喜爱她呢。(42)

⑧怎么多了一个孩儿？ (118)

⑨偏回家！怎么不回家呢？！ (138)

“怎么”の方法・手段を表わす用法と原因・理由を表わす用法との間に，どのような使い分けがあるのかを較べるにあたり，その視点を，“怎么”の次に何が来ているかという結び方と，どの場所におさまっているかという位置にしぼるのが，最も合理的であると思われる。

この手順によると，方法・手段を表わす用法では，“怎么”は，必ず，次に来る動詞と常に直接結びついて，間に何も挟み込むことができないし，決して主語の前に来ることもない。しかし，原因・理由を表わす用法では，“怎么”は，次に来る動詞・形容詞とだけに結びついているわけではない。しかも，②⑤⑦のように，主語の前にまで来ていることがわかる。つまり，方法・手段を表わす用法で，“怎么”は，次に来る動詞とだけとしか関係しないのに，原因・理由を表わす用法では，“怎么”は，それ以下に続く部分をすっぽりと包みこんでいる，のである。

この初歩的な検討に，“怎么”は，「《何をなすか》ということから出ている」だから「《何をなす》意味から《どうする》《どうして》の意となる」という歴史的な考察[5]を突き合わせると，二つの用法の使い分けは，一目瞭然になる。

方法・手段　どうしてする（～した）

原因・理由　どうして〔～になっている（～しない）〕

要点は，“怎么”自身に，方法・手段や原因・理由の意味があるからでなく，二つの意味は，“怎么”がどの部分と係わりをもつか，という，係わり具合から生まれている，ことである。

§3

ただ，ここで，より興味深いのが，方法・手段を表わす用法でいえば，“怎么”に次ぐ動詞は，ふつう，まだ客観化していない「原形」で未顕現の事柄である。だからこそ，「どうして」と結びついて方法・手段を表わすことになるのに，すでに客観化している既顕現の事柄の③⑥⑨の成立が，なぜ，可能になるか，という点であり，原因・理由を表わす用法でいえば，“怎么”が包み込む部分は，ふつう，単に「原形」の部分だけでなく，すでに客観化している既顕現の事柄である。だからこそ，「どうして」と結びついて原因・理由を表わすことになるのに，まだ客観化していない未顕現の事柄の⑨の成立が，なぜ，可能になるのか，という点である。

例外といえば，とても興味深い例外である。この現象は，どのように考えればよいのか。

そこで，典型的な二つの用例から，これらの例外が，どのような理由で成立しているのか，発話時の状況に注意しながら，見ることにしよう。

方法・手段の場合は③。かれが「思い通り大当たりした」のは，前で“事实上，他成很功”とあり，“的”が示す通りで既顕現の事柄。ただ，語り手は，後で“他有种非智惠的智惠，最善于歪打正着。”という通り，かれが「思い通り大当たりした」事実を認めてはいるが，かれ自身の意識に，「思い通り大当たりした」自覚はまるでなく，思い通り大当たりさせる，なんて，考えてみたこともないこと，としており，原因・理由の場合の⑨は，わたしが「まだ家に帰っていない」のは，前で“偏回家！”とあり，“不”が示す通りに未顕現の事柄。ところが，話し手であるわたしの頭の中は，「何としても家に帰りたい」気持でいっぱい，なのである。

つまり，両者とも，語り手が認める現実･話し手のおかれている現実と，語り手の認める意識・話し手の意識との間には，天地の隔たりほどの矛盾が存在している，のである。

この現象，現代中国語も人間の使う言語の一つといえば，大袈裟ないい方になるが，端的にいえば，既顕現の事柄でも，語り手･話し手の意識に上っていない事柄は，未顕現の事柄と全く同じにあつかい，未顕現の事柄でも，語り手・話し手の意識に上っている事柄は，既顕現の事柄と全く同じにあつかう，というふうに考えているからではないか，ということで，語り手･話し手の本当の気持が，忠実に表現形式へ反映されている現象の一つ，に考えられるのではないか，ということである。なぜなら，同じように理解できる用法が，他にしばしば見ることができるからである。

① 对那些穷苦一点的亲友，她特别的谦和，假如他们是借了债而来行人情的，那正足以证明她的重要与他们的虔诚。是的，她并没有约请这些苦亲友，而他们自动的赶上前来。无论怎样为难，他们今天也穿得怪干净，多少也带来些礼物，她没法不欣赏他们的努力——非这样不足算要强的人。王二妈的袍子，闻也闻得出，是刚由当铺里取出来的；当然别的物件及时的入了当铺。李三嫂的耳环是银白铜的。张大姑的大袄是借来的，长着一寸多（《牛天赐传》23）。

② 风月场中，只有会帮衬的最讨便宜，无貌而有貌，无钱而有钱。假如郑元和在卑田院做了乞儿，此时囊箧俱空，容颜非旧，李亚仙于雪天遇之，便动了一个恻隐之心，将绣襦包裹，美食供养，与他做了夫妻。这岂是爱他之钱，恋他之貌? 只为郑元和识趣知情，善于帮衬，所以亚仙心中舍他不得（《醒世恒言》32）(6)。

①②とも，“假如”の後に続く部分は，「かりに」「もしも」の話ではなく，すでに現実になっている，あるいは，かつてそのようであった事柄である。

これに対して,

③ 要来两碗，你我一块儿吃；要来一碗，咱们分着吃，就是到了那份儿天地，我的心里都高兴。虽然是要饭，要饭可是脱离那个苦海啦（《评书聊斋志异》〈瑞云〉230）[(7)] ！

④ 比如说你是我，我是处长，我还不是也这样对待你？对，你对，理应如此！可是，你记住，招弟真是特务，有朝一日，我见到她，你可也提防着点（《四世同堂》〈饥荒〉115）[(8)] ！

③の“虽然”の後に続く部分, ④の“比如说”の後に続く部分は, すでに現実になっている, あるいは, かつてそのようであった事柄でなく, 本来なら,「かりに」「もしも」を表わす接続詞が導く, 未顕現の事柄である。では, “虽然”“比如说”を用いているのは, どうしてなのか。

この場合にも, 語り手・話し手の意識が表現形式を決定している, と考えられる, のである。

①での“假如”が支配する部分は, 決して未顕現の事柄ではない。後で詳細に述べているように,「かの女らはいろいろと工面してお祝いに来てくれた」のであり, ②の“假如”の支配する部分も, 決して未顕現の事柄ではない。例を挙げているのであるから, たしかに「鄭元和は卑田院で乞食をしていた」のである。しかし, 語り手・話し手の意識からすれば, これは, 何としてもそのように思いたくない, そのようにいいたくない事柄である。だから, そのような現実が, 語り手･話し手の意識にないつもり, ない筈の事柄としてはあつかわれ, その意識に当る表現形式が用いられている, と考えられる, のである。

一方, 語り手・話し手の現実認識と意識とが, ①②と逆の状態になるのが③④。

③の“虽然”の支配する部分, ④の“比如说”の支配する部分は, ともに, まだ客観化していない未顕現の事柄。しかし, 話し手の意識からすれば,「乞食である」, そのようであってもよい, のであり,「わたしは部長になる筈である」, そのように思っている, のである。だから, それぞれ,

未顕現の事柄ではあるが，話し手の意識に，すでに，このような状態があるつもり，ある筈の事柄としてあつかわれ，その意識に当る表現形式が当然のこととして用いられている，と考えられる，からである。同一の話し手・語り手が，同じ意味のことばを使い分ける次の例に注意したい。

⑤ 倪老爹道：“不瞒你说，我是六个儿子，死了一个，而今只得第六个小儿子在家里，那四个——”说着，又忍着不说了。鲍文卿道：“那四个怎的？”倪老爹被他问急了，说道：“长兄，你不是外人，料想也不笑我。1) 我不瞒你说，那四个儿子，我都因没有的吃用，把他们卖在他州外府去了！”鲍文卿听见这句话，忍不住的眼里流下泪来，说道：“这是个可怜了！”倪老爹垂泪道：2)“岂但那四个卖了，这一个小的，将来也留不住，也要卖与人去！”鲍文卿道：“老爹，你和你家老太太怎的舍得？”倪老爹道：“只因衣食欠缺，留他在家，跟着饿死，不如放他一条生路。”鲍文卿着实伤感了一会，说道：3)“这件事，我倒有个商议，只是不好在老爹跟前说。”倪老爹道：“长兄，你有什么话，只管说有何妨？”鲍文卿正待要说，又忍住道：“不说罢，这话说了，恐伯惹老爹怪。”倪老爹道：“岂有此理！任凭你说什么，我怎肯怪你？”鲍文卿道：“我大胆说了罢。”倪老爹道：“你说，你说。”鲍文卿道：“老爹，比如你要把这小相公卖与人，若是卖到他州别府，就和那几个相公一样不见面了。如今我在下四十多岁，生平只得一个女儿，并不曾有个儿子。～”（《儒林外史》299）[9]。

⑥ 要不是卖落花生的老胡，我们的英雄也许早已没了命，即使天无绝人之路，而大德曰生，大概他也不会完全象这里所要述说的样子了。～。在这个生死关头，假如老胡心里一别扭，比如说，而不爱多管闲事，我们的英雄的命运可就很可担心了（《牛天赐传》1）。

まず⑤。鲍文卿のセリフの最後の部分で，“比如”の後に続く部分も，“若是”の後に続く部分も，前で話があるように，まだ客観化していない未顕現の事柄。では，なぜ，「1番下の男の子をよその人へ売りたいのなら」という時に，《现代汉语词典》[10] によると「例をあげる時に用いる」接続詞を使い,「よその土地の人に売るのなら」という時に,《现代汉语词典》(11)によると「仮設を表わす接続詞」の“若是”を使うのか。

この場合の状況をいえば，鮑文卿は，この発話以前，すでに下線1) 2)を聞いて知っており，しかも，下線3) のように，その情報を如何に処理したいかも，すでに決定している。ただ，正面きっていい難いだけ，のこと，なのである。

すると，これまで通りの見方では，まだ実現していない，客観化していない事柄でも，話し手の意識の中で，そのようであってよいと認めた事柄は，すでに客観化した事柄と同じようにあつかう，となれば,「仮設を表わす接続詞」でなく,「例をあげる時に用いる」接続詞であり，話し手の意識の中で，そのように思いたくないと認める事柄は，たとえ，既顕現の事柄であろうとも,「例をあげる時に用いる」接続詞ではなく,「仮設を表わす接続詞」を用いることになる，のである。

⑥の場合，これまでの見方を続けてゆくのに，最も興味深い。それは,“假如”“比如说”の支配する部分が，すでに，その前で話のあるように,語り手の認める既顕現の事柄を,もう一度裏側からいっているからである。つまり，図式化すると,

“假如”では　　　マイナス（胡さんはヘソまがりである）

“比如说”では　　マイナス（お節介でない）

語り手からすれば,「胡さんはヘソまがりである」とは，思っていないし，思いたくない事柄。だから，“假如”。ところが，語り手からすれば,胡さんは,「お節介である」と思っているし,思いたい事柄。すると,勿論,“比如说”，になる，ということである。

《现代汉语词典》(12)の“比方”の項で,『接続詞，いいたいことがあるのにわざと言葉をにごす時。“他的隶书真好，比方我求他写一副对联儿，他不会拒绝吧? ”「かれの隷書はほんとに立派だ。もし私が対句を書いてくれと頼んだら，断ることはあるまい？」』と説明するが，とてもおもしろい注釈である。

さきに記した§2の図の中で，方法・手段の用法で,「～した」を孤括に入れ，原因・理由の用法で,「～しない」を括孤に入れた所以である。

§4

"怎么"は《现代汉语词典》[13] でいう通り「性質・状態・方式・原因などを尋ねる」。では,本来,それぞれに独立した概念を表わす「方式」「原因」の意味は，どのような関係で，一つの項目に収められることになるのか。

この問題には,「どうして」を用いた疑問文に,どのように答えているか,返答の仕方・内容に注意しながら見ることにしよう。

① 扈始对玙姑道:"潘姊怎样多日未归? "玙姑道:"大姐姐因外甥子不舒服,闹了两个多月了,所以不曾来得。"胜姑说:"小外甥什么病?怎么不赶紧治呢? "玙姑道:"可不是么?小孩子淘气，治好子，他就乱吃，所以又发，已经发了两次了。何尝不替他治呢。"(127)

② 黄龙子道:"我且问你:这个月亮，十五就明了，三十就暗了，上弦下弦就明暗各半了，那初三四里的月亮只有一牙，请问他怎么便会慢慢地长满了呢? ～。"子平道:"这个理容易明白:因为月球本来无光，受太阳的光，所以朝太阳的半个是明的，背太阳的半个是暗的。初三四，月身斜对太阳，所以人眼看见的正是三分明，七分暗，就像一牙似的:～。"(128)

③ "这种冷天，怎么还穿棉袍子呢? "老残道:"毫不觉冷。1) 我们从小儿不穿皮袍子的人，2) 这棉袍子的力量恐怕比你们的孤皮还暖和些呢。"(73)

④ 子平道:"听这声音，离此尚远，何以窗纸竟会震动，屋尘竟会下落呢? "黄龙道:1)"这就叫做虎威，2) 因四面皆山，故气常聚，一声虎啸，四山皆应。在虎左右二三十里，皆是这样。～。"子平连点头，说"不错，是的。只是我不明白，虎在山里，为何就有这大的威势，是何道理呢? "(113)

⑤ 问:"骊珠怎样会热呢? "答:"这是火龙所吐的珠，自然的。"子平说:"火龙珠那得如此一样大的一对呢?虽说是火龙，难道永远这们热么? "笑答道:"然则我说的话，先生有不信的意思了。即不信，我就把这热的道理开给你看。"(122)

⑥ 子平道："请教这曲叫什么名头，何以颇有杀伐之声？"黄龙道："这曲叫《枯桑引》，又名《胡马嘶风曲》，乃军阵乐也。凡箜篌所奏，无知平之音，多半凄清悲壮，甚至急者，可令人泣下。"(127)

⑦ 老残问道："何以色味俱不甚佳？"青龙子道："救命的物件，那有好看好闻的！"(250)

⑧ 老残恭敬领悟，恐有舛错，又请问如何用法。青龙子道："将病人关在一室内，必须门窗不透一点儿风，将此香炙起，也分人体质善恶：如质善的，一点便活；如质恶的，只好慢慢价熬，终久也是要活的。"(250)

⑨ 县官便问道："你姓什么？叫什么？那里人？怎么样起的火？"只见那地下的人又连连磕头，说道："小的姓张，叫张二，是本城里人，在这隔壁店里做长工。因为昨儿从天明起来，忙到晚上二更多天，才稍为空闲一点，回到屋里睡觉，谁知小衫裤汗湿透子，刚睡下来，冷得异样，越冷越打战战，就睡不着了。小的看这屋里放着好些粟秸，就抽了几根，烧着烤一烤。又想起窗户台上有上房客人吃剩下的酒，赏小的吃的，就拿在火上煨热了，喝了几钟。谁知道一天乏透的人，得了点暖气，又有两杯酒下了肚，糊里糊涂，坐在那里，就睡着了。刚睡着，一霎儿的工夫，就觉得鼻子里烟呛的难受，慌忙睁开眼来，身上棉袄已经烧着了一大块，那粟秸打的壁子已通着了，赶忙出来找水来泼，那火已自出了屋顶，小的也没有法子了。所招是实，求大老爷天恩！"(187)

⑩ 老残便道："哭也哭过了，笑也笑过了，我还要问你：怎么二年前他还是个大财主？翠花，你说给我听听。"翠花道："他是俺这齐东县的人，他家姓田，在这齐东县南门外有二顷多地，在城里，还有个杂货铺子。他爹妈只养活了他，还有他个小兄弟，今年才五六岁呢。他还有个老奶奶。俺们这大清河边上的地，多半是棉花地，一亩地总要值一百多吊钱呢，他有二顷多地，不就是两万多吊钱吗？连上铺子，就够三万多了。俗说'万贯家财'，一万贯家财就算财主，他有三万贯钱，不算个大财主吗？"(167)

⑪ 老残问："这儿为什么热闹？各家店都住满了。"店小二道："刮了几天的大北风，打大前儿，河里就淌凌，凌块子有间把屋子大，摆渡船不敢走，恐怕碰上凌，船就要坏了。到了昨日，上湾子凌插住了，这湾

子底下可以走船呢，却又被河边上的凌，把几只渡船都冻的死死的。昨儿晚上，东昌府李大人到了，要见抚台回话，走到此地，过不去，急的什么似的，住在县衙门里，派了河夫，地保打冻，今儿打了一天，看看可以通了，只是夜里不要歇手，歇了手，还是冻上。你老看，客店里都满着,全是过不去河的人。我们店里今早晨还是满满的。因为有一帮客，内中有个年老的，在河沿上看了半天，说是'冻是打不开的了，不必在这里死等，我们赶到雒口，看有法子想没有，到那里再打主意罢。'午牌时候才开车去的，你老真好造化。不然，直没有屋子住。"店小二将话说定，也就去了。(146)

これらの例文で，①は因果関係を答えていて原因を，②は道理を答えていて理由を，⑧は用法を答えていて方法・手段を表していて，特に問題はない。ここで採り上げたいのは，③④，⑤⑥⑦，⑨⑩⑪の3グループである。

③④の場合,ポイントは下線の1)2)。下線1)2)は,両者とも,「どうして」の答えであることに間違いはない。では，どのような関係で原因・理由を表しているのか。

この両者は，ちようど，例えば《牛天赐传》でいえば，

○十块钱过了手，老者声明："六块钱是太太的，四块是我的。"(6)

○然后盘算着：作什么材料的毛衫,什么颜色的小被子,裁多少块尿布。(7)

○牛老者的样子不算坏，就是不尊严，圆脸，小双下巴，秃脑顶，鼻子有点爬爬着，脑面很亮，眼珠不大灵动，黄短胡子，老笑着，手脚短，圆肚子，摇动着走，而不扬眉吐气，混身圆满而缺乏曲线，象个养老的厨子。(11)

○有两条路他可以走：一条是去作英国的皇帝，一条是作牛老者。(12)

○那个长得象驴的人是介绍人。(15)

○在路上这样劳神，天赐的肚子好似掉了底儿，一会儿渴了，一会儿饿了。(55)

○这是牛老者营商的史料保存所；招牌，剩货，帐竿，……全在这儿休息着。(64)

○妈妈是<u>条条有理</u>，不许别人说话；爸爸是<u>马马虎虎</u>，凡事抹稀泥。(77)
○对于王老师的<u>举动</u>，如好拉袖子，用大块手巾擦脑门，咳嗽时瞪眼睛等，他也都学会。(83)
○人家都<u>阔阔的</u>，手上有表。(104)

と，いった用法で，下線の部分は，③④の下線 1) に相当するある事柄の全体を包括的に述べていて，その全体を構成する③④の下線 2) に相当する各部分が，その後で詳細に述べられているのと，同じく理解できる，であろう。一般的な話から具体的な話へ，総論から各論へ，という話の順序を表わしている，ということである。

最初から詳細で具体的な意味内容を展開すれば，主題のない話と同じで，話の筋道がずれ，見当違いが生ずるからである。

しかし，もし，双方が，ツウカアの仲，あるいは，主題の何であるかをすでに諒解しておれば，③④の下線 1) だけで，2) のない場合と同様⑤⑥⑦のように，原因・理由を答えるのに，ある事柄の全体を包括的に述べる時の最も簡単な形式——事実をそれ自身・現象それ自身——を答え，それで相手も納得すれば，それでよし，もし，どちらかが納得のいかぬ時は，④の後半，或いは，⑤の最後のように，“道理”ということばを用いて，話の筋道を重ねて尋ね話すことになる，のである。

かつて，原因･理由を尋ねているのに，事実だけを答えられたアーサー･スミスが思い悩んだのは，正しくこの点であった。

○ “Why do you not put salt into bread-cakes?” you ask of a Chinese cook. “We do not put salt into bread-cakes,” is the explanation. “How is it that with so much and such beautiful ice in your city none of it is stored up for winter?” “No,we do not store up ice for winter in our city.” (*Chinese Characteristics* 85) (14)

⑨⑩⑪の場合，⑨は方法・手段，⑩⑪は原因・理由を尋ねるが，このグループの特色は，単純明快。どの返事も，ことば数が多く長い。ある事柄

の経過を述べているからである。すでに客観化された既顕現の世界は，未顕現の世界を述べる場合に較べて，詳細・複雑になるのは，自然のなりゆきであろう。

さて，そこで，方法・手段の用法では⑧と⑨，原因・理由の用法では⑤⑥⑦と⑩⑪について，再度見直すと，⑧は，時と係わりのないある種の様態·状況を述べているのに対し，⑨は，時と係わりを持ったある種の様態·状況を述べている。

一方，⑤⑥⑦でも，⑧と同じように，時と係わりのないある種の様態・状況を述べているのに対し，⑩⑪でも，⑨と同じように，時と係わりを持ったある種の様態・状況を述べている。

これは，どちらの用法においても，時との係わりが，あってもよくなくてもよい，ということであり，つまるところ，時との係わりが，そもそも，ない，ということで，“怎么”は，「どうして」以外の何者でもない，ということになる，のである。

すると，方法・手段，原因・理由の相異なる二つの用法が，一つの項目に収められていて，何の問題もないことが，ここで明白になるのである。

〔注〕

(1) 商务印书馆，1980 年，北京。

(2) 商务印书馆，1979 年，北京。

(3) 宁夏人民出版社，1980 年。

(4) 齐鲁书社，1981 年，済南

(5) 太田辰夫『中国語歴史文法』，江南書院，1958 年。

(6) 人民文学出版社，1959 年，北京。

(7) 百花文艺出版社，1980 年。

(8) 四川人民出版社，1979 年，成都。

(9) 人民文学出版社，1977 年，北京。

(10) (2) と同じ。

(11) (2) と同じ。

(12) (2) と同じ。

(13) (2) と同じ。

(14) A. H. Smith, *Chinese Characteristics*, 1st ed., 1894.

已然と未然

——近代中国語における“上”“上头”の用法から——

§1　はじめに

中世中国語のうち，とくに，元代から明代にかけて，中国語の方位詞“上”“上头”は，蒙古語と関わり深い資料の中で(1)，蒙古語からの干渉·影響を受けながら(2)，従来の中国語に見られない，原因·理由の意味を表わすようになった。“上”は，よく，

①正为你这般有见识了，所以上泰亦赤兀惕兄弟每妒害你（正にお前がこのように知恵があるようになったので，そのためにタイチウトの兄弟たちがお前を妬んで殺そうとするのだ）(3)。

②赤都忽勒孛阔娶的妻多，儿子多生了，因此上做了篾年巴阿邻姓氏（チドクルボコは娶った妻が多く，子供が多く生まれた。そのためメネンバアリン氏となった）。

のように，本来，原因·理由を表わす“所以”“因此”の後について，また，“上头”は，よく，

③如今，～，不寻思养百姓，科一分杂泛呵，加添着科的上头，百姓每生受有（今，～，人民を大切にすることを思わず，一分の雑税を科するのに，割増しして科するので，人民たちが苦しんでいる。）(4)

④因你与我父契交的上头，我差人迎接你来我营内（お前と私の父が交りを結んでいたことから，私は人を遣ってお前を私の営に迎えさせたのだ）。

⑤为你杀弟的上头，你叔父古儿中罕来征你（お前が弟を殺した事から，お前の叔父グルカンが，お前を征伐に来たのだ）。

のように因果関係を表わす前後文の前半分で，“（　）～的上头”“因～的上头”“为～的上头”などの括弧作りをしながら，“上”の場合と同じく，それぞれ，原因·理由を表わす手段の一部になっている。

が，こうした“上”“上头”の用法は，①～⑤のように，特定の資料に集中的に現われる外に，これらとほぼ同じ時期の，あるいは，後の時期の，

ごく普通の資料でも見られ，また，少数ながら，現代中国語でも見られる。

⑥因为你上，就那日回到状元桥下，～，被洒家三拳打死了。因此上在逃（お前のために，あの日，状元橋のたもとまで帰ってくると，～，おれさまのげんこつ三パツでなぐり殺され，そのため目下高飛中。）（《水浒全传》以下《水》と略　59）(5)

⑦你须知我，只为赌钱上，吃哥哥多少言语，～（お前は知ってるはず，ばくちのことで，あにきに何回も注意されたが，～）（《水》251）

⑧大官人只因好习枪棒上头，往往流配军人，都来倚草附木，～（だんなさまは武芸のけいこがおすきなので，流刑の囚人が，何かとよくやって来ては～）。（《水》140）

⑨我今日只为众杰义气为重上头，火併了这不仁之贼（私，今日は，みなさまがたが義俠の道を重視しておられるがゆえに，この人でなしと同志うちをしました）。（《水》283）

⑩只因这一文钱上起，又送两条性命（わずか一文の銭のために，二人がまた命がすててしまいました）。（《醒世恒言》733）(6)

⑪我也困难。所以上，昨黑间活跃借贷的会，我就没敢去咯（おれも困ってる。それで，ゆうべの借り出し会にもよう出て行かなかったんだわ）。（柳青《创业史》以下《创》と略　152）(7)

⑫他接着唱道："因此上四出派人来购买，不卖薯秧理不该。孔汉三精神对的太，～（かれはつづけて唱いました。「そういうわけで，四幕は，人をば買いによこします，薯の苗を売るのが理の当然。孔漢三の考えはそりゃ正しい，～）。（马烽《我的第一个上级》230）(8)

⑬既然黏在称呼的后面，自然不能算是纯粹的呼声，然而它是可以算人情绪呼声的一类的，因为这上头，并没有思想在内（呼び名の後についているので，勿論，純粋の呼び声とはいえない。しかし，これは情緒のこもった呼び声の一類には入れられる。そのため，思想はなんら含まれていない）。（王力《中国现代语法》下 286）(9)

これらの用法，大まかにいって，"所以上""因此上"は，中世中国語から，そのままの形を引き継いでいるが，括弧作りの方は，"为～上""为～上头"

“因～上头”“因～上起”“因为～上”などが新しく加わって多様化し，括弧の中に入る成分も，単語，連語，文のように，伸縮自在の様態を現わし，また，“这上头[10]”のように，“上头”の前に指示詞の“这”がついても，それぞれが，それぞれの場で，原因·理由を表わす手段の一部として機能している。

ただ，⑪～⑬の，現代中国語からの“所以上”“因此上”は，《现代汉语词典》[11]や《汉语拼音词汇（增订稿)》[12]にもなく，“上”“上头”に，原因·理由を表わす，という説明もない。しかし，“所以上”が“咯”[13]という語気助詞，“因此上”が“～的太”[14]という程度補語を表わす方言語法と共起していることからも明らかなように，これらは，現代中国語の中で，陝西省北部や山西省などの方言として残っていることを表わしている。が，⑬の“这上头”はどうであろうか。この例文は，現代中国を代表する言語学者の，しかも，代表的な著作での，解説の部分であるところからしても，とても，これが，方言語法に基づいた用法であるとは，思えない。

およそ，方位詞が，原因·理由など，関係を表わすことばに変わるのは，中国語だけに見られる特異な現象ではないし，まして，方位詞が，関係を表わすことばになるのは，“上”“上头”だけに限られているわけでもない。

では，中世中国語から現代中国語まで，“上”“上头”のどこが，なぜ，原因·理由を表わし得るようになったのだろうか。蒙古語からの干渉·影響を受けてのこととしても，なぜ，原因·理由を表わすのに，“上”“上头”が選ばれたのであろうか。

小稿では，ここに焦点をあてながら，現代中国語の成立過程で，重要な意義をもつ，近代北方中国語の資料を中心に，初歩的な検討を加えたい。

§2　近代中国語における用法

近代北方中国語における資料を，(1) 文学言語としての小説類，(2) 口頭語としてのテキスト類——満漢合璧——の二つに分けると，(1) の小説類では，

①因此上演出这怀金悼玉的《红楼梦》（さらばここに演じだせる金を思い

玉を傷みし，名も《红楼梦》。《红楼梦八十回校本》以下《红》と略　54）(15)

②因此上，这位姑娘看了便有些不然起来也未可知（そこで，姑娘は見るとすぐ，いくらか不満気な様子を見せましたのは，どういう気持ちからでしょうか）。（《儿女英雄传》以下《儿》と略　29-12）(16)

③因这上头，大家伙儿才商量着，说～（そこで，みんなで相談すると，～ということにいたしました）。（《儿》19-14）

④论他的祖上，～，仗着汗马功劳上头，挣了一个世职，进关以后累代相传，京官外任都做过（この方の祖先はといえば，～，戦いの功労によって，世襲の職をいただき，山海関に入ってからは，代代伝えて，中央の官も地方の官もつとめてきました）。（《儿》1-2）

⑤那河台本是个从河工佐杂微员出身，靠那逢迎钻干的上头弄了几个钱，～，不上几年，就巴结到河工道员（この河台は，もともとが河工佐雑という小役人の出でしたが，すさまじい阿諛苟合をやらかしては金銭をせしめ，～，幾年もしないうちに，河工道員に取り入ってしまいました）。（《儿》2-9）

⑥只这没缝子可寻的上头姑娘又添了一层心事（それらしい気配がとんとないため，姑娘はそこでいっそうの疑いを深めました）。（《儿》22-18）

⑦因这几件上，把素日嫌恶处分宝玉之心不觉减了八九（そういったあれこれが思いあわされて，平素の宝玉を厭わしく思う気分も八九分かた消えうせてしまい，～）。（《红》231）

⑧这个年纪，倘或就因这个病上怎么样了，人还活着有什么趣儿（あの年齢でいて，もしかこんどの病気が生命とりにでもなったりするようなことなら，人間だなんて，このうえ生き長らえたところで，なんのいいことがありましょう）。（《红》111）

⑨～，大约也因他那浮浪轻薄上就把个榜上初填第一名暗暗的断送了个无踪无影（～，おそらくは，あの気ままな道楽のためだったのでしょう，第一番目に発表される名前をば，だれも知らないうちに，あとかたもなく，棒にふってしまいました）。（《儿》35-26）

⑩你是初三日在这里见他的，他强扎挣了半天，也是因你们娘儿两个好的上头，他才恋恋的舍不得去（そうそう，あなたは，この三日にここであの子にお会いでしたわね。あの子にすれば，あれで大分つとめてはいたん

でしょうよ。それというのも，あなたがたおふたりが別して睦じいお仲なればこそのこと，それでああも未練ありげにあなたをやるまいとしてかかったんですわ)。(《红》111)

⑪又因这疼他舍不得的上头，却又用了一番深心，早打算到姑娘临起身的时候，给他个斩钢截铁，不垂别泪（かの女をかわいがり，かの女と別れ難いために，一番の深慮を働かせ，おじょうさまご出発の時は，キッパリ，別れの涙は流すまい，と決めていました)。(《儿》21-8)

⑫这病就是打这个秉性上头思虑出来的（こんどの病気にしたところで，こういう気性が昂じてやたらと心配ばかりしたところから起ったもの)。(《红》104)

⑬只在这个过不去的上头，不免又生出一段疑惑来（このすまないと思う気持ちならばこそ，どうしても，また一つ疑いがわいてきました)。(《儿》9-17)

⑭即如这桩事，十三妹原因“侠义”两字个上起见[17]，一心要救安张两家四口的性命，才杀了僧俗若干人（こんどの一件など，十三妹は，そもそもが「侠義」という2字のために，一心に安・張両家の4人の命を救おうとして，僧侶·俗人を何人か殺してしまいました)。(《儿》10-2)

のように，原因・理由を表わす手段の一部になったり，以下のように，時点・時段を表わす用法も見られる。

⑮正骂的兴头上，贾蓉送凤姐的车出去，～（調子づいてわめきちらしているところへ，賈蓉が熙鳳の車を送って出てきました)。(《红》79)

⑯长到十八九岁上，酷爱男风，不喜女色（18，9歳にもなっていながら衆道好きで通り，女子には見るのも厭だという風でございました)。(《红》38)

⑰～，因此上见识广有，学问超群，二十岁上就进学中举（～，おかげで見識も広く，学問も抜群で，20歳の時，学校に入って挙人に合格いたしました)。(《儿》1-2)

⑱我还要请教，这尽孝的事情上头，为亲穿孝，为亲报仇，那一桩要紧（さらにお尋ねいたしますが，その孝を尽すという場合，親のために喪服を着るのと，親のために仇を討つのと，どちらが大切でございましょう)。(《儿》17-32)

⑲我在请教，这尽孝的上头，父亲母亲那一边儿重（もう一つ教えて下さい。その孝を尽す時，父親と母親とは，どちらが重いでしょうか）。(《儿》17-32)

一方，(2) 類のテキスト類では，“上”“上头”による，原因·理由を表わす用法は，(1) 類と，とくに相異るところはないが，“上头”による，時点·時段の用法が，より多く見られる。

⑳赶斟了一钟酒，一面祭奠，一面祝赞的上头，着的酒顷刻都灭了（急いで酒を一杯つぎ，お供物をしながら，祝詞をあげていますと，燃え上る酒のほのおは，たちどころにすっかり消えてしまいました）。(《三合语录》以下《三》と略　107-b)(18)

㉑昨日我们往别处去的上头，贱奴才们就任意胡吵闹了一场，我回来的时候，猴儿们正咤咤喧喧呢（昨日，私たちがほかのところへ出かけている間に，悪党どもはすき勝手に言い争って大騒ぎし，私がもどって来た時，まだ，ちょうど，ギャーギャーやっているところでした）。(《三》128-a)

㉒我不出声慢慢的走到临近，揪冷子一拿的上头，将窗户纸穿破，恰好拿住一瞧，是一个家雀（私は，そっとゆっくりまじかにまで行って，いきなりギューっとひっつかまえた時，窓紙を突き破ってしまいましたが，うまいことちゃんとつかんでいて，みると，一羽のスズメでした）。(《三》117-b)

㉓方才我觌面说阿哥你说给我之书怎样了问的上头，脸一红一白的，只拿傍话叉着说别的罢咧，断不能回答了（ちょうど出会った時，私は，あなたが私に約束されていた本はどうなりましたか，と尋ねますと，顔は赤くなったり白くなったりで，ただ，いいのがれするばかりで，どうにも答えることができなくなってしまいました）。(《三》203-a)

㉔那上头我慢慢的进到跟前说你略好些了么问的上头，睁开眼，将我的手攥了又攥，说～（そこで，私はそろそろかれの前に歩いて行き，あなた少しはよくなりましたか，と申しますと，かれは眼をあけて，私の手をしっかりとつかんで，～といいました）。(《三》148-b)

そして，極めて数少い用例として，次のような“上”による仮定条件を表わす用法も見られる。

㉕学正经本事上狠难，不好道儿于他甚易（まっとうな芸事を学ぶのはとても難しいが，悪いことを学ぶのは，かれには甚だやさしいことだ）。(《三》

123-b)

§3　已然と未然

近代北方中国語での用法は，前章で見た通り，“上”が“因此上”と，固定した形式を継承し，原因·理由を表わす手段の一部になっている場合を除くと，方位詞の“上”“上头”は，いろんな括弧作りをしながら，1)原因·理由，2)時点·時段，3)仮定条件の，三つの意味を表わしていた。

では，本来，場所を表わす“上”“上头”が，なぜ，三種の意味をもつように理解されるのだろうか。

そこで，それぞれの場合に分けながら，この問題を検討していくことにしよう。説明の便宜のため，2)時点と時段を，まず，取りあげ，次いで，1)原因·理由と3)仮定条件との二つを，一括して見て行くことにする。

時点·時段が，場所を表わすことばで表わされるのは，程度が，数量を表わすことばで表わされ[(19)]，時段が，時点を表わすことばで表わされるのと[(20)]，まったく同じ理由——抽象の世界は具象の世界のことばで表わされる——によるため，小稿の要旨と少しずれ，直接の関係がないので，現代中国語で常用されている，二·三の例を挙げ，関連する問題点を指摘しておくにとどめる。

①上星期天我在家，上上星期天不在家（先週の日曜日は，私は家にいましたが，先々週の日曜日は不在でした）。(《现代汉语八百词》以下《现》と略417[(21)])

②打这儿起，他们俩就成了知心朋友（その時から，かれら二人は気心を知りあった友達になりました）。(《现》588)

③我在这里想明天的工作怎么安排（私はいま，明日の仕事をどう都合つけようか，考えているところです）。(《现》574)

④～，要不然吃饭中间一瞌睡，碗就掉在地上打碎了（～，もしそうしなかったら，食事の最中に，居眠りしたとたん，ご飯茶碗が土間におちて，割れてしまいます）。(《创》14)

このうち，“中间”の用法は，《现代汉语词典》や《现代汉语八百词》にも，収録されていないが，(1)類の資料の，《儿女英雄传》には，以下のように用いられている。

⑤吃饭中间，公子便说～（食事の最中，公子は，～といいました）。(1-12)

⑥饮酒中间，安老爷也请教了一番到工如何办事的话（酒をくみながら，安老爺は現場に出むいたら，どのように仕事をすればよいものか尋ねました）。(2-12)

では，次いで，1）原因･理由と，3）仮定条件とを，一括して検討していくことにするが，ここでは二段構をとり，それぞれの表現が表わす内容の特色を見てから，その後で，“上”“上头”が何を意味しているのか，見て行くことにしよう。

まず，形式論理の面からいって，因果関係で結ばれた表現を，“因为A，所以B”で表わし，仮定条件で結ばれた表現を，“如果A，就B”で表わすと，両表現ともに，AとBは相関関係にありながらも，前者のAとBとは，もうすでに，現実になっている，あるいは，現実になることになっている，これまでの，あるいは，いまの，そして，ごく近い将来の世界を述べている，のに対して，後者のAとBとは，まだ，現実になっていない，まだ見ぬ，これからの世界を述べている。このことは，一般的な常識としても，首肯されるだろう。(22)

そこで，この点に注意しながら，原因・理由を表わす，§1の①～⑬と§2の①～⑭，仮定条件を表わす，§2の㉕をよく見ると，以下の二点に気がつく。

第一の点は，原因･理由を表わす，前者の各例文で表わされている内容は，すべて，すでに，ある種の動作･行為が行なわれ，ある種の状態ができ上がっているか，現在，ある種の動作･行為が行なわれていて，ある種の状態がつづいているか，あるいは，現在まだ，ある種の動作･行為が行なわれてはいないが，ごく近い将来に行なわれ，ある種の状態になることが，ハッキリしている，已然形，あるいは，已然形になることが，明確に予測される世界のこと，である。が，後者の各例文で表わされている内容は，まだ，ある種の動作・行為が行なわれていないし，その動作･行為の行なわれること自体が，ハッキリしていない，未然形の世界のことである。

第二の点は，第一の点を，別の面から見たともいえることであるが，原因·理由を表わす前者の各例文の，各種の括弧作りの中や，従文にあたる部分に注目すると，“这”“这个”“这般”“那”といった指示代詞，“你”“你们”“他”といった人称代詞，そして固有名詞，という，文中にあって，指示·確定を表わす要素が，しばしば，現われている。が，後者の例文では，例の少ない恐れもあるが，こういった，文中で，指示·確定を表わす要素は，何も，現われてこない。指示されていない，不確定な，一般的な命題が述べられているだけである。

つまり，已然形の表現·世界に対峙する，未然形の表現·世界と，指示·確定を表わす要素を用いた表現·世界に対峙する，指示·確定を表わす要素を用いない表現·世界とが，互いにゆきちがいするものでなく，表裏一体，重複しえるものであることが分るだろう。

なお，こうした背景が，何時の時代にでも，常にあればこそであろう。現代中国語では，もう，奇異にさえ感じられる，“因～之后”“因～后”という括弧作りが，(1)類の資料の《红楼梦》で見られる。

⑦原来雨村因那年士隐赠银之后，他于十六日便起身入都（ところで雨村は，先年士隠に銀子を贈られますと，翌日の16日にははや出立上京したのです）。(15)

⑧天不拘来地不羁，心头无喜亦无悲，却因锻炼通灵后，便向人间觅是非（天も縛れず地もつなぎえぬ，悲喜を超えたる身なりしが，なまじ知恵などつきしゆえ，下界に是非を求めてくだる）。(261)

が，その一方では，近代中国語には見られなかった，“既然～，所以～”という呼応が，現代中国語で見られるようになっている。(23)

⑨这个做法既然大伙都在会上举把赞成，所以会后就要按决议去办（この作り方は，会議の席上みんなが緒手をあげて賛成したので，会議の後，決議通りとりはかられます）。

⑩既然你不去，所以我就不等你了（きみは行かないということなので，私はきみをまつのをやめました）。

§4 まとめ

前章で，因果関係を表わす表現と，仮定条件を表わす表現との相異は，その表わす内容から，已然形の表現·世界と，未然形の表現·世界との違いであり，その当然の反映として，指示·確定要素のある表現·世界と，指示·確定要素のない表現·世界との違いでもあることを述べた。

では，括弧作りの後つき成分である“上”“上头”は，つまるところ，どういう意味なのか。そこで，近代中国語や現代中国語で，その用法が数多く見られる“上头”について，見て行くことにしよう。

方位詞としての「うえ」は，近代中国語では，“上头”だけでなく，“上面”も用いられた。(24)

①一时，进入榭中，只见栏杆外另放着两张竹案，一个上面设着杯箸酒具，一个上头设着茶筅茶盂各色茶具（やがて藕香榭のなかに進み入りますと，そこには欄杆のそと側に，別に二つの竹製の机が据えられ，一つのうえには杯だの箸だのといった酒器が並べてあり，いま一つのうえには茶筅·茶碗など，とりどりの茶器が並べてあります）。(《红》398)

が，しかし，“上头”には，“上面”にない用法があって，現代中国語でも，なお，同じように用いられている。

②～，费一二两银子买他来，原说解闷，就没有想到这上头（～，1，2両もの大枚を投じて買いこんだのも，もとはといえば，あんたの憂さ晴らしにという腹だったが，ついそこまでは頭が廻らなんだ）。(《红》381)

③头等戏不用钱，省在这上头（なにしろ一流の芝居がお金をかけずに済むわけでございますから，その分だけ浮くわけでございます）。(《红》458)

④安老爷道：“想是戏唱得不好？”邓九公道：“倒不在这上头。～”（安老爺：『芝居の歌がまずかったんでしょうね。』鄧九公：『そんなことじゃないんです。～』）。(《儿》32-7)

⑤及至听了他这“十三妹”的名字，又看了公子抄下的他那首词儿，从这上头摹拟出来，算定了这“十三妹”定是何玉凤无疑（「十三妹」の名を聞いたり，公子が書き写したかの女のうたを見て，ここから考えて，この「十三妹」は，絶対，何玉鳳に違いない，と判断いたしました）。(《儿》

23-2)

⑥老兄，你可知道头发是我们中国人的宝贝和冤家，古今来多少人在这上头吃些毫无价值的苦呵（ねえ君，髪の毛は，われわれ中国人の宝物であると同時に仇敵です。昔から今まで，どれだけ多くの人が，このために何の価値もない苦しみをなめてきたことか）。(鲁迅《鲁迅小说集》61)(25)

⑦我怎么这样笨，没有想到这上头（おれはなんでこんなにボケなんやろう，ここにおもいつかなんだとはな）。(周立波《山乡巨变》下　52)(26)

訳語の，まちまちであるのは，いたしかたないとしても，すべての用例に，指示代詞“这”のついているのが特徴でもあるが，これらの例文から，“上头”に，《现代汉语词典》や《现代汉语八百词》にも説明のない，「ところ」「点」といった意味のあることが，見い出されるだろう。が，この意味こそが，“上头”に，1）原因·理由，2）時点·時段，3）仮定条件，の三つの意味をもたせることになる，原点·根本であると思われる。

なぜならば，それは，まず，文脈しだいで，例文の訳語の変っているところからも推しはかることができるが，基本的にいって，これが，已然形で指示·確定要素のある表現·世界と結びつくことによって，原因·理由を表わすようになり，未然形で指示·確定要素のない表現·世界と結びついて，仮定条件を表わすようになり，場所を表わすことばが，そのまま，時点·時段を表わすことばに変わる，中国人の言語表現に関わる，意識されない意識の反映が，時点·時段を表わす用法になっている，と思われるからで，次の点に注意したい。

即ち，“上头”が，中世中国語で表わしていた意味は，これまで，すでに，多くの例をあげてきた，原因·理由を表わす用法の他に，《通俗篇》巻三〈時序〉でも記録しているように，1）原因·理由の意味と並行して，2）時点·時段の意味をも表わしていた。

⑧〔元史泰定帝纪〕遵守正道行来的上头，数年之间，百姓安业。〔元典章〕至元二十八年旨，官人每一路过去上头，百姓每生受。～。〔按〕上头，乃指谓其时之辞（〔元史泰定帝紀〕正道を遵守していた時の，数年の間は，人民はその業に安んじていた。〔元典章〕至元28年の聖旨，役人たちが旅行

の途中通り過ぎた時，人民たちは難儀なめにあった。～。〔按ずるに〕上頭とは，その時を指して謂うことば)。[27]

ただ，3）仮定条件を表わす意味が，見られないのは，蔡美彪が，《元代白话碑集录》の注で[28]，「“上头”は，蒙古語で原因・理由を表わす時の語気を翻訳するに用いられ，“由于～”“因为～”“依据～”に当る」，と述べた，その後で，“若是～呵”は，蒙古語の条件・仮設の語気を表わしており，“若是”を省略して，“呵”だけ用いる時もある」，と述べるように，すでに，こちらの方が優勢で，“上头”で，3）仮定条件を表わす必要性がなかったからである。

ところが，近代中国語になると，少数ながらも，“上”“上头”による，仮定条件を表わす用法が見られるのは，“若是～呵”の括弧作りが崩れ，“若～时”といっていた括弧作りが，“若～的时候”に形を変え，[29]しまいには，括弧作りの前つき成分の，“若”もなくなって，

⑨不的时候，姑娘他也是着急（そうでないと，あの子がまたいらいらいたします)。(《儿》11-12)

⑩不然的时候，我豁着这条老命走一荡，～（そうでなければ，この老いの命をなげうって出むき，～)。(《儿》16-25)

のように，用いられるようになったことと，関わりがあるように思われる。それは，中世中国語と近代中国語とにあって，「ところ」「点」という意味を担った“上”“上头”が，具体的な文脈の中で，どのように働いたか，その様子を簡単に図示すると，次のようになるからである。

	原因・理由	時点・時段	仮定条件
中世中国語	○	○	×（若～呵）
近代中国語	○	○	○

中国の外国文化受容に対する姿勢全般について言えることだが，とくに，ことばの場合，中国語は，外国語からの干渉・影響を，直接に受けることは，非常にめずらしく，例えば，日本語などに比べ，比較にならぬほど，強く抵抗し，中国人にとって，よほど，自然な形にならないかぎり，中国語の中で定着することは難しい。そのため，一旦，定着する方向に向いつつあ

る，あるいは，もうすでに，定着してしまっているものは，それが，外国語とどのような関係にあったのかを，ハッキリと指摘できなくなっている場合が多い。

小稿でとりあげた“上”“上头”も，また，その中の一つで，因果関係にある表現が，已然形の指示･確定を表わす要素のある表現･世界と関わりをもつのは,蒙古語や中国語だけのことではないのであって,問題は,勿論,已然形の指示･確定を表わす要素のある表現･世界と，「ところ」「点」という意味を表わす中国語が，結びついていたことにある，だろう。

そうすると，楊聯陞のように[(30)]，“上”“上头”は，蒙古語から影響を受けた，という検討抜きの裁断より，あるいは，また，蔡美彪が述べる，蒙古語の語気を伝える，という説より，むしろ，蒙古語から，何らかの干渉･影響を受けた結果であるとしても,中国語の方位詞“上”“上头”に,「ところ」「点」という，新しい意味が誕生したことに，注目したい，と思う。

〔注〕

(1) 入矢義高「元曲助字雑考」『東方学報』（京都）14 冊　人文学会（京都大学人文科学研究所）昭 19　77 頁

(2) 蔡美彪《元代白话碑集录》科学出版社　1955　29 頁
杨联陞《老乞大扑通事里的语法语汇》《中央研究院历史语言研究集刊》29 本　上册　中华民国 49　202 頁

(3) 山川英彦「元朝秘史総訳語法札記」『名古屋大学文学部論集』（文学）23 巻　67 ～ 68 頁　例文②③⑤も同じ。

(4) 田中謙二「元典章における蒙文訳体の文章」『校訂本元典章』（刑部）1 冊附録　京都大学人文科学研究所元典章研究班　昭 39 年　147 頁

(5)《水浒全传》中华书局　1965　本文中《水》と略するものはすべて，これによる

(6)《醒世恒言》人民文学出版社　1959

(7) 柳青《创业史》第 1 部 中国青年出版社 1960 本文中《创》と略するものは,すべて,これによる。

(8) 马烽《我的第一个上级》人民文学出版社　1977

(9) 王力《中国现代语法》（下册）中华书局　1957

(10) 広部精『増訂亜細亜言語集』青山堂書房　明39　巻4の「談論」「続談論」では，《三合语录》《语言自迩集》の〈谈论篇〉に見える“因此”など原因·理由を表わすことばを，14個所にわたり，“因为这上头”といいかえている。

(11) 中国社会科学院语言研究所词典编辑室编《现代汉语词典》商务印书馆　1979

(12) 中国文字改革委员会词汇小组编《汉语拼音词汇（增订稿)》文字改革出版社　1963

(13) 太田辰夫『満洲文学考』神戸市外国語大学研究所　昭51　93頁

(14) A．A．龙果夫《现代汉语语法研究》科学出版社　1958　194頁

(15)《红楼梦八十回校本》人民文学出版社　1963　本文中《紅》と略するものはすべて，これによる。なお，日本訳は，すべて，伊藤漱平『紅楼夢』平凡社　昭38　に従った。

(16)《儿女英雄传》亚东图书馆　中華民国21　本文中《儿》と略するものは，すべて，これによる。

(17)“～起见”を伴った括弧作りは，現代中国語では，普通，目的を表わすが，《儿女英雄传》では，すべて，原因理由を表わしている。

如今又听父母的这番为难是因自己起见，他便说道。(2-5) 他那些人，大约都是一般呆子，想他那讨打的原故不过为着书房的功课起见。(18-16)

到了华忠戴勤两个奶公，老爷所以派你们的意思，却为平日看看你两个，一个耿直，一个勤谨起见，并不是因为一个是大爷的嬷嬷爹，一个是我的嬷嬷爹，必该派出来的，～。(33-36)

张爹，你是个有岁数儿最明白的人，我方才的话却不为他短交这百十吊钱起见。(36-14)

(18) 渡部薫太郎『増訂満洲語図書目録』大阪東洋学会　昭7　6頁を参照。本文中『三』と略するものは，すべて，これによる。

(19) 拙稿「「数量」と「程度」――現代中国語における“很”の用法」――『関西大学文学論集』関西大学文学会　28巻3号　昭54（本書77頁）

(20) 拙稿「時点と時段――“～点鐘”の用法から――」『関西大學中国文学会紀要』関西大學中国文学会　8号　昭55（本書133頁）

(21) 吕叔湘主编《现代汉语八百词》商务印书馆　1980

(22) 林裕文《偏正复句》上海教育出版社　1964 46頁に詳しい。

(23) 南京大学外国进修生汉语教材编写组《现代汉语文选》1980　210 頁

(24) 近代南方中国語の資料について見ると,「うえ」を表わす“上面”は,《官场现形记》(人民文学出版社　1957　北京) や,《儒林外史》(人民文学出版社 1977　北京) でも見られるが,“上头”の方は,《官场现形记》では,「うえ」「おかみ」を表わす他に,

为这上头，也不知捱了多少打，罚了多少跪，到如今挣得这两榜进士 (10)

听见人说，三场试卷没有一个添注涂改，将来调起墨卷来，要比别人沾光，他所以就在这上头用工夫。(26)

のような用例も見られる。しかし,《儒林外史》では,

那日上头吩咐下来，解怀脱脚，认真搜检，就和乡市场一样。(438)

前面一进两破三得庁，上头左边一个门，一条小巷子进去，河房倒在贴后 (493)

のように,「おかみ」「かみて」の意味しか表わしていない。なお, ボーラー『英漢合璧』(アメリカン·プレスビテリアン·ミッション·プレス　1900) でも,「うえ」には“上边”が用いられ,“上头”は,「かみて」しか表わしていない。

(25)《鲁迅小说集》香港生活读书新知三联书店　1956

(26) 周立波《山乡巨变》下　作家出版社　1962

(27)《通俗篇》商务印书馆　1959　59 頁　中国大辞典编纂处编《国语辞典》(商务印书馆　1947) や, 諸橋轍次『大漢和辞典』(大修館書店　昭 35) の“上头”の項では, 同じ例文ではあるが, 読み方が異っている。

(28) 前掲 (2)《元代白话碑集录》29 頁

(29) 太田辰夫『中国語歴史文法』江南書院　昭 33　358 頁

(30) 前掲 (2)《老乞大朴通事里的语法语汇》202 頁

現代中国語の否定詞“不”と“没（有）”

ことばと思考とのかかわり，という観点から，以下の二点について，ご報告することにしたい。

一つは，現代中国語に，なぜ，否定詞が二つあるのか，という点であり，一つは，中国人にとって，未来とはどういう世界か，という点である。

まず，最初の件からすると，現代中国語の否定詞“不”“没（有）”が分担する意味あいと範囲とは，単純でなく，はばもひろい。

しかし，よく吟味すると，二者間での相互不可侵ともいえる領域は，おのずとあって，“不”がこれからの動作，とりわけ，意思・願望と深くかかわるのに対し，“没(有)”は，いままでのことがらと強く結びつく。しかも，この違いは，同時に，二者固有の特徴ともなっているのである。

では，なぜ，二つなのかとなると，とんと，五里霧中，あまり，気にしないことになっていた。

ただ，倉石武四郎博士が，“不”と“没(有)”との対応関係を，朱子学での理と気とになぞらえ，現代中国語と中国哲学との深い関連を説かれたが，ご高説を，十分に理解しえぬままにではあるが，ここで，アスペクトとのかかわりを提案したい。

“不”と“没(有)”との関係を，これからのこととこれまでのこととの区別という見方に，おきかえると，こういう対応関係は，否定詞だけにではなく，述語部分の基礎である動詞：“想”（したい）“以为”（思いこむ）や，“记着”（気にかける）“记得”（おぼえている），否定詞同様修飾語になる副詞：“再”（もっと）“又”（またも），補語構造を示す“V 个～”（希望をあらわす）“V 得～”（結果をあらわす），そして，“～，一来～，二来～”のような複文では，“一来～，二来～”の部分で，目的（これからのこと）と理由（これまでのこと）とが展開されており，問題点は，すべて，述語部分を構成する要素にあって，とりわけ，“记着”“记得”の対応は，まことに，象徴的で，動詞“记”に，“着”“得”がついて，アスペクトとのかかわりを，ハッキリ，示しているからである。

現代中国語に，テンスはない。しかし，文法家のいうアスペクトがあって，時間の経過にしたがい，動作が，開始態，持続態，進行態，完了態と変化する過程で，どの相・すがたをあらわしているかをいうが，そのポイントは，時と関係なく，すでに，発生し発動された動作の相であり，これから発生し発動される動作の相など，絵にもならないのである。

では，絵にもかけないこれからの世界——未来——とは，中国人にとって，一体，どのような世界なのだろうか。目的をあらわすいい方から，その一端を，かいまみることにしよう。

現代中国語で，目的をあらわすいい方は，大きく，二つに分けられる。一つは，“为了”“为是”など，ズバリ，「タメニ」という，いまだ実現をみない動作・行為の成就を夢み，願い望むことばが丸出しの積極的なタイプと，もう一つは，“省得”“好”など，「タメニ」とはかかわりのない他のことばを使い，その結果が「タメニ」へ近づくことになる，消極的なタイプである。

消極的だというのは，まず，“省得”は，本来，「あってほしくない事を避ける」から，「～しないように・～しないですむように」となることばで，正面衝突や対決はおろか，かかわりを拒否，迷惑とさえ感じ，身を引くことで，おのずと事の成就をまついい方で，一方の“好”は，「～に便利である・～の条件がそろっている」の意味から，「～できるように」となることばで，よく，“可以”（客観的に条件がそろっていてできる）に解釈されるのは，その語気を正しく伝えてはいるが，「～できるように」といいながら，実は，「～に便利で適当な条件がそろう」の意味に裏打ちされていること自体，便利で適当な条件がそろった結果が，おのずと事の成就に結びついていることを意味し，意思・努力とは，何のかかわりもない，ただ，ひたすら，条件完備を心待ちにしていることをあらわしているからである。

すると，第二の件，中国人にとっての未来とは，意思・願望がつくりだす，夢の世界でもあり，事のなりゆきとして，おのずと，ひらけてくる世界，ともいえるのであろうか。

“关于”と“对于”について（その一）

——近代中国語の用法から——

§1　従来の見方

現代中国語で，範囲·対象を表わす前置詞の“关于”“对于”が，いつ，どこで用いられ，どのようにして現代中国語の中に入ってきたのかは，まだ十分に検討されていない。いま，これら2語について，従来，どのように説明されてきたのか，典型的な意見をあげると，次のようである。

①:“关于”是关涉到某一方或事情的某一点，“对于”则往往指某事情对于人或某物是怎样的。……，中国本来没有这种联结成分，欧化文章里借中国原有的某一些动词来充数，例如“在”“当”“关于”“对于”“就……说”等（王力《中国现代语法》下册　p.362）。（・は筆者　以下同じ）

②:这是受了西洋语法的影响。在汉语原有的语法里，只用“于”，不用“关于”或“对于”。……，五四运动以后，关系位大大地减少，代之以介词(如“关于”,“对于”,“由于”）带宾语，或类似的结构，或者另换一个说法，使句子的组织更加严密，从而加强语言的明确性（王力《汉语史稿》中册　p.391 ~ p.394）

③:“于”字又可以作“对于”讲，所联系的补词代表动作（包括心理）的对象。……，白话的“在”字是没有和这个“于”字相等的用法的，通常用“对于”。……,“关于”和“对于”的用法有些不同，大率用于“问题”“事情”等词的前头；可是在意念上很相近，例如“关于这件事情，我没有意见”也可以说“对于这种事情，……”。……，文言的“于”字有和这个“关于”的意味很相近的，但这类句的句子并不多，白话里“关于”的发达是受了外来语法的影响（吕叔湘《中国文法要略》 p.209 ~ 211）。

④:“对”“对于”“关于”が関連するものを示す用法はきわめて新しいらしく，清代までの用例を検出しない（太田辰夫『中国語歴史文法』p.254）。

⑤つぎの現代中国語の語彙は，わがくにのひとが日本文を翻訳するときに創造したものである。

(2) 关于（「～ニ関スル」）または「～ニ就イテ」

(3) 对于（～ニ対シテ）（さねとう・けいしゅう『増補中国人日本留学史』くろしお出版　1970年　p.391）

⑥“对于，关于”は比較的新しく生まれた前置詞であり，日本語の「～について，～に関して」という語に影響されて生まれたものである。それは対象となるものについての提示と範囲の決定を表わしている。それまでは文言的表現の“就”が用いられてきた（芝田稔・鳥井克之『新しい中国語・古い中国語』光生館　昭和60年　p.163）

すると，この2語は，清代ではまだなく，五四運動以後，外国語の影響を受けて，現代中国語の中に入ってきた新しいことばで，中国語を，より厳密にし，より明確にすることになった，ということになる。

§2　新しい資料

しかし，さきにあげた各氏の何方も用いられていない資料から見ると，“关于”“对于”の用例は，次のようになる。

1)：Concerning, ppr. (commonly, but not correctly. classed among prepositions.) Regarding, 论及，至于，关于（羅布存徳原著　井上哲次郎訂増『訂増英華字典』藤本氏蔵版　明治16年～17年)。

2)：此次定约，其中关于通商各款以及税则，日后彼此两国再欲重修，以戊辰年六月底为期满，……（王铁崖编《中外旧约章汇编》第一册　生活・读书・新知三联书店　1982年　以下Aと略す　p.200)。

3)：此次定约，其中关于通商各款以及税则，日后彼此两国再欲重修，以已卯年六月为底期满，……（A. p.250)。

4)：夫磁器恶劣之原因有二。一关于经济力。一关于职工。请先言经济力。（甲）关于厘捐者。……（乙）关于外国通事者（《警钟日报》以下Bと略す　1904年4月1号)。

5)：日本之与俄开战，对于诸国似为公理而战。对于中国似为中国而战（B. 1904年3月8号)。

6) 关于令叔一事，更为荒唐（吴趼人《发财秘诀》　阿英《晚清文学丛钞》小说二卷　上册　p.258)。

7)：对于同族的人，相亲相爱，对于异族的人，相贼相恶，是为种族的竞争（陈天华《狮子吼》 阿英《晚清文学丛钞》小说三卷　下册　p.577)。

8)：对于 In relation to., regarding, respecting, with regard to ; speaking of. 关于 Respecting, concerning, connected with, to concern（*NEW TERMS FOR NEW IDEAS–A Study of the Chinese Newspaper.*— By A. H. MATEER. SHANGHAI: STEREOTYPED BY METHODIST PUBLISHING HOUSE. PRINTED BY THE PRESBYTERIAN MISSION PRESS. 1913. 以下Cと略す　p.90)。

そこで，これら八つの用例を，1）は英華字典から，2)と3）は外交文書から，4)と5)は新聞から，6)と7)は文学作品から，8)はその他からとして，この5点から，"关于""对于"の2語が，いつ，どこで用いられ，どのようにして現代中国語の中に入ってきたのかを，順次，検討することにしたい。

§3　検　討

（1）英華字典から

羅布存徳原著　井上哲次郎訂増『訂増英華字典』とは，W. LOBSHEIDの *ENGLISH AND CHINESE DICTIONARY, WITH THE PUNTI AND MANDARINE PRONOUNCIATION. IN FOUR PARTS. FOUR VOLUMES.*（HONGKONG: DAILY PRESS, 1866-1869）を井上哲次郎が訂増したもの。

①:原著にあるロブシャイドの序文，すなわち，中国の歴史や言語に関する解説は省かれるが，その代わり，巻末に22項目からなる附録が加えられている。……，本文は原著にある広東方言と北京官話の発音を省き，訳語だけを出しているが，その訳語はロブシャイドを中心にしているとはいうものの，大量に他から補充している。一方，原著にあって『訂増英華字典』から脱落しているものは，比較的少数で，……，日本人のために意義を注するよりも訳語を網羅することに努め，1880年ごろまでに出た英華字典の

訳語を集大成している点で注目される（森岡健二『近代語の成立　明治期語彙編』明治書院　昭和44年9月　p.79～81）

②：我邦虽既有二三对译字书而大抵不完备详于此著则略于彼备于彼者则泄于此不啻意义未尽译语亦往往欠妥意义既尽译语又妥而最便像胥家者其唯西儒罗存德氏所著英华字典耶世之修英学者据此书以求意义则无字不解无文不晓

と，井上哲次郎自身がその序文でいう通り。ただ，“对于”については，まだ記録されていないようで，“关于”についても，原著にあるのかないのか，まだ確認はしていない。しかし，原著に先行する，W.H.MEDHURSTの大著である *ENGLISH AND CHINESE DICTIONARY*（SHANGHAI: PRINTED AT THE MISSON PRESS. 1847）にも，この2語はまだない。だから，“关于”についていえば，最も遅れて明治16年，つまり1883年以前，すでにこの用法があったことだけは確か。なお，ここに収める訳語が，白話かそれとも文語かといえば，文語も収めるが，基本はあくまでも白話。

③: The laborious work of Dr. Lobscheid, first published in Hong Kong, — as far as I have been able to learn, — was original. In many respects, the work is very faulty. It is disfigured by Cantonese colloquialism, and the translation he gives of a demigod 半个上帝 has become one of the curiosities of literature（《商务书馆华英音韵字典集成》INTRODUCTORY NOTE, 1902)。

と，後になって，辜鴻銘が原著を批評していることからもわかる。

では，外国人による英華字典の類で，“关于”“对于”の2語が，ともに記録されるのはいつか，となれば，K. HEMELINGの *ENGLISH-CHINESE DICTIONARY OF THE STANDARD CHINESE SPOKEN LANGUAGE*（官话）*AND HANDBOOK FOR TRANSLATORS, including Scientific, Technical, Modern, and Documentary Terms. Based on the Dictionary of the late G. C .STENT, published 1905 by the Maritime Customs.*（SHANGHAI: STATISTICAL DEPARTMENT OF THE INSPECTORATE GENERAL OF CUSTOMS. 1916.）が，最初のようで，次のように記録している。

④：With respect to, 至于 chih yü, 对于 tui yü, 关于 kuan yü, 论及（文）lun chi.

Respecting, prep., (concerning), 至于 chih yü, 对于 tui yü, 至 chi, 关于 kuan yü, 论到 lun tao, 论及（文）lun chi.（“（文）”とは，文語のこと―筆者）

(2) 外交文書から

2）と3）の“关于通商各款”は，現代中国語でいえば，“关于通商的各条款”のように，“通商”と“各条款”の間に助詞の“的”の入るのが普通。しかし，外交文書ということもあって，文語では，その必要もなかった。

とにかく，井上哲次郎訂増の『訂増英華字典』に，前置詞の“关于”が収められているからには，1866年あるいは1883年以前に，この用法が，すでに存在していたことは，いうまでもない。この二つの用例がまさにそれに当る。2）は，1863年7月13日，清国とデンマーク国との間で成立した天津条約の第26条。そして3）は，1866年10月26日，清国とイタリア国との間で締結された通商条約の第26条。

この外交文書をめぐって，興味深い事柄が二つ見られる。まず第一の点は，各条約の有効期限を別にすると，同じ意味の内容でありながら，その条約を締結した国の違いによって，その中国語文に，少しずつ違いのあることで，1858年6月26日，清国と英国との間で結ばれた天津条約の第27条では，2）・3）では「通商に関する条目と税目」となる個所が，「税目と通商に関する条目」となって，中国語文は，並列する順序が違っている。

①：此次新定税则并通商各款，日后彼此两国再欲重修，以十年为限……（A. p.99）。

しかし，“通商”の前に，“关于”も“关涉”もない。ところが，その英語文は，

②：It is agreed that either of the High Contracting Parties to this Treaty may demand a further revision of the Tariff and of the Commercial Articles of this Treaty at the end of ten years, ……（*TREATISE, CONVENTIONS, ETC, BETWEEN CHINA AND*

FOREIGN STATES Published by Order of the Inspector General of Customs. SHANGHAI. 1917. 以下Dと略す　p.412)。

で，2）の英語文も，

③：It is agreed that either of the High Contracting Parties to this Treaty may demand a revision of the Tariff and of the Commercial Articles of this Treaty at the end of June 1868,……(D. p.321)。

つまり，有効期限を別にすると，③では，②の“a further revision”の名詞“revision”にかかる形容詞の“further”がないだけで，“of the tariff and of the commercial anticles of this treaty”の部分までもが同じであった。3）については，イタリア語文なので，ここでは省略すると，1896年7月21日，清国と日本国との間で成立した通商航海条約の第26条に注目したい。中国語文は,

④：此次所定税则及此约内关涉通商各条款，日后如有一国再欲重修，由换约之日起，以十年为限，……（A. p.666）。

で，“通商”の前には動詞の“关涉”が入るし，“各款”は“各条款”となって,有効期間の表現方法も,これまでの場合とは違う。それもそのはず。これに対応する日本語文は,

⑤：締盟国ノ一方ハ本条約批准交換ノ日ヨリ十個年ノ終ニ於テ税目及本条約ノ通商ニ関スル条款ノ改正ヲ要求スルコトヲ得……(D. p.730)。

で，英語文は,

⑥：It is agreed that either of the High Contracting Parties may demand a revision of the Tariffs and of the Commercial Articles of this Treaty at the end of ten years from the date of the exchange of the ratifications; (D. p.730)。

であった。つまり，部分的ではあるが，同一の英語文を，各国はそれぞれに翻訳された中国語文に同意したのであり,とりわけ,英語の“commercial articles”は，中国語で，“通商各款”“关于通商各款”“关涉通商各条款”の三つの表現になっていた。

そこで,第二の点。では,なぜ,2)では“通商”の前に前置詞の“关于”が入り,④では動詞の“关涉”が入ったのか。この点について,筆者の見解は,きわめて単純で明解。それは,王力が《汉语史稿》で述べているように,“加强语言的明确性”という説明につきる,と思われるからである。とりわけ,④の場合,これは,⑤の日本語文に引きずられての表現である,としか理解できない。その理由は,この種の問題は,英語での表現を,あるいは日本語での表現を,中国語では,いかにより明確にするか,という目的・動機と深く関係しているからで,英語との関わりでいえば,次の場合が,一つの有力な参考例になる,と思われる。

トーマス・ウェードの《语言自迩集》に収める〈言语例略〉第三段の冒頭は,1867年の初版本では,

⑦:至于汉话里头,那名目,又有专属,是这么着,

となっていた。ところが,1886年の第2版本では,“至于”を取ってしまい,

⑧:汉话里头那名目,又有个专属,是这么着,

のようになった。初版本の随所で見られた“不顺”な表現を,“顺”ないい方に直したからである。しかし,初版本も第2版本も,その英語文は,ともに,

⑨:Chinese nouns, on the other hand, have the following peculiarity.

であった。

<言语例略>は,ウェードが中国語の品詞について述べる話で,英語では,“The Chapter on the Parts of Speech”,英語文を中国語文に翻訳したもので,中国語文を英語文にしたものではない。この点は,外交文書の場合と条件はまったく同じ。

そこで⑦を見ると,さすがに北京語のテキストだけあって,文語の“论及”をさけて,白話語彙史で歴史のある“至于”が用いられ,しかも,ある事柄を述べてから,その後にそれと関連する事柄に話を移す時に使われていて,語彙の選択とその用法からいっても,現代中国語から見ると,⑧よりはむしろ⑦の方が“顺”であった。なぜかといえば,⑨の“Chinese nouns”を,“speaking to Chinese nouns”といいかえて,それを中国語で“至于”におきかえて,過剰な表現にしているからで,過剰な表現にする,と

いうことは，その部分に，特別の注意が集中している，ということでもあって，この意識と発想とが，そのまま，“加强语言的明确性”という結果に結びついてくる，からである。

では，どうして，動詞の“关涉”や“关系”ではなく，前置詞の“关于”が選ばれたのか。この点も，筆者の見解は，きわめて簡単。英語には，前置詞という便利なことばがあり，これに対応できる中国語となれば，同じく前置詞で，しかも，白話で歴史的に常用されている“至于”より，文語らしさを尊重重視すれば，“于”構造を利用しながら，意味の面では，“至”に較べてより分析的な動詞“关”を使った“关于”以外にない，と思われる，からである。一方，日本語との関わりでいえば，④は⑤に引きずられた結果である，というのは，英語の“commercial articles”が，日本語では「通商ニ関スル条款」と，過剰な表現になっていて，この日本語を忠実に中国語訳したからである。では，なぜ，日本語の「〜ニ関スル」が，中国語では前置詞の“关于”ではなく，動詞の“关涉”なのか，といえば，当時の中国語では，前置詞の“关于”は，まだ十分に熟していなかった，ためである。この点からいっても，2)・3）の用例は，きわめて稀に見る貴重な好例といえる。後が続いていないからである。

わが大正時代の条約集では，1897年，④の用例の翌年，日本語文で，「蘇州居留地内地税ニ関スル交換公文」となる文書が，中国語文で，“关于苏州租界地税之互换公文”となっているが，この“关于”は，大いに疑わしい。『再訂条約彙纂』(外務省記録課編纂　明治41年11月)では，日本語文も「蘇州居留地内地税ニ関スル往東」，中国語文も“函询苏州地税缘由照会”で，“关于”が使われていない，からである。

1905年の協定では，英語文は，

⑩：In regard to the trade on the frontier of Manchuria and Korea, treatment according to most-favoured-nation principle will be extended to each Contracting Party（D. p.641）.

日本語文も，

⑪：満韓国境貿易ニ関シテハ相互ニ最恵国ノ待遇ヲ与フヘキモノトス(D. p.739)。

となって，英語の“in regard to”と日本語の「ニ関シテハ」は，対照しているが，中国語文では，これに当ることばもなく，

⑫：满韩交界陆路通商彼此应按照相待最优国之例办理（D. p.641）。

でしかなかった。

⑬：借款还清期限，关于新奉铁路辽河以东者，定为十八年，吉长铁路为二十五年（A. 第二冊　p.377）。

⑬'：借款還清期限ハ新奉鉄道遼河以東ニ関シテハ十八個年吉長鉄道ハ二十五個年ト定メ（『日支間並支那ニ関スル日本及他国間ノ条約』（外務省条約局　大正 12 年 3 月　以下 E と略す　p.390）。

⑭：中国政府收买现有之新奉铁路后，应从速与南满洲铁路公司订立关于辽河以东之借款合同（A 第二冊　p.378）。

⑭'：清国政府ハ現有新奉鉄道ノ買収後可成速ニ南満洲鉄道会社ト遼河以東ノ借款ニ関スル契約ヲ訂立スヘク（E. p.391）。

のように，「ニ関スル」という日本語が，中国語で“关于”となるのは，1907 年のことであった。

それでは，外交文書から見た“对于”はどうか，といえば，“对于”の用例は，“关于”よりもずっと遅れた。

⑮：现在中国政府对于土药已定严行禁种、禁运、禁吸之宗旨，英国政府深表同情，且愿赞助（A. 第二冊　p.711）。

⑯：又，领地、殖民地政府对于执有护照的人仍有其羁留或令远离之权，决不因此护照所有妨碍（同上 . p.716）。

⑰：南满洲铁道株式会社（以下单称会社）对于抚顺、烟台两煤矿（以下单称两煤矿）所出之煤，允以出开原价百分之五计算之出口税缴纳于清国政府（同上 . p.720）。

⑱：两铁路之火车过境时，对于进口、出口同种类货物之运费均须公平（同上 . p.769）。

⑲：会社对于同日以后采煤之出井税，缴纳清国政府（同上 . p.721）。

これら 5 例は，ともに，1911 年のことで，⑮は英国と，⑯はオランダ国と，⑰⑱⑲は日本国との間で取り交わされた。

ここで，“对于”の目的語を見ると，⑮では“土药”，⑯では“人”，⑰では“煤”，⑱では“货物”，⑲では“煤”に関する行為で，物についての用例の多いことに注意しておきたい。

なお，

⑳：因此局长对于南票支路之建设不愿进行（同上．p.478）。

といった例が，1908年，英国との文書で見られるが，この文書には，もともと，中国語文はなく，後に，英語文を中国語訳したものであるので，ここでは取りあげないことにした。

では，なぜ，“对于”は“关于”よりも遅れたのか。“对于”のもつ新しさとは，どこにあるのか，その新しさを，前置詞の目的語が人を表わす次の用例から見たい。

㉑：中华海面每有贼盗抢劫，大清、大英视为向于内外商民大有损碍，意合会议设法消除（A. p.103）。

㉒：至请给执照，如系向在中华设洋行之人，准其自行呈其保单；若非向设洋行之人，则同妥商二人联名呈具保单（同上．p.177）。

㉓：中华海面近有盗贼抢劫，向于内外商民大有损碍，大清大丹各国约定会议设法消除（同上．p.204）。

つまり，1911年以前では，前置詞の目的語が人の場合，その前置詞は，“向于”であり，“向”であって，“对”でも“对于”でもなかった。とりわけ，㉓の用例に注目したい。この条約の第26条では，2）のように“关于”が用いられていたのである。

外交文書から見た“关于”“对于”の用法を締め括るにあたり，“对于”が，堰を切って落としたかのように大量に現われる1911年，清国と日本国との間で調印された「撫順烟台両炭坑細則ニ関スル議定書」，中国語文では“抚顺烟台两煤矿细则”から，2語の用法をまとめることにしたい。ここでの用法は，2語と日本語との関わりと影響を考える上で，大きな意味があるからである。

すると，“关于”は，

㉔：大清国政府与大日本国政府在北京所订满洲案件协约第三条议定关

于抚顺烟台两煤矿之细则如左（E. p.409）。

㉔'：大日本国政府ト大清国政府トノ間ニ北京ニ於テ議定セラレタル満洲案件ニ関スル協約第三条ノ規定ニ基キ撫順烟台両炭坑ニ関スル細則ヲ議定スルコト左ノ如シ（同上）

㉕：关于两煤矿采煤运煤或佣雇矿夫等事清国官宪允竭力照料（同上．p.411）

㉕'：両炭坑ノ採炭運炭又ハ鉱夫ノ雇傭ニ関シ清国官憲ハ充分ノ便宜ヲ与フヘキコトヲ承諾ス（同上）

㉖：会社承允关于矿夫之取缔及救济等事必设相当之规定（同上）

㉖'：会社ハ鉱夫ノ取締又ハ救済ニ関シテ相当ノ規定ヲ設クヘキコトヲ承諾ス（同上）

のように，日本語の「ニ関スル」「ニ関シ」「ニ関シテ」と対応し，関係する人（人格化された場合も含む）あるいは事柄の及ぶ範囲を表わしている。そして，その特徴は，すでに見た2)・3)の用例，あるいは㉔'での「満洲案件ニ関スル協約」は，㉔で“满洲案件协约”となるように，単に関連を示しているだけではあるが，その関連性を強調しているわけでもなく，単に関連を示しているために“关于”が脱落した，というわけでもない，ここで用いられている“关于”の目的語には，複雑な限定語がついている，ことである。

これに対して，“对于”は，まず，さきにあげた⑰，その日本語文は，

⑰'：南満洲鉄道株式会社（以下単ニ会社ト記ス）ハ撫順烟台両炭坑（以下単ニ両炭坑ト記ス）ノ石炭ニ対シテハ坑口原価ノ百分ノ五ノ割合ヲ以テ算定シタル鉱産税ヲ清国政府ニ納付スルコトヲ承諾ス（同上．p.409）

この他に，

㉗：会社对于由海口运出两煤矿之煤允每吨以海关银十分之一两即银一钱计算之出口税缴纳于清国海关（同上）

㉗'：会社ハ海口ヨリ輸出スル両炭坑ノ石炭ニ対シテ毎噸海関銀拾分ノ一即チ銀一銭ノ割合ヲ以テ算定シタル輸出税ヲ清国海関ニ納付スルコトヲ承諾ス（同上）

㉘：对于由陆路运往朝鲜或俄国两煤矿之煤其出口税日后另行协定（同上）

㉘'：陸路ヲ経テ朝鮮又ハ露国ニ輸出スル両炭坑ノ石炭ニ対スル輸出税ハ追テ別ニ協定スヘシ（同上）

㉙：会社对于同日以后采煤之出井税缴纳清国政府（同上. p.410）

㉙'：会社ハ同日以後ノ採炭ニ対スル鉱産税ヲ清国政府へ納付シ（同上）

㉚：但对于他处之煤有较该煤矿减轻课税时亦允会社一律均沾（同上）

㉚'：但他所ノ石炭ニシテ両炭坑ノ石炭ヨリモ課税ヲ軽減セラルルモノアルトキハ会社モ亦之ニ均霑スルノ権利ヲ有スヘシ（同上）

㉛：清国官宪将对于两煤矿煤斤豁免厘金等之意通知各省俾使周知（同上）

㉛'：清国官憲ハ両炭坑ノ石炭ニ対シテ厘捐等免除ノ旨ヲ各省一般ニ周知セシムルノ手続ヲ執ルヘシ（同上）

があって，日本語の「ニ対シテハ」「ニ対シテ」「ニ対スル」と対応しているが，㉚でのように，“对于……时”となって，仮定の条件を表わしていて，広い意味での範囲を表わす用法が見られるのは，現代中国語からいえば，一種の混乱状態にある，ということで，“对于”が使い出されて，時間のあまり経っていないことを表わしている，と思われる。

また，⑰'㉖'㉘'㉛'では，“对于”の目的語は，ともに「石炭」で物，㉙'では，すでに⑲で見たように，「石炭」に関する行為であるが，なぜか，人の場合がないのに注意したい。人格化された行政機関には，“向”“对”が用いられ，“向”から“对”へという表現上の新しい変化が見られる。とともに，日本語との関わりでいえば，人が目的語になる場合は，物や行為がなる場合よりも遅れていたことがわかる。“向”と“对”の用例は次の通り。

㉜：又会社在同日以后向清国海关多纳每顿二钱之出口税由清国政府交还会社（同上. p.410）

㉜'：又会社ヵ同日以後清国海関へ納付シ来リタル過納ノ輸出税ハ毎噸二銭ノ割合ヲ以テ清国政府ヨリ会社へ還付スヘシ（同上）

㉝：前项厘金等既豁免会社对清国政府每年当缴纳日本金币伍万円以为

报偿照第三条第二项分四期缴纳（同上）

㉝'：前項厘捐等免除，報償トシテ会社ハ年額日本貨幣五万円ヲ第三条第二項ニ準シ四期ニ分ケテ清国政府ニ納付ス（同上）

ここで，更に一歩進んで，“对于”“向”“对”の目的語について見ると，“对于”の場合は，“关于”がそうであったように，複雑で，決して単純なものではない。あれこれと限定語がついた注文の多い物と，それに関わる行為である。ところが，“向”や“对”は，その目的語が単純であるだけでなく，単に，ある種の行為の向き・方向しか表わしていない。目的語を二つ求める動詞であれば，中国語の文構造からは，㉙の“缴纳清国政府”，㉜の“交还会社”と，㉝の“对清国政府每年当缴纳日本金币五万元”では，目的語の入れ換えができるからである。

こうした現象を，ことばの面から切り離し，近代日本における日中交渉史という視点から見ると，“关于”“对于”の２語は，日本が中国に対して，いろいろと複雑な条件のついた物と，その物に関わる行為を求める中で生まれ，成長し発展したが，その心は，いつも，物に対してでしかなく，人に対してではなかった，ということができる。

外交文書から見た“关于”と“对于”を，簡単に図示すると，次のようになる。

<table>
<tr><td>語史</td><td colspan="2">近代中国語</td><td>現代中国語</td></tr>
<tr><td>文体</td><td colspan="2">文　　言</td><td>白　　話</td></tr>
<tr><td rowspan="5">関係と影響</td><td>英語</td><td>前置詞　前置詞</td><td rowspan="5"></td></tr>
<tr><td>中国語</td><td>“关”</td></tr>
<tr><td>“于”構造</td><td>“关于”　“关于”――――
“对于”――
“对于”――</td></tr>
<tr><td>中国語</td><td>“对”</td></tr>
<tr><td>日本語</td><td>※「ニ関スル」　「ニ対シテ」</td></tr>
</table>

※杉本つとむ『江戸時代翻訳日本語辞典』（早稲田大学出版部　昭和56年）によると，文久２年の1862年には，「ニ関スル」ハ，まだ用いられていない。しかし，明治に入ると，外交文書では，英語の“regarding”の訳語として使われている。文久２年の訳語で，“regarding”は，「ニ拘リテ」であり，「就テ」であった。

現実を注視する描き方[1]

——老舎の《月牙儿》から——

一

老舎文学におけることば遣いのおもしろさは，いろいろな面から観察できるだろう。

ただ，老舎が，北京語を思いのままに使いこなす数少ない作家ということもあってか，その文章の特色は，もっぱら，北京土語運用の妙味を鑑賞する側からなされていた。

しかし，いかに，老舎が満洲旗人の末裔で正真正銘の北京人とはいえ，例えば，小説の場合，短篇といわず長篇といわず，いつでもどこでも，ベタベタドロドロの北京の土語が，のべつ幕なし，ポンポンとび出してくるわけではない。会話の文では，登場人物にふさわしい北京のことばが，地の文では，その場にふさわしい口頭語が，それぞれ選ばれ活用されているのである。

二

しかし，老舎の小説をよんだ人なら，誰しも気付くことだが，会話の文にも地の文にも,「もしも」をあらわす仮定の接続詞の“假如”“假若”“若是”“设若”“要是”,「たとい」をあらわす仮定が反転した縦予の接続詞の“即使”“万一”，そして,「しかし」「だが」「ところで」をあらわす反転の接続詞の“可是”“但是”“不过”が，たびたび出てくる。とりわけ，中篇小説では，顕著である。

いま，《月牙儿》を例にとると，全43話のうち，さきに挙げた二種の接続詞が，どちらも出てこないのは，1, 18, 21, 31, 35 の5話だけで，しかも，18話では“……，抱着希望出去，带着尘土与眼泪回来。”，35話では“看了一会儿，……。待了一会儿，……。”のように，いずれも，同形反復の形式が用いられていて，了解されるはずの意味からすれば，反転の接続詞は，いつでも入りこめるようになっているのである。

そこで，二種類の接続詞の分布状態を話の順序通りに示し，使用例をタイプ別に分けて検討することにしよう。[2]

〔分布状態〕

2 可是、可是、可是、可是、但是、可
3 可是、可是
4 若是、但分、可是、可是、可是
5 可是
6 可是、可是
7 (果然……的话)、可是
8 可是、可是
9 (其实)、可是
10 可是、可是、可是、万一、假如、即使、假若
11 可是、可是、要不然、可是
12 假若、不然、但是、可是、假若、可是，可是
13 可是、要不然、可是、可是、但是、即使
14 要不然、可是、可是、可是
15 可、可是、可是、即使、可是
16 可是、不过、假若、可是、假若、可是、可是
17 可是、可是、可是、假若、即使、可是、假若、可是
19 可
21 但是、可是
22 可是、可是
23 可是、可是
24 可是、可是
25 可是、可是、可是
26 可是
27 可、设若、但是、可是、可是、要是
28 可、不过、可是、可是、若

29　可是
30　要是
32　若是、若是、要
33　可是、可、可是、但是、若是
34　可是
36　可是、要不是
37　可是、可是
38　可是、可是、不过、可是、可是、可是、可是
39　可是
40　可是、假如
41　但是、要是
42　要是、假如、可、可是
43　假若、(事实上)

〔使用例〕

I　仮定・縦予をあらわすことば

(一) 単独

①我不明白多少事，我有点怕，又有点希望——果然不再挨饿的话。(7)

②即使妈马上死了，恐怕也不会和爸埋在一处了，我连她将来的坟在哪里都不会知道。(13)

③死假如可怕，那只因为活着是可爱的。(40)

④假若我扯着脸不走，焉知新校长不往外撵我呢？(17)

⑤钱比人更利害一些，人若是兽，钱就是兽的胆子。(33)

⑥我知道她是好意，我也知道设若我不肯笑，她也得吃亏，少分酒钱；小账是大家平分的。(27)

⑦她不敢认我了，要不是我叫她，她也许就又走了。(36)

(二) 二重

(1) 第二の接続詞は第一の接続詞を前提にしている

①假若我真爱她呢，妈妈说，我应该帮助她。不然呢，她不能再管我了。(12)

②假若她不能收留我，而我找了去，即使不能引起她与那个卖馒头的吵闹，她也必定很难过。(17)

(2) 第一の接続詞は第二の接続詞を前提にしている

①我知道，若是当不来钱，我们娘儿俩就不要吃晚饭；因为妈妈但分有点主意，也不肯叫我去。(4)

②可是我得省着钱，万一妈妈叫我去……我可以跑，假如我手中有钱。(10)

(三) 三重　第三の接続詞は第一・第二の接続詞を前提にしている

①那个态度使我看明白，他若是要你，你得给他相当的好处；你若是没有好处可贡献呢，人家只用一角钱的冰激凌换你一个吻。要卖，得痛痛快快地。(32)

Ⅱ　反転をあらわすことば

(一) 情意をあらわすことば+"可是"+"不"　～したいができない・～だが……したくない

①我也想爸，可是我不想哭他。(3)

②我的泪很容易下来，可是我设法不哭，眼终日老那么湿润润的，可爱。(22)

③我老想帮助妈妈，可是插不上手。(5)

④我要掀开白布，再看看爸，可是我不敢。(2)

⑤那男人的手心出了汗，凉得像个鱼似的，我要喊"妈"，可是不敢。(7)

⑥我要过去抱住她。可是我不敢，我怕学生们笑话我，她们不许我有这样的妈妈。(16)

⑦我要怀疑，可是不敢。(20)

(二) "可(但)是"+"不"　だけで情意をあらわすことばの部分がない　(一)の変型

①可是我不敢常劳动她，她的手是洗粗了的。(6)

②我可是猜不着。(6)

③但是我帮助不了她，除非我得作那种我决不肯作的事。(13)

④我可是不哭，我只常皱着眉。(15)

⑤可是进不了许多，因为她们也会织。(16)

⑥但是，我不肯学她。(27)

⑦可是，我并不想卖自己。(28)

⑧可是他们也不肯再感化我。(42)

(三)“不”+情意をあらわすことば+“可(是)”　～する気はないが……

①我不肯马上就往那么走，可是知道它在不很远的地方等着我呢。(25)

②我不感谢他，可是当时确有点痛快。(25)

③我不后悔丢了那个事，可我也真怕那个黑影。(28)

④我不愿理他们，可是一说起话儿来，我觉得我比她们精明。(29)

(四)情意をあらわすことば+“可(但)是”　～の気持はあるが……

(1) 単独

①我怕当铺的那个大红门，那个大高长柜台。一看见那个门，我就心跳。可是我必须进去，似乎是爬进去，那个高门坎儿是那么高。(4)

②我起初还想跟妈妈睡，可是几天之后，我反倒爱“我的”小屋了。(8)

③我愿爱妈妈，这时候我有好些必要问妈妈的事，需要妈妈的安慰；可是正在这时候，我得躲着她，我得恨她；要不然我自己便不存在了。(11)

④妈妈想照应我，可是她得听着看着人家蹂躏我。(38)

⑤我想好好对待她，可是我觉得她有时候讨厌。(38)

⑥我有时候也会慢待人，可是我有我的办法，使客人急不得恼不得。(38)

(2) 二重

①每逢我想起爸来，我就想到非打开那个木匣不能见着他。但是，那木匣是深深地埋在地里，我明知在城外哪个地方埋着它，可又像落在地上的一点雨点，似乎永难找到。(2)

(五)仮定の接続詞+“可是”など　もしも～ならうれしいのだが……

(1) 単独

①假若我愿意“帮助”妈妈呢，她可以不再走这一步，而由我替她挣钱。代替挣钱，我真愿意；可是那个挣钱的方法叫我哆嗦。(12)

②假如我爱工作，将来必定能自食其力，或是嫁个人。他们很乐观。我可没这个信心。(42)

③我不愿死，假若从这儿出去而能有个较好的地方：事实上既不这样，死在哪儿不一样呢。(43)

(2) 二重

①虽然是这样，我的心似乎活了一点，我甚至想到：假若妈妈不走那一步，我是可以养活她的。一数我那点钱，我就知道这是梦想，可是这么想使我舒服一点。我很想看看妈妈。假若她看见我，她必能跟我来，我们能有方法活着，我想——可是不十分相信。(16)

(六) "可是"＋疑問文　それはそれ。ところで……？

(1) 単独

①可是"妈妈咱们吃什么呢？"(4)

②这几个钱不会叫我在最近的几天中挨饿，可是我上哪儿呢？(17)

③可是她能收容我吗？(17)

④可是怎么担着自己的苦处呢？(17)

(2) 二重

①很容易答应那个少妇呀，可是我怎么办呢？他给我的那些东西，我不愿意要；既然要离开他，便一刀两断。可是，放下那点东西，我还有什么呢？我上哪儿呢？我怎么能当天就有饭吃呢？(24)

(七) "可(是)"をはさんで全体と部分の関係をあらわす　～であるが……

①大家都很忙，嚷嚷的声儿很高，哭得很恸，可是事情并不多，也似乎值不得嚷。(2)

②风很小，可是很够冷的。(3)

③校长是个四十多岁的妇人，胖胖的，不很精明，可是心热。(13)

④叫我最难过的是我慢慢地学会了恨妈妈。可是每当我恨她的时候，我不知不觉地便想起她背着我上坟的光景。(11)

⑤她叫我帮助文书写写字，可是不必马上就这么办，因为我的字还需要练习。(13)

⑥他们不知怎样对待我好，我既不是学生，也不是先生，又不是仆人，可有点像仆人。(15)

⑦她很美，可是美得不玲珑，像个磁人儿似的。(23)

⑧她看不起我，可也并非完全恶意地教训我。(27)

（八）对比　Aは～，しかしBは……

①我晓得屋里的惨凄，因为大家说爸爸的病……可是我更感觉自己的悲惨，我冷，饿，没人理我。(2)

②妈妈的心是狠的，可是钱更狠。(12)

③晚上，我一个人在院中走，常被月牙给赶进屋来，我没有胆子去看它。可是在屋里，我会想像它是什么样，特别是在有点小风的时候。(15)

（九）“可(但)是”+予期せぬ出来事　～だと思っていたのに……

（1）单独

①可是这一次，当铺不要这面镜子，告诉我再添一号来。(4)

②可是妈妈偷告诉我叫爸，我也不愿十分的别扭。(8)

③可是妈妈并没这么打算。(10)

④可是这个又使我要拒绝再吃她给我的饭菜。(11)

⑤可是我已经是个大姑娘了，不像小时候那样容易跟在妈妈轿后走过去了。(12)

⑥可是我的身体是往大了长呢，我觉得出。(14)

⑦什么也没有了，我不能不哭。可是我的哭声被妈妈的压下去。(2)

⑧这不像妈妈能说得出的话，但是她确是这么说了。(12)

⑨我平素很怕男人，但是这个青年不叫我怕他。(20)

⑩她哭，可是拉住我的手。(23)

⑪我有点害怕。可是“第一号”告诉我不用着急，她也都不会。(26)

⑫我有了买卖。可是我的房东不许我再住下去，他是讲体面的人。(33)

⑬妈妈是很爱花的，虽然买不起，可是有人送给她一朵，她就顶喜欢戴在头上。(9)

⑭我的心就好像在月光下的蝙蝠，虽然在光的下面，可是自己是黑的。(15)

⑮这样，我虽然不希望什么，或者也不会有危险了。事情可是并不因我长了一两岁而容易找到。(25)

(2) 二重

①我越往大了长，我越觉得自己好看，这是一点安慰；美使我抬高了自己的身分。可是我根本没身分，安慰是先甜后苦的，苦到末了又使我自傲。穷，可是好看呢！(14)

(十) ある事柄を別のもう一面からいう　～だけど……でもある。

①她没言语。可是从另一方面看，她确是想保护我，必疼我。(37)

②这里的人不讲体面，可也更真诚可爱。(33)

(十一) 確かにその通りであるという気持をあらわす　しかし·まったく·ほんとうに

①这叫我咬牙切齿，叫我心中冒火，可是妇女的命运不在自己手里。(27)

三

ところで，1936年，李長之は，《鲁迅批判》をあらわすと，その中で，魯迅の雑感文に“虽然”（とはいっても）“自然”（もちろん）“然而”（しかし）“倘若”（もしも）“如果”（もし）“却”（ところが）“不过”（だが）“譬如”（たとえば）など，転折をあらわすことばの多いのに注目。これらと“总之”（つまりは）とのもたらす効果を，一つどころをグルグル回る弛緩と緊張とのかもす快感である，と解釈した。(3)

すると，徐懋庸は，いや，そうではなく，実は，これこそ，魯迅が，問題の真相を暴露する時に使う手なのだ，といった。(4)

それは，あたかも，「筍の皮をむく」ように，「だが」「しかし」「もちろん」「とはいっても」「ところが」「たとえば」「もしも」「もし」という具合に，1枚1枚，順番に皮をはぎ取って行き，ネジがだんだんと奥へ入りこむように，最後に，「つまりは」と真相をあばく，ということであった。

四

では，老舎の場合，あの仮定や反転をあらわす接続詞は，およそ，何のために用いられていたのであろうか。

二種類のことばに共通する点は，接続詞。異なる点は，一つが，まだ実現していないこれからの事柄をのべるのに対して，もう一つは，すでに実現している事柄を事実として確認する時のもの。この両者，機能は同じであるから，形式上，前文と後文とに分かれるのは当然のことながら，内容がまったく異なる正反対のことばかりであるのに，意味では，ともに，対応・対比をあらわしている。タイプ別の使用例で示した日本語訳の通りである。

この手法，私見では，観察と描写とに必要な，視点・観点を設定するのに用いられているのではないか，ということである。

そのわけは，この手段が，丁度，鏡の前で手鏡をもちながら，正面からだけでは見えない所を，角度を変え変え，あれこれと映すのに似て，老舎自身，創作経験を語る中で，人物描写のコツをのべる一段と，話が一致しているからである。

①刻画人物要注意从多方面来写人物性格。如写地主，不要光写他凶残的一面，把他写得个野兽，也要写他伪善的一面。写他的生活、嗜好、习惯，对不同的人不同的态度……多方面写人物的性格，不要小胡同里赶猪——直来直去。(5)

②写小说和写戏一样，～，如要表现炊事员，光把他放在厨房里烧锅煮饭，就不容易出戏，很难写出吸引人的场面；如果写部队在大沙漠里铺轨，或者在激战中同志们正需要喝水吃饭，非常困难的时候，把炊事员安排进出，作用就大了。(6)

では，なぜ，あのように多くの反転をあらわすことばが用いられたのか。

③注意“怎么说”才能表现出自己的语言风格。～，“怎么说”是思考的结果，～。写东西一定要善于运用文字，苦苦思索，要让人家看见你的思想风貌。(7)

それは，「ことばは心の使い」といい切るまでに完成された自己の世界をもつ老舎にとって，視点・観点をあらわすことばは，人間老舎その人とも同じこと。しかも，これが，意識されない所から出たクセとなれば，もはや，いうまでもないことであろう。

完成された自己の世界をもつ者は，未然形で主観的でしかない想像よりも，已然形で客観的な現実の方が気にかかるもの。だから，手を変え品を変えては，現実を注視するが，それも，自分で作り上げた世界を，ガンコ一徹，守り抜きたいと考えていたからであり，逆に，現実を注視することによって，その世界は，更に一層，強固になっていたのである。

すると，老舎が，「醒めきった意識」で「観察者的に書く」[8]「客観的な」[9]人，といわれるのも，当然，そのようであってよいことになるであろう。この評価に，わたくしも大賛成である。

〔註〕

(1) 本稿は拙稿「老舎のすきなレトリック」(『老舎小説全集』月報九　1982年　学研)と軌を一にしている。)

(2)《老舎短篇小说选》(1956年　人民文学出版社）による。

(3) 中华民国25年　上海北新书局　166頁。

(4)〈鲁迅的杂文〉(夏征农编《鲁迅研究》中华民国26年　上海生活书店）90頁。

(5)〈人物、语言及其他〉(《论文学语言及其他》1964年　作家出版社）15頁。

(6) 同上　14頁。

(7) 同上　17頁。

(8) 中野美代子『悪魔のいない文学』(1977年　朝日新聞社）122頁。

(9) 小川環樹「老舎と魯迅」(『東北文学』2-6　1947年　東北大学）33頁。

老舎の小説における“为是”の用法

§1 “为是”について

“为是”は，現代語でも使用されているが，このことばが，辞書という辞書にほとんど収められていないのは，その用法が，一般的であったとは決していえないからである。現在のところ，『岩波中国語辞典』(1) で，

①……のためである。(家常便饭，～谈一谈)＝ゆっくりお話がうかがいたいんで，ありあわせのご飯でも。

とあるのが唯一の記録で，これ以外にはない。また，ここでいう，「……のためである」の「ため」とは目的を表わしていて，原因や理由を表わすものではない。そして，“为”は wei の第四声に発音されている。

ところが，近世語の場合，とりわけ《水浒》では，“为是”は，「……のためである」という意味を表わしてはいたが，目的を表わすことはなく，原因を表わしたり，理由を説明するのに用いられた。そして，“为”は，これを胡竹安氏は《水浒词典》(2) で，wei の第二声に注音している。

また，“为是”のもつ働きについて，胡竹安氏は，《水浒词典》で，“因为”(……なので，……のために) に当ると解釈するだけで，“为是～，因此～。”“为是～，故～。”という二種の呼応形式(3) しか挙げていない。これに対して，香坂順一先生は，『白話語彙の研究』(4) の中で，「《水浒》の“为是”は，原因を表わすほか，理由を後から説明する構文にもみられ」(5) る，と二つの働きを指摘しておられる。例えば，次の二例がそうである。

②为是人少，不敢去追（こちらの手勢がすくなかったので，追うのはやめました)。(52－866)(6)

③毎日好酒好肉管顾我。为是他有一座酒肉店，在城东快活林内，甚是寻钱（毎日，大へんなご馳走をふるまってくれます。というのは，かれは町の東の快活林に，料理屋をもっていて，大そう金をもうけて，ためこんでいるからです)。(31－479)(7)

②の場合，“为是”は，第一分文の中で，接続詞になって，主従複文を構成し原因を表わしているが，③の場合，“为是”は，第二分文の冒頭にあって，第一分文の表わす内容が何によっているのか，その理由を説明している。②③ともに，“为是”とは表記するが，その働きは，“为是”の入る位置によって，ハッキリと違っているのである。

こうした《水浒》における“为是”の用法は，清代に入ると，まず，その用法の一部が，限られた資料の中でしか見られなくなった。限られた資料とは，北京語を基礎にした文学作品のことで，老舎も愛読したという，下江官話を基礎にしてかかれた《儒林外史》(8) には，その用例はない。そして，北京語を基礎にした《儿女英雄传》になると，“为是”の表わす意味に，大きな変化が現われた。

④姑娘，这安位可是你自己的事了；但是他二位老人家，自然该双双升座，为是你一人断分不过来（嫁よ，位牌の安置というのはな，お前自身がやることになるのじゃ。ただな，この二体のご位牌はな，あたりまえのことじゃが，二体いっしょにお祭りしなければならぬ。というのはな，お前一人の力では，絶対に分けてお祭りすることはできぬからなのじゃ）。(24－35) (9)

⑤那口袋叫作“鞶帙”，里面装针的便是“箴管”，绕线的便是“线纩”，为是给公婆缝缝联联用的（この袋は「はんちつ」というものじゃ。中に入れてある針がつまり「しんかん」で，糸を巻いたのがつまり「せんこう」じゃ。これらはな，お前が，しゅうとしゅうとめに代って，針仕事や繕いものをしてあげる時に使うためなのじゃ）。(28－37) (10)

④と⑤を見ると，“为是”の入る位置は，ともに，最後の分文の冒頭にあって，共通しているが，その表わす意味は，まったく異なっている。④の場合，“为是”は，前にくる分文の内容が，何によっているのか，その理由を説明しているのに対し，⑤の場合は，前にくる分文の内容が，何をめざしてのことか，その目的を説明している。理由の説明と目的の説明とでは，話は180度違っているのであり，視点は180度逆のところにあるのである。

そして，現代北京語になると，“为是”は，清代北京語における一方の用法を基礎にして，老舎の作品の中で，独自の発展を見ることになった。

§2 老舎が用いた“为是”

老舎が使用した“为是”を，《老张的哲学》(11)《二马》(12)《骆驼祥子》(13)という三種の作品から見ることにしたい。というのは，老舎が使用した“为是”を歴史的に見たいからであり，老舎にとって，《老张的哲学》は，「実質的な意味で処女作といいうる」(14)作品であり，《二马》は，「のちの文学営為の道を決定したという意味において画期的な作品」(15)であり，《骆驼祥子》は，「創作一本に生きる決心をした後の最初の作品」(16)で，「老舎自身も非常に満足のいく」(17)，自信作であったからである。

①李静上前拉住姑母的手，一上一下的摇着，为是讨姑母的喜欢（李静はすすみでて，伯母の手をとると，上下にかるく振った。それは，伯母の機嫌をとるためであった）。(59)

②没钱到东方旅行的德国人，法国人，美国人，到伦敦的时候，总要到中国城去看一眼，为是找些小说，日记，新闻的材料（お金がなくて東洋まででかけて行くことのできないドイツ人，フランス人，アメリカ人は，ロンドンにやってくると，きまって中国人街を一目見たいという。それは，小説や日記やニュースの材料を，さがすためなのである）。(408)

③马夫人呢，把脸上的胭脂擦浅了半分，为是陪衬着他的小黑胡子（マー夫人はというと，顔の化粧を，これまでの半分ぐらいにうすくした。というのは，だんなのチョビヒゲを引きたたせるためである）。(415)

④鼻子老是皱皱着几个褶儿，为是叫脸上没一处不显着忙的“了不得”的样子（鼻は，いつも皺だらけで何本ものひだができている。というのは，顔中，どこもかしこも，なんとも忙しくて「たまらない」という様子を，見せつけるためなのである）。(417)

⑤换好了衣裳，才消消停停的在客厅里坐下，把狄・昆西的《鸦片鬼自状》找出来念；为是中国客人到了的时候，好有话和他说话（服を着替えると，やっと，ゆったりとした気分になり，応接間で腰をかけると，トーマス・ド・クンシーの『アヘン中毒者の告白』を読もうと取りだした。それは，中国人の客がやってきた時のためで，客と話す話題ができて，都合がよいのである）。(426)

⑥玛力指点出帽子的毛病来，为是减少一点心中的羡慕，羡慕和嫉妒往往是随着来的（メリーは，帽子にケチをつけだした。それは，心の中のうらやましさを少しでもへらすためであった。羨望と嫉妬とは，不可分の関係であることが多いのだ）。(523)

⑦就吃了一块杏仁饼，一碗咖啡，为是忙着来看你吗（アンズのクッキー一枚とコーヒー一杯だけですませたの。急いでママを見舞いにくるためよ）！(523)

⑧我上她屋里去，为是……表示我最后的决心（ぼくがかの女の部屋へいったのは，……最後の決心をつたえるためでした）！(546)

⑨李子荣把新表旧表全带着，为是比比那个走的顶快；时间本来是人造的，何不叫它快一点：使生活显着多忙一些呢；你就是不管时间，慢慢的走，难道走到生命的尽头，你还不死吗（李子栄は，新旧二つの時計をもっていた。どっちがはやく進むのか，比べてみるためである。時間は，もともと人間がつくりだしたものである。ちょっとぐらいはやく進ませてもよいではないか。しかし，生活に余計な混乱をきたすようなことになれば，時間にかまうことなく，ゆっくりと行くだけのことだ。命つきるところまで行けば，それで終りなのだから）。(573)

⑩美术家和社会党的人，到那里去，为是显出他们没有国界思想，胖老太太到那里去，为是多得一些谈话资料；其实他们并不喜欢喝不加牛奶的茶；和肉丝、鸡蛋，炒在饭一块儿（美術家と社会党の人たちが，ここへやってくるのは，かれらには国境という考えのないところを見せつけるためであり，デブのお婆さんたちがやってくるのは，少しでも多くおしゃべりの材料がほしいためである。ところが，その実，かれらは，ミルクを入れないお茶をのんだり，細切り肉と卵とをまぜていためたご飯を食べることは，あまり好きではないのである）。(588)

⑪今天晚上的宴会是为什么？为是募捐建设一个医院（今晩の宴会は，何のためですかって？ 寄付金を募って，病院をたてるためなのです）。(613)

⑫为是有些遮隐，他顶好还顺着山走，从北辛庄，往北，过魏家村；往北，过南河滩；再往北，到红山头，杰王府；静宜园了（見つからないようにするには，やっぱり山ぞいに行くのが一番だ。北辛庄から，北へ行き，魏

家村を通る。北へ行き，南河灘を通る。さらに北へ行き，紅山頭から傑王府。すると，静宜園だ)。(19)

⑬在茶馆里，象他那么体面的车夫，在飞跑过一气以后，讲究喝十个子儿一包的茶叶，加上两包白糖，为是补气散火（茶店では，かれのようにカッコいい車引きになると，一気にぶっとばした後は，一包み十文くらいの茶をはりこんで，これに白砂糖を二包み入れる。それは，元気をつけて，体のほてりを散らすためである)。(42)

⑭可是，他是低声下气的维持事情，舍着脸为是买上车，而结果还是三天半的事儿，跟那些串惯宅门的老油子一个样，他觉着伤心（しかし，かれは，見えも外聞もすてて働いた。なりふりかまわないのは，車を買うためである。なのに，結果は三日半しかもたなかった。これでは，あのお屋敷まわりになれたすれっからしの連中と同じである。かれは悲しくなった)。(49)

⑮好象为是壮壮自己的胆气，他又喝了口酒（自分の肝っ玉を大きくするかのように，かれは，また酒を一口のみくだした)。(52)

⑯祥子为是小心，由天安门前全走马路（シアンズは，用心のため，天安門の前にでて，大通りばかりえらんで行くことにした)。(63)

⑰祥子，我知道你不肯放账，为是好早早买上自己的车，也是个主意（シアンズ，わたしゃあんたがお金を貸したくないのは自分の車を早く手に入れたいからってことは，よくわかってるのよ。それはそれでいいのよ）！(71)

⑱礼轻人物重，他必须拿着点东西去，一来为是道歉，他这些日子没能去看老头儿，因为宅里很忙；二来可以就手要那三十块钱来（気は心という。かれは，ぜひとも何かもって行かねばならない。というのは，まず，おわびをいうためである。かれは，ここしばらく，おやじさんに会うチャンスがなかった。お屋敷の方で忙しかったからである。それに，行けばついでにあの三十円を返してもらうこともできる)。(76)

⑲他还记得初拉车的时候，摹仿着别人，见小巷就钻，为是抄点近儿，而误入了罗圈胡同；绕了个圈儿，又绕回到原街（忘れもしない。かれが，車引きをはじめた頃，ほかの人のまねをして，横町にくるとすぐにとびこんだ。それは，近道をするためであったが，あやまって，迷路になっている横町に入ったのだ。ぐるりとまわって，またもとの大通りへもどってきたことがあった)。

(86)

⑳曹先生的“人道主义”使他不肯安那御风的棉车棚子，就是那帆布车棚也非到赶上大雨不准支上，为是教车夫省点力气（曹先生の「人道主義」は，かれに防寒用の綿入れの幌をかけさせなかった。ふつうの帆布でできた幌でも，大雨の時でないと，かけさせなかった。というのは，車引きに，すこしでも楽をさせるためである）。(96)

㉑我这就给太太打电话，为是再告诉你一声，怕她一着气，把我的话忘了，你好提醒她一声（わしは，これから奥さんに電話するがな，それは，お前にもう一度いうておくためだぞ。そうしたら，奥さんがあわててしまって，わしの言うたことを忘れてしもうたようなことになっても，お前が奥さんに言うてあげられるからな）。(98)

㉒心中堵着这块东西，他强打精神去作事，为是把自己累得动也不能动，好去闷睡（心の中が，この塊りでふさがってしまうと，かれは，無理やり元気をふるいおこして働いた。それは，自分をピクとも動けなくなるまで，くたくたにさせるためで，そうすれば，ぐっすりと寝ることができるのだ）。(118)

㉓祥子一点也不知道这个，帮助刘家作事，为是支走心中的烦恼；晚上没话和大家说，因为本来没话可说（シアンズは，そのことをすこしも知らなかった。劉家の手伝いをしたのは，心の中の悩みを追いはらうためである。夜は，みんなと話すことがなかった。もともと，話さなければならないことが，なかったからである）。(121)

㉔他只说了这么一句，为是省得费话与吵嘴（かれは，ただ一言こんなふうにいった。それは，くどくどいったり，やりあうのをさけるためである）。(141)

㉕过去所受的辛苦，无非为是买上车（これまでになめてきた苦労は，車を買うためにほかならない）。(155)

㉖前些日子，他没法不早回来，为是省得虎妞吵嚷着跟他闹（この間まで，かれは早めに帰ることにしていた。それは，フーニウが大声をだして，かれと喧嘩しなくてもすむためである）。(163)

㉗把帽子戴得极低，为是教人认不出来他，好可以缓着劲儿跑（帽子を

うんと深くかぶった。それは，人にさとられないようにするためである。そうすれば，力を入れないで走ることができる)。(173)

以上が，三種の作品から見た“为是”のすべてである。そして，①～㉗までのうち，①は《老张的哲学》から，②～⑪は《二马》から，⑫～㉗は《骆驼祥子》からの用例で，ここで使用されている“为是”は，すべて，目的を表わすか或いは目的を説明している。ただ，“为是”の入る位置が，三個所に分かれているだけである。

そこで，まず，“为是”の入る位置から，“为是”の働きと三種の作品との関係を見ると，次の三つに分けて見ることができる。

(1)：“为是”が，最後の分文の冒頭にあって，その前の部分の表わす内容が，何をめざしてのことか，その目的を説明している。《儿女英雄传》における⑤のような用法は，三種の作品を通して，一貫して見られる。使用例は最も多く，しかも，《老张的哲学》よりは《二马》，《二马》よりは《骆驼祥子》と，創作活動の経験を重ねるにしたがって，その用例は多くなる。

(2)：⑪⑭㉕のように，“为是”が第二分文の中にあって，それ自身が述語となって，目的を表わす用法は，《二马》と《骆驼祥子》とで見られる。

(3)：⑫⑮⑯のように，“为是”が第一分文の中にあって，目的を表わす用法は，《骆驼祥子》だけにあって，《老张的哲学》にも《二马》にも見られない。

次いで，用例が最も数多い“为是”(1)の用例を，他のことばとのかかわりから総合的に見ると，以下の三点を指摘することができる。

第一点は，この用法は，《二马》から急激に増加するが，この現象は，《老张的哲学》と，《二马》及び《骆驼祥子》との間で，物語を展開していく上での表現方法の違いを示す，最も特色ある変化の一つである。

この場合，(1)の用法に相当する“为是”以外のことばによる表現方法は，《老张的哲学》では，“～，好～”(18)“～，省得～”(19)“～，为的是～”(20)“～，一来为～二来～”(21)“～，以便～”(22)などが，《二马》では，“～，好～”(23)“～，(　)为好～”(24)“～，免得～”(25)“～，一来～，二来～”(26)などが，そして，《骆驼祥子》では，“～，好～”(27)“～，目的是～”(28)“～，省得

～”[29]“～，为的是～”[30]“～，一来是～，二来为～”[31]“～，以便～”[32]などが用いられている。

しかし，《老张的哲学》では，“～，以便～”“～，省得～”の使用が優勢を占めていて，“为是”は，単に，その中で文字どおりの一例にすぎなかった。

ところが，《二马》になると，“～，以便～”“～，省得～”はなくなり，これらに替って，“～，好～”の用例が，急激に増加した“为是”の用例に迫るほどに多くなる。

そして，“～，好～”の使用状況は，そのまま，《骆驼祥子》にもち込まれ，“为是”の使用状況と，肩を並べるようになっているが，“～，以便～”に至っては，わずかに一例が用いられているだけになっている。

第二点は，“为是”が（1）の用法に従いながら，“好”と呼応するような用例は，《老张的哲学》にはなく，《二马》と《骆驼祥子》とで見られる。

第三点は，⑰のように，“为是”が（1）の用法に従いながら，“好”の前に入り，“好”を強化したり，㉔㉖のように，“为是”が（1）の用法に従いながら，“省得”の前に入って，“省得”を強化している用例は，《老张的哲学》にも《二马》にもなく，《骆驼祥子》だけにしか見られない。なお，《二马》で見られる，

> 伊牧师始终没看起马先生，他叫老马写书，纯是为好叫老马帮他的忙（イー牧師は，ずっと始めから終りまで，マー先生をバカにしていた。かれがマーさんに本を書くようにといったのは，ただただ，自分の仕事をマーさんに手伝わせるためであった）！（540）

のような，“为”が“好”の前に入る用例は，一例しかないが，《骆驼祥子》における“为是”が“好”の前にきて，“好”を強化する用例の芽生えである，といえるであろう。

このように見てくると，老舎にとって，“为是”ということばは，《老张的哲学》で，ひょっくり思いついたように取りあげられたが，《二马》でこれを実験的に使ってみたところ，自分自身の創作活動にとって，極めて高い利用価値を認めることになったことばである，といえるであろう。そうであるからこそ，《骆驼祥子》では，これを大いに活用すると同時に，さらに，質的にも新しい用法が，いろいろと工夫されることになったので

ある，と思われる。

それでは，“为是”の(1)の用法のもつ極めて高い利用価値とは，老舍にとって，それは一体，何であったのであろうか。この問題を検討するために，(1)の用法は，どのように用いられているのか，この点から，見ることにしたい。

三種の作品に現われた“为是”に関するすべての用例①～㉗の中で，(1)の用法に従うものは，《老张的哲学》では①，《二马》では②③④⑤⑥⑦⑧⑨⑩，《骆驼祥子》では⑬⑰⑱⑲⑳㉑㉒㉓㉔㉖㉗である。このうち，⑦⑧⑰㉑は，会話文の中で用いられ，残りは，すべて，地の文で用いられている。全体のおよそ二割が会話文で，およそ八割が地の文で用いられているのである。“为是”ということばに与えられた用法上の特色の一つである，といえるであろう。

そして，①のように，“～，为是～。”の形式で一文が終り，その後にはこれに続く文がなく，次は改行となる用例は，地の文では①③㉔，会話文では⑦の一例だけである。全体のおよそ八割は，“～，为是～”の後にも文が続く。

この場合，⑤㉑㉒㉗のように，“为是”と“好”とが呼応しているようになったり，⑥⑰⑱⑲のように，コンマがきてからその後に続く文があったり，⑨⑩㉓のように，セミコロンがきてからその後に続く文があったり，②④⑧⑬⑳㉖のように，とりあえず，“～，为是～。”となっているが，その後には，前の部分に関係する比較的長い文が続く用例があって，用例の数も一番多い。

この，“～，为是～”の後にも文が続くということも，“为是”ということばに与えられた用法上の特色の一つである[33]，といえるであろう。

それでは，次に，どのような内容の文が続き，その文は，どのように展開しているのであろうか。“为是～”の後に文がどのように続くのか，その続き方によって見ることにしたい。

⑤㉑㉒㉗の場合，まず，これらをモデル化すると，“A，为是 B，好 C。”となる。そして，B と C との関係はといえば，B は，C が実現するための条件や根拠になっている一方，別のいい方をすると，C は，B の目的を，

さらに詳しく補足している，といえるのである。

⑥⑰⑱⑲の場合，これらをモデル化すると，“A，为是B，C。”となる。そして,Cは,Aに対するBの目的が,どのような意味をもっているのかを,理由や根拠を挙げたり判断を下したりして解説し，また，どのようなことになるのかをも結果を示して表わしている。

⑨⑩㉓の場合，これらをモデル化すると，“A，为是B；C。”となる。そして，この場合のCも，⑥⑰⑱⑲の場合と，全く同じである。

②④⑧⑬⑳㉖の場合,これらをモデル化すると,“A,为是B。C。”となる。そして，この場合，Cは，ふつう，比較的長い文が続く。さきの用例①～㉗では挙げていないので，ここで新たに用例を挙げるが，用例が極めて長い場合は，意味が通ずる段階で切ってある。それぞれの用例の // 以下が，Cに当る部分である。

②没钱到东方旅行的德国人、法国人、美国人，到伦敦的时候，总要到中国城去看一眼，为是找些小说、日记，新闻的材料。// 中国城并没有什么出奇的地方,住着的工人也没有什么了不得的举动。～～（中国人街は,何もそんなに珍しいところでもないし,そこに住んでいる労働者も,別に大したことをしているわけでもない。～～)。

④鼻子老是皱皱着几个褶儿，为是叫脸上没一处不显着忙的“了不得”的样子。// 他们对本国人是极和气的，～～。对外国人的态度，就不同了：～～（かれらは，イギリス人には極めて優しいのである。～～。ところが，外国人に対する態度は，ガラリと変ってしまうのだ：～～)。

⑧我上她屋里去，为是……表示我最后的决心！// 我再不理她了！她看不起咱们，没有外国人看得起咱们的，难怪她！～～（ぼくは，もう，かの女を相手にしないことにしました！かの女は，ぼくたちをバカにしています。ぼくたちを尊敬する外国人なんておりません。かの女だってあたりまえです！～～)。

⑬在茶馆里，象他那么体面的车夫，在飞跑过一气以后，讲究喝十个子儿一包的茶叶，加上两包白糖，为是补气散火。// 当他跑得顺“耳唇”往下滴汗，胸口觉得有点发辣，他真想也这么办；这绝对不是习气，作派，而是真需要这么两碗茶压一压。～～（かれは,「みみたぶ」

から，汗がポタポタ落ちるほどぶっとばし，胸がヒイヒイいっていたいほどの時，ほんとうに，そんなふうにしたかった。それは，決して習慣だとか，カッコいいとかではなく，ほんとうに，気持をおちつけるためには，どうしても二・三杯は必要なのである。～～)。

⑳曹先生的“人道主义”使他不肯安那御风的棉车棚子，就是那帆布车棚也非到赶上大雨不准支上，为是教车夫省点力气。// 这点小雪，他以为没有支起车棚的必要，况且他还贪图着看看夜间的雪景呢。～～（これぐらいの小雪では，幌をかける必要はない，とかれは思っていた。それればかりではない。夜の雪景色をながめることにしよう，という気なのである。～～)。

㉖前些日子，他没法不早回来，为是省得虎妞吵嚷着跟他闹。// 近来，有小福子作伴儿，她不甚管束他了，他就晚回来一些（この頃は，小福子という相手ができたので，かの女は，あまりうるさくいわなくなった。それで，かれは，すこしおそ目に帰るのであった)。

これらの用例においても，Cは，⑥⑰⑱⑲の場合や⑨⑩㉓の場合と基本的に同じである。どの用例においても，Cは，Aに対する目的のBが，どのような意味を表わしているのか，理由や根拠を挙げて反論したり，解説したりしているからである。しかし，ここで特に注目したいのが，⑧⑬⑳㉖の場合である。

これら四例のどこが問題になるのか，というと，⑧では，// の前の部分は，以前の私の話であるが，// の後の部分は，現在の私の話である。⑬では，// の前の部分は，カッコいい車引きの理想の姿であるが，// の後の部分は，そのカッコいい車引きの現実の姿である。⑳では，// の前の部分は，めったに無い大雨の時の話であるが，// の後の部分は，時節がらよくある小雪の時の話である。そして，㉖になると，// の前の話と後の話とでの違いは，この間までのことと，最近のこととで，一目瞭然である。四例に共通しているのは，相異なる二つの状況での対比対照が行われている，という点である。

対比対照ということになれば，今回，取り挙げた用例の中においても，④のCの部分において，イギリス人の場合と外国人の場合とが，対比対

照して述べられているし，用例が極めて長いために，途中で切り捨てたが，⑩の用例の後には，

⑩～。中国人倒不多，一来是吃不着真正的饭。二来是不大受女跑堂儿的欢迎。～～（ところが，中国人でそこへ行く人は多くない。まず，ここで本当の食事なんて食べられないし，それに，ホステスからは，あまり歓迎されないからである。～～）。

という文があって，イギリスの美術家と社会党の人たちとデブのお婆さんたちの場合と，中国人の場合とが，対比対照して述べられているし，⑰の用例の後には，

⑰～。我要是个男的，要是也拉车，我就得拉自己的车；自拉自唱，万事不求人。～，～（うちも男で，やっぱ車引くんやったら，引くのは自分の車やね。きまってるわ。ま，万事，人さまの世話にならんと，我が身ひとりで，ということやね。～，～）！

という文があって，シアンズの場合とうちの場合とが，対比対照して述べられているし，⑲の用例の後には，

⑲～。现在他又入了这样的小胡同，仿佛是：无论走哪一头儿，结果是一样的（いま，かれは，またそんな迷路に入ってしまった。どちらを向いて行くにしろ，結果は，同じように思われた）。

という文があって，最初の頃の話と現在の話とが，対比対照して述べられているし，㉓の用例の後には，

㉓～。他们不知道他的委屈，而以为他是巴结上了刘四爷，所以不屑于和他们交谈。～，～（かれらは，かれのつらい思いは知らなかった。そして，かれは劉四爺にとり入ったのだから，自分たちを相手にしないのだ，と思っていた。～，～）。

という文があって，シアンズの立場とかれらの立場とが，対比対照して述べられている。

ここで，これまで検討してきた事柄をまとめると，およそ次のようになるであろう。

まず，“为是”（1）の用法に従うものは，どのように用いられているか，という点について，簡単な表にすると，以下のようになる。

記号＼作品	I	II								
§2の用例	①	②	③	④	⑤	⑥	⑦	⑧	⑨	⑩
地 か 会	地	地	地	地	地	地	会	会	地	地
○ か 〜	○	〜	○	〜	〜	〜	○	〜	〜	〜
呼応関係					好					

記号＼作品	III										
§2の用例	⑬	⑰	⑱	⑲	⑳	㉑	㉒	㉓	㉔	㉖	㉗
地 か 会	地	会	地	地	地	会	地	地	地	地	地
○ か 〜	〜	〜	〜	〜	〜	〜	〜	〜	○	〜	〜
呼応関係						好	好				好

Ⅰは，《老张的哲学》。Ⅱは，《二马》。Ⅲは，《骆驼祥子》。
地は，地の文。会は，会話文。
○は，“〜，为是〜。”で終る。
〜は，“〜，为是〜，；。”で終らない。
呼応関係は，“〜，为是〜，好〜。”の型。

では次いで，“为是”の後には，どのような内容の文が続き，その文は，どのように展開しているのであろうか，といえば，“为是”で導かれた目的を，補足補充する文であったり，解説する文であったり，理由や根拠を述べる文である。

そうすると，補足補充したり，解説したり，理由や根拠を述べる，ということは，一方で，長文化をもたらす原因になっていることがわかる。Aに対するBの目的が，そのまま，問題提議となり，Cは，その問題を解説している，と考えられるからで，そのため，“为是〜”の後に，コンマやセミコロンやピリオドが来て，切れるが如く続くが如く自由自在に展開する文が続くのである。とりわけ，ここに，対比対照という視点が加わると，長文化は，必然的なものになってくる。

老舎の創作活動にとって，一番大切なことは，人物を描くことである。しかも，その人物をどのように描くか，ということが最大の問題である。そのポイントは，その人物の性格や精神状態を，その人物の動作や行為から表わすこと[34]であった。ある人物がとった動作や行為に対する，根拠や理由づけは，当然のことであり，それに対する解説は，不可欠のことであった，に違いない。その上に，相異なる二つの状況の下での対比対照という方法[35]が加わることは，じょうぜつ，という結果を招くことにはなるが，その人物をどのように描くか，という点で最も有効に機能したものであった，と思われる。そうすると，ここで，“为是”が，会話文よりも地の文で用いられる理由も，また新たに納得できるのである。

〔注〕

(1) 岩波書店。1963年9月。この辞典の「はしがき」で，著者の倉石武四郎氏は，「われわれはLu Zhiwei（陸志韋）先生の許諾をえて，この資料（《北京话单音词词汇》—筆者）を，ほとんど全面的にとりいれ，これに，Beijing（北京）出身の作家Laoshe（老舎）先生のおびただしい作品のなかから採集した語彙をくわえ，～，現代のBeijingで使用される，みみできいてわかる語彙は，相当程度，網羅することができたと信ずる。」といっている。

(2) 汉语大词典出版社。1989年4月。

(3) 为是爷爷江湖上有名目。提起好汉大名，神鬼也怕。因此小人盗学爷爷名目，胡乱在此剪径。(43．694) 为是下土众生作业太重，故罚他下来杀戮。(53．887)

(4) 光生館。（昭和58年6月）

(5) 同上。41頁。

(6) 同上。41頁。頁数は《水浒全传》（中华书局　1953年11月）による。なお，日本語訳は筆者。

(7) 同上。120頁。以下（6）と同じ。

(8) 〈我怎样写老张哲学〉《老牛破车》3頁。香港宇宙書店　（1961年12月）

(9) 《亚东版儿女英雄传》新文豐出版公司。

(10) 同上。

(11) 《老舍文集》第一巻　人民文学出版社。（1980年11月　北京）

(12) 同上。

(13) 《老舍文集》第三巻　人民文学出版社。（1982年5月　北京）

(14) 日下恒夫「『張さんの哲学』について」老舎小説全集1『張さんの哲学　離婚』

解説　493頁。学習研究社。(1982年1月)

(15) 日下恒夫「『馬さん父子』について」老舎小説全集3『馬さん父子　小坡の誕生日』解説　447頁。学習研究社。(1982年3月)

(16) 日下恒夫「『駱駝祥子』について」老舎小説全集5『駱駝祥子　満州旗人物語』解説　437頁。学習研究社。(1981年11月)

(17) 同上。438頁。

(18) 都是老张的主意，卖了你，好叫你父亲还清他的债。(151)

(19) 顺心的一块说笑；看着从心里不爱的呢，少理他；看着所不象人的呢，打，杀，这叫爱人；因为把恶人杀了，省得他多作些恶事，也叫爱人！(138)

(20) 一走一耸肩，一高提脚踵，为的是显着比本来的身量高大而尊严。(10)

(21) 老张拍着肚皮：一来为震动肠胃，二来表示着慷慨热心。(68)

(22) 他把鱼杀了，把鱼鳞抛在门外，冻在地上，以便向邻居陈说，他儿子居然能买一条二尺见长欢蹦乱跳的活鱼。(127)

(23) 伊牧师自然乐意有中国教友到英国来，好叫英国人看看：传教的人们在中国不是光吃饭拿钱不作事。(416)

(24) 本文145頁の例文を参照。

(25) 马老先生说得十分感慨，眼睛看着顶棚，免得叫眼泪落下来。(541)

(26) 他晚上偷偷的去找状元楼范掌柜的，一来商议出卖古玩铺，二来求范老板给设法向东伦敦的工人说和一下，他情愿给那两个被捉的工人几十镑钱。(645)

(27) 看着那高等的车夫，他计划着怎样杀进他的腰去，好更显出他的铁扇面似的胸，与直硬的背；扭头看看自己的肩，多么宽，多么威严！(7)

(28) 他慢慢的，闭着气，在地上爬，目的是在找到那几匹骆驼。(19)

(29) 况且这么一来，他就可以去向刘四爷把钱要回，省得老这么搁着，不象回事儿。(72)

(30) 咱们卖的是力气，为的是钱；净说好的当不了一回事。(67)

(31) 姑妈说四爷确是到她家来过一趟，大概是正月十二那天吧，一来是给她道谢，二来为告诉她，他打算上天津，或上海，玩玩去。他说：混了一辈子而没出过京门，到底算不了英雄，乘着还有口气儿，去到各处见识见识。(154)

(32) 设若城里的人对于一切都没有办法，他们可会造谣言——有时完全无中生有，有时把一分真事说成十分——以便显出他们并不愚傻与不作事。他们象些小鱼，闲着的时候把嘴放在水皮上，吐出几个完全没用的水泡儿也怪得意。(15)

(33) “为是”の場合だけに，後に文が続くわけではない。注の（18)，(19)，(20)，(21)，(22)，(23)，(25)，(26)，(27)，(28)，(29)，(30)，(31)，(32) を参照。(19) (22) (26) (29) (31) ではコンマの後に，(27) (30) ではセミコロンの後に，(21) (23) ではコロンの後に，(18) (20) (25) (28) (32) では，ピリオドの後に，文が続く。そして，その文の表わすところは，“为是”の場合と同じである。

(34) 〈人物的描写〉《老牛破车》98頁。(香港宇宙書店　1961年12月) で，“我们应记住，要描写一个人必须知道此人的一切，但不要作相面式的全写在一处；我们须随时的用动作表现出他来。每一个动作中清楚的有力的表现出他一点来，他便越来越活泼，越实在”といっている。

(35) 拙稿「現実を注視する描き方——老舎の《月牙儿》から——」(『中国文学会紀要』第九号　関西大学中国文学会　昭和60年3月) を参照（本書191頁)。ここでは，仮定の接続詞と逆接の接続詞との対比対照に注目している。

《水浒全传》《儿女英雄传》そして《老舍文集》からの用例は，印刷の都合上，日本の常用漢字で間に合うものは，日本の常用漢字を使い，中国の簡体字で間に合うものは，中国の簡体字を使ってある。本稿では，字体は問題にならないからである。

なお，本稿は，平成三年度文学部共同研究費による成果の一部である。

追記：本稿は，1991年7月26日，関西大学で行われた，老舎研究会の席上，口頭発表した「老舎のことば遣い」の一部を補筆したものである。

“～于”構造の語

――魯迅の短編小説から――

§1　はじめに

魯迅の文章は，難解ではあるが，含蓄にとみ，つねに，読む人を感動させずにはおかない。この理由を，中国語の表現法という点からみると，文言的な表現の多いことが，その一つにあげられるだろう。ここでとりあげる“～于”構造の語も，その中の一つである。

“于”は文言の虚詞であるが，現代中国語においても，単独で機能することが多く，《汉语拼音词汇（增订稿)》では，“～于”構造の語は，320例をこえ，そのうち，すでに，口頭語の中に入っているものもいくつかある。(1) そして，数多くの“于”についての研究が発表されているにもかかわらず，わたくしにとって，まだよくわかりかねるのは，なる程，“～于”構造の語は表現を簡潔にはする。しかし，これを用いなくても表現できるのに，一体，どういう意図でどういう効果をねらい，“～于”構造の語を使用するのか，ということである。そこで，まず，“～于”構造の語が使用される場面に注目し，これと対比される表現式との構造を検討し，これを用いる時の意図と効果とを考察し，あわせて，現代中国語における“～于”構造の語が，およそ，いつ頃から，よく用いられるようになったかを，《鲁迅小说集》(2) からみていきたい。

§2　どのような場面に用いられるか

“～于”構造の語は，“于”が文言虚詞であるため，その歴史は古く，文言では，会話文，地の文ともに用いられた。しかし，近代中国語から現代中国語への過程で，いくつかの“～于”構造の語は，すでに，その結合が固定化され，1語となって口頭語の中で使用されているのに対し，結合のゆるい“～于”構造の語は，とりわけ，地の文に多く用いられ，会話文で用いられることがあっても，その場合，多くは以下のように用いられた。

这时就趁便问那老人，这些马是赶去做什么的。

“您还不知道吗？”那人答道。“我们大王已经‘恭行天罚’，用不着再来兴师动众，所以把马放到华山脚下去的。这就是“归马于华山之阳”呀，您懂了没有？我们还在“放牛于桃林之野”哩！吓，这回可真是大家要吃太平饭了。”(471)

ここで，“～于”構造の語は，2個所用いられている。

归马于华山之阳——①

放牛于桃林之野——②

①は，大王が出したおふれのことばであり，②は，対句にしてまで，仰々しいおふれのことばを逆手にとった老人のことばである。つまり，一般的にいって，“～于”構造の語ならずとも，文言的な表現は，これを使用することによって，発言者を「文言的人物」として，際立たせることか，或いは，ふざけ，おかしさを引き出すことをねらっていたのである。しかし，現代中国語ではどうだろう。

忠于毛主席，忠于毛泽东思想，要通过用来检验。“社会实践及其效果是检验主观愿望或动机的标准”。一个革命战士真正忠于毛主席，就要善于学习、执行、宣传、捍卫毛泽东思想，听毛主席的话，照毛主席的指示办事。(学习丛书　No. 8　3)

ここの“～于”構造の語は，《解放军报》の評論員の「文言的人物」ぶりを披露するためでもなければ，まして，革命戦士をふざけていっているものでもない。中国的思考順序に従った，説得のための論理構成をつくした文章に用いられており，きわめて，まじめな発言である。

では，まじめな発言でありさえすれば，“～于”構造の語は，どのような場面でも，一様の頻度で用いられるのだろうか。

革命現代京劇《智取威虎山》(3)では，次のように用いられている。

	用　例
ト書き	作行军于山路的舞蹈 (7) 匪连长残酷地将婴儿摔于深沟里 (11) 将妻子慢慢地放于地上 (11) 气愤地坐于木墩上 (13) 有力地将斧剁于木砧上 (15) 紧依于常猎户膝下 (16) 走动于丛树旁 (21) 众小匪立于厅内左后方 (33) 小匪倒于地上 (53) 落于阶下 (70)
会話文	用大兵团进剿，等于拳头打跳蚤 (25)

全用例のうち，10例までが，ト書きの中で用いられるのに対して，会話文では，わずかに，“等于”が用いられているにすぎない。しかも，ト書きの中の“～于”は，読む時には，1語のように読まれるとはいえ，動詞と“于”との結合は，きわめてゆるい。一方，会話文での“等于”は，“等”と“于”との結合が固定化され，1語になっている。[(4)]

魯迅の短篇小説においても，会話文で用いられるのは，文言的表現の効果をねらった“改于”(411)“战于”(452)“自绝于”(462) などの場合を除くと，残りは，虚詞化した“对于”(61)“至于”(61)“终于”(63) か，もしくは，“于”との結合が恒常的になった“等于”(229)“合于”(243)“流于”(300)“善于”(489)“有利于”(544)“不利于”(544)[(5)] などであって，他は，すべて，地の文に用いられている。つまり虚詞化した“～于”構造の語を除くと，もともと，2語である“～于”構造の語は，論理構成を必要とする文章や，戯曲でのト書き，小説の地の文に，きわめて多く用いられている，ということであり，効果という別の点からみると，まずは，なまなましさをおさえた，冷静で説明的な表現――動的表現に対する静的表現――を必要とする時に用いられている，と考えられるだろう。

それは，一体，なぜなのだろうか。

§3　文構造の比較

“于”について，高名凱は《汉语语法论（修订本)》で，次のようにのべる。

“于”只表示存在于空泛的某一点上。(320)

“于”は，本来，ただ，動作・状態が発生する地点を，広く漠然とだけ表わすことばであった。しかし，これは，「『地点化』しうるものすべてに用いられるという，はばの広さをもっていたために，かえって，表現のげんみつさに欠ける欠点をもっていた[(6)]」のである。“于”が，文言で，場所・場合・目的・対象・離脱・出発・帰着・類別・理由・原因・比較・受動などと，前の動詞·形容詞におぶさって理解されたのは，このためであった。[(7)] それでは，介詞の機能分化が進んだ現代中国語にあって，なぜ，それでも，“～于”構造の語を用いるのだろうか。用いるのは，どうしても，用いなければならない必要がそこにあるに違いない。使用しなければならないその意図とは，また，それによって受ける効果とは，一体，何なのだろうか。そこで，まず，鲁迅における“～于”構造の語が，どのような意味を表わしながら用いられているのか，以下にみてみよう。

(1) 場所を表わす場合で，“在”に相当する。

使我沉入于国民中，使我回到古代去。(7)

独有叫喊于生人中，而生人并无反应。(6)

这或者也是中国精神文明冠于全球的一个证据了。(108)

死于无爱的人们的眼前的黑暗，我仿佛一一看见。(363)

因为希望在于将来。(8)

置死生于度外，坚决的抗议道。(452)

(2) 対象を表わす場合で，“对于”に相当することが多い。

拜的只限于男人。(202)

你同情于我们孤儿寡妇？(497)

他既已表同情于教员的索薪，自然也赞成同寮的索俸。(154)

在我自己，本以为现在是已经并非一个切迫而不能已于言的人的了。(9)

黄牛 · 水牛都欺生，敢于欺侮我。(187)

从岸上看起来，很富于诗趣。(436)

老于北京的人说，地气北转了。(177)

这却更虚空于新的生路。(366)

有利于人的，就是巧，就是好，不利于人的，就是拙，也就是坏的。(544)

(3) 方向・来源を表わす場合で，“到”“从”に相当することが多い。

伊还不免于好奇，又忍不住要问了。(415)

又知道了日本维新是大半发端于西方医学的事实。(4)

但鉴于向来佣用女工之难，也就并不大反对。(216)

渐近于先前所见的吕纬甫了。(231)

伊近于失神了。(408)

颇有几处不知起于何时的癞疮疤。(98)

(4) 比較を表わす場合

我这回在鲁镇所见的人们中，改变之大，可以说无过于她的了。(203)

又瘦又乏已经不下于小D (117)

她的鞋声近来了，一步响于一步。(340)

大まかなグルーピングだが，鲁迅の短編小説では，“于”構造の語は，ほぼ，以上の通りに使用されている。

では，これらを，それぞれ，現代中国語で常用する介詞を用いて表現し直すとどうだろうか。一般的にいって，文章は冗長になり，原文と比較して，受ける語感もちがってしまうが，ここで気のつくことは，(1) (2) (3) (4) のすべての例文に，それぞれの場合にみあった介詞を，そのまま“于”と，機械的におきかえるだけでは，現代中国語として，正しく表現したことにはならない，ということであり，正しく表現しようとすれば，語感はちがってしまうが，“在于”や“不能已于”の場合のように“于”をとってしまうか，或いはどうしても，介詞構造を前にとり出さなければ，原文とほぼ同じ意味に表現することができない，ことである。もしも，“于”の場所に，現代中国語の介詞を，機械的にあてはめると，どうだろうか。

次の〈孔乙己〉での表現に注意したい。

中秋过后，秋风是一天凉比一天，看看将近初冬。(30)

“一天凉比一天”は，時間詞を連用し，差比の漸増を表しているが，これは，現代中国語の表現法からすると，どうみても，まちがっている。さ

きにあげた (4) の例文

“她的鞋声近来了，一步响于一步”

での“一步响于一步”と比較すれば，一目瞭然だろう。この場合，連用しているのは，時間詞ではなく，動量詞であるが，差比の漸増を表わしていることには相異なく，“于”はあくまでも“比”の意味で，他のいずれにもあたらない。

これは，ちょうど，清末期の白話小説で，作者自身の南方語の語彙を「官話」的に表わすために，そのまま，北方語的に翻訳し直したのと同じように，[8] 魯迅は，“于”を“比”でおきかえるという，文言の表現式を，そのまま，現代中国語の表現式に翻訳したために，おかしな中国語ができてしまったのである。つまり，“于”に，適当な介詞をあてはめれば，それですむのではなく表現式をかえなければ，正しく表現できないのであり，表現式がかわるとは，文構造がかわるということで，とりもなおさず，それは，表現意図がちがう，ということを認めなければならないのである。

ところで，魯迅での“～于”構造の語は，

動詞（能願動詞）＋“于”

動詞＋名詞＋“于”

形容詞＋“于”

の３種類に分けられるが，これらは，大きく，

述語＋補語（介詞構造）――①

という表現式にまとめられるのに対して，現代中国語の介詞を使って表現し直す方は，いくつかの場合を除いて，大体，

状語（介詞構造）＋述語――②

という表現式にまとめられるだろう。

では，介詞構造が補語になる①式と，状語になる②式とでは，どのような差異があるのだろう。いま，“～于”構造の語のうち，その大部分をしめる，動詞が述語になる場合について考えてみると，まず，次の例文に注意したい。

但有一件小事，却于我有意义，将我从坏脾气里拖开，使我至今忘记不得。(55)

ここの“于”“将”“从”は，いずれも介詞である。ただ，“于”は，次にくる動詞に対して“我”という対象をとり出し，“将”は，次にくる動詞の目的語“我”をとり出し，“从”は，次にくる動詞に対して“坏脾气里”という起点をとり出しており，要するに，次にくる動詞との関係において，何を，どうとり出しているかが，三者三様に異るだけで，何かを，動詞に先だってとり出す，という点において，この三者は，何ら異るところがない。動詞に先だって，何かをとり出す，とは，介詞構造が動詞の前におかれていることからもいえることで——介詞が「次動詞」ともいわれる所以であるが——それは，動詞に先だって考えられたことを意味しており，あとにくる動詞は，先にいわれたことの制約をうけているのである。すでに，何かについてのべられているため，聞く方も，緊張なく，安心して話が聞けるわけで，効果としては，より鮮明，より詳細，より丁寧に，いきいきと，なまなましさを伝えることができるのである。王力が，《中国语法理论》で，

我们总觉得处置式的语意重些。（上册 166）

というのも，特に“处置式”と限定してはいるが，この趣きを伝えているものに違いない。

一方，動詞＋介詞構造，つまり，述語＋補語の方は，動詞に先行して考えられたものがない。つまり，制約を加えるものがないために，鮮明さ，詳細さといった，表現のなまなましさに欠けるが，考えが，順次，後にむかって展開されるため，説明的で，緊張感にあふれた表現になる，と考えられる。例えば，浅瀬をわたる時，適当な石コロをみつけて，それを足場にしてわたるのが，状語＋述語の②式であり，すでに，まず，何らかの手が先にうってあるため，あとは，それをふまえていけばよく，緊張感には欠けるが，きわめて描写力にとんだ，動的な表現になる。

これに対して，述語＋補語の①式は，どこに深みがあるのかも知らずに，とにもかくにも，まず，流れに足を入れ，足がズボッと深みにおちこんで，初めて，しまった，と深みにおちこんだことのわかる表現で，考えが，後にむかってのびるため，緊張は求められるが，描写に，なまなましさの欠けた，説明的で，静的な表現になる一方，まず，足をふみ入れる，というところから，きわめて，積極的な語感をおびることにもなるのである。

現代中国語で，“～于”構造の語は，新興語法を導入するための，文言虚詞“～于”の活用である，と理解されているが，“在于”などの“于”のように，一見必要でないと思われる個所にも“于”を使用する発言者の意図とは，すでに，のべた通り，なまなましさをおさえた，静的で説明的だが，積極さをもこめた表現方式であるからこそ，「文の構造を明らかにし，抽象的な空間・点を指示する役割を果している[9]」といえるのであり，その効果として，意味を明確に伝達することができるのである。

また，文言においても，

近圣人之居 / 近于禽兽

或告寡人曰 / 克告于君

孟子见梁惠王 / 他日见于王曰

のように，一定の条件をもたずに，動詞の後に，“于”をとったりとらなかったりする時があるが，「“于”などをとるものは，動詞のあらわす動作の客体に対する影響が間接的であり，場合によっては婉曲丁寧な表現とおもわれる[10]」といわれるのも，“于”の基本的な意味をいい表わしており[11]，さきと同様の趣きを伝えているのではないかと思われる。

以上の考察から，介詞構造を状語にするか，補語にするかによって，表現しようとする時の意図と，それに伴う効果の異っていることが理解できるだろうし，同時に，また，“～于”構造の語が，論理構成を必要とする文章，小説の地の文，戯曲のト書きに，多く用いられている理由も，理解できるだろう。

§4　“～于”構造の語の多様化

現代中国語における“～于”構造の語は，たしかに，文言・旧白話の用法を継承したものである。しかし，それは，決して，単なる延長線上でつながるものではない。近代中国語から現代中国語への過程にあって，“～于”構造の語も，質的に変化していることを注意しなければならないのである。外形からみると，文言・旧白話での“～于”構造の語は，

単音節動詞＋（目的語）＋“于”

単音節形容詞＋“于”

が基本であったのに対し，現代中国語では，単音節語から複音節語への圧倒的な変化であり，とりわけ，“有”＋名詞＋“于”型の誕生である，といえ，また，機能面からみると，“对于”“关于”“终于”といった，虚詞化された“～于”構造の語の誕生である。

いま，後者についてみると，これらは，いずれも，近代中国語で用例は限られるが，動詞＋“于”とはいえ，動詞でなくなっている場合があり，なかでも“终于”は近世中国語で，すでに，現代中国語と同じ機能を果していたことは，動詞＋“于”構造の語の，虚詞化という質的変化が，いつ頃，どのような語から始まったかを暗示しているだろう。とりわけ，虚詞化された語の普遍化が，近代中国語から，現代中国語への過程に求められることは，まず，疑いのないところと思われる。

况且不识字，终于无用，要他则甚。(《醒世恒言》6卷[(12)])

对于同族的人，相亲相爱，对于异族的人，相贼相恶，是为种族的竞争。(《狮子吼》第一回，小说3卷　577[(13)])

关于令叔一事，更为荒唐。(《发财秘诀》 第10回，小说二卷　258[(14)])

そこで，いま，“～于”構造の語の多様化の一斑をみていくにあたり，現代中国文学言語の師といわれる鲁迅の文章を資料とすることに，何ら疑問はないだろう。なぜなら，《鲁迅小说集》には，1918年4月から，1935年12月までの文章が収録されているためでもある。

鲁迅の短編小説には，“～于”構造の語は，きわめて多い。しかし，これらを，作品成立順からみると，1920年を境界に，興味深い現象がみられる。いま，1920年以前をA，以後をBとすると，Aにおける“～于”構造の語は，次ページの通りまとめられる。

機能 / 用例 / 作品	介　詞	副　詞	介　詞	動　　詞
	至　于	终　于	对　于	甚而至于
狂人日记　（1918）	○（1）			
孔乙己　　（1919）		○（2）		
药（〃）		○		
明天　　　（1920）		○		
一件小事（〃）		○	○（3）	○（3）
头发的故事（〃）	○	○	○	
风波（〃）			○	○

(1) 至于书名，则本人愈后所题，不复改也。(11)

(2) 但终于没有进学，又不会营生。(28)

(3) 而且他对于我，渐渐的又几乎变成一种威压，甚而至于要榨出皮袍下面藏着的"小"来。(57)

つまり，1920年までは，"至于""终于""对于""甚而至于"の4語が用いられているにすぎない。ところが，1922年に入ると，"～于"構造の語は，急に多様化する。いま，1922年にかかれた作品から，上記の4例と，重複する用例を除くと，Bでは，次の通り用いられている。(×印は《汉语拼音词汇》(增订稿)に収録しないもの)

近于（95）　起于（98）　冠于（108）　合于（109）
不至于（110）　关于（110）　不宜于（114）　不下于（117）
由于（123）　过于（137）　何至于（141）
——〈阿Q正传〉

×表同情于（153）　苦于（154）
——〈端午节〉

以至于（168）
——〈白光〉

×膏于（174）　×容心于（175）
——〈猫和兔〉

老于（177）
——〈鸭的喜剧〉

不适于（185）　敢于（187）
——〈社戏〉

出入于（3）　发端于（4）　善于（5）　叫喊于（6）
×沉入于（7）　在于（8）　×不能已于（9）　×忘坏于（9）
×不惮于（9）　不安于（9）
——〈呐喊序〉

ここで，A・B2グループの“～于”構造の語を，外形・機能の面から比較するとどうだろう。まず，外形からみると，Aグループは，

(状語) ＋単音節動詞＋“于”

と，まとめられるのに対して，Bグループは，

(状語) ＋単音節動詞＋ (目的語) ＋“于”

複音節動詞＋“于”

能願動詞＋“于”

単音節形容詞＋“于”

と，まとめることができ，さらに，1922年以降の作品をも加えると，

複音節形容詞＋“于”　　　　　―― (i)

“有”＋名詞＋“于”　　　　　　―― (ii)

(状語) ＋単音節形容詞＋“于”　―― (iii)

(i) 这却更虚空于新的生路。(366)

(ii) (iii) 有利于人的，就是巧，就是好，不利于人的，就是拙，也就是坏的。(544)

の3式がふえて，“～于”構造の語の多様化は，一目瞭然となるだろう。

また，これらを，機能面からみると，Aでは，“至于”“对于”が介詞，“终于”が副詞に用いられ，述語として用いられるのは“甚而至于”だけで，“至于”“对于”“终于”が述語に，“甚而至于”が介詞に用いられることもない。この点，Bの“关于”“甚而至于”“至于”が，介詞・動詞の2機能を示す他は，すべて，述語として用いられるのと，対比することができる。このうち，“至于”“甚而至于”は，文言では，常用語といえる語で，旧白話においても，すでに，1語として安定しており，とりわけ，清末期では，口頭語に，きわめて近いものと意識されていた(15)。つまり，Aグループの語は，清末白話小説を含む，いわゆる旧白話の中で，すでに，現代中国語と同じ機能を示していたといえるのである。これに対して，Bグループの語は，さきに記した通り，“关于”“甚而至于”“至于”に，介詞・動詞の2機能を示している。

而在未荘也不能说无关于改革了。(136)　　　　　――動詞

甚而至于将近五十岁的邹七嫂，也跟着别人乱钻。(115)　――介詞

于是终而至于打。(99)　　　　　　　　　　　　　　——動詞

“至于”“甚而至于”が2機能を示しているのは，方言によるためで，“至于”が北方語では，介詞として，提示を表わすだけであるのに対して，南方語では，結果を導く動詞としても用いるためであるが，今回の調査では，“甚而至于”が介詞用となる時，必ず，あとで“也”と呼応して，“连～也～”を，一段と強化した用法にだけ従っているのは，鲁迅における特異な用法として注意されるだろう。一方，“关于”の2機能については，鲁迅に，“对于”の動詞用がみられない以上，“关于”の介詞用は，“对于”の介詞用に較べて，いく分おくれた，より新しい用法であるといえ，清末白話小説においても，“对于”に較べ，“关于”の介詞用は少なく，多くは，以下の通り，動詞として機能していたことがうなづける。

一来关于统领面子，二来我们同寅也不好看。(《官场现形记》 第16回 248 人民文学出版社)

しかし，Bグループで，より注目したのは，

複音節動詞＋“于”　　——①

複音節形容詞＋“于”　　——②

“有”＋名詞＋“于”　　——③

の3型で，これら3種の“～于”構造の語は，今回の調査では，いずれも，用例がきわめて少なく，かぎられていることであるが，①型については，

几乎是每天，出入于质铺和药店里。(3)

での“出入于”が，

即生活于(实践于)那个事物的环境中，是没有法子解决的。(《毛泽东选集》275)

での“生活于”“实践于”と同様に，それだけで動態を表わす動詞に，“于”がつく用例のみられることである。この場合，“于”を“在”におきかえると，現代中国語で，

我们生活在农村，取得未曾经验过的宝贵的经验。(《人民日报》1970-5-20)

といった表現における，動詞＋“在”の用法と実は同一で，英語からの影響[16]と理解される数少ない用例がみられることである。しかし，現代中国語でよく使用される，

然后再应用这些思想、理论、计划或方案于该同一客观过程的实践。(《毛泽东选集》270)

といった，複音節動詞と“于”との間に，長い目的語の入る例は，魯迅の短篇小説にはない。同様に，複音節形容詞に“于”のつく②型も，1例しかみえないことは，こうした用法の新しさを示しており，とりわけ，③型については，1937年の〈实践论〉でも，

但是愿意采纳那些有利于国家民族的要求。(同上163)

以及各种战斗处置和战斗动作都利于我不利于敌。(同上226)

と，同じ意味を表わすのに，“有利于”“利于”の二つの表現法があったことは，注目してよく，“有”+名詞+“于”の③型は，1930年代になって，使用されるようになった，とみることができるだろう。

以上の検討から，魯迅の短篇小説では，1920年を境界に，“～于”構造の語に変化のみられることが明らかになったが，これは，魯迅における特色の一斑であると同時に，“～于”構造の語の，近代中国語から現代中国語への過程の一斑をも示している，と考えることができるだろう。

§5 まとめ

これまでの初歩的な考察から，およそ，次のことがらがまとめられる。

まず，現代中国語でよく用いられる“～于”構造の語は，どのような文章においても，一様の頻度で使用されるものではなく，感情のほとばしりをおさえた，論理構成のための場を主とする，説明のための文に用いられることが多い，ということであり，それは，“～于”構造の語が，静的表現のための表現法であったことによるためで，この意味において，現代中国語における“～于”構造の語の用法は，まさしく，文言での基本的な機能を，そのまま，引きつづき，継承している，といえるのである。

そして，“～于”構造の語は，近代中国語から現代中国語への過程で，文言・旧白話にみられなかった，“于”が動詞・形容詞のあとについて，英語での前置詞に相当する，[17] 新しい用法をうみ出したが，こうした新興の用法といえども，実は，文言における発想法をうけついでいるのであって，直接的には，外国語の影響によって生まれたものであるとはいえ，「間

接的には，外国語の影響によって触発され，古い発想法がよみがえり，これが再び力をとりもどしたものと考えることができる(18)」のである。

また，現代中国語では，“～于”構造の語のように，硬さを感じさせる語が，きわめて多く使用されているが，これは，現代中国語の特色の一つである，口頭語の書面語への接近という流れのはばの広いことを示しており，文言的表現の考察は，とりわけ，近現代における中国語史を検討していく上で，おろそかにすることはできない，といえるだろう。このためにも，魯迅の文章は，価値ある資料ということができるのである。

〔註〕

(1) 《普通话三千常用词表（初稿）》(1959　文字改革出版社）には，“等于、对于、关于、过于、由于、至于、终于”を収めている。

(2) 《鲁迅小说集》(1956　香港生活读书新知三联书店）例文用例の後の数字は頁数。

(3) 《革命现代京剧智取威虎山》(1970　人民出版社）

(4) 恒常的に“于”と結ぶ時，その関係が密切になり，複合語とみられている。老舎の《猫城记》(晨光文学丛书　120）には，“连梢我一眼都不屑于”とある。

(5) 《汉语拼音词汇（增订稿）》には，すべて，1語として収録する。

(6) 香坂順一「中国語における機能分化」(『人文研究』21-4　7）

(7) 小川環樹など『漢文入門』(岩波全書　14）

(8) 香坂順一「『九命奇冤』の成立」(『日本中国学会報』　No.15　189）

(9) 鳥井克之「《毛泽东著作选读》(甲種本）における『新興語法』について」(毛沢東著作言語研究　No.1　37）

(10) 太田辰夫『古典中国語文法』(大安　106）

(11) 藤堂明保『漢字語源辞典』(学燈社　418）に，つかえて屈曲すること，という。

(12) 香坂順一「近世語ノート（五）」(『明清文学言語研究会会報』No.10　20）

(13) 阿英编《晚清文学丛钞》(1960　中华书局）

(14) 同上

(15) 清末期の口頭語の資料《语言自迩集》に収録する以外，清末白話小説でも，会話文の中に多く使用されている。

(16) (6)と同じ。

(17) 陆殿杨《英汉翻译理论与技巧》(1958　时代出版社　109, 111)

(18)「新語紹介」(『中国語』No.142　14)

魯迅の言語(一)

I　はじめに

ここで記述しようとすることは，すでに，中国文学研究者の間で，いろいろと議論されている，五四時期における，作家としての魯迅の評価を，行なおうとするものでもなく，また，その言語面からする，魯迅論でもない。

もうすでに，周知のことになっているが，「文学革命」の叫び声が高まり，言文一致の理論が唱えられた時，つぶさに，新しい文学言語の実体を，具体化させる者がなかった時，ただ一人，「文学革命」推進の旗手となり，作家として，作品そのものを通じて，はじめて，それを，人々の眼前に示したのが，魯迅であり，彼の短篇小説であった。なる程，「文学革命」運動下の作品の一つとして，当初には，胡適などによって，口語詩が創作されたとはいえ，これらは，あくまでも，試作といわれるものにしかすぎないもので，到底，新しい文学言語の実体化，といえるものではなかった。

魯迅が創作した文学作品の素材となった文学言語は，白話文運動，即ち言文一致の理論の展開中に，提示されたのである。しかし，この時点をとっていえば，白話文の基礎となる口頭語が，全中国的規模で，十分に成熟し，整理されていなければならないにもかかわらず，それが，まだ，十分に成熟することもなく，整理もされていなかったが，それでいて，清末期から，ひきつづき，外国文化の吸収は，加速度的にそのはげしさを加えていた時である。が，一面，徐々にではあるが，国語普及・統一の方向は，北京語を基礎とした北方語へと，向いつつあったのである。

このような時期にあっては，当然の結果として，伝統的な旧白話からの借用と，自己のもつ方言の活用の上に，新しいものをくり入れていくことでもっていく以外に，他に，新しい文学言語を作り出し，その欠点・不足を補っていく方法が，あろうはずのないことは，容易に，推察し，理解できる。つまり，これが，魯迅を筆頭とする，五四時期の作家たちに与えられた言語環境であるとすれば，五四時期における言語とは，織物でいえば，旧白話からの遺産と，方言と，ある種の新しいものを材料にした，交織品であるという，きわめて，大雑把な推論･仮定が成立するだろう。すると，一体，魯迅の言語とは，具体的には，どういうものであり，従来の中国語と，いかなる点で，いかなる差異があるのか。現代中国語とは，直接，どのような関係にあるのか。そして，現代中国語に，どのような影響を与えているのか。ということが問題となり，とりわけ，中国語史を考察する上で，魯迅の言語は，どう理解し，どう位置づけられるのか，ということが問題になる。

これから，以下に記述しようとする調査研究の問題意識は，この点にあるのであり，その目的もまた，この点にある。

それではまず，今日の中国では，魯迅の言語は，一体，どのように理解され，評価されているのだろうか。この点について，《人民日报》は，その社説〈正确地使用祖国的语言，为语言的纯洁和健康而斗争！〉の中で，次のようにいっている。

〇毛泽东同志和鲁迅先生，是使用这种活泼、丰富、优美的语言的模范。在他们的著作中，表现了我国现代语的最熟练和最精确的用法，并给了我们在语言方面许多重要的指示。我们应当努力学习毛泽东同志和鲁迅先生，继续发扬我国语言的光辉传统。…………毛泽东同志和鲁迅先生都是精于造句的大师。他们所写下的，每一句话都有千锤百炼，一字不易的特点。

このように，魯迅は，毛沢東とともに，現代中国語の，模範となるにふさわしい言語を作り上げた，といわれているが，では，魯迅自身，その多難な言語環境にありながら，一体，どのようにして，新しい文学言語の創造にとりくんでいったのか。いまある実情を，どう分析し，そこから，どこに，あるべき方向を求めたのであろうか。

〈门外文谈〉では，以下のように，分析し，実現するための工夫と，あるべき方向について述べている。(1)

〇方言土语里，很有些意味深长的话，我们那里叫“炼话”，用起来是很有意思的，恰如文言的用古典，听者也觉得趣味津津。各就各处的方言，将语法和词汇更加提炼，使他发达上去的，就是专化。这于文学，是很有益处的，它可以做得比仅用泛泛的话头的文章更加有意思。……

所以，我想，启蒙时候用方言，但一面又要渐渐的加入普通的语法和词汇去。先用固有的，是一地方的语文的大众化，加入新的去，是全国语文的大众化。……现在在码头上，公共机关中，大学校里，确已有着一种好像普通话模样的东西，大家说话，既非“国语”，又不是京话，各各带着乡音，乡调，却又不是方言，即使说的吃力，听的也吃力，然而总归说得出，听得懂。如果加以整理，帮它发达，也是大众语中的一支，说不定将来还简直是主力。我说要在方言里“加入新的去”，那“新的”的来源就在这地方。待到这一种出于自然，又加入人工的话一普遍，我们的大众语文就算大致统一了。

そして，彼自身，こういう姿勢･方法をとりながら，原稿を書きあげると，

〇我做完之后，总要看两遍，自己觉得拗口的，就增删几个字，一定要它读得顺口；没有相宜的白话，宁可引古语，希望总有人会懂，只有自己懂得或连自己也不懂的生造出来的字句，是不大用的。（〈我怎么做起小说来〉）[(2)]

評論家たちからは，「スタイリスト」，とまでいわれるまでに，言語の選択と使用に，細心の注意をほどこしたのである。

魯迅が，このように苦慮しながら，とにかくも，新しいものを作り出していく実験をしなければならなかった原因は，「舟を曳き，舵をとるよい方法は口でいうこともできはするが，実験によって体得する場合が多い」のであり，「風や水を見る方法がどうであろうと，目的はただ一つしかない――前進すること」が必要であったのであり，「肝腎なのは，やること」であり，しかも，「これはもう必要に迫られていた」[(3)] からであった。

Ⅱ　清末期の言語環境

それでは，五四時期の言語環境を，より明確に把握していくためにも，その前夜にあたる清末期の言語環境を簡単に述べ，魯迅の言語の一斑をのぞきながら，本題に入ろう。

〈门外文谈〉でもいっているように，文字を人民大衆のものにしていく運動は，清末期から，すでに行なわれていた。ただ，その運動は，結果論としても，「士大夫たちは，白話の新聞もいろいろ発行した。しかし，その趣意は，人々が聴いてわかるようにしようというだけで，必ずしも書けるようにしようというのではなかった」[(4)]のではある。

清代の末期，中国の東南沿岸地区，とりわけ，揚子江流域において，「話するように書く」という白話文運動が展開され，この運動をささえるものとして，数多くの白話新聞と白話小説が刊行された。戊戌変法とは，いわゆる，資産階級を代表する人たちの政治改良運動であったが，この運動の推進力となった人達が，“白话”というものを重視したのである。その根拠とは，“白话”を用いれば，かれらの意見・思想を，容易に人民大衆に伝播することが出来る，と考えたからである。

王照，この人も戊戌変法に関与した一人であるが，1900年に著した〈官话合声字母〉で，「北は黒竜江，西は太行宛洛をこえ，南は長江，東は東海に至る縦横数千里の間のことばは，大体北京語ににている。……それでこれを官話という。」[(5)]と，いっているが，要するに，より多くの人達に理解されることばが，“官话”なのであり，白話新聞も，白話小説も，いずれも，この“官话”で著されたものが数多く出版された。

1902年，上海で創刊された《方言报》[(6)]では，

朝报（京话）
舆论（官话）
市声（宁波话）
巷议（广东话）
情话（苏白）

と，以上のように，それぞれの記事に，最も適した方言の用い方を記録しているが，いろんな記事のうち，《舆论》が，“官话”で記されているということが，この間の事情を雄弁に物語っており，時代を象徴するものである。しかし，一方，見方をかえていうと，このことは，“官话”という統一言語の実現を志向しながらも，強く，各方言間の生命が，独立して存在していることを示している。“京话”“宁波话”“广东话”“苏白”，それ

らは，人称代名詞一つをとり挙げてみても，相互に，外国語であるかのように感じられることは，周知の事実なのである。そこで，“官话”ということばで総括可能な，言語の統一化を志向する，清末期の言語の一斑を知ろうとする場合，現代中国語からみて，ごく常用される普通の語彙が，清末期においては，どのように用いられていたか，ということを，口頭語と文学言語という面を考慮して，考察するのが最も望ましいと思われる。なお，現代中国語の成立にあたり，その主要な働きをしたのは，北方官話と下江官話とであり，この二つの官話系の流れの交叉と綜合である，①といえるだろう。この点に基いて，簡単な調査を行なっていくが，便宜のため，それを表にすると，次の通りになる。

官話系		北方	官話	下江	官話
語彙	資料	语言自迩集[7]	汉语入门[8]	官场现形记[9]	活地狱[10]
1	尽管	×（竟管）	×（竟管）	○	○
2	要是	×（若是）	○	（倘若）[11] ○	（倘若）○
3	比	○	○	×（似）	×（似）
4	今天	○（今　儿） ○（今儿个）	○	（今朝）[12] ○（今日）	（今朝） ○（今日）

現代中国語にあっても，五四時期の中国語においても，これら４種の語彙は，特別にとりたてる，何らの特徴ももたない，ごくあたりまえの言語であるが，清末期にあっては，それぞれ以下のような問題があった。

(1) “尽管”副詞としての用法。

清末期には，次の３様に表記された。（書名の後の数字は頁数。以下同じ。）

○你想去竟管去（《语言自迩集》18）

○你尽管打。（《官场现形记》735）

○你尽管想去。（《苦社会》33）[13]

これら3種の表記は，各々の資料では，必ず守られており，お互いに混用されることがない。なお，明末清初にかけて，“尽”（儘）が去声に発音されたことは，《西儒耳目资》が記録している。なお，現代中国語で，“尽管”には，“可是”“但是”“却是”などと呼応し，事実上の譲歩を表わす，連詞的用法があるが⑵′“竟管”には，もちろん，こうした用法はない。

（2）“要是”連詞としての用法。

《语言自迩集》では，「もしも」という時，“要是”という語彙が使用されていない。他に，数種，同義語はあるが，そのほとんどの場合には“若是”となる。そして，“若”の発音は ruò。しかし，《汉语入门》や王照の《官话字母读物》では，“要是”“若是”ともに使用されるが，“若”は“要”と同じく yào と発音する。《官场现形记》《活地狱》では，前者は第40回前後から，後者は第19回より“要是”が用いられ，それ以前においては，ともに，“倘若”が圧倒的に多い。なお，“要是”が用いられる場合，

○他要是把大烟忌了，何愁不发财呢。（《汉语入门》1198）　——①

○你看现在政府，要是外国人放一个屁，都没有不香的。——②（《新中国未来记》30）[14]

“要是”の入る場所が①②と，2個所あるが，小説類では，②の用法がそのほとんどの場合で，“要是”が主語の後にくる①の用法は，きわめて少い。

（3）“比”介詞としての用法。

清末期には，漸層の表現法は，以下の3種が用いられた。

○眼看着一天比一天的好了。（《语言自迩集》174）——①

○这儿子的病一天深似一天。（《玉佛缘》459）[15]　——②

○往后便一天激烈一天。（《新中国未来记》73）　——③

《语言自迩集》《汉语入门》では，こうした表現の時には，必ず①式を用い，小説類では①式が用いられることは，絶対に，といえる程度になく⑶′，必ず，②あるいは③式を用いる。なお，《新中国未来记》では，③式以外の表現法は用いない。つまり，《语言自迩集》などでは，“比”の介詞としての

用法が，安定しているのに対して，小説類の方では，依然として，動詞用としての“比”しかない。

漸層の表現法は，比較の表現法の応用であるが，一般的にいって，中国人は，②式の“似”を用いる方法，つまり，旧白話からの伝統的な表現法に，より話しやすさというものを，感じとっているようである。王力は，《中国现代语法》で，“一天大似一天”という例文をあげ，「官話地区以外では，“似”という字は用いない。例えば，呉語では，“一日大一日”といい，広東語客家語では，“一日大过一日”という」，といって，練習問題で，“一天比一天瘦了”，という例文をあげ，この文を，もっと俗ないい方にあらためよ，といっている④′ことからも，そのことが，うかがえる。

(4) “今天”

「きょう」という意味を表わす時，いずれの資料においても，“今天”という表現法は使用されているが，それは単に，記録されている，というに止まるだけである。即ち，《语言自迩集》の中で，やや古い北京語を記録した部分にあたる，〈谈论篇〉では，“今天”は用いられていない。“今儿”であり，“今儿个”が用いられるだけである。一方，小説類でも，“今天”に比べて，“今朝”“今日”の用法が，はるかに，優勢を占めている。なお，《红楼梦》や《儿女英雄传》などにおいても，“今天”という類の用法が，まだ，用いられていないことからすると，こうした表現法は，清末期のごく後期になって，はじめて，一般的に使用されるようになった，と思われる。⑤′

きわめて簡単な考察ではあるが，以上の事項からだけでも，それぞれの官話系が基礎とする口頭語には，大きな差異のあることが認められるし，その差異が，あますところなく，文学言語に反映されているということも確認できる。そして，官話系内部においても，語彙の差異は存在するということが，ほぼ，理解できるだろう。しかし，それ以上に，問題となるのは，それぞれの差異が，大きく存在するというだけではなく，その差異が，うめようのない差異であることなのである。

このような言語環境において刊行された，白話新聞・白話小説は，とりわけ，白話新聞は，革命派に属する人達によって，経営されはしたが，それは，知識人の，一般労働者に対する，単なる，呼びかけの工作にしかならず，また，白話小説は，その指導者の思想的な後退とともに，当初の意義はうすれ，一応，反体制運動が成功し，中華民国が成立するや，もう，革命・啓蒙運動としての意味はなくなり，いずれも，廃刊となってしまった。胡適にしろ，陳独秀にしろ，蔡元培にしろ，後の「文学革命」において，指導者あるいは賛助推進者として，力をになったこれらの人は，いずれも，かって，清末期にあっては，白話新聞の編集・経営に参加したことのある人達である⑥′。ここで再び，前車のわだちを履むことは，絶対に避けなければならなかったのである⑦′。

Ⅲ　魯迅の言語の一斑

清末期から五四期時にかけての，言語環境の大概を，以上，簡単に述べて来たが，それでは，魯迅は，一体，どのような言語でもって「文学革命」の中に臨んだのか。本文に入る前に，一応の目安として，理解の便宜のため，さきに挙げた〈门外文谈〉からの引用文から，興味ある点をとり出し，その一斑をみることにしよう。

○恰如文言的用古典，听者也觉得趣味津津。

この“的”は，文言の“之”に当るもので，文言を発想のもとにおく表現法であり，“者”は，口頭語の“……的人”にあたる。なお，“趣味津津”は，古い成語に“津津有味”というのがある。

○它可以做得比仅用泛泛的话头的文章更加有意思。

“它”は人間以外の事物を指すに用いる代名詞。清末期では，このような用法がない。“话头”は，北方語では，「話のいとぐち，話むき，話題」といった意味であり，「ことば，はなし」という意義はない。

《语言自迩集》では“儿化”されて，

○夏天热的利害，冬天冷的利害，那都是很热很冷的话头儿。(79)

と，いうのがあるが，

POTT の *LESSONS IN THE SHANGHAI DIALECT* では，

○话头 Words

と注記し，《中国方志所录方言汇编（江苏）》にも，方言として記録する。

旧白話では，以下の通りに用いられている。

○前半篇无非新年吉祥话头。(《官场现形记》18)

○春梅便使性做几步……又添些话头道。(《金瓶梅词话》230)(16)

なお，《京本通俗小说》(17)では，

○那个后生见不是话头，便对小娘子道。(82)

○是我一时见他不是话头，……(90)

と，用いられる。

○确已有着 一种好像普通话模样的东西。

この“有着”は，《语法修辞讲话》では，「動詞自身に持続の意味があれば，“着”はつけない」という。こうした用法は，もちろん，清末期にはない。しかし，現代中国語では，このようにして，抽象的なものの存在を表現する方法は，ごく普通になっている。ただ，次のような，具体的なものの存在を表現する用法は，すくなくとも，口頭語には，反映されていないようである。

○我真不懂得明明有着一个祖母。(《彷徨》95)(18)

そして，次の“一种”は王力のいう，いわゆる欧化語法で，冠詞的用法である。なお，この場合，魯迅の言語では，“一种”には抽象的な名詞が，“一个”には具体的な名詞のつくことが多い。

○即使说的吃力，听的也吃力，然而总归说得出，听得懂。如果加以整理，帮它发达，也是大众语中的一支，说不定将来还简直是主力。

李長之，徐懋庸は，魯迅の文章に，“虽然”“倘若”“如果”“然而”“但是”など，と転折字の多いことをあげて，その特色とみなしている⑧。

この“即使”は，“然而”と呼応している。《语法修辞讲话》によると，「“即使”と呼応することばは，“也”であって“但是（然而）”ではない」という。そして，“即使”は“如果”と“虽然”のプラスされたものである，という⑨。なお，“虽然”は，文言でも，また旧白話においても，仮定と事実の，2様の譲歩を表わすのに用いられた。いま，《语法修辞讲话》の説と，旧白話における，そして文言における歴史的事実とをプラスしてみると，次の公式が成立する。

即使＝如果＋虽然　　　　——①

↓

即使＝如果＋虽然 也／但　　　　——②

↓

即使 也／但 ＝如果＋虽然 也／但　　　　——③

すると，以上のようになり，旧白話・文言の意識からすると，③式が成立し，“即使”は，“也”“但”，ともに，呼応することが出来ることばである，と考えられる。そして，再び，①式にもどって，その意義面を考えると，“即使”“虽然”は，ともに，譲歩を表わすことばであり“如果”は，仮定を表わすことばである。すると，

譲歩＝仮定＋譲歩　　　　——④

という式が成り立つ。そして，この④式から，“即使”は，単なる譲歩を表わすことばではなく，「考える余地のない，ギリギリのところで」「万一」という語気をもった，譲歩を表わすことばであることが，理解されるのである。

では，あとの“如果”が，“也”と呼応しているのは，どう理解すればいいのか。現代中国語においては，“如果”と呼応することばは，“那末(么)”“就”であって，“也”ではない。

では，およそ，中国人は，“如果”ということばを，どのように理解して用いているのか，次の例文をみよう。

○北京城内以及四郊〔的古迹文物〕，如果粗疏的作一踏查，因为过于丰富，不知该如何下手。[19]

○如果老挝在过去为了保障自己的自由和独立，曾经同某些邻国进行过战争，但是它从来没有遭受到来自伟大的中国的任何侵略。[20]

以上，2題の例文のうち，前者については，《语法修辞讲话》は，“如果”は“即使”としなければならない，と説き，後者については，舟丹は，“虽然”とおきかえてもよい，と説いている。つまり，問題点は，“如果”が，“即使”“虽然”の二つのことば——仮定・事実の譲歩を表わす——に考えられる可能性がある，ということである。

“如果”は, 仮定を表わすことばではあるが, その意味するところは,

もし事実として――のようである。 ――①

もしかりに――のようである。 ――②

という, 2本立ての思考を綜合したことばであり, “就”が, ①②の2様の用法を具有していることと, 対比して, 理解することが出来るのである。

およそ, 仮定条件とは,「仮定」そのものが, すでに, 一つの挙例であり, 事実を例にとれば, それは, すでに, 一つの事実としての例の提示である。仮定の例を挙げれば, それは, 一つの譲歩条件を提示することになるのであって, 後で, 反転するしないかは, まったく, 文脈に托されているのである。すると, “如果”は, “也”“但”と, ともに, 呼応することが可能なことばであることが, ここから, 理解出来るのである。

また, こうした点からも, 後の例文の“如果”→“虽然”と理解される“如果”が, “比方”“比如”“譬如”“例如”などと同じ意味を表わし, 現代中国語では, “如果说”⑩′という, “比方说”に対比される用法を, 新しく生成していることも, 容易に, 理解されるのである。それにもまして, ここで, さらに重要なことは, こうした新興の用法といえども, それは, 決して, 中国語――中国人の物の考え方――の範囲をこえたところで考え出されたものではないことが, 理解されることである。

以上, こうした点は, 根源的には, 中国人にあっては, 仮定と事実の認識設定の仕方が, 話題としてとり挙げる, という条件提示の点で, 同一次元の把握・理解をしていることの反映を表わすものであり,「仮定」と「縦予」そのものも, 譲歩という点で, 同一次元の把握・理解をしているということから, このような, 一見して, 誤用とも思われる表現法を用いているものと考えられる。しかし, こうした用法が, 文学言語として, 一度, 読者の眼に, 耳に入れば一種独特な新奇なムードをもたらしたことは, いなめない事実である⑪′。

次の“简直”は, 現代中国語では, あまり用いない, 古い用法で, 清末期には, “～的”“～儿”をともなって, 以下の様に用いられた。

○简直的说, 要罚你做女人当中的娼妓。(《黄绣球》258) (21)

○我想, 不如简直告诉他。(《语言自迩集》92)

○岂但在这庙里，简直住在我炕上。(《老残游记》249)[22]

○一天比一天重，后来简直的成了痨病了。(《官话指南》54)[23]

○什么通不通，像这样的称呼，简直儿不通。(《中国现在记》494)[24]

なお，現代中国語では，最もよく用いられる，「まるで」「全然」という意味の時は，後に，よく，否定詞"不""没（有）"をともなうが，清末期では，かならずしも，そうでない場合の方が多い。

以上，大まかではあるが，魯迅の言語を，若干の例を通じ，現代中国語と一部の歴史的な旧白話の対比との下に比較し，特徴となる，その一斑を浮きぼりにすることにつとめた。ただ，これだけの資料をもってしても，その限定された例文から，文言的要素（意識），方言的要素（意識），旧白話からの借用（意識）そして，いわゆる新興語法といわれるものの一部を見い出すことが出来たが，調査対象を拡大していけば，問題は，さらに複雑化し，詳細な分析が，必要となるだろう。

しかし，ここで，すでに，確実にいえることは，言語における内部変化ということを容認しながらも，五四時期における言語の，清末期における言語と比較しての，論理構築の根底にあるもの――言語意識――の不変性と，その展開方法の進歩――体質改善――という点は，認めなければならないだろう。

Ⅵ　魯迅の言語

魯迅の文章における特徴は，その「雑感文」にある，といわれているが，今回の調査は，文学言語をその対象としているため，魯迅の「短篇小説」を，とり挙げるべきであろう。そこで，今回は，《呐喊》[25]《彷徨》《故事新编》[26]の3編を資料として用いる。なお，これらが，調査対象となる根拠の一つは，制作年代順にみて，作家としての魯迅の一生と，ほぼ合致するからでもある。

そして，記述の方向は，《初级中学课本《汉语》》に，およそよっている。

§1　名詞

1-1“们”による複数表示

a　人を表わす一語の名詞の後につく。この場合，“们”は，“$A_1+A_2+A_3+\cdots\cdots$”という不特定の多数を意味する。日本語での「たち」にあたる。

○人们都在灯下匆忙，但窗外很寂静。(10)

○我在这一个讲堂中，便须常常随喜我那同学们的拍手和喝采。(-3)

○武士们便揎起衣袖，有用铁丝勺的，有用漏勺的，一齐恭行打捞。(384)

なお，この時，不特定の数を示すことばが前につくこともある。

○大家一望见一群莽汉们奔来，纷纷都想躲避，但看不见耀眼的兵器，就硬着头皮，定睛去看。(340)

○许多人们的耳朵里，心里，都有一个可怕的声音。(341)

a′人を表わす１語の名詞の後につくが，“们”は，「名詞＋その他の人」という意味を表わし，日本語での「など」にあたる。

○族长们便立刻照预定计划进行，将他叫到大厅上，先说过一大篇冒头，然后引入本题。(86)

○我的离开吉兆胡同，也不单是为了房东主人们和他家女工的冷眼，大半就为着这阿随。(128)

a″人を表わす２語の名詞の後につく。この時，“们”は，“$A_1+A_2+A_3+\cdots\cdots+B_1B_2+B_3+\cdots\cdots$”という２種の不特定な多数を意味し，日本語での「たち」にあたる。なお，先の名詞の後に，“们”が省略されているものと思われる。

○当是时，便是廉吏清官们也渐以为薪之不可不索。(-151)

b　１語の人名の後につく。この場合，“们”は，「人名＋その他の人」という意味を表わし，日本語での「など」にあたる。

○这单四嫂子家有声音，便自然只有老拱们听到，没有声音，也只有老拱们听到。(-44)

○七斤们连忙招呼，七爷也微笑着说“请请”一面细细的研究他们的饭菜。(-69)

○“出去了罢”，大良们的祖母那三角眼的胖女人从对面的窗口探出她

花白的头来了，也大声说，不耐烦似的。(93)

○阔亭们立刻面面相觑，觉得除了“死鬼”的妙法以外，也委实无法可想了。(58)

b′　2語の人名の後につく。“们”の意味は,「人名＋人名＋その他の人」で，日本語の「～や～など」にある。

○正屋里却挂着白的孝帏，几个孩子聚在屋外，就是大良二良们。(103)

c　人体の一部を表わす名詞のあとにつく。

○这些眼睛们似乎连成一气，已经在那里咬他的灵魂。(-146)

d　抽象名詞の後につく。この場合，“们”は，aと同じ意味を表わす。

○五更天陈列起来，并且点上香烛，恭请福神们来享用。(6)

e　人間以外の動物名の後につく。“们”の意味は，aと同じ。

○然而又加以阿随，加以油鸡们。(117)

○巨鳌们似乎点一点头，成群结队的驼远了。(311)

○白鹅们只要瞧着，眼珠子动也不动，然而自然有孕。(387)

○狼们站定了，耸着肩，伸出舌头，咻咻地喘着，放着绿的眼光看他扬长地走。(376)

ある名詞に“们”がついて，その名詞の複数形を表わすといえば，あたかも，英語などにおける，語形変化を考えがちである。

およそ，中国語の場合には，単数・複数という考え方自身，歴史的に存在しなかった。ある名詞は，単数であると同時に，複数でもあるわけで，しかも，“们”は，人間を表わす名詞にしか，ついて用いられない，というところからも，英語などの複数表示とは，基本的に異っている。

つまり，“们”は,「人間を表わすことばの後について，その複数を表わすが，複数のものを，一つの，まとまった全体——類——として，包括してとらえる」ことばである。

しかし，魯迅は，すでに，一つの類として考えられる，“男人”“女人”ということばにも，“们”をつけている。

○男人们一排一排的呆站着；女人们也时时从门里探出头来。她们大半也肿着眼眶；蓬着头；黄黄的脸，连脂粉也不及涂抹。(372)

このように，ある名詞が，その類としての全体を包括していう時，旧白話においては，その後に，“们”をつけないのが普通であった。次の《红楼梦》[27] からの例文が，それにあたる。

〇女儿是水做的骨头，男人是泥做的骨头。(17)

しかし，清末期を経て，五四時期に入ると，中国語に，新しく，数の範疇が導入され，事情が一変し，混乱がはじまった[12′]。そして，ここから将来された最大の特色は，修辞面での“们”の活用ということであり，すでに，例文として挙げたc･d･e項における，擬人化としての用法がそうであり[13′]，“男人”“女人”という“们”の付加が不必要な名詞にまでも，“们”を加えることによる，修辞上での，強制印象化である。

なお，a″項の，人を表わす2語の名詞の後に“们”がついた時，“们”は，“$A_1+A_2+A_3+\cdots\cdots+B_1+B_2+B_3+\cdots\cdots$”という意味になる，と記した。次の例文は，形の上では，それと同じではあるが，“们”の表わす意味が，異っている。

〇现在那一个衙门里也不放娘儿们进去，不但这里，不但您。(339)

この“娘儿们”は，例文の前で，“只拦住了气喘吁吁的从后面追来的一个身穿深蓝土布袍子，手抱孩子的妇女”と，いっているように，“妇女”+“孩子”のことであって，二人以外の何者もない。

また，

〇王后和妃子们也各自回想起来。有的说是尖的，有的说是平的。(385)

と，いう例文についても，同様である。この用例は，現代中国語では，ごく普通の用法となっている，“（A+B）们”という形ではなく，“A+B们”であることは，例文をみれば，一目瞭然である。

〔注〕

(1) 人民文学出版社。1963。《且介亭杂文》75 ～ 76

(2) 中国青年出版社。1958。《鲁迅选集》第三卷。189

(3) 岩波書店。1964。『魯迅選集』第十一巻。77。

(4) 同上。68。

(5) 《国语运动史纲》13。

(6) 阿英《晚清文艺报刊述略》79。

(7) 上海。1886。第二版。以下同じ。

(8) Léon Wieger。1899。*Innprimerie de la Mission Catuolique.* Seconde Edition. 以下同じ。

(9) 人民文学出版社。1957。

(10) 中華書局。1959。(9) と共に李伯元の著作であるが，(9) は，欧陽巨源が，(10) は，呉趼人，茂苑惜秋生が中途から執筆した。

(11) Pott《*Lessons in the Shanghai Dialects*》に上海語と記す。

(12)《上海人学习普通话手册》に上海語と記す。（新知识出版社）1958。

(13) 阿英《反美华工禁约文集》33。

(14) 阿英《晚清小说丛钞》小说一卷。

(15) 同上。

(16) 大安書店版。

(17) 中国古典文学出版社。

(18) 人民文学出版社。

(19)《语法修辞讲话》168。

(20)《语文教学》1958-8。

(21) (14) と同じ。

(22) 人民文学出版社。第二集。

(23) 文求堂。明治 35 年。

(24) (14) と同じ。

(25) 人民文学出版社。

(26) 人民文学出版社。頁数の前に―印をつける。

(27) 人民文学出版社。1958。35。

〔補注〕

①′ 現代中国語の成立という点についてみると，“官话”は，大きく，二つに分けてみることが出来る。北方官話系と下江官話系の二つで，これら 2 本の“官话”の流れは，ともに，歴史的な長い時間を経て，あるいはそれ独自の流れに従って，あるいは 2 本の流れが相互に交流しあいながら，すでに，安定したといえる文

字を用いて，いくつかの，すぐれた文学作品を創造して来ている。呂叔湘〈说们〉《汉语语法论文集》を参照。ここでは，北方官話系にあたるものとして，北京語を基礎にして著された《语言自迩集》，「河間府」の言葉で著された《汉语入门》を。下江官話系にあたるものとして，李伯元になる《官场现形记》《活地狱》を用いる。《官场现形记》については，宮田一郎「官場現形記の印本とその語彙」「官場現形記の言語」（明清文学言語研究会会報 No.11　編者注『宮田一郎中国語学論集』2005. 好文出版収録）を参照。

②′ “尽管”には，他に，

尽管你是怎样地咆哮，你也不能把他们从梦中叫醒。（郭沫若，〈屈原〉）

という，“尽管”=“不管”の用法があるが，清末期には，こうした用法はないようである。なお，旧白話でも，少し特殊な言語で記されている《西游记》には，

你尽他怎的下拜，只是不睬他。

という，“尽”=“不管”の用法がある。（香坂順一「近世語ノート 4」，『明清文学言語研究会会報』No.9 を参照）

③′ 清末期の白話小説の中で，次の例は，きわめてめずらしい。

喜得年年赚钱，他便一年比一年富起来。（发财秘诀，晚清文学丛钞 小说二卷 P.212）

④′《中国现代语法》下册，132-133，

⑤′〈品花宝鉴〉に，“今天”“明天”の用法があるという。（『中国語学新辞典』「品花宝鑑」の項参照）

⑥′ 胡適については《四十自述》，蔡元培については《中国报学史》，陳独秀については，蔡元培《我在北京大学的经历》を，それぞれ参照。

⑦′ 胡適と陳独秀とでは，白話運動のとらえ方に，かなり相違があるが清末期では，解放運動の一種として，把握していた点は，ともに一致している。

⑧′ 李長之は《鲁迅批判》，徐懋庸は夏征農《鲁迅研究》を参照。

⑨′《语法修辞讲话》168

⑩′ 舟丹＜《如果新释》＞《中国語文》1958-5

⑪′ “如果”=“比方”の用法について，舟丹は，次のようにいう。

这是可以从修辞作用上探求解释的。主句和看来与它毫无条件，因果关系的从句连接在一起时，意思映衬得更鲜明更肯定：而且重要的是在肯定中带几分婉转，有以退为进的作用。

しかし，旧白話においても，仮定の連詞“假如”が“比如”の意で用いられる例はある。(香坂順一「近世語ノート 6」『明清文学言語研究会会報』No.11 を参照)

⑫′『中国文化叢書　言語』359 を参照。

⑬′ 現代方言で，河北中部では，“树们”“肉们”“青菜们”“衣裳们”という用法があるが，これは擬人法をとるものではない。(黎锦熙《汉语语法教材》第二編 81 参照)

魯迅の言語(二)

——接詞“头”“儿”“子”について——

本稿では，名詞標識の三接詞，“头”“儿”“子”について考察する。構成は，次の通り。

Ⅰ　魯迅の言語における用例

Ⅱ　検討

Ⅲ　まとめ

Ⅰ　魯迅の言語における用例

1）接詞“头”を伴う名詞

用例		拼	用例		拼	用例		拼	用例		拼
尘头[1]	359	×	骨头	59	○	馒头	67	○	贼骨头	418	○
锄头[2]	322	○	关头	-19	○	木头	409	○	枕头	28	○
对头[3]	-169	○	肩头	-52	○	拳头	142	○	指头	78	○
斧头[4]	316	○	贱骨头	-38	○	舌头	41	○			

1 ○大家在关口目送着，去了两三丈远，还辨得出白发，黄袍，青牛，白口袋，接着就尘头逐步而起，罩着人和牛，一律变成灰色，再一会，已只有黄尘滚滚，什么也看不见了。（395）

○巡士反背着手，看他渐跑渐远，没入尘头中，这才慢慢的回转身，向原来的路上踱去。（420）

2 ○“锄子”（-171）も使用されている。

3 ○……，这却要防的，幸而S和猫是对头，或者还不至于有什么罢。（-169）

4 ○“斧子”は使用されていない。

2) 接詞“儿”を伴う名詞

用例		拼	子	註	用例		拼	子	註
道儿	-133	○	×		偷儿	120	×	×	
独个儿	416	×	○	独个子	头儿	397	○	○	头子
哥儿	-85	○	○	哥子	秃儿	-104	×	○	秃子
乖角儿	-38	×	×		兔儿	321	×	○	兔子（-101）
狐儿	321	×	×	狐狸（-16）	玩意儿	324	○	×	
花儿	41	○	×		味儿	143	○	×	
角儿	414	○	×		细腰蜂儿	389	×	○	
老头儿	140	○	○	老头子（68）	鱼儿	389	×	×	
年头儿	339	○	×		字儿	-40	○	×	
鸟儿	332	○	×						

3) 接詞“子”を伴う名詞

A 《汉语拼音词汇（增订稿）》にも収録するもの

A-1 人を表わす

用例		新		用例		新	
矮胖子	372			妹子	-22	子	妹妹
矮子	33			娘子	-130	子	
厨子	37	炊事员		胖子	68		
呆子	-184			骗子	322	子	
儿子	12	子		妻子	89	子	
疯子	-21	子		嫂子	-43	子	嫂嫂
孩子	15	子	儿	瘦子	69		
鬼子	-2			探子	391		
高个子	404	子	儿	戏子	-189	演员	
汉子	413	子		瞎子	346		
舅子	417	子		小孩子	18	子	
癞子	-192			小舅子	417	子	
老妈子	68			小叔子	11		
老婆子	10			小子	31	子	
老头子	68			哑子	105	哑巴	
老子	33			洋鬼子	-60		
聋子	-189	子		侄子	104	侄	
麻子	-68			主子	349	主	

A-2　人体（一部）を表わす

用例		新		用例		新	
鼻子	33	子		奶子[2]	69	奶	
辫子[1]	-59	子		身子	99	子	
脖子	349	子		眼珠子	387		儿
肚子	50	子		爪子	343	子	儿
胡子	5	子	儿				

1 ○辫髪のこと。
2 ……，在那里是一个很胖的奶子，奶头四边有几枝很长的毫毛。(69)

A-3　動物（一部）を表わす

用例		新		用例		新	
翅子	116	翅		虱子	-101	子	
虫子	-20	子	儿	兔子	-101	子	儿
鸽子	-172	子		蚊子	-5	子	
耗子	335			蝇子	26	子	
猴子	331	子	儿	麞子	320	子	
狮子	-16	子					

A-4　食物・植物を表わす

用例		新		用例		新	
包子	67	子	儿	桃子	-135	子	儿
豆子	-65	豆		荸子	59	子	
果子	-150	子		叶子	336	子	儿
橘子	343	子		柚子	343	子	
栗子	340	子		种子	90	子	儿
茄子	417	子					

A-5　器具・道具を表わす

用例		新		用例		新	
杯子	81	子		褥子	328	子	
本子	93	子	儿	勺子	384	子	儿
鞭子	388	子		哨子	134	子	儿
簿子	-12	子		绳子	14	子	
车子	343	车		坛子	403	子	
凳子	-95	子	儿	条子	401	子	儿
碟子	-27	子	儿	帖子	74	子	儿
盖子	56	子	儿	签子	392	子	儿
稿子	117	子	儿	席子	398	子	儿
棍子	-104	子	儿	匣子	338	子	儿
盒子	337	子	儿	箱子	409	子	
集子	303	集		鞋子	387	子	
镜子	73	子		椅子	41	子	
筷子	6	子		印子	43	子	儿
篮子	-40	子	儿	印靶子[1]	57		
笼子	49	子	儿	帐子	-157	子	
炉子	369	子		竹杆子	388		
瓶子	116	子	儿	桌子	17	子	儿
旗子	303	子	儿	钻子	76	子	

1 ○他的祖父不是捏过印靶子的么？（57）
作者原註に，“做过实缺官的意思”とあるが，ここに収めた。

A-6　衣服・装飾を表わす

用例		新		用例		新	
袋子	136	子	儿	袍子	43	子	儿
顶子[1]	-135			袜子	340	子	
缎子	-70	子		袖子	359	子	儿
结子[2]	82	子		镯子	5	子	
裤子	348	子		珠子	384	子	
帽子	43	子					

1 ○“顶珠”のこと。
2 ○……，戴上红结子的秋帽，径向黄三的家里去了。（82）

A-7 地理・宮室を表わす

用例		新		用例		新	
池子	339	池		铺子	28	子	儿
椽子	-22	子		摊子	403	子	儿
村子	363	子	儿	亭子	24	子	
房子	15	子		屋子	49	屋	
格子 [1]	44	子	儿	院子	49	子	儿
架子 [2]	395	子	儿	宅子	5		
林子	536	林		柱子	37	子	

1 ○……，欠过身去搁在洗脸台上最高的一层格子上，看一看，翻身仍然糊纸锭。(44)

2 ○一面自己亲手从架子上挑出一包盐，……，(395)

A-8 抽象名詞その他

用例		新		用例		新	
岔子 [1]	342	子	儿	乱子	-68	子	
胆子	-14	子	儿	面子	393	子	
担子 [2]	101	子		曲子	333	子	儿
点子 [3]	134	子	儿	圈子 [7]	26	子	儿
钉子 [4]	409	子	儿	日子	11	子	
法子	27	子	儿	旋子 [8]	310	子	
份子 [5]	338			样子	13	子	儿
架子 [6]	-148	子		银子	310	子	
款子	112	子		影子	12	子	儿
劳什子	372			疹子	136	子	

1 ○老官恐怕胖子闹出岔子来，就抢着说道。(342)

2 ○他的生计总算已经不成问题，我的担子也可以放下了，虽然在我这一面始终不过是无法可想。(101)

3 ○……，的确还现出更红的点子，眼睑也浮肿起来。(134)

4 ○公输般又碰了一个钉子，这才醒过来。(409)

5 ○……，份子分福禄寿三种，最少也得出五十枚大贝壳。(338)

6 ○……，大抵也要摆这架子的罢，……，(-148)

7 ○……，但是飞了一个小圈子，……，(26)

8 ○伊正向海上看，只见几座山奔流过来，一面又在波浪堆里打旋子。(310)

B 《汉语拼音词汇（增订稿)》に未収録のもの

用　例		《汉语拼音词汇（增订稿)》に収録する関係語彙	用　例		《汉语拼音词汇（增订稿)》に収録する関係語彙
八字胡子	335		呈子	332	
白炉子	114		锄子	-171	锄，锄头
鼻翅子	-45	鼻翅儿	大儿子	75	
婊子	148		蜂子	26	蜂
冰窖子	-61	冰窖	壶子	-24	壶
布条子	354		浑小子	-93	
茶馆子	55	茶馆	楫子	193	
家子	-65	家	伞子	414	伞
科斗子	-176	科斗	衫子	108	衫儿
辣子鸡	328		诗集子	362	诗集
老法子	56	老法	书铺子	-153	
老子娘	-11		叔子	109	小叔子
流水簿子	-11	流水，流水帐	私贩子	397	
马嚼子	349	嚼子	艇子	-191	
木柜子	-45		瓦罐子	351	
木匣子	338		乌龟子	-121	
娘老子	-11		野果子	354	野果
鸟贩子	116		皂荚子	44	皂荚
婆子	109	老婆子	纸煤子	131	纸煤儿
旗杆子	353	旗杆	纸煤管子	131	
人样子	133	人样儿	纸捻子	-182	纸捻
人影子	323	人影	猪蹄子	354	猪蹄

以上の表中,《拼》とは,《汉语拼音词汇（增订稿)》を指し，これに，当該語彙が記録される場合には，〇印，記録されない場合には×印で表わしてある。また，2）での“子”とは，当該語彙が，“子”型を持つか否かを，〇×印で示し，持つ場合には，「註」でそれを示した。3）における《新》とは,《新华字典》(1962年修订重排本）を指し，当該語彙が，ここで，どのような型を採って記録されているかを示している。

Ⅱ　検討

Ｉで，魯迅の言語における，接詞“头”“子”“儿”を伴った名詞を，それぞれの分類に従って一覧表にして示したが，Ｉの表から，まず各々の使用頻度について見ると，“子”＞“儿”＞“头”という順序で用いられており，“子”の用例が，他の“儿”“头”の用例に較べて圧倒的に多い。そして，内容的にも，自然界，動物，植物，飲食，服飾，家屋，地理，日用道具，器具，経済生活，人体，人品，親族呼称などと，生活全般に及ぶ名詞が，接詞“子”を伴う構造によって表現されているが，この点からだけでも，魯迅の言語が持つ特殊性のある一面をうかがい知ることが出来るだろう。以下，上記の表に従って，順次その用法の検討を進めていく。

まず，接詞“头”を伴ったものについて見ると，全15例の中，《拼》には，“尘头”を除いて，他はすべて記録しており，魯迅の言語（以下《鲁》と省略）では，〈故事新编〉だけに用いられている“尘头”は，“贼骨头”と同様に，①方言詞である，と考えられる。そして，《拼》に記録するものの中，②“石头”について見ると，《鲁》では，

○……，不象石火，用铁和石敲出来，……（35）

の様に，密切不可分といわれる“头”が脱落して，“石”と，詞根だけで用いる時がある。しかし，この用例は，文学言語という場にして，始めて可能な表現であり，簡潔な表現を尊ぶ文言的発想が，こうした表現法を採らせたと考えられる。③同様に，《拼》では，“头”型以外の表現がない時でも，《鲁》では，“普通话”として安定している“锄头”と，方言詞である“锄子”（後述するＢ群の⑥を参照）が，共に使用されている。ところが，④《拼》では“头”＝“子”となって，接詞の交換が可能であるにもかかわらず，《鲁》では“斧头”を用いているが，“斧子”(1)は用いていない。なお，ここで非常に興味深いことであるが，表からでは分らないものに，⑤“头”が，“子”以外の接詞と交換可能な時，《鲁》では，“头”型を採らない場合がある。例えば，“里头”“外头”などがこれに当たる。これらは，今日，ごく普通の“普通话”として，《汉语方言词汇》（文字改革出版社，1964）にも記録されていない程，方言色のない語彙である。しかし，《鲁》

では“里头”に対応するものは，“里面”(-14)(勿論，“内”(92)，“里”(117)，“中”(135)“中间”(-98)も用いられる)であり，“外头”には，“外面”(-31)が対応している。この他に，⑥江南語と北京語との対比という点から見ると，「レンガ」は江南語“砖头”／北方語“砖”となって，《鲁》でも“砖头”が使われていてよいことになるが，〈阿Q正传〉での“砖头”は，

○他急急拾了几块断砖，再上去较为用力的打，打到黑门上生出许多麻点的时候，才听得有人开门。阿Q连忙捏好砖头，摆开马步，准备和黑狗来开战。(-131)

の様に用いられ，“砖头”は“碎砖”のことである。これは，南方出身の作家の北方語意識下での表現の現われとして理解されるもので，結果論としてみれば，南方出身の作家が，北方語をそのまま引き写し，その結果まじりこんだということになる。鲁迅の言語を考察していく時，この点は極めて注意の必要な問題で，周遐寿も，《鲁迅小说里的人物》(上海出版公司，1954)の中で，次の様にいっている。

○……，(阿Q)正传本不固定什么地方，大抵便牵就北方的情形来说，如阿Q坐的没有篷的车，即是显然的例，又如本文中说阿Q看到店内的馒头，问管祠的老头子要饼来吃，也是同一的例子。(114)

次いで，接詞“儿”を伴ったものについて見ると，全19例中《拼》に収めるのは11例で，約60%になる。そして，収めないものは“独个儿”“乖角儿”“狐儿”“偷儿”“秃儿”“兔儿”“细腰蜂儿”(“细腰蜂”は収録)“鱼儿”と，これらは，すべて，人を表わす名詞か，あるいは，動物を表わす名詞である。ここで“儿”の特異な用法として，①修辞的な表現としての“狐儿”が見られる。鲁迅の言語ならずとも，「キツネ」という時，

○狮子似的凶心，兔子的怯弱，狐狸的狡猾，……(-16)

の様に，“狐狸”を使用するのが普通である。一方，“狐儿”の用法を見ると，

○他望见这一块地方时，本以为至少总可以有一两匹狐儿兔儿的，现在才知道又是梦想。(321)

の様に，“狐儿”だけが単独で用いられているのではなく，“狐儿”は“兔儿”と列んで列挙する時に用いられている。つまり，“狐儿”の“儿”は，“兔儿”の“儿”に引っぱられて，類推用法として修辞的に用いられてい

る，と考えられる。旧白話では，“狐儿”のように“儿”を付けることが困難なもの，或いは，“儿”を付ける必要のないものにまで“儿”が単純な接詞であるかのようになって付く時がよくあった。しかも，その場合の条件は，他に何かと列んで列挙するということで，例えば，《西厢记》には，以下の様な個所がある。

○准备着被儿枕儿，则索昏昏沉沉的睡。（中华书局。1959。159）

ここで，見方を変えて“儿”と“子”との対応関係という点から見ると，②《拼》では“儿”＝“子”となり，“儿”と“子”とか交換の可能な時，《鲁》でも“儿”型，“子”型の２種類が使用されているのに“老头儿”／“老头子”，“兔儿”／“兔子”がある。そして“老头儿”は，

○要不然，真要把你这老头儿气死了，……。（140）

“老头子”は，

○待到增加了秃头的老头子之后，空缺已经不多，而立刻又被一个赤膊的红鼻子胖大汉补满了。（68）

の様に用いる。およそ，“老头子”／“老头儿”の対応関係は，清末期では南方語／北方語という対応関係にあり[(2)]，今日でも南方語／北方語，という対応関係を示している（《汉语方言词汇》参照）が，北方語では，“老头子”は面と向っていう時には使用しない，という条件がある。すると《鲁》における用法も，上記の例文から明白な如く，それぞれの一方が選択される時の意識は，やはり，北方語に立っていると考えられるだろう。なお，“兔儿”については，さきに挙げた“狐儿”での例文ですでに見た様に，魯迅は，これを列挙用の場合にしか使用しない（“兔子”については，後述する“子”の個所を参照）。また，②での場合と同様に，《拼》では“儿”＝“子”となり，《鲁》でも“子”型の採用が可能であるにかかわらず，《鲁》では，“儿”型しか用いないものに，③“独个儿”“哥儿”“秃儿”“细腰蜂儿”（後述する“子”のＢを参照）がある。一般的にいって，“儿”型，“子”型の２型がある場合，“子”型採用が南方語的表現の常態とすれば，《鲁》がここで“儿”型を採る理由は，やはり北方語的意識の下で，ということになるだろう。結果論として見ると，勿論，北方語が混りこんだということである。そして，④“子”との交換が不可能なものに“道儿”“年头儿”“花

儿”“角儿”“鸟儿”“玩艺儿”“味儿”“字儿”“鱼儿”などがある。が，この中“玩意儿”は，

○……，可也是闻所未闻的玩艺，……(314)

の様に“儿”を脱落させても用いる。この他に，現代中国語では，⑤動詞の後に“头儿”を付けて，「……するだけの価値」という，抽象的な意味を表わす用法がある。しかし，今回の調査では“头”の個所でも，“儿”の個所でも，これに相当する用例は挙げられていない。つまり，《鲁》では，その表現法が存在しないということになる。なる程，こういう表現法を鲁迅は知っていたと思われるが，鲁迅が自分自身の語彙として使用することにとまどいと困難を感じていたからかも知れない。なぜなら，この用法の発生は，わずかに清代に入ってからであり，しかも《红楼梦》，《儿女英雄传》という作品で，始めて文学言語として登場する様になった[3]ということを考慮すると，この比較的新しい表現法は，北京語特有の表現法であろうと考えられるからである。

最後に，接詞“子”を伴ったものについて見ていくが，Ⅰでの表にならい，A，Bの2群に分けて検討を進める。なお，A群では，検討をより手順よく行なう為に，《新华字典》を媒介にする。すると，A群ではまず，①《鲁》では“子”型であるが，《新》では“子”，“儿”いずれの型も用いない接詞「0」型。これには“林子”“集子”“车子”“奶子”“豆子”などが入る。しかし，この中後の三者について見ると，

○此后又是车，里面的人都穿画衣，不是老头子，便是矮胖子，个个满脸油汗。(372)

○此后是王后和许多王妃的车。(386)

○……，因为雌的一匹的奶非常多，却并不见有进去哺养孩子的形跡。(-170)

○不久豆熟了。(-191)

の様に，“车”“奶”“豆”とそれぞれ単独で，しかも“子”を落して使用されている。いま，《鲁》の“车子”／“车”について見ると，この対応関係は，J.MULLIEが説く様な[4]接詞“子”の有無によって生まれる意

味内容の差，つまり「クルマ」の型の大小とは，何ら関係がない。ところが“奶子”／“奶”では，“奶子”はすでにA-2表で注記しておいた通り“乳房”のことであるが，“奶”は，例文で明白な様に“乳汁”のことである。つまり，《鲁》では，関連した意味の個別的な差異を表現する方法の一つに，“子”型と接詞「0」型の対応が採用されている，ということになる（後述する⑤での“钉子”／“钉”を参照）。②は，《鲁》で“子”型，《新》でも“子”型だけを採るもの。A群では，全体の約50％がこのグループに入る。例えば，“儿子”“蝇子”“房子”など。なお，この中“房子”は，《鲁》の場合のみならず，江南語を基礎とした時の一般的な言語事情として，次のことがあって注意が必要である。

○“那自然”，阔亭感动的说，“可是，房子……”
“庙里就没有闲房？……”四爷慢腾腾地问道。(64)

○钱一到手就化完，只有这一间破屋子。(91)

即ち，最初の例文の“房子”，“闲房”の“房”は，“屋子”のことであり，後の例文の“破屋子”の“屋子”は，“房子”のことであって，北方語と江南語とでは，“屋”と“房”はよく反対になる[5]。しかし，最初の例文のやや前の個所にある，次の例文での“屋子”は，“房子”のことではない。

○老娃说，“我们，现在，就将他，拖到府上来。府上，就赶快，收拾出，一间屋子来。还，准备着，锁。”
“屋子？”四爷仰了脸，想了一会，说，“舍间可是没有这样的闲房。……”(63)

つまり，《鲁》では“屋”，“房”は，混用されているということになる。また，このグループの“妹子”については，《新》で“妹妹”も記録しているが，《鲁》では使用しない。この“妹子”／“妹妹”という対応は，清末期では南方語／北方語という関係にあった[6]。そして，これと反対になるのが“嫂嫂”／“嫂子”で，現代中国語においても同様に，南方語／北方語という対応をなしている（《汉语方言词汇》を参照）。③は，《鲁》の“子”型に対し，《新》では，“儿”型しか採らないもので，これには“眼珠子”しかない（後述するB群での②を参照）。④は，《新》では“子”型，“儿”型の2種を記録するが，《鲁》では“子”型だけのもの。これには“孩子”，“爪子”，“包子”などが入るが，内容的にはA-5表の道具・器具を表わすものが極めて多い。⑤は，④の派生グループとでも考えられるもので，《鲁》では“子”型と共に「0」型の2種を採るもの。これには，“钉子”，“法子”，“兔子”，“叶子”が入る。

“钉子”は，A-8表の注記でも分る様に具体的な「クギ」を表わしていない。具体的な意味を表わす場合は，「0」型の“钉”によって次の通り表現されている。

〇三文钱一个钉；从前的钉，这么样的么？从前的钉是……。(-74)

つまり，①における“奶子”／“奶”の対応関係と同一の理解が出来るものと思われる。“法子”／“法”の場合，“法”は，《鲁》では以下の様にしか用いられない。《呐喊》からの用例を挙げると，

〇我的母亲没有法，办了八元的川资，……(-2)

〇原也无法可想，……(-20)

〇现在你自己想法去。(-54)

〇那也没法。(-70)

〇将来总得想点法，做点什么别的事。(-157)

〇然而也没有法。(-170)

となって，すべて“没”，“没有”，“无”，“想”の賓語として用いられる場合だけである。なお，“兔子”は，さきに①の個所で挙げた例文の様に，

〇狮子似的凶心，兔子的怯弱，狐狸的狡猾，……

“狮子”，“狐狸”と，その「属概念」を明確に区別する時と，

〇我准备再远走五十里，看看可有些麞子兔子。(320)

の様に，他のものと列んで列挙する場合にしか用いられていない。これに対して，「0」型の“兔”は，

〇宋却是所谓连雉，兔，鲫鱼也没有的。(406)

〇后来大动物射完了，就吃野猪，兔，山鸡。(319)

の通り，同様に列挙用にも採用されているが，《呐喊》に収める短篇〈兔和猫〉では，まず題目から“兔”と「0」型が採用されている。もっとも，題目の場合は，“猫”との関係から，一音節としてのリズムが考慮されていると考えることも出来る。しかし，この短篇では，「ウサギ」は必ず「0」

型が採られ，“子”型は用いられていない。

○……，而上面却睡着七个很小的兔，……（-171）

なお，“叶子”の「0」型の用例を挙げておく。

○他四面一看，只见一只乌鸦，站在一株没有叶的树上，……（-41）

⑥は，《鲁》では“子”型であるが，《新》では“子”，“儿”，“头”以外の型として記録するもので，これには“厨子”，“戏子”，“哑子”が入り，すべて人を表わしている。この中“厨子”が“炊事员”に，“戏子”は“演员”と，解放後その名称が変更されたのは，これらの語彙が持っていた——かって存在した階級・階層による，或いは職業から来る——ある種の固定観念を取り除き，よりよい労働者としての地位向上を企るためであったといえるだろう。そして，“哑子”／“哑吧”は，《汉语方言词汇》によると南方語／北方語という対応関係で理解することが出来る。

最後の⑦は，Ⅰの表からは知ることが出来ないが，現代中国語という点に立っていえば，その用法が，現代中国語とは少しく異なっているもので，《新》では“子”或いは“儿”型を採るものだが，《鲁》では“子”型，“儿”型のいずれでもなく，「0」型しか用いないもの。《鲁》では“刀”，“裙”，“谷”が挙げられる。まず，“刀”は，

○此后是拿着木棍、戈、刀、弓弩、旌旗的武人，……（372）

○有几个还带着笔、刀、木札、预备抄讲义。（392）

○……，哗唧一声，刀、笔、木札，都从手里落在席子上面了。（393）

○我看出他话中全是毒，笑中全是刀，……（-12）

このように，“刀”と他のものを列べて列挙する場合か，或いは他のものと対比させて用いる時に使用されている。“谷”の場合も，“刀”と同様列挙用として用いている。

○丝、麻、米、谷，都是贱人做出来的东西，大人们就都要。（408）

しかし，“裙”の場合は，

○于是就看见……，布的有条纹的衫子，玄色的裙。（108）

と，他のものとの列挙用でもないし，他のものと対比させて用いているものでもない。まして，“玄色”という色が，“裙”にとってある種の特別な意味を持つものでない以上，“裙”が「0」型でしか用いられない理由は，

次の様に理解することが出来るだろう。即ち,《鲁》では“裙”はまだ「0」型で使用出来る語彙である，ということで，“子”を必要とする程“裙”は不安定でない，ということでもある。そして,《鲁》の，とりわけ接詞を必要とする名詞についていえば，接詞を採る型の中，“子”型を選択する路が優勢である為，“子”型に移行する過程にある，と考えることが出来る。

B群について見ると，B群の語彙は，《拼》に収録されていないもので，つまり，現代の中国語ではあまり使用されない，ということを表わしていて,《鲁》における特色の一つがここで語られている, と考えられる。この中,“婊子”,“浑小子”,“私贩子”,“乌龟子”について見ると, これらが今日,社会国家建設を進める中国の社会にとって，極めて消極的な否定面を強く表現する語彙であることを認めれば，直ちにその理由が理解出来ることであろう。社会の変化は，直接的に語彙面に表われるわけで，A群の⑥と合せて理解されることである。なお, その他に“白炉子”,“布条子”,“楫子”，“老子娘”，“娘老子”，“艇子”などは，その地域性が強烈に反映された語彙であることも分る。なお，このグループ全体の一つの特色として，いずれの語彙もが，鲁迅にとっての身近な社会，身近になじんだ環境，とりわけ田舎の生活を描いた短篇に表われているということ。そして，この語彙を使う人達が，或いは村の老若男女であり，或いは叔斉が耳にする街の人の声であったり，或いは“庄子”の話相手である“汉子”の言葉であるということである。

Iの表で注記した通り，《拼》に記録する《鲁》の用例と関係のある語彙を媒介にして見ると,①《鲁》の“子”型に対して,現代中国語（以下「現」と略称。つまり，本稿では，場合により表現を変えているが，基本的には『現』,《拼》,“普通话”は,同一の理解に立つ）では,「0」型を採るもので,“锄子”／“锄”,“蜂子”／“蜂”，“壶子”／“壶”，“家子”／“家”，“伞子”／“伞”。そして，修飾語を採った時の“老法子”／“老法”，“旗杆子”／“旗杆”,“人影子”／“人影”，“诗集子”／“诗集”，“野果子”／“野果”，“皂荚子”／“皂荚”，“纸捻子”／“纸捻”，“猪蹄子”／“猪蹄”がここに入る。つまり，《鲁》では「現」（つまり“普通话”のこと）の「0」型に対して，修飾語の有無を問わず，“子”型を採る場合である。一般的にいって，“～子”が修飾語を伴った時，

修（～子）─┬─ 修（～）── a
　　　　　　└─ 修（～儿）── b

と，abの二型に分れる。そして，「現」ではa型が普通のスタイルであるのに対して，北方語ではb型となり，南方語ではa型にならないで，原型をそのまま保つ。すると，《鲁》の場合も原型がそのまま残っているということになる。そこで，“儿”の③の“细腰蜂儿”／“细腰蜂”は，《鲁》でb型を使用していることになる。

これに関連して見られるのが，②《鲁》の“子”型に対する「現」の“儿”型の時で，“衫子”／“衫儿”，“人样子”／“人样儿”，“纸煤子”／“纸煤儿”の場合である。いま，“子”型を中心にして見ると，上記の①の理解が，そのままここでもあてはまり，修飾語のある無しにかかわらず，《鲁》では“子”型を採用していることになる。なお，清末期においても，“～子”“～儿”の対応関係は，南方語／北方語という関係で理解されていた。A群の中から，若干の例を挙げてその対応を示すと次の通りである[(7)]。

	北方語	南方語
（i）	～儿	～子
	法儿	法子
	盖儿	盖子
	猴儿	猴子
	桃儿	桃子
	影儿	影子
	样儿	样子
（ii）	～～儿	～～子
	老头儿	老头子
（iii）	～～́儿	～″子
	媳妇儿	娘子

また，A群③の“眼珠子”／“眼珠儿”もこれと同様の理解が出来るだ

ろう。③は,《鲁》で,単音節語+“子”であるに対して,「現」はそれに修飾語が付くもので,“婆子”/“老婆子”(北方語),“叔子”(呉語)/“小叔子”(北方語)。しかし,《鲁》では,対応される2種類とも,意味上の仔細な区別も何らなく,感情面の語気が入らない,同義語として用いられている。そして,これと反対の場合が,④“马嚼子”/“嚼子”(北方語)。しかし,《鲁》では“嚼子”は使用されていない。⑤は,《鲁》,「現」ともに“子”型を採るが,詞根が相互に異る時で,“颈子”/“脖子”がこれに入る。これはA群②の“屋子”/“房子”の対応関係の場合とまったく同一で,南方語/北方語という対応として理解される。なお,こうした例はA群においても見られる[8]。

北方語	南方語
～子	～子
矬子	矮子
匙子	勺子

ただし,《鲁》では右側の語彙は使用されているが,左側は用いられていない。最後に⑥は,《鲁》での“子”型に対し,「現」で“头”型を採るもの。“锄子”/“锄头”がここに入るが,すでに“头”の③で述べた通り,“锄子”が方言である。《汉语方言词汇》でも,“普通话”として“锄头”を挙げるが,“锄子”は合肥,揚州で用いる,となっている。

いま,上に述べたことを簡単に図式化すると,次の通りになる。

“头”

	《鲁》	《拼》	例	条件	
①	～头	××	尘头	方言	1
②	(～头)～	～头	(石头)・石	文学言语	2
③	(～头)～子	～头	(锄头)・锄子	方言	3
④	～头	～头・～子	斧头	方言	4
⑤	～面	～头	外面		5
⑥			砖头	北方語意識	6

“儿”

	《鲁》	《拼》	例	条件	
①	〜儿	××	孤儿	文学言語	7
②	〜儿・〜子	〜儿・〜子	老头儿・老头子	北方語意識	8
			兔儿・兔子	文学言語	9
③	〜儿	〜儿・〜子	独个儿など	北方語意識	10
④	〜儿	〜儿	玩意儿など	北方語意識	11
⑤		〜头儿		方言	12

"子"A

	《鲁》	《新》	例	条件	
①	〜子	〜	林子など	方言	13
	〜子・〜	〜	车子・车	意義変化なし	14
			奶子・奶	意義変化あり	15
②	〜子	〜子	儿子など		16
		××	妹子・嫂子	方言	17
	〜子・〜́〜子	〜́子・〜子	屋子・房子	方言	18
③	〜子	〜儿	眼珠子	方言	19
④	〜子	〜子・〜儿	孩子など	方言	20
⑤	〜子・〜	〜子・〜儿	兔子・兔	文学言語	21
			叶子・叶	意義変化なし	22
			钉子・钉	意義変化あり	23
⑥	〜子	××	厨子（炊事员）	新語	24
			哑子（哑吧）	方言	25
⑦	〜	〜子・〜儿	裙	歴史的過程	26

"子"B

	《鲁》	《拼》	例	条件	
①	〜子	〜	伞子	方言	27
	〜́〜子	〜́〜	老法子	方言	28
②	〜子	〜儿	衫子	方言	29
	〜́〜子	〜́〜儿	人样子	方言	30
③	〜子	〜́〜子	婆子（老婆子）	方言	31
④	〜́〜子	〜子	马嚼子（嚼子）	方言	32
⑤	〜子	〜́子	颈子（脖子）	方言	33
⑥	〜子	〜头	锄子	方言	34

Ⅲ　まとめ

以上，初歩的にではあるが，魯迅の言語における接詞“头”，“儿”，“子”を伴った名詞について，その構造面からそれぞれの分類に従い，それぞれが使用される時の条件を求めて検討して来た。いま，その条件となることがらを整理して，それぞれに該当する通し番号を付記すると，以下の通りになる。

1）方言として総括されるもの。この場合，北方語に対比される南方語に当たるものとして，これには，

○〜头／××	1	○〜子／〜́〜子	31
○〜头／〜子	4	○〜́〜子／子	32
○〜子／〜头	3・34	○〜子／〜子・〜见	20
○{〜子／〜	13・27	○{〜子／〜儿	19・20
〜́〜子／〜́〜	28	〜́〜子／〜́〜儿	30
○〜子／〜〜	17	○〜〜／〜子	17
○〜子／××	25		

の場合あり，魯迅の言語が極めて南方語に傾斜した性格の言語であることを示している。しかし，一方，6・8・10・11の様に，北方語の意識下で使用されたと思われる場合がある。これは，結果論的には南方語を基礎とする魯迅の言語の中に，北方語が入り混んでいるということになり，魯迅の言語がある特定の一地域の言語のみによって構成されるという，質的に均整のとれたものではなく，極めて複雑な性格を持った言語であることが理解される。

2）文学言語と総括されるもので，文学の素材としての言語の場合に，始めて使用が認められ，口頭語では，まずその使用が困難と思われるもの。この場合，2の様に，文言としての表現を借用している時と，7・9・21の様に旧白話以来の伝統を受け継いでいる時とがある。また，3）魯迅独特の表現法であると思われるものに，関連した二つの意味を区別するのに，“子”型と「0」型を使う15・23の用法があり，魯迅の言語感覚の問題として見られるものに5・12・26が挙げられる。そして，4）魯迅が生きた時代，

そのものを象徴する24の用法が見られた。

〔註〕

(1) 《汉语方言词汇》から"斧头"/"斧子"の対応は，南方語/北方語という対応関係として理解される。

(2) 拙稿「清代北京語の一斑」(『中国語学』No.156)を参照(本書27頁)。

(3) 太田辰夫『中国語歴史文法』89。

(4) *THE STRUCTURAL PRINCIPLES OF THE CHINESE LANGUAGE* で，"车子"; cart, is used for smaller carts and 车 for bigger carts.(190)

魯迅は，

○孔子答应着"是是"，上了车，……，车子就走动了。(388)

○阿Q被抬上了一辆没有篷的车，……，车子不住的前行，……。(144-145)

前例は，孔子が乗った「クルマ」であり，後例は，阿Qが乗った「クルマ」である。

(5) 香坂順一「魯迅の語文(二)」(『中国研究』No.1)を参照。

(6) 前掲(2)。

(7) 同上。

(8) 同上。

《講演》

近代中国における時間の表わしかた

ただいま過分なお言葉で紹介いただき恐縮しております。たいした仕事もしていない私ごときが，伝統ある泊園記念講座でお話させていただけますのは，まことに名誉なことありがたいことでして，本当にうれしく思っております。

きょうの私の演題は，「近代中国における時間の表わしかた」ということですが，恐らくみなさんは，中国人の時間の表わしかたのどこが，一体おもしろいのかと，不思議に感じておられるに違いないと思います。こういう演題をもちだしましたのには，深いわけがあったのです。

時刻とか時間というものは，機械時計で計るのが一番便利なわけですが，日本と中国とでは，機械時計を受け入れた時の受け入れかたと時間感覚とでもいいましょうか，時間を気にする心とに，大きな違いがあったからです。そこで，日本の場合とくらべながら，中国では機械時計を使いながら，時間をどのように表わしていたのか，ということについて，話をさせていただこうと思います。どの程度の話ができるか心もとないことですが，しばらくの間よろしくおつき合いくださいますよう，お願いします。

たまたまこの7月，私は2週間ほどアメリカにおりました。その折，ニューヨーク在住の友人のモーリさんから，「いまアメリカ人は〝タイム・フェミン(時間飢饉)〟に陥っているのですよ。」という話を聞きました。私にとって耳なれないことばでしたが，アメリカでは，自分用の時間を作りだすために，お金で時間を買うことがよくある，しかも，ますます多くなってきている，ということでした。かつて，「時は金なり」といいましたが，今は「金は時なり」に変わっている，というのです。自分用の時間を作りだすには，工夫がいりますが，自分用の時計をもつというのも，その対策の一つに入るでしょう。

みなさんはご存知でしょうか。日本のある時計メーカーは，時間に追われるビジネスマン向けに，時間を百分率で表示する時計を売りだしています。普通の時計に，「1日24時間を100%とみなして時間を%で表示していく」機能と，「あらかじめセットした時間を100%とみなして経過時間を%で表示していく」機能とがついた2種類の腕時計です。ですから，「今は何時何分ですか」といういい方は，「今は何%ですか」とか「あと何%ですか」となるのです。時間を気にする人たちならではの持物といえるでしょう。ちなみに申しますと，価格はいずれも4万5千円だそうです。

そうかと思うと，遊び心地100%のからくり時計がはやっています。百分率表示の時計にしろ，からくり時計にしろ，こうした機械時計は，日本でも中国でも，ヨーロッパからキリスト教とともに入ってきました。

日本の場合，天文20（1551）年，宣教師フランシスコ・ザビエルによってもたらされました。周防の山口へ来てキリスト教布教を願い，大内義隆に献上したのが最初です。しかし，現物はもう残っていません。今も当時の姿そのままで残っているのは，スペイン国王から海難救助のお礼として徳川家康に贈られた置時計で，静岡は久能山の東照宮に宝物として保存されています。この時計には，「1581年マドリッドでハンス・デ・バロが作った」という銘板があります。文字盤はローマ数字でしるされ，針は時針だけの1本です。上のドームの中には，時打ちと目ざましのための鐘があって，ゼンマイで動くものでした。

おもしろいのは，これからです。日本人は，この戦国時代の末期に入ってきたヨーロッパの時計をもとに，工夫に工夫をかさね，ついに，自分用の時計——「和時計」——をつくりだしたのです。もちろん，スポンサーはいました。将軍家と諸国の大名です。ここで自分用の時計というのは，日本の時刻制度にあった時計ということです。

ヨーロッパから入ってきた時計は，1日を均等に分割したヨーロッパの時刻を刻んでいました。ですから，家康もこれにはマイッテしまったことでしょう。家康の時代の時刻法を簡単に言いますと，1日をまず昼と夜とに分けます。「明六つ」から「暮六つ」までが昼，「暮六つ」から「明六つ」までが夜で，昼夜をそれぞれ6等分したので，十二支を使って，表わすいい方もあります。そして，昼が始まる「明六つ」の「六つ」と，夜が始まる「暮六つ」の「六つ」とは，「大きい星がぱらぱらとみえ，手の太い線が3本ぐらいみえ，細い筋がみえない時」でした。見分けるのも大変ですが，季節によって時刻が一定していないことは，おわかりいただけるでしょう。そこで，こういう時刻法を「不定時法」といい，1日を均等に分割する時刻法を「定時法」といいます。この日本の「不定時法」にあわせたのが「和時計」で，これは，ヨーロッパから伝来した機械時計を日本独自のものに改良した極めて独創的な傑作でした。

ところが，明治6（1873）年，政府は「太陽暦」を採用し，これまでの「不定時法」をヨーロッパ式の「定時法」に切りかえて，「是迄昼夜長短ニ随ヒ十二時ニ相分チ候処，今後改テ時辰儀昼夜平分二十四時ニ定メ，子刻ヨリ午刻迄ヲ十二時ニ分チ，午前幾時ト称シ，午刻ヨリ子刻ヲ十二時ニ分チ，午後幾時ト称候事」と布告しました。時刻の表わしかたは，午前何時，午後何時，というように，「とき」ではなく，「じ」を使うことになりました。すると，実用品としてもう役に立たなくなった「和時計」を顧みる人は，忽然といなくなりました。製作に多額の費用がかかったので，作られた数も多くはなかったそうですが，文明開化に走る気持の方がはるかに強かったのです。また，改暦される前には，「不定時法」を「定時法」に換算する虎の巻が，もうすでに幾種類か用意されていました。「定時法」を受け入れる用意は，着々となされていたのです。

中国の場合はどうであったかというと，最初に機械時計が伝来したのは，日本から遅れること30数年の1583年で，やはり，宣教師によってもたらされました。

日本と違うのは，その後，大量に機械時計が入ってきたことです。初めは宣教師と外交官でした。宣教師は布教の許可を願い，外交官は自国の外交を有利に展開するために，皇帝や高官への献上品としてこれを選んだのです。なぜ時計か，といいますと，万暦29（1601）年，マテオ・リッチが明の神宗に拝謁しました時，天主図像，聖母図，十字架，時計，世界地図を献上しましたが，神宗の御意に最もかなったのが時計でした。今はもう残っていませんが，重錘動力の15分打ち時計とゼンマイ時計であったといわれています。大型で重錘動力の時計には，時打ちの装置がついていて美しい音を奏でたので，中国語では“自鸣钟”といいました。この時から，皇帝や高官への送り物は時計，ということになったのです。

こういうわけですから，当時のヨーロッパの技術の粋を集めた機械時計は，宮中に集中しました。とりわけ，乾隆帝は異国情調豊かなからくり仕掛けで奏楽つきの時計の収集に力を入れました。1763 年 10 月 16 日付の神父シャリエ――この人は時計師として北京に入りました――の書面によると，当時すでに「ロンドンおよびパリの名工の手になる時計が宮廷に 4 千点もあった」そうです。そして，“上行下效”です。上の行なうことは下もこれをならう，といいます。

1817 年から 1826 年ごろの話ですが，「ちかごろヨーロッパ人の作った時計は，作りが奇想天外だ。広東から入ってくるが，士大夫は争って買いもとめ，屋敷に飾ってオモチャにしている。乾隆帝はこれがあまりにできすぎているのを不愉快に感じられ，持ちこみはまかりならぬ，と仰せになりましたが，今もまだ禁絶できないでいるのです。」（昭梿《啸亭续录》）いう話が残っています。

多くは，イギリスで中国向けに作られた「からくり仕掛けの奏楽つきで，東洋風の木製のケースに納められた」時計は，「広東時計」と呼ばれました。これが大量に輸入されていたのです。当時，「時計のアジア市場は中国に限られていて，日本へは部分品が若干，長崎を経て入ってきていたけれども，完成品は日本市場へ入ってこなかった」のです。さきほど申しましたように，日本には独自の時刻制度があり，ヨーロッパの時刻をそのまま持ちこんでも，実用品として役に立たなかったからです。

では，それほど大量に持ちこまれたヨーロッパ製の時計は，中国で実際に役に立っていたのか，といいますと，お飾りといいましょうか，オモチャでしかなかったのです。なぜ時計がオモチャであったのかといいますと，時計はたくさんありましたが，この時計を使って時刻・時間をあらわしたいい方が，一向にみつからないのです。見つからないのも当然です。乾隆帝が収集した時計も，広東から入ってくる時計も，文字盤は，すべて，ローマ数字で記されていたからです。

清朝の時刻法は，ヨーロッパの「定時法」と似たところもありますが，2本立てになっていました。2本立て，というのはこういうことです。

清朝は，アダム・シャール(中国名は汤若望)などが作った「西洋新法による」時憲暦を採用しました。

時刻法の要点を申しますと，一昼夜の24時間を，まず，大きい単位として“十二辰刻”に均等分割します。そして，十二の“辰刻”は十二支で呼ばれました。小さい単位として“九六刻”に均等分割します。そうすると，“一辰刻”は120分で，“一刻”は15分になります。また，大きい単位の“十二辰刻”は，それぞれを“初”と”正”の二つに分け，前半の60分の“初”と，後半の60分の“正”とに分けました。つまり，1日は，60分×2つ×12回であり，同時に15分×96回でした。これが1つです。しかし，日常生活では，ふつう，大きい単位は2つに分けないで使っていました。そのいい方も，地域で異なり，北方では“时辰”とよび，南方では“时候”といいました。ともに120分のことです。“十二辰刻”の“初”と“正”とを，現在の時刻でいいますと，次のようになります。

子初初刻	23時	子正初刻	零・24時
丑初初刻	1時	丑正初刻	2時
寅初初刻	3時	寅正初刻	4時
卯初初刻	5時	卯正初刻	6時
辰初初刻	7時	辰正初刻	8時
巳初初刻	9時	巳正初刻	10時
午初初刻	11時	午正初刻	12時
未初初刻	13時	未正初刻	14時
申初初刻	15時	申正初刻	16時
酉初初刻	17時	酉正初刻	18時
戌初初刻	19時	戌正初刻	20時
亥初初刻	21時	亥正初刻	22時

もう1つは，夜時間の制度で，一夜を5つに分けました。現在の時刻をもとにして標準的にいいますと，19時に夜は始まります。そこで，19時から21時までが“初更”，21時から23時まで“二更”，23時から翌日の

1時までが“三更”, 1時から3時までが“四更”, 3時から5時までが“五更”です。もちろん,「不定時法」によっていましたが,“一更”の120分も地域でそのいい方は異なり, 北方では“更次”とよび, 南方では“更头”といいました。

この2本立ての時刻制度は, 基本的には, 1912年, 中華民国になって,「太陽暦」が採用されるまで, 続いていたのです。

ところが, この複雑な2本立ての時刻法を, ヨーロッパ製の時計をみながら, 日常生活で使用していた人たちがいたのです。皇帝は除きますと, 朝廷に仕える臣下です。時計をもっていない臣下もいましたが, 博文忠公の屋敷では,「おそばつきの家来でも時計を首からさげていないものは1人もいなかった」(《檐曝杂记》) そうですし, 中国文学史上,「《儒林外史》と《红楼梦》の時代」といわれる清朝最盛期に出た小説のうち, 宮廷と深いつながりを持つ曹雪芹の著わした《红楼梦》に出てくる人たちです。《红楼梦》とは, 文字通りには『女人の館での夢』という意味で, この小説には舶来品がいろいろと書かれていますが, 中でも, 最も数多く登場するのが時計です。

この小説は, 栄華を誇った曹家一族の没落していく姿を描いている, ともいわれていますが, もしそうであるとすると, 話は,「雍正初年ごろ (1723～1727年) のことが中心になっていた」ことになります。そして,「乾隆15 (1750) 年ごろ」その大半は書きあげられていたことになります。日本にも寛政5 (1793) 年の末, 南京船で長崎にもたらされました。

これとほぼ同じころ, やはり富貴の門地に生まれた呉敬梓は,《儒林外史》(文字通りには『役人仲間の物語』という意味の小説) を書いていましたが, こちらには, 舶来品はまったく描かれておりません。舶来品は, ごく少数の特権階級しか享受することのできないものであった, ということになるでしょう。

ところで, この《红楼梦》では, 機械時計と機械時計を使った時刻の表わしかたは, このようになっていました。5つ, 紹介しましょう。

その1。「『もうすぐ“三更”(23～1時) ですよ。お休みにならなくては。』そこで, 宝玉は時計 (中国語では“表”) を取りよせてみますと, 案の定,針はもう亥の正の刻（22時）を指していました」（19回）。

その2。「宝玉はそこで懐に手をさしこんでクルミほどの大きさの金時計“金表”を取りだしてみますと，針はもう戌の刻の終り（21時）亥の刻の初め（21時）のあたりを指していました」（45回）。

その3。「みんなが『もうなんどき（“几更”）になりましたか。』と聞きましたので，誰かが『もう“二更”（21～23時）をすぎました。時計（“钟”）は11を打ちました。』と答えました。宝玉はそれでも信じられなかったので，時計（“表”）を取りよせてみますと子の初の初刻（23時零分）と10分になっていました」（63回）

宝玉が取りよせてみた3つの時計は懐中時計のようですが，その1と，その2とは，表わす時刻が単純なので，同じものかも知れません。すると，形は球形で針は時針だけのようです。ヨーロッパでは，「初期のウオッチは球形をしていて，しばしば『ニュールンベルクの卵』とよばれていた」のです。中国語では“龙珠表”（《二十年目睹之怪现状》）といいました。しかし，その3の時計は，時針と分針とがありました。秒針もあったかも知れません。

その4。「平素私の使っている者には，時計（“钟表”）をもたせてあります。私は大小どんなことでもみな決まった時刻にするようにしています。どっちみち，こちらの母屋にも時計（“时辰钟”）はあります。まず，卯の正の二刻（6時30分）に私は点呼をとりに来ます。巳の正の刻（10時）には朝ご飯です」（14回）。と，まるで博文忠公の家敷でのような話です。

その5。「表の間のかざり戸棚の上の時計（“自鸣钟”）がチンチンとなるのが聞えました」（51回）。

このように鐘のなる音を聞いて，午前2時を知ることもできました。田舎もののリウ婆さんが栄国邸でみた柱時計は，こんなふうに書いてあります。「カッチンカッチンという物音がきこえました／つられてキョロキョロみわたしますと，部屋の柱に箱が1つかけられています。下にはハカリの分銅みたいのが，ぶらさがっていて，休みなしに動いています／ぼんやり考えこんでいますと，チンと音がして／ビックリしたとたん，つづけさまに8つか9つなりました」（6回）。

時計の形と大小には違いはありましたが，その時計を使っての時刻の表わしかたは分かります。そして2本立てで表わしていました。

よくわからないのは，時を打つ鐘のなる音を聞いて時刻を知る時です。その5の場合，かざり戸棚の上の時計のチンチンは，他の用例からみても，午前2時のことと思います。しかし，夜時間の“二更”をつげる時であってもよいのです。雍正元（1723）年，内務府に“自鸣钟处”が設けられ，中国の時刻制度にあわせた自分用の時計の“更钟”を開発し製造していたからです。

リウ婆さんがみた柱時計も，私は，鐘は10回なって朝の10時をつげているのだ，と思っています。理由は2つあります。栄国邸で奥向きの家政をまかされていた王熙鳳は，一時的に寧国邸の家政を手伝うことになりましたが，栄国邸での管理規定を寧国邸でも使うことにしました。寧国邸の朝ご飯は10時でした。その4にあったとおりです。もう1つは，10時になったので，栄国邸では朝ご飯が始まったのです。しかし，中国の研究者は，11時であった，といっています。（《文物》1959年2月）。そのわけは，南京博物館に収められた2つの時計の打ちかたが，次のようになっていたからです。

时辰	子	丑	寅	卯	辰	巳	午	未	申	酉	戌	亥
初	9	8	7	6	5	4	9	8	7	6	5	4
正	1	2	1	2	1	2	1	2	1	2	1	2

（《文物》1959年2月号から）

この表からみますと，鐘が9つなるのは「午の刻」の前半の60分ですから11時ということになります。《文物》に掲載された写真が鮮明でないのでハッキリとは分かりませんが，よくにらんでいますと，1つは，どうも，「和時計」の尺時計のようです。尺時計の鐘のうち方は，これとまったく同じでした。例えば，「暮六つ」の「酉の刻」には，6つ鐘がなり，半刻後には2つなります。「五つ」の「戌の刻」には5つなって，半刻後には1つ，というぐあいです。

明治6（1873）年以後，「和時計」の多くは美術工芸品として海外に流出

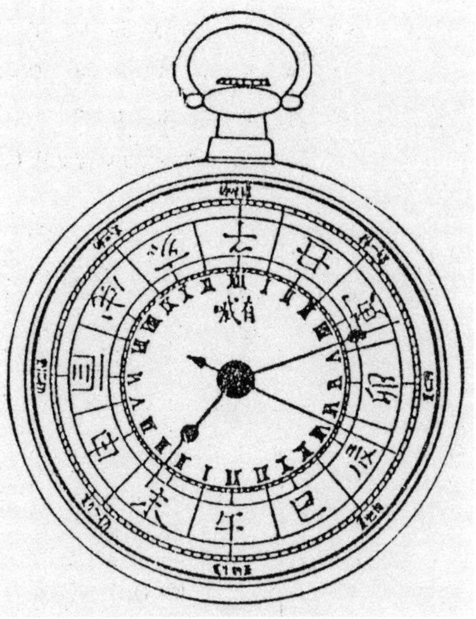

（E．ブラットン著・梅田晴夫訳『時計文化史』から）

しました。日本は中国へもこれを輸出していました。「和時計」が中国にあっても不思議ではないのです。

この他にも，金の置時計や，大型のからくり時計も登場しますが，単なるお話だけで，日常生活で使われてはおりません。

さて，《红楼梦》での時刻表示は2本立てでした。とりわけ興味深いのが夜時間の使い方です。夜になると，夜時間のいい方が，無意識のうちに使われ，それを再確認するために機械時計が使われていました。では，その機械時計は，どのようなものであったのでしょうか。時刻の表わしかたからみますと，文字盤は十二支を使った24時間計であったと考えるのが，最も理解しやすいでしょう。宝玉が「23時10分」とまでいいきった時計は，上の絵のようなものであったのかも知れません。

中国人用に作られたこの種の時計の特色は，まず，24時間計であることと，十二支で表わされた“十二辰刻”の外側に注目すると，“子”には“正初刻”(後半60分の零分)“丑”と“寅”の間には“正一刻”(後半60分の15分)，“卯”には“正二刻”(後半60分の30分)，“辰”と“巳”の間には“正三刻”(後半60分の45分)，“午”には“初初刻”(前半60分の零分)，“未”と“申”の間には“初一刻”(前半60分の15分)，“酉”には“初二刻”(前半60分の30分)“戌”と“亥”の間には“初三刻”(前半60分の45分)と，前半60分と後半60分のそれぞれの15分刻みの表示があることです。“更”の表わしかたはついていませんが，標準的に翻訳したとしますと，これで完璧です。

この絵では，龍頭の下は“子”ですが，“午”がくる場合もあります。しかし，その場合でも，“午”には“初初刻”となっているので，分針は“午”から計ることがわかります。

アンリ・ベルナールの『天主教十六世紀在華伝道誌』によりますと，1853年，マテオ・リッチは先輩のミカエル・ルジェリとともに広東の肇慶で，中国内地最初の教会堂を建てました。この時，ルジェリは，中国人のための“自鸣钟”の文字盤は，「中国人の習慣にあわせるために，ヨーロッパの24時を十二支を使ったいい方にかえないといけない。」といっています。初期に入ったヨーロッパの機械時計，それは，《红楼梦》に登場する時計のことでもありますが，このように深遠な配慮がなされていたのです。

ただ，よく故障するのが欠点でした。《红楼梦》でも，晴雯から「このわけのわからぬやつ」とバカにされますが，博文忠公も自分の時計を信用したばかりに，朝議に遅れてしまい，参内した時，皇帝はすでに玉座におられたので，ごさたを待つ不安の日々が何日も続いたということです。

さて，《红楼梦》で使用されていた時刻制度は，一部の中国人だけでなく，中国人とかかわりをもつ外国人も使っていました。中国人とかかわりのある外国人とは，宣教師，外交官，そして貿易業者といった人たちのことで，プロテスタントの宣教師として最初に中国へ入ったR・モリソンが，1816年にマカオで著わした『中国語会話入門』には，“a quarter past six in the morning”を，“正卯一刻”といっています。“正卯”と“卯正”とでは，語順が逆になりますが，表わす意味はまったく同じで，「朝6時」のことをいいます。

ところが，1800年の20年代後半になりますと，外国人は，この在来のいい方に抵抗を感ずるようになりました。J・A・ゴンサルベスの《洋汉合字汇》(1831年)——ポルトガル語と中国語とが一致する語彙集——になりますと，ここでは，「午後11時27分20秒」といういい方は，“晚上十一下一刻十二分二十秒 / 子刻一刻十二分二十秒”のように，ふたとおりにいう，となっています。ゴンサルベスによりますと，このふたとおりのいい方は，前者は口語としてのいい方で，後者は文語としてのいい方である，ということで，ゴンサルベスのような外国人からしますと，《红楼梦》

で使っていた後者のいい方は，話しことばではもう使わない，ということでした。

どのように変ったのか，といいますと，従来，60分単位の時刻を表わす部分で用いていた十二支を数字で表わす，という点と，夜時間は“晚上”――よる――ということばを，その数字の前に加えることで，昼夜を区別する，という点でした。

外国人にとって，時計といえば，それはすでに12時間計のことで，しかも，文字盤はローマ数字かアラビア数字で時刻が表わされているのが，当り前になっていたからです。かれらにとって，時計は，もはや，かつて，一部の中国人にもてはやされたオモチャではなく，日常生活の必需品になっていたのです。そういうわけですから，実際に時計を生活の中で使っていた人たちには，このいい方は当然のことでした。12時間計を，わざわざ，24時間計に翻訳していい表わすことは，まったく無駄なことであったでしょう。

しかし，「一日九十六刻」という小さい時間単位の方は，直接文字盤とは関係ありません。12時間計になることによって，かえってハッキリすることになりました。そこで，これはそのまま残りました。「27分」は，「15分プラス12分」で，分単位の時刻は，15分を越えることはなかったのです。日本では，15分を単位にした特別な表わしかたは，現在もありません。30分を半というぐらいでしょう。しかし，このいい方も，12時間計がもたらした視覚からの判断の結果であることは，いうまでもないことだと思います，長針が，12の真下の6に来た時をいうからです。

一方，中国では，15分単位で時間計算をする歴史がありました。ここが日本と事情が違っていたのです。そこで，分単位の時間は15分を越えない，という時間表現は，1930年代まで北京に残っていました。例えば，「5時55分」は，“5点3刻10分”――5時と45分と10分――のようにいっていました（《华语新捷径》1931年）し，みなさんもよくご存知の老舎という作家――この作家は，もっぱら北京語を使って創作活動をつづけたことで有名です――は，1934年に山東省の済南で執筆した《牛天赐传》――文字通りには『牛天賜の物語』――の中で，牛天賜の誕生祝賀パーティの際，婦人用テーブルでかの女たちが食事にかける最短の時間を，“五六刻钟”——「75分から90分」——といって，やはり15分単位で時間の計算をしています。

中国語では，今も，英語などのように，15分を“一刻”，45分を“三刻”といって，15分単位の表わしかたは，しっかりと守られていますが，30分を“二刻”とか“两刻”ということはもうありません。ただし，《红楼梦》の時代には，30分のことを“二刻”といいました。《红楼梦》での用例その4で，“卯正二刻”というのがありましたが，「6時30分」という時刻を表わしていました。

ここで，“二刻”についての用例を，もう1つ紹介いたします。1866年，中国最初の移民法ともいえる《续定招工章程条约》——文字通りには，『労働者募集規則を追加継続する条約』——の第10項に，“一日之内作工不过四时六刻（即外国九点钟二刻也）”，という個所があります。「1日における労働は，8時間と90分（つまり，外国でいう9時間と30分のことである）をこえないこと」，という意味です。ふたとおりの方法で時間が表わされていますが，“四时六刻”は，もちろん，中国人用のものです。「とき」を使った大きい時間単位と“刻”を使った小さい時間単位とからなっています。「4 × 120分プラス6 × 15分」で，「8時間と90分間」になります。これに対する外国人用の“九点钟二刻”は，「9時間プラス30分間」で，「9時間と30分」になります。ここの“二刻”は，時刻ではなく，時間を表わしていたのです。

“二刻”のこうしたふたとおりの用法は，現代共通語ではもう使いませんが，河北地区では，19世紀の後半にあっても（L・ウイガー《汉语入门》1899年）使っていましたし，1930年代に入っても，東北地区の一部では，方言として残っていました（ミューリー　*THE STRUCTURAL PRINCIPLES OF CHINESE LANGUAGE*　1932年）。

そもそも“二刻”というのは，「ふたつ目の刻」という意味でしたが，「ふたつ分の刻」という意味にも使われていました。そこで，これらを区別できるように，「ふたつ分の刻」という意味だけを表わす“两刻”といういい方ができました。1867年にT・ウェードによって編纂された英国外交官が北京語を学習するための教科書《语言自迩集》に，“一点半钟就是一点钟两刻”という用例がありますが，この中国語は，英語では，“An hour and a half is the same as an hour and two quarters”という意味である，といっています。こうした“两刻”は，北京語だけでなく，江蘇省出身の李伯元が，1901年から1905年にかけて，中国南方の下江官話——揚子江下流流域の共通語——を基礎にして著わした《官场现形记》や《文明小史》といった小説でも使われました。しかし，この“两刻”は，まもなく，30分を表わす“半（钟）”にとってかわられたのです。では，その時はいつか，といいますと，《语言自迩集》が編纂された頃，というのが私の考えです。その理由は，さきにあげました《语言自迩集》からの用例に対する英語訳からでも理解はできますが，中国語による用例が表わす全文のムードは，“一点半钟”という新しい事実を，旧知の事実である“一点钟两刻”とに，否定を許さない語気をこめて結びつけているからなのです。“一点半钟”というのは，すでにご存知のあの“一点钟两刻”ということなのです，という意味になるからです。とにかく，30分を“半（钟）”ということにより，時刻は視覚から直感的にとらえられるようになり，ここから逆に，時計は12時間計しかない，ということになりました。

しかし，中国人にとって，長針が，いくら12の真下の6のところに来ても，その時を“30分”という，いい方は，まだ今日のようではなく，ある特定の中国人以外には，使われることはなかったのです。ある特定の中国人とは，梁啓超とか陳天華とか羅普といった人たちのことで，秋瑾もきっと使っていたと思われます。これら4人に共通する点といいますと，4人とも日本へ来たことがある人，ということになります。梁啓超は，西太后のクーデターにあって日本へ亡命，日本では，ジャーナリストとして大活躍をしましたし，他の3人は，3人とも1900年の初頭に留学生として来日しました。この人たちは，“一刻”を“十五分”といい，“二刻”あるいは“两刻”を“三十分”といっていました。かれらにとって，日本人が使う“十五分”や“三十分”や“四十五分”は，きわめて新鮮なひびきをもつものであったに違いありません。この時刻と時間との表わしかたは，日本から中国へ輸出されたのです。ひょっとすると，かれらにとって1時間の60分というのは，《红楼梦》の場合のように初刻プラス何分（14分まで），一刻プラス何分，二刻プラス何分，三刻プラス何分というように15分単位で分断されたものではなく，1分から59分まで，連続して把握しなければならないもの，そしてそれが循環するものと考えていたのかも知れません。4人の用例は次のとおりです。

梁啓超の場合。

“拿表一瞧，已经一点三十分了”《新中国未来记》——懐中時計を取りだしてみますと，もう1時30分になっていました。

“看看已到十二点十五分”同上——みるみるうちにもう12時15分になりました。

陳天華の場合。

“于三十分钟前已去了”《狮子吼》—— 30分前にもう出かけました。

羅普の場合。

“行不上三十分钟，早望见前头有一座洋房”《东欧女豪杰》—— 30分もいかないうちに，もうすでに前方に洋館が1軒目に入りました。

“不上十五分钟，到了车站”同上—— 15分もしないうちに駅につきました。

秋瑾の場合。

“约历十五分时至二十分，取出检明度数”《秋瑾集》——およそ15分から20分してから，取り出して度数をよくしらべる。

ところがこんなこともありました。南方の中国人は英語の“quarter”に気をとられてしまい，“刻”を使っておればよいところを，民間では，ふつう，これに“刮”とか“角”という文字をあてていました。歴史的に認められている15分単位の時間計算の存在は，スッカリ忘れられてしまい，外国語をどのように受け入れるか，どのように表わすかという点にだけ注意がそそがれていたのです。現在も，カントン語では“刻”ではなく“骨”の文字をあてて，15分は“一个骨”といっています（乔砚农《广州话语词的研究》1966年）し，高名凱と劉正埮との《现代汉语外来词研究》（1958年）には，“骨”“刮”“葛特”が，英語から来た現代中国語の外来語としてあげられています。

15分単位の時刻と時間の表わしかたは，これぐらいにしまして，次に，近代中国で最も激しくうつり変った60分単位の時刻と時間の表わしかたについて考えてみることにしましょう。

石井研堂の『明治事物起源』という本によりますと，日本の新しい時制の発端は，慶応2(1866)年ということになっていますが，蘭学者の間では，医療施薬や実験の必要から「それよりは50年も60年も古い」(斎藤静『日本語に及ぼしたオランダ語の影響』)歴史がありました。

中国語の場合は，R・モリソンの《字典》(1815～1823年)ではないか，と私は考えていますが，今日のレジュメからいいますと，《洋汉合字汇》からの用例がこれに当ります。そこに，“一下钟”といういい方がありますが，これは「1回の鐘」という意味で，“钟”は時を知らせる時に打たれる「かね」のことです。徳川家康の置時計を思い出してください。ですから，これは「1時」ということになります。さきにあげた“晚上十一下一刻十二分二十秒”では，“十一下”の次には“钟”が落ちていてありませんが，これはなくてもよいのです。現代語でも要りません。そうしますと，“十一下”は「11時」ということになります。“一下钟”は“一点钟”ともいいました。R・モリソンは“一点っ钟”といっていました。“一点钟”とは「1つの鐘」という意味ですが，これは，“打一点钟”——1つ鐘を打つ——という，機械時計が機械的に行なう行為に基づいて名づけられた表わしかたでした。日本語の場合と比べてみますと，おもしろいことに気がつきます。日本語の「1時」は，時計の文字盤をみていっていたからです。

ここで，みなさんは，一寸まった，おかしいぞ，と感じておられることでしょう。そのとおりです。“一下钟”つまり“一点钟”は，《洋汉合字汇》では時刻を表わしていましたが，《语言自迩集》や《续定招工章程条约》では，時間を表わしていたのです。

ひとつの形式がふたつの異なった意味を表わすケースは，中国語では数多くありますが，この外国人用の時刻と時間の表わしかたも，その中の1つでした。ここでもう1つ，ハッキリした例をあげましょう。

《续定招工章程条约》の“九点钟”は，もうすでに申しました「9時間」のことです。ところが，陳蘭彬の《使美记略》——文字通りには『アメリカへ使いした時の概要』——での“九点钟”は，“过屋仑，始到金山正埠，时已九点钟矣”——オークランドを過ぎて，やっとサンフランシスコのふとうについた，その時はもう9時になっていた——ということですから，「9時」です。

陳蘭彬の《使美记略》をみていますと，時刻の記述のしかたに，おもしろい変化のあることがわかります。1878年，かれが天津から上海そして香港を経由して横浜につくまでは，中国人用の十二支をつかって，大まかな時を記していましたが，一旦，横浜を離れてしまいますと，外国人用のいい方にガラリ一変してしまいます。分単位の時刻も15分を越えています。「2時26分」は，“二点二十六微厘”のように記しています。蘭学者は，“minute”を“密扭笃”と音訳しましたが，かれは，“微厘”と意訳して表わしました。当時の中国人からしますと，日本は中国と同じ時の表わしかたをしている，と思っていたのかも知れません。1876年，アメリカのフィラデルフィアで行なわれた“赛珍会”——文字通りには「珍貴なものをきそいあう集まり」，万国博覧会のこと——へ出品展示の責任者として，アメリカへの途中，日本にたちよった李圭も，日本で公使を勤めた何如璋も，日本滞在中の時の表わしかたは，中国人用のものでした。

ここでもう1つの場合，つまり，中国にあって中国人の世界でない，租界での様子をみることにしましょう。

イギリスによって開かれた上海の租界は，フランス，アメリカなどが加わることで，その規模は年ごとに膨張していきました。租界は，外国人だけの世界ではなく，中国人の世界でもあったのです。1869年の《上海洋泾浜北首租界章程》——文字通りには『上海ヤンチンパン北部租界規程』——これは，フランス租界の設立を承認するものでしたが，第18項の租界運営参事会の参事推挙の項には，“第一天早十点钟起至午后三下钟，次日早十下钟至午后三下钟止”——初日の午前10時から午後3時まで，翌日午前10時から午後3時まで——とありますし，その附則の第36条の車の点灯について，では，“无论何项车具，均于日落后一点钟起至天明前一点钟止，在车上燃点明灯”——どのような乗り物であっても，すべて日没後の1時間から夜明け前の1時間まで車は明かりをつけていること——とあります。“～点钟”は，時刻と時間を表わしていましたが，特定の文脈の中にあって，誤解を生ずることはなかったのです。

そして，“～点钟”の用法は，たしかに租界で成長していったのです。今も，上海語として，“三礼拜六点钟”――文字通りには，「3週間と6時」という意味――といういい方が残っています（《简明吴方言词典》）。この特殊ないい方は，もともと，上海の租界にある花柳街に出入りする男女の仲で使われていました。嫉妬する，という意味の隠語です。3週間は「21日」ですから，「廿」「一」「日」を合成して「昔」，6時は「酉」でした，そこで，「昔」と「酉」をもう一度合わせると，“醋”となります。“醋”は，調味料の「酢」で「す」です。中国語では，嫉妬する，というのを“吃醋”――すをのむ――といいます。『井上支那語辞典』（昭和3年）には，「古来嫉妬スル女ヲ獅子ニタトフ，而シテ獅子ハ酢ヲ好ムヨリ云フト」とあります。

なお，ついでに申しそえますと，今，“三礼拜”を「3週間」といいましたが，これは，R・モリソン以来，プロテスタントが使っていた用語で，1週間を“一（个）礼拜”，日曜日を“礼拜天（日）”，月曜日を“礼拜一”，火曜日から土曜日までは，数字が1つずつ増えて，“礼拜二”から“礼拜六”のようにいいました。もともと，プロテスタントとカトリックとでは，曜日のいい方も違っていましたから，プロテンタントが使っていた用語が，上海の租界で一般化したのです。これも上海語ですが，“礼拜九”――1週7日間の9番目，ということで――そのいい方は，ありえない，そんなことにはなりません，という意味を表わしています（《简明吴方言词典》）。20世紀に入りますと，七曜を表わすいい方が何種類も新聞や雑誌で用いられますが，最後まで残っていたのが，“礼拜”と“星期”の2つでした。

余談が長くなってしまいましたが，19世紀に入ってR・モリソンがもたらした“～点钟”という時の表わしかたは，2つの意味を含みながら，中国へやって来た外国人，その外国人と生活をともにした中国人，欧米へ出使した中国人，そして租界で生活する人たちによって用いられてきました。しかし，19世紀の末期から20世紀の初頭にかけて，とりわけ，南方沿岸の大都市では，時計はもう富と地位のシンボルとしてのオモチャではなく，生活の中での必需品としての道具になっていたのです。ですから，時刻と時間との区別が，どうしても必要でした。

そこで,“～点钟”の後に“时”——とき——をつけ, あるいは“的时候”——のとき——をつけて時刻であることを補強し，“～点钟”の後に“工夫”——あいだ——をつけ，あるいは“的工夫”——のあいだ——をつけて時間であることを強調しましたが，時刻を表わすはずであった“～点钟的时候”が時間を表わすことも，ときどきありました。ジャーナリストとして有名な李伯元もその中の1人でした。かれの著わした《文明小史》という小説の第13回にこのような個所があります。“他老睡了八点钟的时候，巡捕就站了八点钟的时候，外面那个洋务局的总办，也就坐了八点钟的时候”——かれはいつも8時間ねました。ですから護衛は8時間ずっと立ったままでしたし，部屋の外では，あの交渉局の局長も8時間ずっと座ったままでした——ということで，時間を表わすいい方の1つの工夫とも考えられますが，要するに，60分単位の時間を表わすいい方は，安定していなかったのです。そこで，60分間を表わすいい方に，いろんな工夫がなされました。そして，その工夫は，いわゆる清末小説という場で展開されたのでした。

清末小説とは，清朝末期の小説ということですが，19世紀の末から20世紀の初頭にかけて，欧米や日本の例にならい，小説の社会的功用を時局に結びつけて,「民を開化させる」ために著わされた小説の総称です。内容も多方面にわたりますが，政治小説から始まりました。1902年，日本へ亡命していた梁啓超が横浜で小説専門の雑誌《新小说》を創刊しました。すると，これを契機に，中国国内で,《绣像小说》——この雑誌の主編者は，さきほどあげた李伯元でした——,《月月小说》,《小说林》などが引き続いて創刊されました。

また，清末小説といいますと，もう1つ，大きな特色があります。ライターとことばの関係です。北方出身の人もいましたが，ほとんどは南方の出身でした。それで，使われることばも，当然ながら“下江官话”の方が，北方語を圧倒していました。

清末小説で紹介された60分間を表わすいい方には，これまでにあげた“～点钟”の他に，“钟头”，“钟次”，“时辰”，“小时”，“钟点”があります。

まず，“钟头”“钟次”から入りましょう。《红楼梦》の時代の時刻法では，夜時間は特別ないい方をし，しかも“一更”の120分を南方では“更头”といい，北方では“更次”という，ということをさきに申しました。60分を表わす“钟头”“钟次”といういい方は,この120分を表わす“更头”“更次”の古い形式を借用したのだ，と私は考えています。“更”と“钟”を入れかえただけですが,“钟头”は南方で使われ，“钟次”は北方で使われました。そして，使用例の数からいいますと，南方人用の形式が圧倒的な優勢を占めました。その結果のためでしょう，“钟头”は今も現代語の中に残っていますが,“钟次”は間もなく消えさり,現代語の中にも残っていません。“钟头”“钟次”は，在来の形式を借りて，その内容を変えてしまった命名法である，といえるでしょう。120分が60分となり，昼夜の区別がなく兼用となったからです。

次いで現われた“时辰”には，近代中国語ではスッキリしない部分があります。それは，本来，これが表わしていたのは120分でした。《红楼梦》や《儒林外史》での用法です。ですから，単に，“一个时辰”―― 1つの時間――というだけでは，120分か60分かの区別がハッキリしない場合が多いからです。《苦社会》――文字通りには『つらい社会』――の第10回でのように，“一天二十四个时辰”―― 1日24時間――とあればよいわけです。しかし，その多くは《官场现形记》――文字通りには『官界の正体の記録』――で現われました。《官场现形记》では,“一个时辰”は,たしかに，60分の意味で用いられています。“一个时辰”について，クイズ番組を解くような，あるいは推理小説のナゾ解きをするような，はらはらするような長い話が第36回と第45回にあります。興味のあるかたは,どうぞご覧ください。こうしますと，“时辰”も，在来の形式を借りて,その内容を変えてしまったいい方である,といえるでしょう。この“时辰”を，現代語とのかかわりでいいますと，方言として残っています。魯迅も使っていましたし，ドラグノフは,《现代汉语语法研究》の中で，“我们天天做的八时辰的活”――わたしたちは毎日8時間仕事をしました――という用例を記録しています。

そして“小时”です。このいい方は，現代語では，特に注記の必要もないぐらいふつうのいい方として，むしろ，“～点钟”や“钟头”や“时辰”より，洗練されたムードを伝えていますが，清末小説では，他の3種が口頭語としても用いられていたのに対して，こちらは，あくまでも書面語で，地の文でだけ使われていました。同時資料の口頭語を記録したテキスト類でもないわけです。60分をなぜ“小时”というのか，という点について申しますと，おそらく，120分の表わし方を“大”にみたててのことと思います。《谈征》(1815年)という俗語を集めた本によりますと，「1日を12時に分ける。そして，各時をまたふたつに分ける。初といい，正という。これで24小時になる」，といっています。“小”とは，時間が短い，という意味なのでした。

なお，この他に“钟点”といういい方もありました。“钟点”は，「とき」という意味ですが，60分をも表わしています。“时辰”が，「とき」という意味と120分を表わしていたのと同じです。清末小説では，現代語で使うそのほとんどが，出そろっていたのです。

清朝末期の中国人にとって，時計と時刻および時間の表わしかたは，きわめて興味深い話題であり，関心事でした。とりわけ，上海の租界は，イギリス，フランス，アメリカ本国と，同時刻の世界であったからです。1881年5月，上海の《画图新报》に，「アメリカの時計売出し」の広告が掲載されていますが，その値段はアメリカでの値段と同じ，とわざわざかいてあります。これが当たり前だったのです。

清末小説のほとんどは，いわゆる“下江官话”でかかれていましたが，文語による翻訳小説にも“～点钟”は現われました。1899年，林紓——中国では，外国の小説を文語に訳した翻訳者として有名です——が，デュマ・フィスの『椿姫』を《巴黎茶花女遗事》と題して翻訳し刊行しました。中国語による題名は，文字通りには，『パリの椿姫の後日譚』となるでしょうか，この本は，当時，爆発的に売れました。その理由として，読者は，現実に見る上海の租界と，小説の中で描かれたパリの様子を，重ねていたからだと，私は考えています。随分いいかげんな翻訳ですが，原文にある時刻と時間の記述と，パリの街なみには，かれの注意は細かく行きとどいています。シャンゼリゼには，“大马路”という中国語が当てられていました。“大马路”とは，今の“南京路”の別名で，当時も今も，上海第一の大通りです。

清末小説における60分間を表わすいい方は，時報時計が時を打つ，その行為によって命名された“～点钟”が，外国人用として使用されていた頃は，時計は，中国人にとって，富と地位とのシンボルとしてのオモチャでしたが，その後，20世紀に入ると，わずか数年の内に南方の沿岸都市，とりわけ，租界で広まった“钟头”“时辰”“小时”“钟点”は，時計が，中国人にとって，生活必需品としての道具になりかけた，そのもう1つの表現である，と考えられるでしょう。“～点钟”といういい方は，外国人からもらった形式でした。しかし，中国人は，在来形式の類推から入って，でき得るかぎり摩擦を少なくし，在来の形式がもっていた内容を変えて，あくまでそれが自ら固有のものであったかのような意識を保持しながら，最後には，時報時計のメカニズムとは，およそ縁遠い“小时”や“钟点”にまで到る命名の過程は，中国人が外国文化を吸収し，自らの文化に仕上げていく時の不変のルートではないか，と私は思っております。

今日，私がお話させていただこうと思っていたことは，大体これまでですが，あともう少し，清末小説を読んでいて，時間にまつわるいい方の中で，気のついたことがらを1，2申しあげて，終りにしたいと思います。

その1。現在上海で発行されている夕刊紙の《新民晚报》からのものですが，このようないい方があります。“大学毕业，我分到市中心某局机关工作，离南京东路新华书店只有几分钟路，每星期至少去两次”——大学を卒業すると，私は市の中心部にある某局に配属され，そこで仕事をしています。南京東路にある新華書店からわずか数分の道のりしか離れていません。そこで毎週少なくとも2度は行きます——とか，“不料，走了五六分钟，再乘三轮近二十分钟才到”——ところが，5，6分歩いて，それから20分ほど三輪タクシーに乗ってやっと着きました——といった用例です。この用例のポイントは，時間で距離を表わしている，ということですが，現代語でもそう多くを見ることはできません。今，わたくしたちにとって，時間で距離を表わすことは当たり前のように思っていますし，お金でも距離を表わします。タクシーで千円，なんていいますと，みなさんは大体どのくらいの距離になるのか，見当はついているのです。

清末小説に，お金での場合はありません。時間で距離を表わすいい方にも，めったに出会うことはありませんが，何例かはあります。その少し前の19世紀の末，南洋華僑の事情を調査報告した無名氏の《南洋述偶》という本には，“计行一点钟之久，约有十五六里”——時間で計ってみると1時間行った。およそ15，6里あった——とあります。移動した時間だけで距離を表わすことに不安があったのでしょう。およそ15，6里あったというのも，何かに基づいて換算してでた数字で，その距離の長さに驚いてのいい方だと思います。『井上支那語辞典』によりますと，“一里”は576メートルです。この無名氏は馬で山道をおよそ9200メートル行ったのでした。

梁啓超の《新中国未来记》の第4回には，“这两处都只离牛庄一点钟的路程”——この2個所は2個所とも牛荘からわずか1時間の道のりしか離れていない——とありますし，羅普の《东欧女豪杰》の第20回には，“跑了二十分钟工夫，才远远望见鲁业的房子”—— 20分いきました。そうしますとやっとはるかかなたに魯業の家が目に入りました——といっています。20分いったのは，単に移動にかかった時間でしょうが，牛荘から1時間という道のりは，もうすでに予測のついた距離であったのです。

日本語の場合，明治6（1873）年の『特命全権大使米欧回覧実記』の第83巻で，「『ベルン』駅ヨリ，汽車ヲ発シ西ニ走ル／二十分時間ニテ一川ニアフ」といっていますが，久米邦武文書の原稿では，「二十分時間ニテ」のところは「二十分時行ニテ」となっていました。当時，分単位の時間で距離を表わすいい方は，まだ十分にこなれたいい方になっていなかった，ということになるでしょう。

分単位の時間を表わすいい方と，動詞との結びつきについてみますと，清末小説では，ほとんどの場合，その動詞は，一点静止を表わす動詞です。例えば，《官场现形记》でいいますと，「待つ」「休む」「寝る」「立つ」「座る」「食べる」といった動詞が，そのすべてを占めている，といってよいほどで，「行く」「走る」「歩く」といった移動を表わす動詞と結びついた用例はありません。移動と時間とは結びつくことはなかった，ということになります。しかし，中国を離れて外国で特別な経験をしたことのある人は，時間で距離を表わすいい方ができたのです。

その２はこのような例です。陳天華の《狮子吼》の第５回に，“又闻德国有一种电汽车，一分钟能走九里，一点钟走得五百四十里”——また，ドイツには電気で動く乗り物があるそうです。１分間に９里走ることができます。１時間ですと540里走れます——といいますし，《官场现形记》の第50回では，“我开的店，我店里的人被你捉了来，一点钟不放就耽误我一点钟买卖，半天不放就耽误我半天的买卖。我今番来到这里，问你要人还在其次，专为叫你赔我们的买卖来的”——わたしのやっている店で，店の者がゴッソリあなたに引っ張られてしまいましてね，１時間引っ張られましたら，わたしの商売は１時間分あがったりということになります。半日引っ張られましたら，わたしの商売は半日分あがったりということになります。わたしが，今，こちらへまいりましたのは，店の者を引きわたし願いたい，といいたいことはいいたいのですが，それは後回しです。あなたに，わたしの商売の損害賠償をするよう，いいに来ただけです——といったいい方が現われてきます。単位時間あたりの経済効果を述べるいい方は，そのまま，時間とお金とを結びつけていくことになりました。もうすでに「時は金なり」の時代に入っていたのです。

この調子でいきますと，いつまでたっても切りがつきません。このあたりで終りとさせていただきます。

近代中国における時間の表わしかた，という演題で，いろいろとまとまりのない話をさせていただきました。ありがとうございました。

清代末期における外国文化受容の一斑

——時刻法の場合——

中国で，時計が富と地位とのシンボルとして，或いは，生活必需品として，市場に登場したのは清代末期で，以来，このメカニズムが表示する特有の時刻方法と，暦法に結びついた時刻法との間で，表現形式をめぐり，急激な変化が起った。

時刻法は，暦法とともに移り変るが，清朝は，100パーセント外国仕込みの，“依西洋新法”と注記する時憲暦を採用した。その要点は，一昼夜を“九十六刻”と“十二辰刻”とに等分する——と，“一辰刻”（120分）が“八刻”のため，15分で“一刻”，30分で“二刻”，45分で“三刻”，“四刻”目の15分で次の“辰刻”に移り，各“辰刻”は“初”と“正”とに二等分される——点にあった。

“一刻”は15分で1クォーター，“一辰刻”の半分は60分で，問題は，当然，“刻”と「60分」とに絞られる。が，ここでは，とりあえず，“刻”に係る表現の中，“二刻”と“两刻”とについて，清代末期の小説・教科書から用例を求めて検討し，激変する時刻法の一面を見ることにしたい。

まず，“二刻”は文康の《儿女英雄传》（亚东图书馆）では，時点だけを表わし，時段の用例はない。

①安老爷看了看钟已待交寅正二刻（安老爺は時計を見ると，午前4時30分になろうとしています），～（24-24）

②～，听得那个钟叮当叮当打了卯初二刻（時計がチンチンと午前5時30分を打ちました）。(24-30)

③看看交了酉初二刻（やがて午後5時30分になると），～（27-34）

しかし，1899年のヴィーゲルの《汉语人门》では，時点と同時に，時段をも表わす。

④俺们是七下二刻吃后晌饭，八下三刻念晚课，九下钟睡觉（わたくしたちは7時30分に夕食をとり，8時45分に夜のお祈りをし，9時にねむりに就きます）。(938)

⑤一台弥撒有二刻的工夫（ミサは一回30分間かかります）。(938)

“两刻”の方は，1867年のウェードの《语言自迩集》や，李伯元が，1901～1905年，下江官話を基礎にして著わした《官场现形记》（人民文学出版社），《文明小史》（上海文艺出版社）で，時段だけを表わし，時点の用例はない。

⑥一点半钟就是一点钟两刻(1時間半とは1時間と2クォーターのことです)。(《语》62)

⑦又歇了两刻钟（それから30分間まつと），～（《官》96)

⑧～，约摸站了有两刻钟之久(およそ30分もの間たたずんでいました)。(《官》510)

⑨歇了两刻钟头（30分間横になっていると），～（《文》62)

この場合，時点は，必ず，“～点半（钟）”といって，現代中国語のように，“～点三十分”となることもない点は，注意が必要である。

⑩藩台道……“十二点半钟便怎样？”（藩台：「12時半がどうした」）翻译道……“一到十二点半，他们就要走了”（通訳：「12時半になると，みな帰ってしまいます」）（《官》558)

激変の勢を示す，限定された資料からの，限定された用例を検討すると，①②③④⑤の中，④⑤に，時点と時段との用法が見られるのに，①②③に時段用がないのは，国家政策には，西洋文化採用の手続が見られても，国民の生活には，西洋化がまだ深く進んでいなかった同治年間にあって，30分間という時間は，日常生活で必要なく，時点用も“二刻”の時刻しかないのは，②のように，毎時30分に時報する時計があったからと思われる。そして，

⑪那天早交二鼓，钟已打过亥正，华嬷嬷过来说道：“不早了，交了二更这半天了”（時は早くも二鼓（午後9時～11時）になり，時計はすでに午後10時を打ちますと，華嬷嬷がやって来て，遅くなりました“二更”（“二鼓”と同じ）をすぎております），～（《儿》31-10)

といった用法からも，そんな時計を気にしながら，夜には夜時間専用の表現形式という，従来の時刻法に，便利さと愛着とを感じていた様子が窺える。

その一方，④⑤，⑥⑩のように，同じ表現形式が，時点と時段との，相異なる二つの事柄を表わす現象は，中国人の言語活動に作用する，意識されない意識の，具体的な反映の一つであったが，大都市における，急速な時計の普及は，60 分間・その半分としての 30 分間の時段感覚を，形態面から，直観的に意識させ，“～点半（钟）”などの表現形式がもつ，一形式二事柄の均衡を崩し，⑦⑧⑨⑩に見られるような，時点と時段との表現形式の分業への路をひらいた。

“二刻”が，二番目の刻み目であるのに対し，“两刻”は，“一刻”の二つ分のことで，これが時段を表わすのは，時段とは，15 分目盛の延長線上にあることの，もう一つの表現であり，対応する時点が，⑩のようになるのは，60 分が，時刻更新の基準になっていることの，もう一つの表現で，これらは，現実の時計の文字板が示す通り，一昼夜は 60 分が 24 回，という意識の定着を表わしていて，一昼夜は“九十六刻十二辰刻”，という従来からの約束を，かなぐりすてている。現実の時計が，暦法の教える時刻法よりも優位に立ち，表現形式を変えていった一つの例が，ここに見られるだろう。

最後に，現代中国語との係りから，“二刻”“两刻”を見ると，現在，なお，一部の方言で，“二刻”が用いられるのは，極めて興味深いが，民族共通語としては，もう，そのいずれをも用いない。これには，中華民国になってからの改暦もさることながら，それにもまして，“刮”とも“角”とも表記された“刻”が，クォーターの音訳語であるという，強い反省があったからのことと思われる。

《红楼梦》の中の舶来品
——時計の場合——

1. “钟”と“表”

《红楼梦》では，時計のことを総称して“钟表”といい，個別には“钟”とか“表”といった。しかし，“钟”と“表”は，二つのものを指し，二つのことを表わしていた。

“钟”とは，時を告げる鐘のある自鳴鐘のことで，普通，母屋の正面の台座の上に鎮座していた。そして，屋敷内の一切の日常生活を管理する基準となって，公的な時刻を刻んでいた。第14回で王熙鳳がいうとおりである。

一方の“表”は，これを携帯する個人が，自分用の時刻を，視覚を使って確認する道具で，私的な時刻を刻んでいた。形も“钟”に比べると小さく，首からさげるようになっていた。もっとも，雍正3年9月22日，円明園の自鳴鐘処には，文字盤の直径が一尺八寸もある二本針の“表”が納められていた。“表”にも大形のものがあったのである。ちなみに，雍正帝は，この“表”の機械の部分を板壁の中にはめ込み，歯車の回転音を小さくするよう工夫をこらした。

2. 不名誉な“钟”

屋敷内で最高の権威と信頼を誇っていた“钟”が，その名誉を失墜することになるのは，これの具合がよく悪くなるからであった。

《红楼梦》を構成する主人公の一人である賈宝玉の住まい——怡紅院——では，当屋敷の下女ナンバー2の晴雯から，「このオンボロ，一体どうなってんの。また直しに出さないとダメなんだわ」（第58回），といわれる始末。こういった話は怡紅院だけでなく，円明園においても同様で，“钟”の調子はさほど立派なものではなかった。

雍正7年閏7月22日には，勤政殿，四宜堂，万字房，九洲清宴，蓮花

殿に飾りつけてあった自鳴鐘16台のぜんまい，スプリング，打ちひもはどれも傷んでいるので，みな取り替えて修理してほしい。同年10月19日には，事事如意処に飾りつけてある大自鳴鐘は，時刻が正確でないので修理するように，というありさまであった。

また，具合が悪くならないまでも，オモシロオカシクからかわれることもあった。栄国邸と因縁のある劉ばあさんが，お屋敷の帳場を取りしきる王熙鳳の部屋の柱の時計を見て，「こりゃなんちゅうオモチャかいな。なんの役にたつんやろかいな」（第6回），と独り言をいっていた。

3. 自己主張する“表”

《红楼梦》の中で，およそどれだけの人が“表”を使っていたのか，よくわからない。しかし，確かに“表”を持っていた宝玉と晴雯は，互いに心を見つめあうことのできる間柄であったし，時刻に関しても，“表”を使い同じ態度をとっていた。二人とも自分自身が携帯する“表”が指す時刻以外，どこの，誰の，どのような時計が指し示す時刻も信用していなかったからである。

宝玉の場合，第19，45，63，89の4回とも，誰かが告げてくれた時刻を，最初は信じていなかったが，あらためてもう一度自分自身の“表”を見てみることで，「やっぱり」「もうすでに」ということばと共に，告げられた時刻を再確認している。一度は突っ張ってはみるものの，最後にはいつもあきらめて受け入れていた。

ところが，晴雯の場合は，宝玉とは全く異っていた。宝玉の場合よりももっと激烈で，あきらめを付けることはなかった。自らの死の時刻と宝玉の帰宅の時刻を，自分自身の“表”に語らせている（第78回）が，いうこととやることとが見事なまでに徹底していたのである。

4. 作者と舶来品

《红楼梦》には，毛織物やガラス製品などの舶来品が数多く登場するが，これらが単に贅沢品であったのに対し，“钟”や“表”が，主要人物のイメージ作りに活用されたのは，作者が，“钟”や“表”の持つイメージを，完全なまでに把握していたからである，と思われる。

清代末期におけるパンの受容度

一

現代中国語で“面包”（パン）は，使用度も頻度も，ともに高い常用語である。《现代汉语频率词典》では，「使用度最高の8000語」の中に入っているし，「頻度最高の8000語」の中にも入っている[(1)]。今のところ，現代中国語の最も標準的な辞書である《现代汉语词典》では，

①食品，把面粉加水等调匀，发酵后烤制而成（食品，コムギ粉を水などでよくまぜあわせ，発酵させてから焼きあげたもの[(2)]）。

といって，日本語の場合，

②小麦粉を主原料にして水でこね，イーストを加えて発酵させてから焼きあげた食品[(3)]。

というのと，内容に大差はない。

中国人の伝統的な食生活は，各地で途絶えることなく守られているが，パンは，とりわけ，大都市で生活する人に人気がある。朝早く，路地の露店に並ぶパンにも顧客は集まるが，上海は華山路にあるホテルのフランスパンや，広州は沙面の外国資本と提携したホテルの“面包屋”（パン屋[(4)]）は，とても有名で，外交官や企業の駐在員，そして市民と，あらゆる人たちからの歓迎をうけて，いつも店内は顧客でにぎわっている。こうした現象は，1978年，四つの近代化が唱えられ，食事の準備時間の節約がはかられて，パン食が奨励された結果，「時は金なり」というスローガンとともに，その簡便さのゆえに広まった，という。

中国人の食生活の中で，長い歴史のある“馒头”（マントー）は，ヨーロッパにおけるパンのように，ことわざの中に登場する[(5)]。

③馒头好吃磨难挨（マントーはうまいが，粉をひくのはつらい。楽は苦の種，苦は楽の種）。

馒头有数客有数，一个葫芦一个瓢（マントーの数は客の数だけ，一つの

ひょうたんには一つのふくべ。それぞれちゃんときまっている)。

饅头有数僧有数（マントーの数は僧侶の数だけ，それぞれちゃんときまっている)。

“面包”は，まだまだマントーまでに至っていないようであるが，次の二つの用法に注目したい。一つは，

④面包车（マイクロバス，ミニバス[(6)])。

もう一つは，

⑤啃面包（みじめな食事をする)。

街にはマイクロバスが走って，観光客を運び，新聞の見出しには，

⑥江申轮乘客不再啃面包（江申号の乗客は，もう２度とみじめな食事はしない[(7)])。

のようにいう。

“面包车”とは，車体が角型の三斤棒の食パンのような形をしているので，このようにいい，“啃面包”とは，堅くなった食パンをかじるように，みじめな食事をする，という意味である。

つまり，中国語の中で，パンが，もののたとえや事柄の比喩に使われるようになっている，ということで，もちろん，現代中国語の中でも，最新の新語。パンは，中国人の生活の中で，すでに，しっかりと根付いてきている，ということである。

二

日本語のパンが，ポルトガル語を語源とすることはよく知られており，最も早いヨーロッパ系外来語の一つである。1543年，種子島に鉄砲とともに伝わった，といわれているが，中国人にとっても，「その作り方はポルトガル人から学んだもの[(8)]」で，焼きあげたパンを知る「以前は，同じ小麦の用途はといえば，菓子類を作ることだけであった[(9)]」。

食生活が極めて豊かであった16世紀は華南の中国語で，ポルトガル人から学んだそのパンを，どのようにいったのか，よくわからないが，ポルトガル語と中国語の対訳辞書で，最も早い辞書らしい辞書，J・A・ゴンサルベスの《洋汉合字汇》(1831年[(10)]) と《汉洋合字汇》(1833年[(11)]) で“PÃO”

（パン）は,

①面头。面饼（《洋汉合字汇》）。外国人から見たパンという中国語

②馒头。（《汉洋合字汇》）。中国人から見たパンという中国語

となっており,"PAEIRO"（パンを焼く人）は,

③作面头的。烧面头的（《洋汉合字汇》）。

となっていた。

つまり，当時，ポルトガル語と中国語の間で，パンには"面头""面饼""馒头"の三つのいい方があったが,"面头"だけが優勢を占めており,"面包"は収めていなかった。ところが，J・A・ゴンサルベスも参考にした，R・モリソンの《字典》(*A DICTIONARY OF THE CHINESE LANGUAGE, IN THREE PARTS.* 1815～1823)，つまり，英語と中国語の間では,"bread"は,"面头"と"面包"の二つのいい方しかなく，"面饼"と"馒头"は収めていなかった。次のとおりである。

④面头 bread made from wheat（コムギからつくったパン）。

loaf of wheat bread 面包一个（コムギから作ったパンのひとかたまり）。

a roll of bread 面头　面包（ロールパン）。

すると，アヘン戦争以前，パンを表わす中国語は全部で四つあったことになるが，最大公約数的には，パンは"面头"といった，という風に理解できるであろう。

そこで,アヘン戦争後の清代末期を,大きく二つに分けて,"面头""面饼""馒头"の他に,現代中国語でパンを表わす唯一のいい方の"面包"を加え,それぞれが，どのような関わりで用いられたのか，中国の英学に影響を与えただけでなく，わが国の英学も多大の恩恵をうけたW・H・メドハーストの　*ENGLISH AND CHINESE DICTIONARY* (12)　の原著と，中国人の鄺容階によるその増訂版本 (13) を，主な資料にしながら検討することにしたい。なお，副資料となるのは，外国人の編んだ中国語のテキストと対訳辞書で，外国人の翻訳した聖書は参考にしていない。

主な参考資料と主な検討項目を表にすると，次頁のようになる。

Aで，パンというもの，という時，"面头""馒头""面包"の三つが，この順序で並ぶが，これは，アヘン戦争以前の状況からみて，パンがどの

時期 ＼ 資料 ＼ 語彙		bread	loaf	roll
1839年 A 1857年	1847年 W. H. MEDHURST *ENGLISH AND CHINESE DICTIONARY*	面头 馒头 面包	馒头 a loaf of bread 面包一个	a roll (a bun) 馒头、面包
1857年 B 1911年	1887年（光绪丁亥）年 邹容阶 增订华英字典	面头 面包	个、团 a loaf of bread 一个面包	小馒头 a hot roll 热小馒头

A: アヘン戦争の勃発から，アロー号事件の勃発まで。この18年間に，イギリス・アメリカ・フランスなどによる外国人社会は，広州・廈門・福州・寧波・上海の条約港で作られた。そして，対中国交渉の主役は，いつもイギリスであった。

B: アロー号事件の勃発から，清朝の没落まで。とりわけ，日清戦争までの37年間に，中国は事実上端から端まで外国人に開放され，外国の権益は絶えず膨張した。プロテスタントとカトリックによる宣教活動は，大発展を遂げた。そして，対中国の交渉は，イギリス・アメリカ・フランスだけではなくなっていた。

語彙の“bread”は，パンというもの，という時のいい方で，“loaf”と“roll”は，その形と大きさをみるための語彙。そうすると，“loaf”は大型，“roll” は小型，ということになるだろう。

ようないい方をしてきたか，という歴史を示しているといえるであろう。もし，そうである，とすると，“面包”は，南京条約によって，イギリス人とともに南方沿岸の条約港に入ってきた，ことになる。今，この仮定に立って，“loaf”と“roll”をみると，古いいい方の“面头”がないのは，これが，具体的に数量や形状を示しながら，パンという時，われわれイギリス人――それは，同時にプロテスタント，ということでもある――は，すでにこのいい方を使わないが，まだ使用している人たち――例えば，カトリックのイエズス会の人たち――もいるので，そのいい方だけを，“bread”の項に残しておく，という意味だ，と思われる。

なぜか，といえば，W・H・メドハーストは，イギリスのプロテスタントであった――カトリックのイエズス会では，パンというもの，という時，“面头”と“馒头”の二つしか使わなかった。《法汉常谈》(1884年(14))でも，《法汉字汇简编》(1899年[15])でも,《汉语入门》(1899年[16])でも,3冊ともすべてそうで,例えば,《法汉常谈》では,

⑤ PAIN. ––européen. 面头。馒头(パン。––ヨーロッパの)。

のようにいう。そして,これら3冊は,すべて,*IMPRIMERIE DE LA MISSION CATHOLIQRE*(カトリック教伝道団印刷所)から刊行された。3冊の著作のとびらには,それぞれ3種類の紋様で,IHSが記されている。ところが,同じフランス人でも,イエズス会とは関係のない外交官や民間人が編んだ中国語のテキストや対訳辞書では,"PAIN"に"面包"以外,他のいい方はない。もっとも,聖餐式などで使う特殊な儀式用のパンの"hostie"(聖体のパン)は,《法汉常谈》によると,

⑥ HOSTIE. Pain azyme pour la messe. 面饼(聖体のパン。ミサのための種なしパン)。

で,《法汉字汇简编》でも,同じ記述をするが,"面饼"の前に,これがカトリック教用語であることのマークが入り,"面饼"の後に,"hostie"を音訳した"阿斯的亚"が入る。

すると,Bの"bread"の"面头"も,同じように理解するのが適当であろう,と思われる。そして,ここでAにあった"馒头"がなくなったが,"馒头"は,A以降,大きく二つに分れた。

その一つ。"馒头"は,従来通り蒸してつくった食品,ということで,外国人は,これを英語で"chinese bread[17]"とか,"native bread[18]"とか,"steamed bread"といった。例えば,《语言自迩集》〈散语四十章之十四〉の,

⑦你爱吃馒头爱吃饭

を,T・F・ウエードは,

⑧ Do you prefer bread or rice(パンとライスでは,どちらがよろしいか)?

と英訳し,"馒头"を"bread"と訳しているが,これは「焼きあげたパン」のことでなく,「ムシパン」であった。「焼きあげたパン」を,外国人は,英訳で"foreign bread",フランス語で"pain européen",中国語で"外国馒头[19]"ともいった。《语言自迩集》の英文テキストでは,

⑨ Foreign bread is generally called mien^4-pao^1, flour ball, or rolls(外

国のパンは，ふつう面包と呼ばれている，フラワー・ボール，つまりロールパンのことだ）。

といっている。

外国人でも，T・F・ウエードのような外交官は，“馒头”と“面包”を明白に区別したが，民間人，とりわけ，宣教活動に従事する*CHINA INLAND MISSION*（内地会）や，*AMERICAN PRESBYTERIAN MISSION*（長老教会派）の宣教師たちは，“面包”が「焼きあげたパン」であることは，十分に知っていたが，かれら自身，これをつくることもないので，“面包”といういい方をする必要もなかった。かれらの日常生活で，パンは「ムシパン」のことであった。なぜ「ムシパン」か，といえば，とりわけ，内地会では，宣教師にできうるかぎりの中国化を求め，内陸部に入っていくことを勧めていたからである[20]。だから，例えば，この会の宣教師，A・グレインガーの《西蜀方言》（1900年[21]）で，“bread”は，

⑩包子 steamed bread（パオズ　ムシパン）。
馒头 steamed bread（マントー　ムシパン）。
馍馍 steamed bread（モーモ　ムシパン）。

で，同様に，F・W・ボーラーの《英华合璧》（1894年[22]）でも，英語の“foreign bread”は，中国語で“面包”と記すが，単に“bread”なら“馒头”と“馍馍”。長老教会派のW・C・マティアーの編んだ名著《官话类编》（1898年[23]）でも，“bread”は“馒头”か“馍馍”で，“面包”は収められていない。しかし，“馒头”は，「焼きあげたパン」のことでもあった。

⑪馒头，bread——always steamed by the Chinese, but in foreign families the term is used of baked bread（マントー，パン——中国人にはいつでも蒸してつくったもの，であるが，外国人の家庭では，これを焼きあげたパンの意味で使っている[24]）。

《英华合璧》で，“馒头店”が“baker's shop”となっているのも，これで納得がいく。つまり，“馒头”は，外国人からすれば，「ムシパン」であり，「焼きあげたパン」でもあった。

なお，カトリックの場合と同様に，プロテスタントにも，聖餐式で使う特殊な儀式用のパン，“wafer”（“圣饼”）がある。《英华合璧》によると，

“圣饼”は，“饼”となったり“馒头”ともなった。

⑫为什么吃饼喝酒呢。饼可比耶稣的身体，酒可比他的血(一体どうして，パンを食べたりブドウ酒を飲んだりするのですか。そのパンは，イエスの肉にたとえられ，そのブドウ酒は，イエスの血にたとえられるのです[25])。

⑬你们吃圣餐也两路吗。两路。天主教只许人吃一片馒头，不许吃酒饼两样（あなたがたは，聖餐式のやり方も違っているのですか。違っています。カトリック教では，ひと切れの聖餅がいただけるだけです。ブドウ酒とパンの2種をいただくことは，禁じられております[26]）。

「焼きあげたパン」という意味で，“馒头”は，カトリックのイエズス会などで用いられるほか，プロテスタントによって，とりわけ，下江官話と呉方言で，安定して用いられるようになった。

現在も，平湖などで「焼きあげたパン」の“面包”を，“馒头”というが[27]，上海が，イギリスのために開かれて15年目の1858年，イギリス人エバンズは，ここで初めて，パン・ケーキ・キャンデー・サイダーなどを製造販売した。屋号を，“埃凡馒头店”（“エバンズのパン屋”）といった[28]，という。

カトリックの人たちが使う“馒头”は，さきにあげたので，ここでは，プロテスタントの人たちのつかった“馒头”をあげよう[29]。

⑭我母亲给我们各人一片馒头和一碗牛奶（わたしのお母さんは，わたしたち一人ひとりに，1枚のパンと1杯のミルクをくれました。）

你看那馒头，谁可以吃，我听说就往桌子上看，见有几个大馒头都烤糊了，差不多吃不得（あのパンをみてごらんなさい，誰も食べられないでしょう。そこでわたしはテーブルをみますと，大きなパンがいくつも，黒コゲになっています。とても食べられるようなものではありません）。

母亲说，你光说会子可惜，难道这馒头就变好了不成，等晚上你要吃又黑又苦的东西，那是更可惜呢（お母さんはいいました。お前は惜しい惜しいといっているけれど，そんなこといっているだけで，このパンが変わりますか。晩になって，黒コゲで炭みたいのを食べなくてはならぬことの方が，もっとくやしいのよ）。

そして，F･L･H･ポットも *LESSONS IN THE SHANGHAI DIALECT*（1907

年[30]）で，“馒头”を使った。

⑮ a loaf of bread 一个馒头（1斤の食パン）。

a piece of bread 一块馒头（1枚の食パン）。

a slice of bread 一片馒头（ひと切れの食パン）。

馒头拨拉小团吃脱哉（パンはむすこに食べられてしまった）。

馒头请侬切开来拨一块拉我吃（食パンを1枚切ってわたしに食べさせてください）。

外国人吃饭个晨光欢喜吃馒头（外国人は食事の時，パンを食べるのがすきです）。

石头是硬个，馒头是软个（石は硬い，パンは軟かい）。

第个馒头担到火炕边头去烘烘（このパンを，ストーブの火格子のそばにもっていって，ちょっと焼きなさい）。

搨点乳油拉馒头上盖末好吃点（食パンにバターをのばしてぬるとおいしい）。

宗教と関係のない，民間の，篤学の士，陳天麒は，1895年，江南で，日本語の入門書である《东语入门》を著わし，その中で，中国語の“馒头”は日本語でパンという，といった[31]。

⑯馒头　泼阿痕　発音は「パアン」

　　　　パン

“面饼”も使用されたが，その用例は非常に少なかった。

⑰是者，今朝，面饼，要用奶油来熯否（ハイ，今日，食パンはバターをつけて焼きましょうか[32]）。

この例文は，明治15（1882）年，呉啓太と鄭永邦による《官话指南》〈使令通话〉第3章の，“是，今儿个面包抹上黄油包么”を，上海語に反訳した個所である。これよりももう少し早く，1870年代には，“面饼”は“面饼干”となって，“biscuit”と英訳されていた[33]。

⑱面粉面饼各等外国食物皆准免税。

Flour, bread and all kind of foreign provisions are free of duty（コムギ粉，パンそして各種外国の食料食品は，すべて免税とする）。

しかし，この“bread”は，《英华大词典》[34]でいう“硬饼干”（乾パン）のことで，この例文は，1858年11月8日，咸豊8年10月3日，上海でイギリスとの間で締結された，〈通商章程善后条约：海关税则〉第2条を，敷衍したものであった。その個所は，

⑲1．凡有金银、外国各等银钱、面粟、米粉、砂谷米、面饼、熟肉、熟菜，……，皆准免税（1．およそ，金塊と銀塊・外国の各種硬貨・コムギ粉・ひき割りとうもろこし・サゴ・ビスケット・肉のかん詰め・野菜のかん詰め……は，すべて免税とする）。

で，これに対応する英語文は[35]，

⑳Gold and Silver Bullion, Foreign Coins, Flour, Indian Meal, Sago, Biscuit, Preserved Meats and Vegetables, ...
The above pay no Import or Export Duty, ...

となっていた。外交文書で“面饼”はビスケットのことであったのである。

乾パンがビスケットになるのは，これが小さく堅く焼いたビスケット状のコムギ粉でつくった製品であったからであろう。また，“面饼”は，英語で“breakfast”のことでもあった[36]。そういえば，⑰の“面饼”は，文意からいっても朝食という場での会話である。

次に，Aの“loaf”と“roll”をみると，(1)両方に“馒头”と“面包”の二つがあって，(2)形状と大きさからみる“loaf”に記す“面包一个”の“个”は，特徴のない助数詞で，(3)Aの“roll”には，Bの“roll”のように，“馒头”の前に“小”（小型の）という形容詞もない。すると，(1)(2)(3)の3点から，Aでの“馒头”と“面包”の間には，形状と大きさの違いはない，といえるだろう。そして，“面头”の形状と大きさは，どうなのか，といえば，“面头”は今も閩南語で，“馒头”の同義語として用いられ[37]，

㉑一种用发酵的面粉蒸成的食品，一般上圆下平，没有馅儿（発酵させたコムギ粉を蒸してつくった食品，ふつう上は丸く下は平らで，アンは入っていない）。

という。方言に残った結果，焼きあげると蒸してつくるの違いはできたが，形状と大きさは，容易に察しがつく。

要するに，Aの時期とアヘン戦争の以前にあって，パンといえば，あ

る一定の形状と大きさが，大体きまっていた，ことになるだろう。いろんな呼び方があったと思われるが，ここで，とりあえず，3種類のパンが推測できる。

最初の一つは現在も呉方言に残る“罗宋面包[38]”。このパンには，形状と大きさと味に，大きな特色があった。《简明吴方言词典》によると，

㉒一种两头尖象梭子形状的面包，味微咸（両端がとんがって，ひのような形をしているパンで，すこし塩味）。

という。この説明によるパンは，わが国の横浜で最初に広まった「小形のかつおぶし型のフランスパン[39]」と，そっくりだ。フランスパンだから，もちろん，塩味。そして，残る二つは，イギリス人のW・H・メドハースト自身のあげるロールパンとバンズで，ともに，イギリスを代表する小型のパン。この3種はともに，小型で大型でない点がおもしろい。安達巖の『パン食文化と日本人』によると，

㉓イギリスの小麦はフランスと同じく軟質であって，いわゆる薄力粉が中心であるが，その風味はよい。日本の小麦も軟質が大部分だが風味はよい。しかし軟質小麦で大型パンはつくれない。だからイギリスのパンも昔は小型のバンズが中心であった。[40]

と，いっている。

Bの“bread”の“面头”について，その見方はすでに述べた。すると，この時期で問題になるのは，次の二点であろう。一つは，いい方として，“面包”が優勢を占め，ほぼ唯一の形式になること。そして，もう一つは，形状と大きさからいって，小型から大型への変化で，“面包”といえば，まず，食パンのこと。そして，各種焼きあげた大小いろいろなパンを総称して，“面包”というようになる，という過程である。

その一。鄺容階による，W・H・メドハーストの *ENGLISH AND CHINESE DICTIONARY* 増訂版の特色は，もちろん，その本文にもあるが，それ以上に，附録の“杂字撮要”（日常用語の要点）と，“语言文字合璧”（中国語と英語の比較対照）にある。それは，ちょうど，J・ドゥーリトルの《英华萃林韵府》（1872年）のVOL. Ⅱや，W・ロプシャイドの

ENGLISH AND CHINESE DICTIONARY（1866年～1869年）を訂増した，井上哲次郎の『訂増英華字典』（明治16（1883）年～17（1884）年）のように，時の経過とともに増えつづける新しい情報や知識は，附録こそ，これを収めるのに，最もふさわしい場所であった，からである。

そこで，その本文と附録から，パンに関するものを集めてみると，まず本文からは，

㉔ bake house 面包铺（パン屋）
baker 局面包人（パンを焼く人）
barley bread 大麦面包（大麦でつくったパン）
oven 面包炉（オーブン）
sandwich 两块面包内搽牛乳油及夹火腿一片
（2枚の食パンの内側にバターをぬり，ハムをひと切れはさんだもの）
a slice of bread 一块面包（1枚の食パン）

など。そして，附録からは，

㉕ 面包 bread（パン。食パン）。
面包牛奶油 bread and butter（バターつきのパン）。
面包牛奶饼 bread and cheese（チーズつきのパン）。
炕面包 or 多市 toast（トースト）。
牛肉面包 beef sandwich（ビーフ入りサンドイッチ）。
火腿面包 ham sandwich（ハム入りサンドイッチ）。
小麦面包 rye bread（ライ麦でつくったパン）。
粟米粉面包 corn bread（とうもろこしパン）。
用不去麦皮之面粉所做面包 graham bread（全麦粉でつくったパン）。
姜饼 ginger bread（ショーガ風味のケーキ）。

など。ということで，パンとケーキが同列に並ぶが，わが国においても，西川如見の『長崎夜話草』では附録の「長崎土産物」で，南蛮菓子のいろいろの中に，「ビスカウト」と「パン」も入り，『上海繁昌記』巻二では，上海の著名なレストランが，それぞれ自慢の品を紹介する中に，“馍馍”もあって，藤堂良駿はこれにパンとふりがなをつけていた。

㉖庆兴楼　各式馍馍　パンシナジナ

泰和馆　馍馍　パン

今，ケーキ類につけられたものを除くと，“面包”の外に，“bread”を表わすいい方はなく，方言においても，呉語における“罗宋面包”，広東語においても，井上哲次郎の『訂増英華字典』“get”の項の，

㉗ We got bread and wine. 我的得面包共酒（わたしたちは，パンとブドウ酒をいただいた）。

のように，“面包”であった。

その“面包”が，大型になってくるのがこの時期で，“roll”には，“馒头”しかないが，これに“小”（小型の）という形容詞がつく。“loaf”からみると，“roll”側の一方的な小型化の表明になるが，“loaf”と比べると小さい，ということで，“loaf”は，すでに文字通りに大型化していたのである。

また，鄒容階は，“bun”を“馒头饼”といっていることからも，大型と小型で“面包”を使うか“馒头”を使うか，そのいい方を意識的に分けようとしていたものと思われる。ともかく，大小を区別しようとする意識は感じとれるようになっていた。

一方，“面包”を使わない人たちにとっても，“馒头”のかさは，確実にふえていた。例えば二の⑭⑮，そして，L・ウィガー《汉语入门》の，

㉘给了他一大块馒头，他还嫌少（かれに大きく切ったパンを１枚やったのに，かれは，まだ少ないと不満である）。

などから，容易にその形状と大きさが推測できるだろう。そのわけは，“片”とか“块”という助数詞を使っているからで，“一片馒头”とか“一块馒头”とは，山型か角型の食パン，もしくは，まんじゅうの形をした大型のパンを，うすく切った１枚のことをいう，からである。

“面包”の場合，事情はもっと明白で，二の㉔にはサンドイッチ，その㉕には，ハム入りサンドイッチ，ビーフ入りサンドイッチとトーストがある。ふつう，角型のパンはサンドイッチ用に，山型の食パンはトースト用につくられたからである。

食パンが，時代の最先端を行く食品になると，一国を代表する外交官がこれを見逃す筈がない。わが国の外交官も北京へ行くと，朝食はトーストであった。朝食に出すゆでタマゴをつくる究極の時間について，外国人の

間で大論争があったが，フランスの外交官は，トーストの分厚さに，とても気をつかった。

㉙面包切的不要这么厚（食パンは，こんなに分厚く切ってはいけない[41]）。

こういった，三斤棒の山型か角型の食パンの出現を可能にしたのが，1846年の穀物法の撤廃で，カナダ，アメリカから，良質で安い硬質小麦が大量にイギリス本国にもち込まれ，その結果，コムギ粉は一挙に値下りし，パンは，薄力粉をつかった小型から，強力粉をつかった大型へと，急速にかわっていった，のである[42]。

外国人の資料からみた“面头”“面饼”“馒头”“面包”の関わりは，大体以上のとおりである。そこで，これまでに検討してきたことがらを，簡単にまとめると，下のようになる。

“面头”“面饼”“馒头”“面包”の使用状況

いい方	アヘン戦争以前	アヘン戦争以後 A		アヘン戦争以後 B	
		C	P	C	P
面　头	○	△→○	×	○	×
面　饼	○	△→○	?	○	?
馒　头	○	△→○	○	○	○
面　包	○	△→×	○	×	○

A・Bはアヘン戦争後の２つの時期。
C・Pはカトリックとプロテスタントを示す。
○は使用。　×は未使用。　△は推測。　？は不明。

形の大小

いい方	アヘン戦争以前	アヘン戦争以後 A	アヘン戦争以後 B
面　头	小	小	小
面　饼	小	小	小・大
馒　头	小	小	大
面　包	小	小	大

主食用のパンと儀式用のパン

CATHOLIQUE		PROTESTANT	
主食用	儀式用 hostie	主食用	儀式用 wafer
面　头 馒　头	面　饼	面　包 馒　头	馒　头 饼

三

それでは，清代の末期に中国人は，これらパンの諸相をどのように受けとめていたのであろうか。

1860 年，北京条約によって宣教の自由が認められると，儀式用のパンは，宣教師とともに南方の沿岸都市から一挙に北上し，同時に内陸の各地へと入っていった。この時の主食用のパンについては，よくわからない。おそらく，本格的につくられたのは，これより少し遅れて，各地で入信者も増えて，教会堂も建ち，学校が経営され，慈善事業が行われるようになってからのことと思われる。この部分は，将来，各種の資料によって，明確にされなければならないところでもある。

ところが，この少し前，通商のために開かれた条約港で，パンは，まったく新しい展開をしていた。イギリス人でもアメリカ人でもフランス人でも，ここで生活することになった新しい住人の主食はパンであったし，当然，儀式用のパンも必要になった。この需要を満たすため，各国は，二⑲のように免税で輸入したコムギ粉で，このパンをつくった。どのくらいの数が必要になったかというと，1865 年の上海の場合，「租界の居留民が 3750 名，陸海軍に属する人びとが 2830 名であった(43)」。租界には，この外，外国人に比べて圧倒的多数を占める中国人がいたので，パンを食べる人口は，もう少し多くなるだろう。

儀式用のパンは，租界では，居留民や軍隊と中国人の入信者のためにつくられ，内陸の町では，中国人のためにつくられた。だから，“面饼”“馒头”“饼”は，外国人によって中国人のために用意された，儀式用のパンを表わすいい方，ということになるだろう。これらは，中国人が自ら求めてつくったことばではなく，外国人と関係をもたなければならなくなったことによって，外国人から与えられたことばであった。恩恵を与えた側の話は，“吃洋教者”(外国の宗教によって生活する人)の話として，いくつもあるが，恩恵を受けた方の話は，ほとんど残っていない。

一方，主食用のパンは，まず，租界で生活する居留民や駐屯する軍隊のためにつくられた。だから，例えば買弁のように，外国人と非常に深い関係をもつために，租界でパンを食べるひと握りの中国人からすると，外国人のお相伴にあずかるようであった，とはいっても，“面头”“馒头”“面包”は，かれらと外国人には，主食用のパンを表わすいい方ではあった。しかし，その数からいって，比較にならないほど多くの，日常生活で外国人と直接に関係のない中国人には，パンは，外国人がふつうに食べる高価な食べ物，という以外の何物でもなかった，と思われる。

そのわけは，アヘン戦争以後のおよそ100年間，中国人の，焼きあげた主食用のパンに対する見方と感じ方は，大体，一貫していて，変っていなかった，からである。

1872年，S・W・ウィリアムズは，中国滞在43年に及ぶ見聞をもとに，中国語で《中国总论》，英語で *THE MIDDLE KINGDOM* という大著をまとめた。この中で，中国人の食生活を事こまかに述べて，コムギ粉でつくる食品をいろいろと紹介しているが，焼きあげてパンにすることはなかった，という。

① Wheat flour is boiled into cakes, dumplings, and other articles,but not baked into bread（コムギ粉は，ゆでて，ケーキ，ダンプリング，と，他にもいろいろつくるが，焼きあげてパンにすることはなかった(44)）。

1908年，御幡雅文は，中国語のテキスト《華語跬歩》を増訂した。その増訂された部分に，

②有面包的地方就是外国人能到的地方（パンのある所とは，つまり，外国人の行ける所なのだ(45)）。

という個所があった。これによると，清代の末期，パンは，外国人の旅行開放区を決定する要素の一つになっていた，のである。

1926年から1927年にかけての北京での話。コムギ粉をどのように使っているか，という調査で，マントーには，よく使っているが，パンに使うことはほとんどなく，使っていたとしても，それは，経済的に余裕のある家族に限られていた，という。

③ Baked yeast bread, mien-pao, is little used, and then only ewell-to-do families. Man t'ou, or steamed bread, is more generally used（焼きあげたパンの面包には，ほとんど用いられていない。用いられている場合

は，暮らしむきが楽な家庭に限られていた。マントー，つまり，ムシパンはより広く用いられていた[46]）。

1936年1月，中華民国が成立しておよそ25年，中国で最初の話しことばの綜合的な辞典《国语辞典》の第一冊が，商務印書館から刊行された。当時が観察できる有力な参考資料の1つである。ここで，“面包”は

④西洋人普通食品，有白黄黒各种，大都以麦粉发酵制成（欧米人のふつうの食品，白，黄色，黒の各種があり，大体はコムギ粉を発酵させてつくる）。

となっていた。とにかく，パンは欧米人の食べ物である，と思われていた。とはいっても，これを無視したり傍観することに始終していたわけでもなかった。パンと中国人の関わりには，いくつかの条件があっただけである。経済的に余裕のあること，が一つ。そしてもう一つは，欧米の文化に親しんでいること，であった。

1936年1月，魯迅の歴史小説《故事新编》が，上海文化生活出版社から出版された。《国语辞典》の第1冊と，同年同月であったのは，偶然の一致である。この中に，わずか2ヵ月ほど前に書き上げた＜理水＞が入っていた。魯迅はここで，大洪水に見舞われた文化山の様子を，劇画的に描いて，この山の住人を，パンを食べる人，パンも食べるが焼ソバの好きな人，木の葉と木の皮と水苔を食べる人の3種類に分けた。

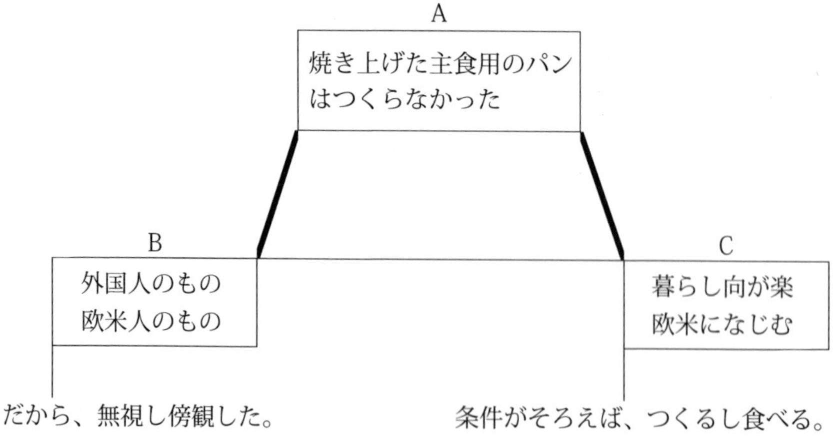

A
焼き上げた主食用のパンはつくらなかった
B
外国人のもの
欧米人のもの
C
暮らし向が楽
欧米になじむ
だから、無視し傍観した。
条件がそろえば、つくるし食べる。

文化山でパンを食べるのは，この山に集まる多くの学者。もちろん英語はペラペラで，中でも目立つのが，ステッキをもった学者と洪水の状況を調査のために派遣されてきた政府の高官であった。パンも食べるが焼ソバの好きなのは，学者の中でも，中華の古代史を研究する鳥頭先生で，濃い茶色の長い上衣を着た紳士も，おそらく，同じ仲間と思われる。そして，木の葉と木の皮と水苔を食べるのは，文化山で田舎者と呼ばれている下民であった。

康徳７(1940)年の満洲事情案内所による『満商招牌考』は，旧満洲国における看板を分析的に研究しているが，この中で，

⑤面は普通の菓子と異なり主として外国人の需要に供するものである。

といっていた(47)。

以上６冊の見方と受け止める方を，簡単な図にすると，左頁下のようになるだろう。

中国人が主食用のパンを見て，その感じ方を二つに分けた最大の根拠は，一体どこにあったのであろうか。

まず，材料が同じコムギ粉のマントーがあったからだ，と思われる。蒸してつくる方が経済的で，含水量も多く，中国人の口に合っていたのであろう。

また，焼きあげたパンは，所詮，マントーに少し手を加えた改良品ぐらいにしかすぎず，この手のものなら，昔からいろいろと種類もあって，想像さえつかないものでなかったからである，と思われる。

明代末期から清代初期にかけての人，屈大均は，広州でオランダ船を見学した時の驚きを，《广东新语》で，いろんな視点から誇らしげに述べているが，船上での食べ物について，

⑥贺兰舶亦尝至广州。予得登焉。……。金皆以苏合油煎烙。曼头牛腒。皆度色金黄乃食（オランダ船は広州にも来たことがあった。自分はこれに上船することができた。……。食べ物はすべてステラックス・オイルでいためたり焼いたりする。パンや牛のすね肉は，みなこんがりと黄金色に焼きあがったところで食べる(48)）。

といっている。

“曼头”はマントーぐらいの大きさのパンであったであろう。屈大均が見た途端，直観的に判断したいい方であったのかも知れないが，もしかすると，16世紀の半ばから，この地方に伝わっていた，焼きあげたパンを表わすいい方であった，のかも知れない。

屈大均の誕生から，およそ300年，中国人のパンに対する見方と受け止め方は，あまり変わっていなかった，のである。

〔注〕

(1) 北京语言学院语言教学研究所编　北京语言学院出版社　1985年。

(2) 中国社会科学院语言研究所词典编辑室编　商务印书馆　1976年。

(3) 西尾実　岩淵悦太郎　水谷静夫編『岩波国語辞典　第二版』岩波書店　1973年。

(4) 乔砚农《广州话语词的研究》华侨语文出版社　1966年。

(5)《俗谚　中　中国谚语总汇　汉族卷》中国民间文艺出版社　1983年。

(6) 钱乃荣《上海方言俚语》上海社会科学院出版社 1989年 によると，上海語であるという。

(7)《新民晚报》1990年8月25日

(8) ガスパール・クルス著　日埜博司訳『十六世紀華南事物誌』明石書店　1987年185頁。

(9) 同上

(10) *DICCIONARIO PORTUGUEZ-CHINA*, NO ESTILO VULGAR MANDARIM E CLASSICO GERAL.IMPRESSO COM LICENCA REGIA NO REAL COLLEGIO DE S. JOSE MACAO.1831

(11) *DICCIONARIO CHINA-PORTUGUEZ*. IMRESSO COM LICENCA RERIA NO REAL COLLEGIO DE S.JOSE MACAO 1833.

(12) SHANGHAE: PRINTED AT THE MISSION PRESS. 1847.

(13) 光緒丁亥（1886）年胡福英による増訂華英字典集成序がつく。

(14) *DICTIONNAIRE FRANÇAIS-CHINOIS*, CONTENANT LES EXPRESSIONS LES PLUS USITÉES DE LA LANGUE MANDARINE. PAR LE P. SÉRAPHIN COUVREUR S. J., HOKIEN FOU IMPRIMERIE DE LA MISSION

CATHOLIQUE. 1884

(15) *PETIT DITIONNAIRE FRANÇAIS-CHINOIS*. PAR LE P. A. DEBESSE S.J.(华克诚) CHANG-HAI IMPRIMERIE DE LA MISSION CATHOLIQUE 1908.

(16) A.M.D.G. PARLER ET STYLE CHINOIS RUDIMENTS. PAR LE P. LÉON WIEGER S. J. 河间府 IMPRIMERIE DE LA MISSION CATHOLIQUE 1899.

(17)《语言自迩集》第二版

(18) 井上哲次郎増訂『訂増英華字典』。

(19) 御幡雅文『滬語便商』に，“我就要外国馒头塔之牛奶油”とあり，『滬語便商総訳』(文求堂　明治41年）で，私ハ只ダ麵麭トバタトヲ貰ハフ，という。

(20) 顾长声《传教士与近代中国》上海人民出版社　1981年　117頁

(21) *WESTERN MANDRIN, OR THE SPOKEN LANGUAGE OF WESTERN CHINA*; WITH SYLLABIC AND ENGLISH INDEXES. SHANGHAI: AMERICAN PRESBYTERIAN PRESS. 1900.

(22) *MANDARIN PRIMER*, PREPARED FOR THE USE OF JUNIOR MEMBERS OF THE CHINA INLAND MISSION. SHANGHAI: CHINA INLAND MISSION AND AMERICAN PRESBY TERIAN MISSION PRESS. 1894

(23) *A COURSE OF MANDARIN LESSONS*, BASED ON IDIOM. AMERICAN PRESBYTERIAN PRESS.

(24) 同上。

(25) But why eat bread and drink wine? The bread may be compared to the body of Jesus; the wine to His blood. p.218.

(26) In celebrating the Lord's Supper is your practice different? It is. The Roman church forbids the people to partake of both wine and bread, only allowing them to eat water. p.222

(27)《简明吴方言词典》　上海辞书出版社　1986年。

(28) 刘惠吾编著《上海近代史》 华东师范大学出版社　1985年　206頁。

(29)《闺娜传》上海画图新报馆藏板　中国圣教书会　光绪10(1884)年。

(30) SHANGHAI: PRINTED AT THE AMERICAN PRESBYTERIAN MISSION PRESS 1907.

(31) 海塩陳氏石印　光緒乙未六月

(32) 上海土山湾慈母堂第二次印　1908年。

(33)《英华萃林韵府》 1872年　VOL.I.p39。

(34) 商务印书馆　1980年。

(35) TREATIES, CONVENTIONS, ETC., BETWEEN CHINA AND FOREIGN STATES. SHANGHAI: PUBLISHED AT THE STATISTICAL DEPARTMENT OF THE INSPECTORATE GENERAL OF CUSTOMS. 1917.

(36) (33) と同じ資料 VOL. II. p276。

(37) 厦门大学中国语言文学研究所汉语方言研究室主编《普通话闽南方言词典》(海外版) 生活・读书・新知三联书店香港分店 1982年。

(38) (27) と同じ。

(39)『パン食文化と日本人』新泉社　1985年。

(40) 同上。

(41)《京话指南》COURS ÉCLECTIQUE GRADUEL ET PRATIQUE LANGUE CHINDISE PARLÉE. C.IMBAULT-HUART. PARIS ERNEST LEROUX. 1888.

(42) (39) と同じ。

(43) ハウクス・ポット著　帆足計　濱谷満雄共訳『上海の歴史』 白揚社　昭和15年。122頁。

(44) VOLUME I. p. 772. NEW YORK CHARLES SCRIBNER'S SONS. 1901.

(45)『増訂華語跬歩』 文求堂書局　明治41年　56頁。

(46) HOW CHINESE FAMILIES LIVE IN PEIPING SIDNEY D.GAMBLE FUNK & WAGNALLS COMPANY NEWYORK AND LONDON 1933. P.84.

(47) 滿洲事情案内所。

(48) 清代史料笔记丛刊　中华书局　1985年　482頁。

パンと中国人

パンの普及

中国人の伝統的な食生活のパターンは各地でがんこに守られているが，パンは大都市で生活する人たちにとって人気ある食品になった。1978年，四つの近代化が唱えられると，食事を準備する時間を節約するためにパン食が奨励されたからである。そして，「時は金なり」のスローガンとともにパン食人口も急激に増えたのだという。

路地裏で店を張った露天のパン屋の店先に，朝早くから町内の定客が集まっている風景によく出会う。朝食にパンがとり入れられたのは，その簡便さのゆえであったといえるだろう。

こういうわけで，パンはもののたとえに用いられるようになった。マイクロバスを“面包车”というのは，車体が角型三斤棒の食パンに似ているからであり，みじめな食事をすることを“啃面包”というのは，堅くなった食パンをかじるのに似ているからである。もちろん，これらは最新の新語であって，パンは大都市に住む人たちの中で，しっかりと根付いてきているという証明である。

パンはポルトガル人から

ヨーロッパ最初の中国専著であるポルトガルのドミニコ会士ガスパール・ダ・クルスの『十六世紀華南事物誌』（日埜博司訳　明石書店）によると，「この国の主食は米であるし／非常に良質な小麦も大量にある。これで彼らは実においしいパンを作る。その作り方はポルトガル人から学んだ。以前は，同じ小麦の用途はといえば，菓子類を作るだけであった。」といっている。このポルトガル人から学んだおいしいパンを当時どのようにいったのか，今のところまだ不明である。しかし，16世紀の後半にパンが主食用として米飯と共存していたとすれば，中国人の食生活のパターンは歴史的にいっても根本的な見直しが必要だろう。パンと副食物の組みあわせと，米飯と副食物の組みあわせの関係が問題になるからである。

ヨーロッパ人のパンと中国人のパン

ポルトガル語と中国語の対訳辞書で最も早い辞書らしい辞書は，ポルトガルのラザリスト伝道会のJ・A・ゴンサルベスによる①ポ中辞書に当る《洋汉合字汇》(1831年) と②中ポ辞書に当る《汉洋合字汇》(1833年) の2冊であるが，パンは①では“面头”“面饼”，②では“馒头”となっていた。ポルトガル語を使う人からパンは①のようにいうが，中国語を使う人からパンは②のようにいうということで，ポ中辞書と中ポ辞書の間で語彙が違っていたのである。

ヨーロッパ人のいうパンを中国人はどのように見ていたのか，そのいい方を歴史的に並べると，次のようになる (聖書は不問)。

明代末期から清代初期にかけての知識人屈大均は広州でオランダ船を見学した時の驚きを《广东新语》で事細かに述べているが，船上での食べ物について，“贺兰舶亦尝至广州。予得登焉／食皆以苏合油煎烙。曼头牛臑。皆度色金黄乃食”(オランダ船は広州にも来たことがあった。自分はこれに上船することができた／食べ物はすべてステラックス・オイルでいためたり焼いたりする。パンや牛のすね肉は，みなこんがりと黄金色に焼きあがったところで食べる)。といっている。屈大均はオランダ船で焼いていたパンを見て，“曼头”といい，1843年，R・トムは中国人用の漢英対訳語彙集 *CHINESE AND ENGLISH VOCABULARY* を広東で編んだが，パンに対応していたのは“馒头”であった。中華民国が成立して25年目の1936年，当時の北京の市民の語感を記録した商務印書館からの《标准语大辞典》では，“面包”は“西洋式的馒头”(西洋式のマントー) となっていた。そして，浙江省嘉興市の平湖県などでは今も“面包”のことを“馒头”という (《简明吴方言词典》) という。わずか5冊の著作からではあるが，最初から最後までその間およそ3世紀にわたり，ヨーロッパ人の意識するパンを中国人は一貫して“馒头”といい続けてきたのである。

パンと“面包”

中国でもパンはキリスト教と同時に入ってきた。しかし，カトリックとプロテスタントではパンのいい方に違いがあった。カトリックでは主食用のパンを“面头”“馒头”といい儀式用のパンを“面饼”といった。一方のプロテスタントは主食用のパンを“面包”“馒头”といい儀式用のパンを“馒头”“饼”といった。主食用のパンの“馒头”をともに後においたのは，中国人のいい方を意識して，自らが作った食べ物の語彙を優先したかったからである。また，プロテスタントが使う主食用のパンを表わす“面包”が宗教界の対立をこえ方言の枠を破り，パンといえば“面包”となる契機は，アロー号事件の勃発であった。なお，日本語でもパンを「麵包」といったが，これは明治期に英漢字典からとり入れた語彙であった。

中国語表現論ノート

一　はじめに

ことばと絵画との関係で,〈诗中有画〉〈画中有诗〉とは, 文芸批評における, 描写の如実さをたたえることばであるが, 漢字とは,「マンガ」[1]のようなものであり, 中国語とは,「紙しばい」[2]のようなものである, ともいわれている。

しかし, この譬喩は, 中国語のような概念語が, 何によって表記され, それがどのように時間の線上に排列されるかを一元論として理解しようとする時, いとも簡潔に, その特色をのべている, といえるだろう。

なぜならば,「マンガ」といい,「紙しばい」といい, この二つの譬喩に共通するのは, 可視的に素描するという点であり, 絵画という特色から, それは状態化されたものとして, 認識されていることを表わしている, といえるからである。

そこで, ことばが, 対象を認識する一つの手段であるとすれば, 中国人にとって, 中国語とは, 対象を, 可視的で状態化されたものとして, 認識していく方法のことである, と考えられる。

いま, 可視的で状態化されたものとして認識するいろんな方法を, 表現ということばでおきかえると, どのような表現であれば, 中国人は, 対象を, 可視的で状態化されたものとして認識するのか, そして, それら各表現間での関係は、どのように理解されるのか, という問題がでてくるだろう。

小稿では, 以上の二点について,〈革命现代舞剧红色娘子军连环画（初稿）〉[3]を資料として, その一斑を求めて, 初歩的な検討を試みたい。

なお, 資料に用いる文章は,〈连环画（えものがたり）〉という特殊性から,「絵の説明という性格をもつと同時に, 絵を構成する基礎ともなっている。つまり, 絵があって文があるわけでもないし, また文があって絵があるというものでもない。絵と文とがみごとに統合されている」[4]性格をもつ。この考察を進めるにあたり，好都合のテキストである，といえるだろう。

二　検討

中国人は，どのような時，どのような条件があれば，対象を，状態化したものとして認識するのだろうか。

わたくしは，その条件を，大むね，次の三点に焦点をしぼり，考えてみたい。

(1) 表現自体がすでに状態を表わしていること

(2) 具体的であること

(3) 表現が全体として確認されていること

の三点である。しかし，ここで，注意すべきは，これら三点が，おのおの独立し，相互間で，優劣の関係をもつものではなく，これら三点が，相互に補塡しあい関連しあっている，ということである。

では，しばらく，四つの場合を例にとり，資料で表現されている文章の，述語部分に注目しながら，順次，考察に入ろう。（　）の中の数字は，〈连环画〉での，画の番号を示している。

2－(1) 表現自体がすでに状態を表わしていること

2－(1)－1　形容詞述語文の場合

①战士的责任重，妇女的怨仇深。(46)

②小战士挺起胸膛，斗志更旺。(91)

③如今呐，到了红旗下，太阳是这样的暖，人们是这样的亲啊！(37)

④洪常青身披朝霞，手握斗笠，英姿勃勃，沉着机警。(15)

⑤黎明前的山口阵地，风驰云飞，巨岩矗立，硝烟滚滚，战火熊熊。(86)

例文中，•印の部分は，いずれも，形容詞で，述語となり，主語がどのようであるかを示す，形容詞述語文である。

中国語では，形容詞が〈……という性質をもっている〉〈……という状態にある〉という，人間事物の性質・動作行為の状態を表わすことばである以上[(5)]，そのことばが，述語になっておれば，それがすでに状態を表わしていることは，またしごく，当然のことである。例文⑤における重畳

式も，

丫头们手捧水果盘，心潮滚滚翻。(49)

他轻轻把手一招。(52)

清华和战友闻声上前，高兴地和小庞紧紧握手。(61)

において，“滚滚”“轻轻”“紧紧”が状况描写の機能を果たしていること をみれば，形容詞の重畳式も，やはり，状態を表わしているものと，考えなければならない（形容詞の場合をも含めて，重畳式については，別の項目の個所でのべる）。

ただ，今回の調査では，

他的眼睛亮亮的

家里平平安安的

老玉米绿油油的

といった，形容詞の重畳式の中でも，AA 型，AABB 型，ABB 型のあとに，状態助詞“的”をとる型式はみられず，すべて，以下の通り，四字格にまとめられ，

英姿勃勃 (15)

威风凛凛 (31)

议论纷纷 (50)

と，いわゆる，四字成語になって，状態が表わされている。(6)

しかし，ここで，より注意したいのは，各表現間における，相互の関係であって，例文③⑤に対する，例文①②④の関係である。

例文③には，“是”という判断詞が入っている。この“是”は，読む時には，はっきりと，第四声に発音され，〈たしかに〉〈ほんとうに〉という意味がそえられて，話手の情意がこめられた，主観的な表現法の一つである。

また，例文⑤は，重畳式であるが，形容詞の重畳式も，話手の情意を含む主観的な表現であるところから(7)，例文③⑤が，話手のある種の情意を含んだ表現である，といえるのに対して，例文①②④は，ある事実・情況を，あるがまま，客観的にのべており，語法形式として，直接には話手の情意が認められない表現であることがわかるだろう。

ことばをかえていうと，事実として，単に，あるがままを，全体として，

状態化されていることを認識する，認識のレベルでの表現と，話手のムードがそえられた，ある種の情意を含んだ，深さのレベルでの表現とが，ここに，みとめられるということである。

譬えていえば，事実として，単に，状態化されている，認識のレベルでの表現とは，ある情況を，1枚の写真におさめるようなもので，全体として，総合的に認識する点，きわめて，客観的な表現であるのに対して，話手が感ずる，ある種の情意を含んだ，深さのレベルでの表現とは，画紙に一筆一筆いれながら描くようなもので，どこから，どのように描く，という点で，写真におさめる作業とは，根本的に異り，主観まる出しの表現である，といえるだろう。(8)

なお，形容詞述語は，ふつう，そのまえに，副詞をともなわなければならないが，この点については，別の項目のところでのべたい。

2－（1）－2　存在文・現象文の場合

⑥十年内战时期，……，大柱子上，铁链吊着贫农女儿吴清华。(1)

⑦同牢里还关押着两个无辜的劳动妇女。(2)

⑧你的家在哪里？家？我没有家！(21)

⑨儿童们给大家表演打倒南霸天的舞蹈，广场上爆发出一阵阵快活的笑声。革命根据地啊！到处呈现出热气腾腾的胜利景象。(32)

⑩忽然，放哨的儿童团员跑来，告诉大家从椰林寨跑来一个妇女。(33)

例文⑥～⑧，⑨～⑩は，それぞれ，いわゆる，存在文・現象文のことである。

まず，存在文についてみると，例文⑧の“在”“有”は，発話の重点(9)が，どこにあるかは違っていても（発話の重点については，別の項目でのべる），ともに，静止的な状態を表わしている点では，疑問がないだろう。

しかし，例文⑥⑦では，動詞のあとに，“着”がついている。“着”は，状態の持続を表わす時態助詞であるが，状態の持続とは，動作の後果の存在を表わしている場合の多いことに注意しなければなるまい。(10)また，“吊着”“关押着”が，それぞれ，“吊着有”“关押着有”と“吊着”“关押着”のすぐあとに，“有”がついて，例文⑥⑦と，同じ意味を表わすことができて，しかも，“有”の状態を，更に，具体的・明確に表わしていることからみても，例文⑥⑦は，やはり，状態を表わしている，といえ，つまり，存在を表わす表現は，状態を表わしている，ということができる。

一方,現象文についても,例文⑨の“爆发出”“呈现出”,例文⑩の“跑来”と,動詞のすぐあとに,それぞれ,“出”“来”という趨向動詞がついており，これらは，いずれも，存在文における時態助詞“着”の場合と同様，動詞のすぐあとについて，動作が行われた結果の状況をのべている(11)。

つまり，動作がすでにできあがった後の状態をのべているのであって，これから，新しい状態がはじまることをのべているのではないことに注意したい。なお，今回の調査では，“下雨了”という類の，天候を表わす現象文は，みられなかったが，動詞が，裸のままで用いられていない（裸のままの動詞については，別の項目でのべる）ことに注意すれば，現象文も，やはり，その表現自体がすでに状態を表わしている，と考えられる。

ただ，ここにおいても，より大切なことは，各表現間の関係で，存在文の場合，例文⑧に対する例文⑥⑦の関係である。例文⑧が，単に，ある状況をあるがままの事実として，全体的・総合的に認識する，認識のレベルでの表現であるのに対して，例文⑥⑦は，ある状況を，あるがままの事実として，単に，全体的・総合的に認識するのではなく，個別的・具体的に，どのようにしてあるかを，おどろきの気持ちをこめて，なまなましく認識する表現であるため，(12) 当然，深さのレベルでの表現である，と考えられる。

なお,この時,例文⑥の“吴清华”,例文⑦の“两个无辜的劳动妇女”は,いわゆる，既知の人物であり，未知不確定の人物ではあるが，例文⑥⑦の如く，動詞のすぐあとに，時態助詞の“着”をともなった表現法は，“着”の用法の発達によって生じたために，古代中国語には，みられない表現法であるところから，古代中国語における“有”の場合と，あわせ考えると，存在する人や物の，既知・未知不確定ということは，問題にはならない，と考えられる。

同様に，現象文の場合についてみても，例文⑩での，“放哨的儿童团员跑来”と，比較してみると，すぐにも，わかることだろう。“放哨的儿童团员跑来”とは，〈歩哨に立っていた児童団員が，かけこんできた〉という事実を，単に，そのまま，あるがままの事実として，全体的･総合的に，状態化したものとして認識した（動詞“跑”のすぐあとに，趨向動詞“来”がついていることに注意）までの表現にしかすぎない。

しかし例文⑨⑩は，ある特定の場では，ある特定の場が，どのような状態になっているのかを，話手が，おどろきの気持をこめて，なまなましく認識している表現である，と考えられる。なぜかなら，例文⑩における，

放哨的儿童团员跑来

从椰林寨跑来一个妇女

という二つの表現方法において，表現型式の差異，つまり，認識するレベルの差異が，そのすべてを物語っているからである。主語が賓語がということではなく，何よりも，まず，どういう部分が，状態化されたものとして，より強力に，認識されているか，という点に着目しなければなるまい。おどろきの気持とか，発見ムードというのも，それは，実に，ここから生まれてくる，一種の効果にしかすぎないからである。

要するに，存在を表わす表現も，現象を表わす表現も，単なる，認識のレベルでの表現と，話手のムードがこめられた深さのレベルでの表現に，分けて考えることができる，ということが，ここからも，認められるだろう。

なお，ここに，きわめて，興味深いことがみられる。それは，〈连环画〉の，ある特定の段落において描れた画と，その画と一対になって記録されている文章の中で，深さのレベルで表現された，その場を，なまなましく，如実に，ある種のムードをこめて認識された表現とが，はからずも，一致していることであって，画とことばとが，一つに統合され重なっている，ということである。単なる，事実としての，認識のレベルでの表現は，画にはかけこそすれ，人を感動させる力量となると，深さのレベルでの表現には，はるかに劣る，ということである。まさしく〈诗中有画〉〈画中有诗〉の評語通りであって，これこそが，〈连环画〉のもつ，特色の一つといえるだろう。

2 －（1）－ 3　受動文の場合

⑪穷人受苦，苦就苦在手里没有权。(23)

⑫她受到了巨大的鼓舞，激动地向常青表示。(25)

⑬洪常青被一群团丁推拥着阔步走来。(112)

⑭南霸天的粮仓被打开了。(68)

⑮一袋袋，一筐筐的金黄稻谷搬了出来。(69)

⑯清华望着常青，愣住了。(26)

⑰阻击排的任务，胜利地完成了。(97)

⑱铁链吊得筋骨断，皮鞭抽得我血肉摸糊。(40)

これらは，いずれも，受動文といわれているが，そのいずれもが，すでに状態を表わしていることは，もう，説明するまでもないだろう。ここでは，まず，大きく，二つに分けられる。例文⑪⑫と，例文⑬〜⑱との二つである。なぜなら，例文⑪⑫は“受”という動詞によって，語彙として，すでに，受動という状態——“受”という動作の後果をいう点に注意——を表わしているのに対して，例文⑬〜⑱は，語彙的にではなく，語法形式が，受動を表わしているためである。

しかし，次いで，例文⑬〜⑱を，例文⑬⑭と，⑮〜⑱との二つに分ける時，さきの場合とは，異った面がでてくるだろう。問題となるのは，表現上のレベルが，どのように理解されるか，ということである。

例文⑬⑭では，受動のマーク“被”がつく。しかし，例文⑮〜⑱では，これがつかない。とりわけ，例文⑬では“被”のすぐあとに，“一群团丁”という，施動者を表わすことばがついているが，例文⑭では，“被”のすぐあとに，施動者は記録されていない。この場合，“被”のあとに，施動者が記録されていないのは，話の場として，もう，すでに，誰が施動者であるのかが，わかりきっているため，いわないだけのことである。

一方，例文⑮〜⑱は，前者の場合と，事情が，すっかり異っている。施動者を加えようにも，示しようがない，ということである。とりわけ，例文⑯〜⑱の•印の部分は，そのまえの部分が，どのようであるか，ということを，単に，状態化されたものとして，全体として，総合的に認識している，認識のレベルでの表現にしかすぎない。例文の⑪⑫についても，やはり同様のことがいえるだろう。

ところが一方，例文⑬⑭の場合のように，“被”が用いられると，それは，単に，全体として，どのようであるか，ということを表わしているだけではなく，具体的・分析的に，施動者を，明確に顕示しようとすれば，それが可能で，しかも，その用意が，すでに，なされていることを表わしている。ここに，表現のレベルとして，例文⑬⑭は，深さのレベルでの表現として，認められる理由が，現れているのである。

つまり，“被”を用いた受動文は，例文⑬のように施動者が示され，例文⑭のように施動者が示されうるという，関係顕示のムードが加わった表現であるため，深さのレベルでの表現である，と考えられる。

なお，“被”との関連で，例文⑮～⑱と，四題の例文を，ひとまとめに，グルーピングしたが，例文⑮と，例文⑯～⑱とでは，ともに状態を表わしているとはいえ，やはり，表現上でのレベルが異っていることに，注意したい。

例文⑮の述語部分を記号化すると，

〈動詞＋“了”＋趨向動詞〉

という，表現型式にまとめられるが，この型式は，「現実の状態のリアルな描写」を意味する，として捉えられている[14]。

では，〈動詞＋“了”＋趨向動詞〉の表現型式が意味する，「現実の状態のリアルな描写」とは，およそ，どのようなことを指していっているのだろうか，これは，また，「リアル」とはどういうことか，ということでもあるが，まず，次の例文をみてみよう。

不料黑影里老四恰巧撞了过来。(6)

到了！到了！历尽艰辛的吴清华，步履踉跄地赶到会场。大家关切地围了上去，扶起她。(33)

突然，被化装成了丫头潜入匪巢的吴清华和一个女战友堵住嘴巴，用枪逼住，象拖死狗一样拖了出去。(56)

一会儿，只见两个团丁如狼似虎地撕打着一个小丫头走了过来。(58)

黑暗中，小庞瞅个空子，从内厅走了出来。(60)

これらの例文をみて，まず，気のつくことは，〈動詞＋“了”＋趨向動詞〉の表現型式は，ある特定の場で，ある状況を，単に，眼にうつるがままの事実として，どのようである，ということを，全体として，総合的に，表わしているのではなく，どのようである，ということを，分析的に，新鮮なおどろきの気持をこめながら，表わしている，ということである。「リアル」とは，まさしく，話手が眼にした状況を，具体的で，分析的に，なまなましく表わすことで，ムードとしていえば，それは，発見のムードを表わし，表現型式として，〈動詞＋“了”＋趨向動詞〉型が，えらばれているのである。そのえらばれた理由とは，何であったのだろうか。それは，例文⑮と，結果的には，同じ意味を表わしている，

一袋袋，一筐筐的金黄稻谷搬出来了 —— Aと，例文⑮の，

一袋袋，一筐筐的金黄稻谷搬了出来 —— Bとを比較することで，はっきり，示されている。AB二つの表現型式における差異とは，ただ一箇所，“搬”という動詞述語のすぐあとに，どういうことばがついているか，“出来”か，“了”であるかの違いでしかない。しかし，この違いは，実は，動詞述語に，趨向動詞がつく場合と，動詞述語に，時態助詞がつく場合とでは，どちらが，より強力に，状態化の強調ができうるか，ということを表わしていたのである。つまり，状態化ということをめぐって，動詞述語に，どのような種類のことばがつくか，ということによって，表現上のレベルが，違ってくることに，注意しなければならないのである。

このことは，また，すでにのべた，存在文·現象文の場合と，同一線上で，捉えられることであろう。深さのレベルでの存在文・現象文とは，どのようである，という状態を，発見ムードをこめて表わしたものであり，そのためにとられた表現型式の特色は，なによりもまず，動詞述語を，より強力に状態化する（ここに，おどろきの気持ちが，効果として現われる）ことであったことを，思い出さなければならないのである。

なお，こうした，「リアル」な表現は，〈连环画〉において，また，一幅の画としても描かれているのは，存在文・現象文の場合と，まったく同じ様子である。

三　小　結

以上簡単にではあるが，中国人が，対象を状態化したものとして認識する条件の一つを，形容詞述語文，存在文，現象文，受動文の場合から考察したが，そのいずれの場合においても，それら，表現自体が，すでに，状

態を表わしていることが，述語部分を検証することによって，明らかにされた。

しかも，そのいずれの場合においても，述語部分を検討することにより，対象を，あるがままの事実として，客観的に認識する，認識のレベルの表現と，対象を，話手のある種の情意をこめて，主観的に認識する，深さのレベルでの表現のあることが認められた。

つまり，中国人にとって，表現とは，対象を状態化したものとして認識する方法のことではあるが，その認識する方法として，二つの異ったレベルの上に立っていることを考えると，この問題のもつ意義は，きわめて，深く，かつ，大きいといえるだろう。

〔註〕

(1) 藤堂明保：「孟子のことば随感」（『中国語学』194）

(2) 香坂順一：『《你好！中国語》』毎日新聞社　91頁

(3)『絵ものがたり紅色娘子軍』光生館　1972年

(4) (3)に同じ　1頁

(5) つまるところ，人物に対する，話手の判断・評価をあらわすことばである。形容詞が“不”で否定される意義は，ここにある。

(6) 服部昌之：『新しい成語のはなし』光生館　1972年　2頁

(7) 朱德熙：〈现代汉语形容词研究〉（《语言研究 I》　107頁）

(8) 拙稿：「“～于”構造の語」『鳥居久靖教授還暦記念論文集』（本書 217頁）

(9) 鈴木直治：「漢語の存在文における場所語の位置とその発話の重点」（『密田良二教授退官記念論集』207頁）

(10) 香坂順一：「〈自然的被動〉というもの」（『人文研究』10-11　12頁）

(11) 洪心衡：《能愿动词・趋向动词・判断词》新知识出版社　34頁

(12) 藤堂明保：「存在文の本質とその解釈」（『中国語学』180，3頁）

(13) (9)と同じ　212頁

(14)『岩波中国語辞典』335頁

《杭州白话报》の記事から
——林白水と岸田吟香とのこと——

光緒27年5月初5日，杭州で《杭州白话报》の第1冊が発行された。創刊号にしては発刊の辞もなかったが，それらしいものはあった。《杭州白话报》の編集人である宣樊子が論説で，＜论看报的好处＞（新聞を読むと得をするという話）を発表していた。2・3のたとえ話をした後，平易な表現の模範として貝原益軒の文章を取り上げ，その表現が後世にもたらした結果を述べていた。

从前日本国　有个大名士　名叫贝原益轩　他一生也是专门做粗浅的小说书　把大家看　不过几年　那风气就大了　国势也渐渐的强起来了　因此日本维新的根基　大家都说是贝原益轩一个人弄起来的

(ずっと前のことですが日本の国にそれはそれは名高い物書きがいました。その人は貝原益軒といいました。この人の一生はただもう日常生活でのいろんなこまごました話を本にまとめ，みんなに読んでもらうことでした。何年もしないうちに，こうした風潮は各地に広がり，国の形もだんだんとしっかりしてきました。ということで日本の維新は，貝原益軒一人でやり遂げたのだとみんなはいっています。)

いうことも大げさだがそれだけにこれを見た人にはショッキングであったに違いない。平易な表現と貝原益軒との関係について，中国では黄遵憲の《日本国志》から呉傑主編の《日本史辞典》までのおよそ1世紀の間，まだ何も紹介されていない。ところが日本での事情はこのようであった。

明治初年に渡来して新に教界の開拓につとめた宣教師達は，無論バイブルの翻訳を以て何よりもの急務となし，而して之は天下万民の手に交附すべきものだから文体は出来るだけ通俗なものにせなければならぬとの意見を持っていた。この点はヘボン先生でもブラオン先生でもグリーン先生でも同説であった／併しそれでは日本人が承知しない。聖書を貴いものと思い込んでいる丈け，之を俗文の中に盛ることを忍び得なかったのでもあらう。斯くして模範として択ばれたのは貝原益軒の文だと聞くが／ヘボン先生は無論のこと，フルベッキ師にしてもブラオン師にしても，益軒の文章は実によく暗誦して居ったものださうだ（『明治文化研究』第4巻第1冊　吉野作造「聖書の文体を通して観たる明治文化」）。

では，宣樊子はどこでこの関係を知り得たのか。経歴を当ってみると，宣樊子とは林白水（1876－1926）のこと。字は少泉，宣樊は号。戊戌の変法のころから新聞界で活動していたが，維新が失敗に終ると日本へ留学。法政大学を卒業して帰国。直ちに《杭州白话报》の編集人になり第1冊の論説を執筆した。その後は，新聞社をやりながら筆の立つ記者として大活躍。取るに足りない事柄をまとめては政界にまで反映させる筆致に，多くの記者はその文体のまねをしたという（方汉奇《中国近代报刊史》）。

日本留学の動機はわからない。しかし，岸田吟香（1833－1905）が日本新聞界の創始者として『日本国志』で紹介されていた。

ここでもし，思いがけなく二人が出会っていたとすると，続く話はこのようになる。

60歳の半ばを越えた日本新聞界の大御所は，20歳を少し過ぎたばかりの中国の若者に，ヘボン博士の知遇を得たころから，ごく最近までの自分史を語り尽した。中国の若者は仰ぎみる大人物にあやかりたいと思い，現に手に取ってみる『横浜新報　もしほ草』に感動を覚えた。

この新聞は，慶応4年閏4月11日，横浜でヘボン博士の医館に出入りを許された二人の協力のもとで発行された。一人はアメリカ人のバン・リード，もう一人は日本人の岸田吟香であった。

記事は平仮名が多く，とにもかくにも平易がモットーになっていた。そして論説では，時務が重視されていた。また，タイトルの『もしほ草』は古歌の「おきつ波たえず寄せくる藻汐草かき集めては浜つとにせむ」から採られたという。横浜という一地方から発信された情報のあるものは「浜つと」になって人々の関心や興味をひきつける話となり，あるものは論説になって時のオピニオンリーダーになっていたからである。

ロブシャイドの《英华字典》をめぐって

ロブシャイドの《英华字典》とは，“LOBSHEID, The Rev. W. English and Chinese Dictionary with the Punti and Mandarin Pronunciation. In Four Parts. Four Volumes. HongKong: Daily Press, 1866-1869.” のことで，1800年代の前半までに出た，モリソン（1815-23）以来，ウィリアムズ（1844），メドハースト（1847-8）と続く英華字典の集大成でもあった。そして，わが国はこの字典から多大の影響を受けることになった。

ロブシャイドの《英华字典》が完成した1866年から1869年は，わが国でいえば慶応2年から明治2年，洋学の中心が次第に蘭学から英学に移ろうとしていた時期で，漢学の素養があるわが先達がこれを見過ごすはずはなく，「英語と中国語の対訳こそは，新しい思想に新しい形式を与えて，ヨーロッパの学術や文化を摂取し，わがものにしようとする明治の日本にとって，恰好の媒体であった（杉本つとむ『日本英語文化史の研究』）」。

そこで，この字典は明治5年から6年の歳月をかけて翻訳された。しかし，「どんなに日本語への導入を意図して選択，抜粋しても，訳語の宝庫ともいうべき原著の魅力に比べれば，その不備は蔽いがたかった（森岡健二『近代語の成立』 明治期語彙編）」ので，明治16年から17年に，井上哲次郎が訂増する『訂増英華字典』が刊行された。その序文では，「我邦雖既有二三對譯字書，而大抵不完備，詳于此者則略于彼，備于彼者則洩于此，不啻意義未盡、譯語亦往往欠妥，意義既盡，譯語又妥，而最便象胥家者，其唯西儒羅存德氏所著英華字典耶，世之修英學者，據此書，以求意義，則無字不解，無文不曉」といっている。

『訂増英華字典』は，文字通り原著の訂増であった。著者の序文でもある中国の歴史や言語に関する解説は省いてあるが，その代わり，巻末には22項目からなる付録が加えられた。この付録は，本文には収めきれない中国文化に関する各方面の用語と事柄が分類別に集められてあり，英華合璧になっていた。ドゥーリトルの《英华萃林韵府》（明治14年，矢田堀鴻によって『英華学芸辞書』として抄訳出版され，明治17年には『英華学術辞書』と書名を代えて再版が出された）を参考にしたものと思われる。また，本文では広東方言と北京官話の発音を省き訳語だけを出した。

1902年，それは日英同盟が締結された年でもあるが，張之洞の英語通訳で日本女性と結婚していた辜鴻銘は，《商务书馆英华音韵字典集成》の評語で，“Dr. T. Inouye many years ago republished the work in Japan, where, I believe, it has helped in no cosiderable degree the present “Renaissance” of the Japanese nation.” といって，わが国での『訂増英華字典』刊行の影響を評価しているが，『訂増英華字典』の序文の最後には，「今夫，修英學磨智者益多，則我邦之文運駸駸乎進，遂至與英國東西對立，分鑣并馳，亦未可知也，而此書豈為無裨益于修英學者哉」と記してあった。一国の文運の隆盛はその国の力となり，力は正義と結びつくことになることを，知り尽くしていたからであろう。

一方，中国では原本よりも『訂増英華字典』が重宝された。モリソン文庫の目録によると，1903年に上海で翻印されている。又，“KINGSELL, F. *A Dictionary of the English and Chinese Language, with the Marchant and Mandarin Pronunciation.* Yokohama: Kingsell & Co., 1899.”，中国語では〈南海冯镜如岳超氏撰《新增华英字典》内附英札指南〉という字典もあるが，これは付録こそ違っているが，本文は『訂増英華字典』そのものである。

では，現代中国語から見るとどうかといえば，単に歴史的な一資料というだけでなく，編集当時の言語事実を忠実に反映している第一級の資料ということができる。現代中国語では欧化語法とも新興語法ともいって，五四運動以後の用法であるとされている前置詞の“关于”が収められているからで，事実，1860年代にこの用法は孤例に近い状態ではあるが，外交文書の中で用いられていた。英語の“commercial articles”を中国語で“关于通商各款”と翻訳しているからである。1863年7月13日，清国とデンマーク国との間で結ばれた天津條約の第26條であった。

《英华萃林韵府》の英書名“*A Vocabulary and Hand-Book of the Chinese Language*, Romanized in the Mandarin Dialect. In Three Parts by Rev.

JUSTUS DOOLITTEL FooChow: Rozario, Marcal, and Company. 1872"

《商务书馆英华音韵字典集成》の英書名 "*Commercial Press English and Chinese Pronouncing Dictionary*." Comprising 100,000 Words and Phrases, with Translation, Pronunciations, Etymologies, Definitions, Illustration, Etc., Etc. Also A Copious Apendix. ShangHai: Printed at The Commercial Press. 1930"

ゴンサルベスの《洋汉合字汇》(1831年)

——ポルトガル人がまなんだ中国語について——

編著者のこと

ゴンサルベスは，ラザリスト会の宣教師で中国学者。1780年ポルトガルの生まれ。1814年マカオに到着。1844年の死まで，当地のセント・ジョセフ学院で教鞭を執る一方，官話と広東語とを研究した。著作に，*Grammatica Latina* (1828), *Arte China* (1829), *Diccionario Portuguez-China* (1831), *Diccionario China-Portuguez* (1833), *Vocabularium Latino-Sinicum* (1836), *Lexicon manuale Latino-Sinicum* (1839), *Lexicon magnum Latino-Sinicum* (1841) などがあり（S. COULING “THE ENCYCLOPAEDIA SINICA”）すべてマカオで刊行された。

従来の評価

全体的にいって，芳しくない評判が多い。「ゴンサルベスは，著作にポルトガル語とラテン語しか使わなかったので，利用する人はとても限られていた」（同上）とか,「資料として，量は十分であったが，理論的な説明は，完全にゼロであった」(CALLERY “NOTICES OF J. A. GONSALVES”）とか，中でも，*Diccionario Portuguez-China* には「ゴンサルベス自身，独り善がりなところがあると思っていた」（同上）という。中国語による書名《洋汉合字汇》のことである。

《洋汉合字汇》のこと

冒頭の“洋”とは，“西洋”のことであるが，当時，“西洋”には，二つ指すところがあった。一つは航海する区域であり，一つは外国の国家である。モリソンの《五车韵府》(1823年）に，「“西洋”は当初ヨーロッパを指していた。今も，その意味で用いられる時もあるが，ポルトガルを指す場合の方が，より一般的である」，というのがそうで，《洋汉合字汇》とは，ポルトガル語と中国語とが，ピッタリ合うのを集めたもの，という意味であった。

八つ折り判で872頁からなるこの辞書は，1831年も終わろうとする頃（CALLERY），セント・ジョセフ学院から刊行された——この学院は，ラテン語，中国語，哲学，神学，数学を教授する王立学院で，「ラテン語を志す者は，すべてここに集まった」（方豪〈拉丁文传入中国考〉）。ゴンサルベスの著作に，言葉の面で制限があったのは，著作のすべてが当学院の教材として用いられた以上，当然のことであった——。木活字で印刷された中国語は，現代語のように左から右へと読み，サブタイトルで“NO ESTILO VULGAR MANDARIM E CLASSICO GERAL”というように，口語と文語とは区別して書き記されていた。ただ，最大の欠点は，悪評のとおり，用法の説明が全くないことで，例えば，次の場合がそうであった。

Ainda quando　比方。假如。

Dado que　假如。比方。

「若しも假りに」という時に，事実の事例を取り上げる“比方”が，仮定の事例を取り上げる“假如”の意味で用いられるのは，「いいたいことがあるのに，わざと奥歯に物が挟ったようにいう時である」（《现代汉语词典》1978年）という注釈は，必要にして不可決であった。そうでなければ，学院の外で学ぶ普通の学習者にとって，この対訳を正しく理解することは，到底不可能であったからである。本来，未定稿であったものを，草草のうちに刊行しなければならない事情があったとしても，ここに収める語彙に，狭義の北京語，広義の北方語の多いこと，とりわけ，当時最新の北京語である第二人称の敬称“你纳”を記録している点に注目したい。ゴンサルベスは，なぜ，北京語だったのか，という訳である——同じマカオの地にあって，イギリスのプロテスタントは，南方語の研究をしていた。1828年モリソンは広東語の辞書を，1832年メドハーストは福建語の辞書を，ともに，イギリス東インド会社から出版していたからである——。

ゴンサルベスは，欽天監で仕えるために，「ポルトガル伝道団から選ばれ，中国へやってきた。だから，マカオに着くとすぐに官話の勉強を始めた」（CALLERY）。結果として，この宿願は，最後まで達成されず，マカオで一生足踏みすることになったが，ポルトガルにとって，ゴンサルベスの北京行は，国威を一気に回復できる絶好のチャンスでもあった——「ポルトガルから始まった」(後藤末雄　『日本・支那・西洋』) イエズス会会士排斥の運動は成功し，ラザリスト会などが唯一の伝道勢力になった上に，清朝歴代皇帝による伝道禁制の中にあっても，「欽天監の実権は，宣教師に掌握されていた」(藪内清　『西洋天文学の東漸』) ——からである。

第二人称の敬称 “你纳” のこと

現代語の“您”には，今なお不明な部分が非常に多い。宋·元の時代，“您”はすでに複数で用いられていたが，敬称ではなかった。複数が敬称になる例は，ヨーロッパ語にあるが，中国語にその例はない。ところが，清代の後期に入ると，第二人称の敬称を表わす表記法が十数種にもなるのは，これが誕生して，まだ間もない証拠の一つであるが，筆者の調査では，“你呢”“你纳”の順で現れ，その他の表記法はこの後であった。

“你呢”は“你呢是个厚道老诚的人”あなたは親切で善良なお方です，と，満漢合璧の読本《庸言知旨》——編者は皇室の出にかかる鑲紅旗人の宜興。幼時に老人から聞いた話を一冊にまとめたもので，1802年の自序はあるが，1819年に刊行された——で用いられ，「北京では nina か nine と読まれた」(ウェード《寻津录》1859年)。そして，“你纳”は，《洋汉合字汇》で，“你纳贵姓”あなたの姓はなんと仰いますか，“你纳贵处”ご生地はどちらですか，“狠想你纳”初めてお目どおりを得ます，“你纳府上在那里”お宅はどちらですか，“你纳看我什么用处都情愿”わたくしにできることがございましたら，どうぞ仰ってください，“你纳必定该用些点心”あなた様にはぜひともおめしあがりいただかねばなりません，のように用いられた。ともに，入る場所は文頭か文末で，挨拶語であるのは興味深い。凡そ中国人にとって，官話を学ぶ目的が，「将来，役人になり大商人になるため」(《正音撮要》1834年) である限り，ゴンサルベスが官話を学び教えた目的も，役人や大商人に接近するためであった筈である。《洋汉合字汇》には，数多くの官職名を収めているが，“广州府四品”とか，“香山县知县七品”のように，各等級を詳細に記しているところからも，その一端を窺うことができるであろう。

（本稿は，紙幅の都合で，研究例会での報告を，部分的に整理，補筆したものである。）

《官话指南》をめぐって

——明治期日中文化交渉史の一側面——

§1 テキストについて

明治15（1882）年，上海の美華書館から，唐通事の末葉である呉啓太と鄭永邦による，北京語の教科書《官话指南》が上梓された。

これをことばの面からいえば，官話のもつ多重性を，多様な言語事実で示した，日本人による，最初の北京語教科書で，それまでに各国で重宝がられていたウェードの《语言自迩集》より，それ以上に内外で好評を博したのは，1895年，ホプキンズがその英語版の序文で述べているように，当時最新の北京語であらわされていたからである（“Mr. Goh's text is modern, work—a—day and practical, written in excellent Pekinese of the present time, not of two hundred years ago”）。

一方，これを我が国の政治外交面からいえば，西南戦争後における，中国問題に関する異常な緊張によって，それまでは通商交易上から，南京語一辺倒であったところから，清朝中央政府の所在する北京のことばへの大転換を意味していた。

本書の構成は，“应对须知”（応対心得），“官商吐属”（役人と商人の話），“使令通话”（主人と使用人の話），“官话问答”（公館での問答）の4巻であったが，明治36（1903）年，旗人金国璞によって改訂されると，“应对须知”は，“酬应琐谈”（応酬こぼれ話）と巻名を改めたが，内容もまたそれまでの大らかな話から，全巻，商店でのこぼれ話に一変した。

なお，本書は，日本人と西欧人に対してだけでなく，中国人にとっても北京語学習の教科書であった。中華民国7（1918）年2月，廣州福芸樓書局から，《教科适用订正官话指南》が出版されている。

§2 官話について

官話は，明代から，“不是官话，无人认听”（官話でないので，聞いてわかる人はいない)《成宗康靖大王实录二》(1483年)のように,誰にもわかることば,という意味で,各地の方言に相対するものとして用いられていた。そして,とりわけ,“民用和法庭用的官方语言(民間と法廷で用いられる公用語)”(マテオ・リッチ《中国札记》)を指していた。英語でポルトガル語から借用して,“MANDARIN TONGUE”というのは,このためである。

編者は,本書の序文で,“京语有二,一为俗话,一为官话(北京語には二種類ある。一つは方言で,一つは官話である)”といって,その性格の違いを,ことさら強調する。しかし,本文を見ると,北京語に,北京人の日常語,洗練された都会語,そして文言を包めての規範化された公用語,という三つの性格と顔のあることが,十分にうかがい知ることができる。

道光年間の作とも一説にいう文康の《儿女英雄传》で,官話ということばの用法を見ていると,いくぶん乱暴でテンポの速い日常語を用いている人が,状況が変われば,きわめてたやすく,洗練された都会語や,文言を包めての規範化された公用語を,存分に用いるようになる場面に出会すが,方言と官話の関係を見る上で,まことに興味深い。

1892年,マティーアは,《官话类编》で,官話を四つに分けた。1. T'ung-hsing(通行) Mandarin　2. Local Mandarin　3. Colloquial Mandarin　4. Book Mandarin　の四つである。しかし,4は1に含める方が,より実際的であると思われる。

また,本書とは直接の関係はないが,かって,北京の商店には,“说官话”という習慣があった。これは,三節,つまり,端午の節句,中秋節と旧正月における結算の後,勤務成績の悪い店員には,その店で引き続き働くかどうかを決めたり,勤務成績の良い店員には,賃金をアップすることをいった(《北京工商史语》第一辑)。官話ということばのもつ響が,使用人にはオッカナ・ビックリであったことを,如実にあらわしている。

§3　漢口楽善堂での教科書

伊藤内閣などで外務大臣をつとめた西徳二郎氏旧蔵の中国語教科書に関する鈔本7冊のうち,《会话指南》巻4は,《官话指南》＜使令通話＞第8章から第20章までを,漢口語に反訳したものである。この1冊は,これだけでまとまっているが，もう1冊には，“官商吐属”が断片的に，同じく反訳してある。

これらは，他の数冊の書込みから，明治20（1887）年，「富国をなすには中国との貿易に意をそそぎ先進資本主義の中国における利益の独占をくじき日本が中国で商権を確立することを願った」（六角恒広『中国語教育史の研究』）荒尾精の呼びかけに応えて，漢口楽善堂に糾合した青年たちが，漢口語の学習用にしたものであることがわかる。北方語系の西南方言に関する文献は，今も多くない。この1冊は，この方面における貴重な資料に数えられることになるだろう。

《官话类编》所収方言詞対照表*

この対照表は,《官话类编》で並列記載する方言語彙を採集し,北京語(北方語)を基にアルファベット順に配列したものである。語彙集を多目的に利用しうるよう,単語にとどまらず,連語をも採集した。したがって,見出し語には,一語でないものも含まれている。また,異体字については,その使用があまり多くないので,そのまま収めた。なお,本文中,

莲子 怜子	心中苦。	梨儿 离儿	腹内酸。

のようなシャレことばとしての並列記載があるが,こうした記載が,今回の対照表に記録されないことはいうまでもない。

見出し語の最右欄の数字は,テキストの頁数を表わす。二度以上にわたり記録されたものは,紙幅の都合上,一個所だけ示してある。

(1) 使用したテキストは *A Course of Mandarin Lessons, based on idiom.*《官话类编》。C.W.Matteer(狄考文)。American Presbyterian Mission Press. Revised edition. 1892. 1898年再版。

(2) 語彙の対照は,二通りに表わされる。1) ○○—××は,左側が北京語(北方語),右側は南京語(南方語)であることを表わす。2) ○○—△△—××は,左側が北京語,中央は山東語,右側は南京語であることを表わす。この場合,並列記載された語彙は,次のように理解される。

a) 他の資料によっても,北方語-南方語が分けうるもの。現代文学作品にかぎってみても,茅盾の作品,周而復の《上海的早晨》,《上海十年文学选集》(上海文艺出版社 1960)→江南語,冯德英の《苦菜花》→山東語,老舎の作品→北京語,において調査するかぎり,およそ,

60%のものが確認できる。別表を参照。

b) 北方語—南方語が，現代語では，口頭語と書面語として理解されるもの。

給—与、跟—对、今儿个—今日、这儿—此地、自各儿—自己，など。

c) 北方語—南方語が単に口頭語と書面語に理解されるもの。

巴结—盼望、见—会、结实—健壮、就是—惟、念书—读书，など。

d) 北方語—南方語が一般に逆になっていると認められるもの。

冬里—冬天、家什—家伙、面—脸、身（袄）—件、天井—院子，など。

e) 北方語—南方語の記載が矛盾しているもの。

好生＝好慎、和＝调、坡子＝崖子、我＝俺、夜里＝黑夜，などで，c）と同じく量的にも少い。

f) 旧白話からの引用と理解されるもの。

この項目に入るものは，量的にも多く，《官话类编》の成書事情を再確認すると同時に，今日における調査資料としての価値を高めている一つの特色でもあり，a）の項目と密接な関係にある。

登时、～的时节、～当儿、～迭当、二日、睰睬、管许（还许）、目下、犬子、投店、续弦，などの他に，旧社会で用いられた大课、地方（官名）、京钱、批外课、喳，などがこれに入る。

g) 並列記載された語彙を，《儿女英雄传》《语言自迩集》の語彙と比較すると，約80%の語彙が一致し，清末北京語の姿を知ることができるし，また，老舍の作品と検討することによって，70～80%の語彙が合致するところから，北京語の安定性が認められる。

h) 並列記載された語彙の中から，基本的な語彙を抽出し，《汉语拼音词汇》と比較し，そこに記録されていない語彙を求めると，

别蒙、得病、今儿个（明儿个，昨儿个）、你纳（他纳）、巧了、男儿——北京語，煮饭、六谷，熩斗——南方語，などであり，北方語，南方語ともに，あまりにも，土語的であると認められるものである。ここで注意してよいことは，むしろ南方語の土語的であると従来認められていた語彙が，《汉语拼音词汇》に記録されていることである。そして，また，花子のような旧社会での語彙も記録されていない。

i) 以上の点から，《官话类编》の並列記載の語彙は，基本的には，清末期の言語の様相を知らしてくれるものではあるが，今日的にみると，全体として，まず，調査の資料となる，まず信頼してよいものであると認めることができよう。

(3) ・×～は，×が一定の語の前に用いられることを表わす。

・～×は，×が語・句末に用いられることを表わす。

・(A) ×は，Aが×を支配する動詞であることを表わす。

・× (A) は，×が量詞で，Aがそれをもつ名詞あるいは動詞であることを表わす。

・Vは動詞を，Oは客語であることを表わす。

(4) この対照表を参考される方は，『中国語学』(146号) 所載，香坂順一先生の『旗人が教えた北京官話 (1)』，拙稿『清代北京語の一斑』(本書27頁) を同時にご覧いただきたい。

A

阿 — 哦 250，513
欵哟乃呀 — 嗷哟哎呀 235
挨延 — 挨迟 659
挨保 — 派保 463
爱 — 光 299
爱 — 好 299
爱 — 愿 204
安顿 — 稳重 297
安排 — 安置 161
安排 — 铺排 110
俺 — 我 331，708
俺 — 我们 222
案子 — 案 228
肮脏 — 癞歹 60
熬 — 煮 120
熬 — 守 664

B

八八的 — 老三的 — 八大八小的（酒席） 433
巴不得 — 望不能 — 望不到 388
巴不能够 — 望不能 388
巴结 — 巴想 473
巴结 — 盼望 233
疤 — 麻子 436
拔顶 — 顶好 708
把 — 拿 310
把锅台 — 看锅头 666
把儿头 — 把头 113
把势 — 拳棒 597
爸爸 — 爹 415
霸占 — 强霸 391
罢了 — 罢休了 150
(可不是）罢了 — 吗 523
白菜 — 黄芽 717
白菜 — 黄芽菜 109，171
白毛 — 翳毛 — 霉翳 152
白日 — 天里 194，392
白生生的 — 白肖肖的 456
白薯 — 地瓜 — 山芋 92，653
白天 — 天里 39
摆治 — 摆布 221
摆桌子的 — 摆治的 93
～败 — ～颓 93
搬 — 接 253，721
办 — 了 236
办（家口）— 讨 62
办置 — 预备 601
半彪子 — 白蚂蚁 380
半憨子 — 呆子 315
半吐半咽 — 半含半吐 — 半吞半吐 482
包金 — 镀金 93
雹子 — 冰雹 382
薄 — 枵 77
薄生生的 — 枵薄薄的 454
保举 — 举保 363
暴病 — 促病 — 急病 203，468
暴打 — 恶打 147
菢窝 — 赖菢 493
报条 — 报帖 731，732
北屋 — 后房 45
被 — 被子 274
被套 — 褥套 727
背后 — 以后 118
背晦 — 羸堆 352
惫赖不贤 — 老不贤德 676
笨 — 蠢 49
笨 — 鲁笨 234
笨 — 拙 61
笔直 — 顺直 439
笔直 — 四直 440
笔直 — 一直 169
比拳脚 — 套拳 556
鄙俗 — 寒缩 297

避雨 — 躲雨 556
必得 — 必定 285
必得 — 必要 286
扁担 — 担杖 134
扁食 — 水饺子 159
变戏 — 要戏 — 玩戏 282
遍街 — 满街 544
便 — 就 588
表儿 — 面子 711
表明 — 表白 55，352
别 — 莫 215，665
别家 — 别的 — 别 217
别管 — 管 — 随便 221，459
宾服 — 佩服 469
冰凉 — 冰冷 91
饽饽 — 馍馍 411
波棱盖儿 — 波罗盖儿 113
拨门 — 撬门 261
箔 — 笆 663
脖颈子 — 颈脖子 474
脖子 — 颈子 398，477
～不～ — 不得～ 483
VO 不 V — V 不 VO 56
不差往来 — 差不往来 — 差不许多 139
～不成 — 不得～ 277
不大～ — 不～过 22
不大离 — 不大差 708
不大离 — 不大离径 139
不大离 — 不离径 374
不大离格儿 — 不大离径儿 610，708
不大离形 — 不大离径 140
不当 — 不好 29
不～得 — ～不得 82，375
～不动 — ～不犯 244
不得样儿 — 不成样儿 508
不敢 — 岂敢 445
不割舍 — 舍不得 257
不关事 — 不妨事 52
V 不过 O — VO 不过 98
不会不～ — 何必要～ 666
不济 — 不好 568，589
不济 — 坏 460
不济 — 不中 606
不济 — 不中用 78
不济 — 粗糙 531
不见其～ — 不见得～ 448，449
不矜不躁 — 不慌不忙 496
不堪 — 不配 552
不可 — 不好 8，472
不离 — 不离径 139
～不了 — 不～ 234
～不了 — ～不到 684
～不了 — ～不得 104，242
～不了 — 不得～ 260，277
～不了 — ～不掉 461，711
～不了 — ～不及 248
～不了 — ～不上 — ～不起来 89
～不了 — ～不下 612
不论 — 管 86
不论 — 随便 86
不如 — 不同 670
～不上 — ～不动 244
～不上 — ～不中 526
～不下 — ～不住 327
～不下去 — ～不上去 75
不行 — 治不得 542
不要 — 莫要 328
不知道 — 知不道 378
不致 — 不至 584
～布刺 — ～布刺拉 503，504
～布渍 — ～布刺 — ～布刺拉 503
～布渍 — ～渍渍 505

C

擦 — 抹 80

才刚 — 才彊	162
裁 — 切	435
裁刀 — 切刀	435
彩 — 绣花	376
睬道儿 — 瞧门路	252
槽子 — 斗子	663
侧棱 — 桥凸着	379
渗 — 吃掉	683
喳 — 是	178
喳说 — 耳喳	354
差错 — 舛错	306
差不多 — 差不几多	140
差不离 — 差不多	141
差不离 — 差不离形	139
差不许多 — 差不几多	141
差池 — 差	114
差一点 — 差不着一点	140
谄媚 — 呵奉	261
常 — 会	212
常性 — 恒心	563，569
长虫 — 蛇	91，250
长山山的 — 长拖拖的	497
长寿菊 — 万寿菊	274
唱唱的 — 卖唱的	399
唱讴讴的 — 哼唧唧的	496
超群 — 掐尖	600
吵 — 聒	390
吵 — 聒 — 闹	492
车 — 车子	212
螯 — 钩	197
扯 — 截	352，440
扯 — 挣	666
扯腿 — 拧腿	556
沉颠颠的 — 沉重重的	455
称心 — 服心	388
澄清 — 碧清	415，416
成 — 好	710
成蛋 — 成球	668
成家 — 娶亲	331
成破 — 成败	469
成天家 — 成天的	665
成天家 — 整天的	183，560
成总 — 成趸	371
盛 — 留	193
诚得～ — ～得恨	39
诚得 — 很	38
诚心 — 安心	473
诚心 — 处心 — 有心	473
逞强 — 逞能	351
吃 — 吞	358
吃惊 — 觉惊	177
吃钱 — 起钱 — 扒钱	561
嗤笑 — 耻笑	554
匙子 — 调羹	68
匙子 — 勺子	73
冲撞 — 唐突	146
抽疯 — 发疯	187
抽冷子 — 打不瞧 — 偷冷	324
抽冷子 — 冷不防 — 冷地里	326
抽冷子 — 偷冷的	323
抽冷子 — 乍猛的	455
抽烟 — 吃烟	265，543
仇家 — 冤家	185
稠 — 厚	193
丑俊 — 标致丑陋	121
出天花 — 出天喜	159
出阁 — 出门子	14
出锅 — 出屉	162
出嫁 — 出门	56
出外 — 离乡	204
出心 — 存心	555
出众 — 出色	600
除掉 — 禁掉	387
杵头子 — 碓头	113
处心 — 有心	473
(那) 处 — 地方	77，78

触 — 跌 242
揣摸 — 估摸 477
穿换 — 拉扯 156
喘气 — 叹气 76, 557
喘嘘嘘的 — 喘呵呵的 495
串门子 — 闯门子 300
创侥幸 — 图侥幸 467
吹呼 — 撑 126
吹坏 — 撩坏 198
捶布石 — 捶板石 193
瓷盆 — 瓷钵 428
从根 — 从头 — 从来 362
从根 — 从头 — 原来 363
从早 — 从先 340
粗糙 — 粗粝 711
粗蠢 — 粗笨 329
撺掇 — 撮弄 419
村辱 — 污辱 466
撮 — 掷 131
撮合 — 作合 678
矬 — 矮 477
矬子 — 矮子 478
错过 — 过错 157
错儿 — 漏子 204

D

答对 — 答应 582
答应 — 受头 146
褡子 — 褡裢 391, 497
搭帮腔 — 帮腔 345
打 — 扯 430
打 — 从 607
打把势 — 打八式 — 打拳 355
打板子 — 打戒尺 338
打疮疤 — 踢疮疤 605
打磴儿 — 打艮儿 537
打睹 — 睹东 354
打对面 — 打照面 492
打盹 — 冲盹 201, 356
打花花哨 — 拿人开心 503
打饥荒 — 打野食 228
打架 — 打仗 325
打净捞乾 — 好乾净的 671
打开 — 放开 192
打开 — 开开 190
打坑 — 开圹 246
打量 — 估猜 581
打鸣 — 啼鸣 578
打沫 — 打泼 367
打前失 — 打前绊 — 打踢绊 406
打头 — 起首 362
打璺 — 打裂 430
打璺 — 碰裂 339
打仗 — 打架 30
打嘴巴 — 掌嘴 557
大～ — 上～ 332
大分儿 — 大房 318
大号 — 台甫 513
大后年 — 老后年 333
大后日 — 老后日 333
大后天 — 老后天 331
大姐 — 大姐姐 43
大课 — 决课 539
大谅 — 大料 262
大谅 — 谅来 260
大谅 — 谅想 260
大料 — 大约 260
大米 — 籼米 435
大娘 — 大妈 40, 378
大前年 — 现前年 333
大前日 — 老前日 331
大事 — 公事 — 喜事 533
大柁 — 大梁 657
大样样的 — 大发发的 — 大道道的 501
大爷 — 大爷爷 159, 619

大约 — 光景 315, 355
呆 — 停 87
待 — 叫 — 得 417
待要 — 若要 285, 492
待要 — 要 133, 135
大夫 — 医生 — 郎中 248
带～都 — 连～都 306
带累 — 带陷 135
带作不作 — 推前擦后 495
担事 — 扛事 293
单人独骑 — 单人独马 476
蛋清 — 蛋白 75, 367
但凡 — 但自 467
淡薄利钱吃饱饭 — 一分利钱吃饱饭 662
当 — 充 241
当不了 — 免不了 241
当儿 — 当口 335
当日 — 当那天 241
当下 — 时下 334
当 — 当头 136
当头 — 押头 137
倒 — 跌 54
倒换 — 挑换 523
倒了 — 黄了 18
倒卧 — 路倒 — 路毙 383
倒借 — 挪借 519
到了 — 期毕 — 到临 365
道 — 路 87
得不得 — 弄不弄 300
～得过 — ～住了 194
～得慌 — ～得够受 503, 504
～得来 — ～得倒 246
～得了 — ～起来了 71
～得了 — ～上 120
得喇 — 好喇 482
得了 — 就了 — 好了 106
得喇 — 中喇 151
得咯 — 是咯 151
～的 — ～得 58, 598
～的慌 — ～的很 584
～的时节 — ～时家 183
得 — 必得 133
得 — 待 — 要 133
得 — 该 263
得 — 要 38, 255
登时 — 爽然 — 霎时 323
等 — 停 498
提溜 — 拧 215
滴溜溜的 — 溜竖竖的 527
觌面 — 当面 612
籴 — 买 487
籴粮 — 买米 485
籴粮买草 — 买米买柴 92
底起根里 — 底根儿里 360
底细 — 底里 55
底细 — 根底 339
蒂把 — 蒂 566
地 — 路 225
地方 — 地处 267
地方 — 地处 — 落地 62, 266
地方 — 落地 5
地方 — 去处 480
地方 — 乡约 — 乡保 289
地气 — 地脉 516
颠险 — 磨折 206
点单 — 点名单 — 到单 692
点儿 — 点子 675
点儿 — 一点 240
惦记 — 挂着 664
惦算 — 画会 — 打稿 557
刁赖 — 相赖 156
掉秤 — 贴（= 折）秤 439
调诞 — 调脾 474
跌断 — 跌绝 139
～迭 — ～掉 — ～赢 247

～迭 — ～及 247
～迭当 — ～及 248
顶 — 挺 38
顶（轿）— 乘 171
顶棚 — 虚棚 — 仰板 437
顶棚 — 仰棚 — 仰板 492
顶账 — 抵账 178
顶针 — 顶鞴 248
定礼 — 聘礼 172
定然 — 定准 328
定然 — 着准 327
定准不移 — 着准可据 — 一定不移 328
丢盔撩甲 — 丢盔卸甲 529
东家 — 老板 21
东跑西颠 — 东奔西跑 563
东跑西颠 — 南跑北奔 — 南奔北跑 474
东跑西奔 — 南跑北奔 568
东西 — 门子 666
东西 — 物件 685
冬里 — 冬天 333
懂得 — 觉得 — 晓得 670
冻 — 冷 57
动不动 — 好不好 299
动弹 — 动身 665
斗鹌鹑放大鹰 — 斗促织玩百鸽 380
斗弄 — 惹 492
嘟嘟囔囔 — 唧唧咕咕 666
嘟噜（葡萄）— 挂 273
嘟囔 — 唧咕 267
独自个 — 独自一个 441
毒死 — 药死 — 恼死 555
堵（墙）— 扇 407
堵丧 — 丧打 — 撑打 355
堵头 — 坏头 113
断 — 劫 409
断然 — 断断 329
对词 — 对审 385
对付 — 接就 — 圆就 223
对付 — 买 709
对劲儿 — 合脾气 156
对了 — 是的 178
对命 — 拼命 462
对儿 — 对子 620
对心思 — 合心思 566
多半 — 大半 331
多会儿 — 多会子 231，416
多会儿 — 多会子 — 几咱 231
多会儿 — 那时 459
多礼 — 客气 469
多麽 — 几多 225
多少 — 几多 114
多余 — 浮余 520
多咱 — 多会 232
多咱 — 几儿 — 几早 231
多咱 — 几时 232
多咱 — 几早 232
多咱 — 么咱 232
多早晚儿 — 多会儿 — 多咱子 231
夺 — 抢 25
囤子 — 褶子 408

E

恶狠狠的 — 恶巴巴的 454
恶热 — 啊热 — 闷热 438
儿女 — 孩子 600
儿媳 — 儿媳妇 735
儿子 — 小厮 — 男娃 694
耳朵底子 — 耳底 403
耳瓜子 — 耳巴子 355
耳旁风 — 耳边风 243
二分儿 — 二房 318
二哥 — 伯伯 672
二号 — 二行 666
二忽 — 疑惑 565

二日 — 连朝 242
二五眼 — 二五不当 277

F

发饱 — 作饱 188
发怵 — 打僪 — 打影子 354
发达 — 发籍 470
发干 — 作干 189
发利害 — 发威 188
发怯 — 害怕 187
发市 — 发利市 479
发酸 — 作酸 188
发晕 — 作晕 189
乏 — 倦 244，294
乏 — 楸 217
法码有轻有重 — 秤有大有小 294
烦琐 — 烦絮 520
反倒 — 倒反 313
反脸无情 — 抹面无情 485
犯病 — 发病 403，656
饭厅 — 吃饭堂 98，657
方（砚）— 块 431
仿本 — 字本 99
仿格子 — 影本 62
仿圈 — 镇纸 81
纺线 — 纺棉花 16
放 — 摆 419
放刁 — 放赖 587
非离 — 除了 391
匪类 — 马流 — 下流 538
废亲事 — 黄亲事 681
费唇 — 磨嘴 395
分开 — 劈开 190
分儿 — 地步 36
粉红 — 水红 438
粉碎 — 希碎 412
风快 — 很快 105
风凉 — 凉快 319
风匣 — 风箱 294
逢求必应 — 有求必应 165
浮土 — 暴土 — 弹灰 229
浮余 — 余浮 520
浮余儿 — 多余儿 521
福安 — 清吉 307
赴席 — 叨扰 331
赴席 — 坐席 108
父母 — 爹妈 600
父亲 — 爹 32
副（药）— 剂 170，348
副（红彩）— 端 — 疋 408
富裕 — 身分 535

G

该 — 好 97
改头换尾 — 改头换影 724
改头换影 — 改头换面 565
盖 — 压量 — 掐尖子 520
盖砖 — 砌砖 92
干 — 光 503
干 — 空 254
干巴巴的 — 煞巴巴的 — 重巴巴的 455
干笔 — 旱笔 143
干辣 — 死辣 — 活辣 439
干粮 — 点心 552
甘心 — 情愿 145
敢保 — 包 234
敢作敢当 — 敢作敢为 558
赶 — 奔 378
赶 — 等 421
赶 — 到 233，423
赶 — 及 423
赶到 — 及攻 422
赶集 — 上市 40
赶紧的 — 上紧的 140
赶拢 — 俯就 311

赶自的 — 自然是 524
干活 — 干营生 145
刚 — 彊 161
刚才 — 彊才 161，498
刚刚 — 彊彊 163
缸 — 瓮 279，667
高粱 — 秫秫 274
高亮亮的 — 高梢梢的 502
高寿 — 贵甲子 513
高头 — 抬头 506
高兴 — 兴头 353
胳膊 — 膀子 76，91，242
哥儿俩 — 弟兄两个 223
木 — 托板 359
割疖子 — 放疖子 435
隔三跳两 — 隔三骗三 — 丢三歇五 566
格印纸 — 状式 691
个（戒指）— 副 172
个（表）— 挂 358
个（考）— 届 722
个（骡子）— 匹 293
个（狗）— 条 108
个（驴）— 头 727
给 — 把 63
给 — 替 62
给 — 与 63
跟 — 和 250
跟 — 对 21，389
根起 — 起根 — 起前 361
根儿 — 底子 361
根儿里头 — 起初头 362
根源 — 根由 586
艮硬硬的 — 硬争争的 497，498
羹匙 — 调羹 526
共总 — 统共 470
供养 — 供 614
狗拿耗子 — 狗捉老鼠 609
苟俭 — 啬鬼 481
够 — 厌 584
箍嘴 — 笼嘴 — 笊篱 617
孤单 — 冷清 415
孤单单的 — 孤伶伶的 497
孤门 — 单门 443
姑姑 — 姑妈 507，684
姑娘 — 闺女 13
姑娘 — 女儿 78
姑爷 — 女婿 78，184
古板 — 板滞 469
古董 — 古怪 595
股（绳）— 系 478
谷 — 谷子 274
鼓膨膨的 — 饱鼓鼓的 497
故事 — 古典 519
（出）故事 — 葛藤 365
聒睬 — 留意 339
聒睬 — 在意 213
刮头 — 篦头 669
寡居 — 寡妇 522
挂 — 拐 54
挂误 — 拖累 522
怪 — 奇 213
怪丑 — 希丑 415
怪热 — 漫热 417
关 — 歇 336
关板 — 上门 375
关门 — 歇了 34
官厅 — 官府 596
官样 — 成样 546
官样 — 大方 297
官样 — 大气 314
官印 — 大名 — 尊讳 513
管保 — 保管 170，550
管保 — 定规 538
管许 — 管保 583
管许 — 可许 374

管许 — 想必 375
管许 — 占许 374
光 — 寡是 117
光彩 — 光辉 450
光滑 — 滑铴 144
光溜溜的 — 光秃秃的 456
光溜溜的 — 精光光的 474
光润 — 鲜明 171
光堂堂的 — 光润润的 460
洸荡 — 洸 215
闺女 — 女儿 711, 712
归根 — 归期 570
归根儿 — 归期 — 归结 365
归究 — 究竟 366
归齐 — 到底 367
归齐 — 归期 — 归根 364
归期 — 归根 529
归期 — 归实 489
鬼头鬼脑 — 神头鬼脸 558
贵处 — 贵县 513
跪镇 — 跪链子 611
柜 — 柜子 59
滚热 — 焦热 438
锅台 — 灶 409
锅台 — 灶台 68
果真 — 真果 394
过度 — 过分 584
过犯 — 过错 376
V过O来 — VO过来 98
过日 — 过活 474
过晌 — 过午 23

H

哈吧狗 — 哈吧 91
孩儿 — 娃娃 579
孩子 — 娃娃 15
孩子 — 小厮 474
害病 — 患病 204
害癫痫病 — 抽羊角疯 300
害躁 — 害羞 182
害躁 — 怕羞 455
害心口疼 — 发心口疼 188
嗐 — 嘻 253
嗐 — 嗯 252
憨厚 — 浑厚 339
憨头憨脑 — 痴头痴脑 559
寒舍 — 舍下 514
汗露露的 — 汗津津的 496
行家 — 内行 183
好 — 行 179
好不好 — 甚么好 44
好马不备双鞍鞯 — 好马不吃回头草 530
好容易 — 好不容易 174
好慎 — 好生 176
好生 — 好慎 52, 253
好事 — 好玩 474
好些 — 老些 17
好些 — 一宗 294
好些个 — 好些 3
好些个 — 一大些 3, 6
好懒 — 耍懒 205
耗子 — 老鼠 375, 609
喝 — 吃 321
喝茶 — 吃茶 191
喝喝咧咧 — 唧呐呐 474
喝酒 — 吃酒 123
何必 — 何用 451
合（门）— 扇 409
合 — 管 371
合的 — 公众 665, 671
合家 — 浑家子 229
合局 — 转弯 710
合里 — 公众 667
合算 — 上算 142, 410
和 — 调 411

和美 — 和睦 583
和息 — 告知 550
黑干枯瘦 — 黄皮刮瘦 148
黑墨乌嘴 — 黑墨糊眼 302
黑下 — 下黑 — 夜里 39
黑夜 — 夜里 390, 504
狠巴巴的 — 毒螫螫的 454
狠毒 — 恶毒 124
恒劲儿 — 常劲儿 317
横虎虎的 — 横丢丢的 — 横霸霸的 500
轰 — 撵 151, 343
齁臭 — 松臭 — 活臭 438
齁气息 — 乔气息 — 搔气息 437
齁臊 — 乔臊 437
齁涩 — 巴涩 — 活涩 440
齁咸 — 生咸 435
厚薄 — 枵厚 121
厚费 — 过费 212
后儿个 — 后天 331
后日 — 后天 42
后头 — 后来 342
囫囵 — 整壮 167
呼打 — 咕嘟 355
忽然 — 倏然 326
忽然 — 突然 322
胡说巴道 — 胡说乱道 184
胡秫 — 秫秫 708, 711
(吹) 胡子 — 葫芦 118
胡同 — 巷 65
衚衕 — 巷子 609
糊里糊涂 — 糊泥糊涂 — 磨里磨留 560
护墙板 — 贴墙板 657
花户 — 差役 281
(种) 花儿 — 牛痘 254
花言巧语 — 巧言花语 481
画拉 — 搨 386
坏年 — 荒年 349
欢喜 — 喜欢 375
还许 — 许还 — 想还 374
换 — 转 34
换庚帖 — 下媒柬 106
黄嫩嫩的 — 黄胧胧的 — 黄生生的 500
幌子 — 招牌 146
谎诈 — 诡诈 298
灰 — 土 25
(来) 回 — 发 158
回头 — 掉脸 423
贿赂 — 贿 162
(找) 晦气 — 殃 372
豁 — 出 350
豁出 — 出上 — 拚上 34
活计 — 生活 348
活计 — 营生 — 生活 667
活乱子 — 活漏子 383, 468
活儿 — 营生 — 生活 664
活眼儿见 — 活现 599
火炉子 — 风炉子 132
大烧 — 烧饼 115
火食 — 大烧 730
祸害 — 作害 — 闯祸 504
婚书 — 庚帖 683
混水 — 脏水 69
混到头儿 — 创底铺 — 下架子 210

J

(拉) 饥荒 — 亏空 111
唧喇呱喇 — 唧呀呱呀 614
急 — 赶着 378
急齁齁的 — 热肠肠的 — 眼巴巴的 501
积聚 — 积块 369
即便 — 即使 475
即或 — 间或 479

即早 — 及早 323
即早 — 探前 — 探先 464
挤 — 拿 343
挤鼓眼 — 夹鼓眼 — 眨眼 388
祭灶 — 辞灶 211
剂（药）— 副 555
既是 — 既自 310
既自 — 既己 462
忌 — 戒 543
忌赌 — 禁赌 489
忌口 — 戒口 166
忌烟 — 戒烟 277
家当 — 家私 140
家父 — 家严 514
家口 — 家小 62
家里 — 里头 686
家母 — 家慈 514
家雀 — 麻雀 544
家下 — 家口 467
家下 — 家口 — 奶奶 213
家下 — 家口 — 家小 523
家伙 — 家什 43，300
家伙 — 家使 23
家伙 — 下脚子 663
假使 — 设使 383
价儿 — 价钱 312
坚定不移 — 坚定着 — 断然 328
肩膀儿 — 肩头 87
捡 — 拾 669，683
剪草除根 — 斩草除根 494
䕆（高粱）— 捆 430
简直的 — 直绝 236
贱 — 便宜 57
贱 — 便意 570
贱 — 潸 574
见 — 会 41
见强 — 见好 493
见天 — 天天 505，522
件（衣）— 领 359
件（事）— 桩 358
件件 — 样样 168
将将 — 还能 134
将将儿 — 彊彊儿 535
将将儿 — 仅仅 536
将就 — 就俯 105
将媳妇 — 抬媳妇 733
浆 — 糨 99，712
糨子 — 糨糊 193，462
糨子 — 糨 — 糨糊 353
绛紫 — 血紫 439
礁石 — 石礁 324
交代 — 交托 174
交粮 — 兑粮 520
嚼牙 — 咬牙 606
焦脆 — 酥焦 416
焦酸 — 活酸 434
焦酸 — 渍酸 439
嚼过 — 花消 522
铰 — 剪 131
镦 — 剪 190，252
皎黄 — 苍黄 434
皎黄 — 蜜黄 439
皎蓝 — 翠蓝 435
角（文书）— 封 357
脚 — 脚子 452
脚手 — 跐脚 663
脚手 — 跐脚 — 跳架 485
搅闹 — 搅扰 399
搅闹 — 蹧闹 343
轿 — 轿子 25
矫强 — 咬扯 314
教 — 给 279，349
教学 — 教馆 33，61
叫 — 被 128
叫 — 给 162，242
叫 — 教 128

叫 — 喊 25
叫 — 许 180
叫白 — 叫讹 429
叫唤 — 喊叫 299，403
叫门 — 敲门 164
叫门 — 打门 — 敲门 16
接就 — 买 709
结实 — 健壮 297
结实 — 硬 412
街坊 — 邻舍 339，666
街门口 — 大门口 399
结吧 — 结吧子 117
结果 — 头杀 392
结冤 — 作对 427，472
截 — 隔 276
截 — 隔 — 阻 438
截开 — 锯开 191
解恨 — 消恨 285
解渴 — 救渴 102
借 — 垫 381
借光 — 借问 251
借字 — 欠帖 — 欠据 380
戒尺 — 戒方 132
(不)禁 — 见 — 经 348
今儿 — 今日 172
今儿 — 今天 40
今儿个 — 今天 331
今儿个 — 今日 42
今日 — 今天 40
仅仅 — 可可 535
紧慢 — 急忙 390
进项 — 利路 522
京钱 — 小钱 10
精矮 — 希矮 412
精薄 — 溜枵 415
精明 — 精细 60
精慢 — 希慢 411
精轻 — 争轻 — 飘轻 415
精穷 — 漫穷 412
精瘦 — 希瘦 412
精湿 — 透湿 412
精湿 — 淹湿 — 渍湿 438
精细 — 精灵 361
精窄 — 希窄 412
净 — 尽 27，29
净 — 光 504
净干干的 — 净立立的 — 净落落的 497
究竟 — 归真 365
旧 — 老 223
就搭 — 接就 319
就是 — 惟 378
救急 — 就急 314
舅老娘 — 外舅奶奶 735
舅老爷 — 外舅爷爷 735
拘泥 — 拘执 397
锯 — 割 226
锯 — 截 431
锯 — 锯子 244
举荐 — 吹嘘 319
具结 — 出结 557
卷子 — 馒头 462
绝 — 绝然 328
绝 — 直绝 361
绝户 — 孤寡 318
绝俊 — 充俊 — 进俊俏 413
觉着 — 觉得 51
君三民八 — 君七民八 567
俊 — 俏 353，458
俊 — 标致 47，219
俊俏 — 标致 351
俊俏 — 俏争 404

K

揩 — 擦 27
开阔 — 宽阔 583

开释 — 开放 486
开手 — 上手 363
开通 — 开脱 — 开阔 221
开头 — 起头 362
开心窍 — 转窍 97
看家 — 看门 555，578
看热闹 — 看眼儿 — 看边局 493
看笑话 — 看笑场 — 听笑声 464
磕 — 跌 52
磕绊 — 战磕 — 抖擞 442
棵（头）— 个 310
科（葱）— 根 171
可 — 却 213
可不是吗 — 那待是啊 665
可不是吗 — 那么不是 522
可怜 — 嗟叹 497
可以 — 好 179
可真 — 凿可 670
客堂 — 客房 19
客厅 — 客屋 173，701
客厅 — 客堂 657
空话 — 白话 137
空行 — 空身 457，584
口齿 — 言谈 297
口话 — 口音 549
扣门 — 钮子 224
扣钱 — 下钱 662
哭唧唧的 — 哭啼啼的 459
苦咸 — 生咸 — 死咸 440
苦殷殷的 — 苦溜溜的 — 苦涩涩的 457
夸富 — 卖富 427
快 — 俏 525
快当当的 — 快溜溜的 455
快活 — 开味 43
快要 — 好 173
块（玻璃）— 方 432
块（豆）— 片 395
块（板）— 页 358
块（墨）— 锭 99，359
宽绰 — 宽余 91
宽绰 — 宽裕 263
宽绰绰的 — 宽敞敞的 502
亏 — 聒 510
亏空 — 饥荒 707
魁伟 — 昆壮 213
傀儡头 — 木人戏 — 提戏 589
困 — 盹 505

L

拉 — 带 671
拉扯 — 撮拥 373
拉二脚子 — 当下手 243
拉忽 — 拉疲 — 扯疲 476
拉饥荒 — 拉空 162
拉骆驼 — 摇串铃 530
拉落 — 撒在 216
拉遢 — 拉疲 — 拖疲 400
拉账 — 拉空 167
拉屎 — 屙屎 669
邋遢 — 迈态 — 憨包 251
瘌痢 — 瘰疮 317
腊 — 腊烛 273
喇 — 咧 151
来不来 — 先不先 316，318
来不来的 — 先不先的 317
来着 — 的咧 316
来着 — 喇 316
来着 — 来 316
来着 — 来 — 咧 401
来着 — 来呢 316
来着 — 来呢 — 的呢 317
赖糊糊的 — 赖唧唧的 — 赖滋滋的 458
拦轿 — 拦路 — 拦舆 482
郎猫 — 牙猫 — 公猫 578

廊子 — 厦檐 308
唠叨 — 絮叨 296
牢笼 — 算计 540
牢桩桩的 — 牢绑绑的 — 稳当当的 460
老 — 总 367
老 — 光 578
老（姓）—（姓）老 547
老辈子 — 祖上 74
老大爷 — 老爷爷 251
老的儿 — 老儿的 379
老高 — 好高 414
老老 — 老辈子 341
老妈 — 妈妈 63
老婆 — 家里 13
老婆 — 奶奶 76
老婆 — 婆娘 670
老婆 — 堂客 676
老婆儿 — 老妈 15
老婆子 — 老太太 14
老实 — 安生 296
老实 — 稳 242
老大娘 — 老太太 505
老天爷 — 天老爷 654，656
老头儿 — 老头子 14
老爷 — 外公 574
老远 — 辽远 491
姥姥 — 老娘 — 家婆 545
姥姥 — 姥娘 — 婆婆 316
烙 — 烫 80
烙 — 熨斗 190
烙铁 — 熨斗 190
乐处 — 趣处 268
乐孜孜的 — 乐嘻嘻的 459
勒 — 打 100
雷打不散 — 雷打不脱 682
累赘 — 累 446
垒上 — 砌上 407
瘰疬 — 疬子 477
累乏 — 弄倦 160
类似 — 彷佛 269
类似乎 — 彷佛 270
冷孤丁 — 冷打惊 — 打冷惊 323
冷孤丁 — 冒不通 — 冷地里 325
冷不防 — 冒不通 — 猛过地里 322
（发）睖 — 佯向 363
漓溜罗唆 — 罗里罗唆 175
黧猫 — 黧花猫 432
犁铧 — 馋头 — 犁头 112
犁牛 — 花牛 114
离 — 馃 — 瞥 461
离了 — 非离 391
礼貌 — 礼性 492
理练 — 理料 680
立字 — 立约 483
立时 — 登时 483
粒（米）—颗 275
俐摞 — 俐束 — 熨贴 335
俐摞 — 俐束 — 摞俐 598
俩 — 两个 117，354
脸面 — 义气 271
脸皮薄 — 脸嫩 362
脸软 — 心软 362
连三叠四 — 连三带四 568
凉 — 冷 131，495
凉快 — 风凉 701
凉快 — 凉凉 148
凉森森的 — 凉阴阴的 500
谅来 — 谅想 262，462
谅来 — 想必 261
粮草 — 柴米 384
撩治 — 拾掇 246
瞭亮 — 了亮 235
了手 — 丢手 234
烈女不嫁二夫郎 — 烈女不嫁二夫男 — 烈女不嫁二夫君 530

淋 — 洒 227
淋 — 湿 279
淋 — 沲 162
邻舍 — 街房 104
临事靠急 — 临事就急 560
灵俏 — 伶俐 352
领（席）— 条 357
领 — 带 684
领 — 引 51
领教 — 讨教 656
领路 — 带路 270
领路 — 领理 477
领情 — 领谢 473
领戏的 — 领班子 466
领罪 — 干罪 347
溜打 — 游逛 319
溜光 — 油光 416
溜滑 — 希滑 415
溜平 — 坦平 415
流 — 淌 247，299
流泪 — 淌眼泪 369
留宿 — 留歇 385
琉璃 — 烧料 93
拢总 — 通统 84
跳踵 — 踜蹭 230
篓子 — 提篮 717
露面藏私 — 藏头露面 525
露截 — 断道 — 挡路 290
乱七八蹧 — 七乱八蹧 84
（闹）乱子 — 漏子 365
抡打 — 舞弄 356
论理 — 讲理 38，212
罗锅子 — 罗锅腰 — 骆驼腰 436
罗经 — 罗盘 601
落户 — 入籍 360
落花生 — 长生果 — 花生 416
落价 — 跌价 395
落钱 — 矮钱 662
驴 — 驴子 439，465
略略 — 颇颇 536

M

摩挲 — 摩搓 131
妈 — 娘 734
妈妈 — 妈 448
妈呀 — 妈妈 555
妈呀 — 妈妈 — 妈啊 250
麻刀 — 纸筋 208
麻稭棍儿打狼 — 苘(檾)蔴稭打狼 610
嘛 — 什么 576
嘛 — 什么 — 么事 576
（露）马脚 — 狐狸尾巴 340
蚂蚁 — 蚁蛘 425
骂唧唧的 — 骂骂咧咧的 459
（可不是）吗 — 呢 238
买奉 — 呵奉 385
买银子 — 戥银子 506
卖 — 换 63
迈态 — 无能 666
颟顸 — 柔绵 219
馒头 — 馍馍 41
满应满许 — 满口应许 558
慢慢的 — 一会儿 48
慢腾腾的 — 慢悠悠的 496
毛道儿 — 毛头 402
毛伈伈的 — 伈拉拉的 — 胜巴巴的 498
卯子工 — 雇工 659，663
卯子工 — 日工 410
帽儿 — 帽子 605
（笔）帽儿 — 套儿 73
没 — 没有 8，160
没太阳 — 落太阳 378
煤油 — 大油 98，432
门公 — 门佬 572
门儿 — 门 14
闷 — 急 127

蒙头盖脸 — 蒙头盖脑 — 蒙头盖面 499
朦混 — 朦弄 213
盟誓 — 发誓 465
猛孤丁 — 冷孤丁 — 冷然间 323
猛然 — 忽拉巴 322
免俗 — 出俗 386
面 — 脸 257
面肥 — 引子 — 酵子 375
藐视 — 轻慢 520
渺冥 — 渺茫 425
灭 — 熄 57, 69
明公 — 百晓 575
明朗 — 明白 296
明朗眼见 — 明明 295
明年 — 过年 332
明儿 — 明天 41
明儿个 — 明日 42
明儿个 — 明天 41
明日 — 明天 40
明悟 — 才分 — 天分 549
摸 — 捞 315
摸 — 抓 404
摸不着 — 得不着 685
摸索 — 摸缉 300
默会 — 意会 427
磨转 — 转 538
墨（粗布）— 疋 668
母狗 — 草狗 578
母牛 — 犉牛 580
目今 — 脚下 335
目下 — 眼时间 336
木头人 — 土牛木马 602

N

拿 — 捉 129
那见其～ — 那见得～ 450
那儿的话 — 那来的话 — 那里的话 522
那么些个 — 那些 235
那么着 — 那么的 151, 662
那么着 — 那么样 85
那儿 — 那里 24, 88
捺 — 拃 431
奶奶 — 婆婆 670
奈何 — 无何 541
奈何～不得 — 无可奈何～ 543
耐 — 扛 659
男儿 — 男人 513
难受 — 难过 323
挠 — 抓 352
脑袋 — 头 74
闹大发 — 闹大摊 443
闹坏 — 弄坏 320
闹饥荒 — 闹葛藤 84
闹拧 — 弄扭 202
闹拧 — 弄扭 — 弄结 140
闹脾气 — 使脾气 441
闹虚套子 — 虚虚套之 481
（没）呢 — 家 152
呢 — 喇 666
（那里）呢 — 吗 88
内稿 — 内枪 725
内人 — 老婆 — 夫人 226
内心 — 人心 124
嫩俏俏的 — 嫩和和的 500
能 — 待 525
能 — 要 90, 233
能差 — 正讹 120
能耐 — 能干 402
能耐 — 能为 272
能说 — 上得场 419
（下）泥 — 灰 — 脏 67
你们 — 您 715
匿名帖 — 没头帖 — 白头帖 489

黏粥 — 粥 456
黏渍渍的 — 黏糊糊的 459
碾 — 碾子 484
念三道四 — 言三语四 566
念书 — 读书 110
娘 — 妈 63，416
娘儿们 — 妇人家 573
尿缸子 — 马桶 437
捏 — 捻 170
您 — 你 346
您纳 — 您 222
宁为太平犬莫作乱世人 — 宁为太平狗莫作乱世人 592
宁自 — 宁可 592
牛拦 — 牛圈 579
钮襻儿 — 扣门儿 70
钮子 — 扣子 170
扭 — 拗 194
扭语 — 横语 665
弄坏 — 踢蹬 70，300
暖和 — 温煖 714
挪动 — 磨动 245
挪借 — 倒借 467
挪窝 — 腾窝 584
女亲家 — 亲家母 481
疟子 — 疟疾 189
谑薄 — 戳薄 463

O

呕 — 吐 105
偶尔 — 间或 479
偶尔 — 偶然 322
沤 — 烦 — 嫌 474

P

怕 — 恐 378
怕 — 要 110
排（书）— 帮 407
攀大头子 — 挤大头子 610
盘（磨）— 副 244
盘子（买卖）— 伴子 223
盼 — 望 670
盼头 — 望头 419
～旁 — ～边 420
旁边 — 空里 — 横里 491
旁不相干 — 余里挂外 519
旁的 — 别的 469
旁人 — 别人 593
胖 — 肥 547
胖人 — 胖子 75
呸 — 呃 250
赔 — 赔（＝折） 18，255
赔钱 — 赔（＝折）本 33，327
配药 — 割药 391
烹 — 匌 574
碰 — 顶 98
碰 — 摊 126
碰倒 — 拐倒 473
碰命儿 — 命儿摊 182
霹雳 — 炸雷 556
批外课 — 附课 721
脾寒 — 疟子 — 疟疾 372
偏 — 分外 519
偏外 — 格外 519
偏斜 — 偏向 546
便宜 — 方便 56
便宜 — 上算 149
片儿（馒头）— 页 357
瓢口 — 大盆嘴 299
瓢摁 — 瓢洒 435
撇 — 丢 70，516
撇嘴 — 瘪嘴 325
平常 — 凡常 168
平平无奇 — 平谈无奇 600
瓶塞 — 瓶捽 95
瓶子 — 瓶 235

坡子 — 崖子 485
泼儿 — 沫子 75
笸箩 — 簸儿 — 栲儿 597
破烂 — 狼狈 280
破谜儿 — 猜谜儿 202
破谜儿 — 打谜儿 617
扑 — 投 685
扑头 — 靠头 420
蒲垫子 — 蒲团子 179
普雨 — 大雨 228
舖 — 店 18，358
舖子 — 店 17

Q

沏茶 — 泡茶 60
攲 — 歪 656
攲 — 歪 396
妻子 — 老婆 600
七股八杈 — 七杈八股 — 七头八杈 567
欺 — 汹 125
欺负 — 汹 529
期限 — 限期 685
漆黑 — 墨黑 — 乌黑 438
齐截截的 — 齐双双的 498
齐整整的 — 茂堂堂的 456
～起 — 起～ 386
起动 — 劳动 550
起根 — 根儿 360
起根儿 — 以来 360
起根儿 — 自来 362
～起来 — ～将起来 303
～起来 — ～起 71
起马 — 上马 161
起身 — 动身 684
起头 — 开光 362
起早睡晚 — 起早连晚 562
气讳讳的 — 气忿忿的 — 气恨恨的 501
乞丐 — 花子 229
铅粉 — 官粉 432
牵连 — 瓜葛 177
前不归村后不着店 — 前不巴村后不巴店 336
前儿个 — 前日 — 前天 41
前头 — 头前 338
钳子 — 坠子 172
墙根脚 — 墙基 663
强 — 好 24，143
强 — 压 525
强似 — 胜似 371，591
强嘴 — 嘴犟 50
抢嘴 — 抢头 — 抢先 184
跷脚 — 跕脚头 544
瞧 — 看 526，664
巧了 — 好像 375
巧了 — 或者 377
雀儿 — 雀子 292
悄默声儿的 — 不作声 135
悄悄的 — 寂寂的 383
悄悄儿 — 静静儿 148
悄悄儿 — 悄悄的 49
悄悄儿 — 哑密密 352
俏皮 — 打趣 361
俏皮皮的 — 俏生生的 459
怯头怯脑 — 缩头缩脑 561
青须须的 — 黑碌碌的 499
清楚 — 清白 264
轻佻 — 轻飘 578
轻易 — 半晌 — 半天 479
轻易 — 半晌 — 成久 480
情常 — 情分 582
情形 — 架子 540
求 — 讨 476
求告 — 招赔 549

窟窿 — 洞 129
取灯 — 洋火 239
取灯 — 自来火 — 洋火 27
娶 — 将 59，667
～去 — 去～ 149
去处 — 处所 267
圈笼 — 套 194
泉眼 — 泉 416
犬子 — 小犬 514
却 — 而 510
确乎不移 — 凿凿可据 328

R

嚷叫 — 招呼 586
嚷嚷 — 吵 215
嚷嚷 — 吵吵 82，162
让 — 请 185
让 — 饶 348
让 — 招呼 199
饶 — 赘 — 忙 358
饶是 — 除是 — 倒是 666
热闹 — 闹热 23，299
忍 — 扛 193
认 — 当 241，418
认定 — 认亲 382
认识 — 认得 20
纫针 — 穿针 106
任 — 管 45，82
任 — 随便 82，651
任凭 — 任管 219
恁么 — 那么 85，208
恁么的 — 这么着 209
扔 — 丢 95，549
扔 — 发 468
扔 — 拽 104
日头 — 太阳 454，653
日蚀 — 护日 539
柔和 — 柔妥 670
肉架子 — 肉案子 392
如今 — 目今 336
乳名 — 小名 185
入味 — 热盆 234
软弱 — 柔弱 124
惹气 — 招气 487
若是 — 如 382

S

三（＝仨）— 三个 15
撒 — 泼 414
撒谎 — 扯谎 20，680
撒泼 — 发泼 385
撒泼 — 放泼 — 趱劲 367
撒气 — 透气 78
腮颊 — 腮 403
三差两错 — 一差二错 567
三还九转 — 三弯九转 566
散 — 炸裂 141
丧气 — 晦气 252
嗓子 — 喉咙 149
嗓子 — 牙齿 687
沙子 — 沙 662
杀威 — 杀气 181
～煞 — ～死 556
傻 — 痴 266，585
傻 — 呆 427
傻蛋 — 憨蛋 243
傻子 — 呆子 427
霎时间 — 一霎时 — 登时间 323
山鸡 — 野鸡 91
山药豆 — 地蛋 — 洋山芋 407，652
衫子 — 褂子 108
商量 — 谋合 281
伤触 — 触犯 376
伤人 — 毒人 126
晌饭 — 中饭 681
晌尖 — 中尖 — 中伙 482

晌午 — 中上 433, 665
晌午 — 中时 — 中上 68
晌午错 — 偏西 151
上边 — 上头 66
上膘 — 长肉 255
上紧 — 下紧 277
上紧的 — 紧趁 — 着紧的 564
上酒 — 摆上酒 311
上老虎头上抓虱子 — 上老虎头上抓痒 610
上面 — 高头 66
上头 — 高头 192
上弦 — 开弦 79
上学 — 进馆 89
捎 — 带 141, 410
捎 — 寄 407
捎信 — 打信 34
捎信 — 带信 404
捎信 — 寄信 26
筲（水）— 桶 75
社 — 乡 304
谁 — 那个 81, 686
谁 — 甚么人 81
伸 — 竖 152
身（皮袄）— 件 430
身工 — 身价 652
身量 — 身段 398
甚 — 甚么 575
甚么 — 怎么 651
甚么 — 咋 — 么事 576
神 — 菩萨 610
神灵 — 灵神 564
神仙 — 老天 587
婶子 — 婶 669
婶子 — 婶婶 250
甚至 — 甚 589
生病 — 害病 477
生痱 — 生痱积 502
生花儿 — 出花儿 348
生疥 — 生疮 352
生生 — 活活 612
生日 — 周岁 122
生疹子 — 出疹子 198
声儿 — 声气 31
声儿 — 声调 399
声张 — 张扬 69
湿 — 潮 510
湿拉拉的 — 湿渍渍的 458
失迷 — 迷失 90
师傅 — 司务 24, 572
师娘 — 师母 2, 15
实落 — 实在 659
十字九成 — 盛水不漏 567
识字 — 认识字 21
时候 — 站头 265
时时 — 常常 300
拾 — 捡 71, 287
拾掇 — 扎裹 671
拾漏子 — 拾错 480
使 — 给 181
使 — 累 503
使 — 用 5, 315
使费 — 费用 388
使坏 — 净混 659
使换 — 调度 579
使换 — 用 53, 234
使劲儿 — 下力 464
使劲儿 — 用劲 289
使眼色 — 丢眼色 494
是～不是 — 是不是～ 56
世路 — 世务 529
世路难行钱作马 — 世事如路钱为马 270
世人都晓神仙好 — 世人皆晓神仙好 470
似的 — 一般 270

许 — 配 185
许得 — 料得 374
许是 — 想是 597
续弦 — 后婚 162
絮上 — 铺上 224
学房 — 学堂 2，17
学儿 — 学问 487
学生 — 相公 733
学院 — 学台 161
瞑目 — 瞰目 — 瞥 379
雪白 — 漂白 438
雪白 — 乔白 — 澈白 438
熏 — 焮 176
熏蚊子 — 呛蚊子 — 焮蚊子 570
寻思 — 思想 319，650

Y

压杠子 — 踩杠子 611
压住 — 好似 709
牙狗 — 公狗 578
芽杈杈的 — 竖杈杈的 — 直竖竖的 497
崖子 — 坡子 140
淹没 — 淹湿 210
烟筒 — 釜台 — 烟冲 262
烟瘾 — 烟头 543
颜色 — 色头 548
严严 — 切切 82
眼（井）— 口 407
眼精手快 — 眼尖手快 597
眼看 — 眼见 33
眼力 — 眼色 659，376
眼眉 — 眉毛 124
眼神 — 眼目 173
眼时下 — 眼时间 — 眼前 335
酽 — 厚 60
秧猪 — 脚猪 578
仰般脚 — 仰卧蹬 324
羊群里跳出骆驼 — 螺蛳里拣出乌龟 271
羊肉包子打狗 — 牛肉包子打狗 612
徉徜 — 粧徉 474
样儿 — 样子 310
样子 — 架式 539
吆三喝三 — 吆二喝三 — 吆吆喝喝 568
腰（裙子）— 条 430
咬 — 叫 492
咬 — 蛀 128
咬牙 — 打牙 668
要 — 待 150
要 — 待要 323
要 — 怕 34
要 — 讨 685
要滑 — 讨疲 684
要死 — 见死 348
要账 — 讨账 568，689
要主 — 买主 420
爷们 — 大爷 733
爷儿 — 父子 573
爷儿 — 叔侄 345
爷儿们 — 男子汉 573
野猫 — 兔子 91
也许 — 行许 374
夜来 — 昨天 568
夜里 — 黑夜 123
掖 — 塞 537
依 — 肯 391
一半个 — 一个半个 479
一不系亲二不系故 — 一不沾亲二不带故 510
一处儿 — 一块儿 290
一大群 — 一大阵 651
一点 — 一些 520
一定 — 言定 276
一定 — 已就 524

一定 — 准成 448
一睹气 — 一口气 318
一概 — 一干 289
一家 — 同族 735
一块儿 — 一堆儿 289
一母生百般 — 一龙生九种 440
一妻一妾 — 一大一小 368
一气 — 一程子 159
一霎时 — 顷刻间 324
一样 — 每样 363
一直 — 笔直 654
胰子 — 肥皂 67，247
以后 — 后 342
以前 — 以头 338
以先 — 向来 337
以致于 — 以至于 585
阴天 — 天阴 112，123
银锞 — 盐锞 76
婴孩 — 娃娃 547，733
茔地 — 坟地 246
营生 — 工夫 663
营生 — 生活 656
营生 — 事情 67，670
迎风站 — 大风扬 451
影儿 — 影子 125
硬刺刺的 — 硬争争的 495
硬郎 — 汉气 448
硬气 — 硬挣 346
游逛 — 逛景 137
油汪汪的 — 油润润的 460
有病 — 生病 16
有大举动 — 大张罗 — 有大排场 539
有根有梢 — 有头有尾 560
有意 — 着意 473
有滋有味 — 有情有趣 561
迂滞 — 拘执 88
愚弄 — 惑弄 127
余外 — 越外 519
玉米 — 包米 — 六谷 497
圆 — 圆圆 48
圆包 — 包袱 721，725
圆脸 — 结脸 551
圆全 — 圆成 662
原本 — 本来 360，362
原起 — 起先 361
原起 — 原来 362
原起根儿 — 起根儿 362
愿意 — 爱意 145
约定 — 约就 208
月季 — 月月红 171
越发 — 大逛儿 350，352
岳父 — 丈人 310

Z

扎裹 — 穿扎 474
砸 — 打 127，462
载 — 装 651
在～ — ～上 242
再见 — 再会 342，656
再三 — 再四 199
咱 — 我 253
咱 — 我 448
咱 — 我们 366
咱们 — 我们 222，310
脏 — 龌龊 95
遭 — 回 300，609
遭罪 — 受罪 205
枣儿 — 枣子 109
早晨 — 早上 357，585
早饭 — 朝饭 8，337
早起 — 早上 174
早晚 — 早迟 607
早晚儿 — 咯子 334
早先 — 早前 339
早早的 — 早些 48

灶王 — 灶君 443
怎的 — 怎么 576
怎敢 — 焉敢 444
怎么 — 那么 89
怎么样 — 那么的 86
怎么着 — 怎么的 89
怎么着 — 怎么的 — 怎么样 221
怎么着 — 怎么样 86
扎 — 攮 — 锥 244
扎 — 冰 537
乍 — 忽 403
摘借 — 倒借 — 积借 685
宅子 — 房子 357
窄巴 — 窄狭 592
占卦 — 算命 207
粘 — 胶 132
毡 — 毡子 274
蘸发条 — 煎发条 508
占 — 包 178
张（床）— 舖 274
张（画）— 轴 357
长 — 生 273，306
长疥 — 生疥 102
掌鞭的 — 赶脚的 606
掌柜的 — 老板 95，433
掌柜的 — 掌尺的 — 掌作的 304
仗 — 靠 332
着 — 喳 524
招惹 — 惹呼 533
着 — 烧 230
着家 — 在家 578
找 — 抄持 216
找饥荒 — 找晦气 539
找寻 — 寻事 537
照旧 — 仍旧 551
照着 — 依着 605
折腾 — 踢弄 — 舞弄 571
～折 — ～断 128
折蹬 — 盘弄 147
折蹬 — 折磨 591
折干 — 干折 315
折证 — 争竞 72
这会儿 — 这会子 334
这里 — 此地 23
这么 — 这样 85
这么着 — 这么的 136
这么着 — 这么样 149
这儿 — 此地 23，24
这儿 — 这里 24，37
这时候 — 这咱 334
这样 — 这么 210，570
这样 — 这么一来 208
这早晚 — 这咱子 336
～着 — ～的 117，328
～着 — ～之 51，403
～着 — ～之 — ～的 448
～着喇 — ～哩 152
真个 — 真果 396，460
真个的 — 真果的 395
真切 — 亲确 302
针线 — 针凿 671
诊脉 — 评脉 — 号脉 427
争吵 — 吵嘴 199
争肥 — 通肥 — 精肥 416
争亮 — 通亮 — 漫亮 414
争闹 — 别字眼 43
整齐 — 齐整 536
整天家 — 成天的 664，673
整天家 — 整天的 365，424
整治 — 收拾 57
正 — 正当 59
正大光明 — 正名公得 727
挣 — 寻 372
之 — 的 586
枝（菸袋）— 根 273
知道 — 晓得 9，21

支 — 撑 71
支吾 — 糊倒 125
只（牛）— 条 90
直爽 — 直率 525
直爽 — 直快 428
直眼 — 挓挲手 — 挓手 325
值不值 — 得不得 — 常不常 299
值不值 — 好不好 301
执法 — 按法 508
只是 — 但是 258
指点 — 点画 — 指戳 544
指教 — 指点 321
指使 — 指派 391，463
志石 — 制石 340
贽见礼 — 药敬 493
制秤 — 较秤 458
至不济 — 最公道 402
治儿 — 治头 543
中中儿的 — 平平的 88
终久 — 归实 365
终久 — 期毕 364
中 — 好 246
中 — 行 179
重活 — 粗工 598
周旋 — 多礼 452
嘱咐 — 叮咛 199
～住 — ～迭 — ～及 249
住 — 宿 — 歇 581
炷（香）— 炉 407
抓阄 — 拈阄 182
拽 — 扔 — 摔 214
专一 — 专门 441
转 — 反 313
转眼 — 眨眼 323
转年 — 来年 332，372
赚 — 讨 95
赚 — 寻 18，178
赘累 — 白赘 — 带掉 220
谆切 — 煞实 297
准 — 深 347
准成 — 详细 216
准成 — 准行 329
桌单子 — 台布 190
镯子 — 镯头 90，172
滋生 — 蕃生 578
滋味 — 情肠 558
滋味 — 情趣 175
紫够够的 — 紫乌乌的 502
紫英英的 — 紫微微的 502
字据 — 帖子 — 单子 264
字儿 — 字 350
自各儿 — 自己 165
自各儿 — 自己一个 208
自己 — 己 142
自己各儿 — 自己一个 53
自来 — 自然 451
自心 — 己心 473
自然 — 已在 523
宗（事）— 桩 214
总得 — 总须 285
总得 — 总要 285
总得 — 总须 — 务要 285
总得 — 总须 — 总要 285
纵野 — 创野 500
钻 — 钻子 244
嘴笨 — 嘴讷 — 嘴钝 507
嘴急 — 急食 666
嘴快 — 嘴散 193
嘴浅 — 嘴散 193
嘴上 — 牙外 473
醉汉 — 醉鬼 494
尊姓 — 贵姓 513
撙 — 拧 667
昨儿 — 夜来 332
昨儿个 — 昨天 333
做 — 弄 171，253

别　表*

1

白日（天里）		当儿（当口）	○
白薯（地瓜，山芋）	○●	底细（根底）	●
白天（天里）	○	底细（底里）	●
半憨子（呆子）		地方（地处）	○
雹子（冰雹）	○●	地方（落地）	○
波棱盖（波罗盖）		地方儿（地方）	○●
饽饽（馍馍）		冬里（冬天）	●
长虫（蛇）		儿子（小厮，男娃）	○
车（车子）	○●	分儿（地步）	○●
北屋（后房）		父亲（爹）	○●
被（被子）		盖儿（盖子）	○●
笔帽儿（笔套儿）		缸（瓮）	
匙子（勺子）	○●	高粱（秫秫）	○
匙子（调羹）	○	根儿（底子）	○●
窗户（窗子）	○●	胳膊（膀子）	○●
炊帚（刷帚）		各样儿（各样）	○●
矬子（矮子）		工夫儿（工夫）	○●
错儿（漏子）	○●	姑娘（闺女）	○●
褡子（褡裢）		姑娘（女儿）	○●
大后年（老后年）		姑爷（女婿）	○●
大乱子（大漏子）		瓜子儿（瓜子）	○●
大娘（大妈）	○●	柜（柜子）	
道儿（路）	○●	锅（灶）	○●
道儿（道路）	○●	哈吧狗（吧狗）	○
		孩儿（娃娃）	

孩子（娃娃）	○
耗子（老鼠）	○●
黑下（下黑，夜里）	●
猴儿（猴子）	●
胡同（巷）	○●
花儿（花）	○●
活（生活）	○●
灰（土）	●
火烧（烧饼）	●
饥荒（亏空）	●
家当（家私）	
家雀（麻雀）	○●
家下（家口）	
家伙（家使）	○
价儿（价钱）	●
价什（家伙）	●
肩膀儿（肩头）	○●
轿（轿子）	
街坊（邻舍）	○●
结吧（结吧子）	
今儿（今天）	○●
今儿个（今天）	○●
今日（今天）	●
锯（锯子）	
客堂（客房）	
老妈（妈妈）	
老婆（家里）	○●
老天爷（天老爷）	○●
老头儿（老头子）	○●
烙铁（熨斗）	
落花生（长生果，花生）	
姥姥（老娘，家婆）	○
犁铧（镵头，犁头）	
粮草（柴米）	
两样儿（两样）	○●
驴（驴子）	○●
馒头（馍馍）	○
煤油（火油）	○
妹妹（妹子）	○●
门儿（门）	○●
面（脸）	●
明儿个（明天）	○●
母狗（草狗）	
母牛（牸牛）	
脑袋（头）	○●
年头儿（年岁）	○
钮襻儿（扣门儿）	
钮子（扣子）	
女猫（母猫）	
疟子（疟疾）	○●
旁边（侧边）	○
瓶子（瓶）	○●
笸箩（簸儿，栲儿）	○
舖子（店）	○●
前儿个（前天）	○●
墙（墙头）	○●
取灯（自来火，洋灯）	○
日蚀（护日）	
日头（太阳）	●
嗓子（喉咙）	○●
衫子（褂子）	○●
晌午（中时，中上）	○●
上边（上头）	○
上面（高头）	
婶子（婶婶）	○●
生日（周岁）	
声儿（声气）	○
四季儿（四季）	
瘦人（瘦子）	●
俗话儿（俗语）	○●
镇（镇子）	
桃儿（桃子）	○●
天井（院子）	●
团子（垫子）	
外边儿（外边）	
外人（旁人，别人）	

晚饭（夜饭） ○●

王瓜（黄瓜）

屋子（房子） ○●

午饭（晌饭，中饭） ○●

物件（东西） ●

喜鹊（鸦鹊）

媳妇（奶奶） ○●

媳妇（娘子） ○●

媳妇（新娘子） ○

下巴（下巴骨）

小伙子（小汉子） ○

杏儿（杏子）

性子（性体）

学堂（学房）

爷爷（父子）

夜里（黑夜） ○

胰子（肥皂） ○●

营生（事情） ●

茔地（坟地）

影儿（影子） ○●

玉米（包米，六谷） ○

早饭（朝饭） ○●

早起（早上） ○●

枣儿（枣子）

宅子（房子） ●

毡（毡子） ○

掌柜的（老板） ○●

砖（砖头） ○●

转年（来年）

桌单子（抬布）

镯子（镯头）

昨儿（夜来） ○

昨日（昨天） ●

座位（座儿） ●

俺（我） ○●

多么（几多） ○

多少（几多） ○

多咱（多会儿） ○

多咱（几儿，几早） ○

多咱（几早，麽咱） ○

那么些个（那些） ○●

那么着（那么样）

那儿（那里） ○●

您纳（您） ●

恁么（那么） ●

恁么的（这么着） ●

谁（那个） ○●

谁（什么人） ○●

他纳（他） ●

我们（俺） ○

咱们（我们） ○●

怎么着（怎么的） ○●

这里（此地） ○●

这么（这样） ○●

这儿（此地） ○●

这时候（这咱）

这早晚（这咱子）

自个儿（自己） ○●

自己个儿（自己一个）

3

顶（乘）轿

嘟噜（挂）葡萄

方（块）砚台

副（剂）药 ●

回（发）来

件（领）衣裳 ○

块（锭）墨

角（封）文书 ●

身（件）袄

条（只）腿

头（匹）驴 ○

头（只）牛 ○

尾（条）鱼 ●

眼（口）井	
腰（条）裙子	●
张（铺）床	○
枝（根）烟袋	
座（统）碑	

4

爱（好）	○
安排（安置）	○●
巴不得（望不能，望不到）	○
巴不能够（望不能）	○
不割舍（舍不得）	●
～不了（～不掉）	○●
擦（抹）	○●
成家（娶亲）	
出阁（出门子）	●
出嫁（出门）	○●
穿换（拉扯）	●
撺掇（撮弄）	
打盹（冲盹）	○
打哈息（打呵欠）	
打鸣（啼鸣）	○
打仗（打架）	
倒（跌）	○●
待要（要）	●
～得慌（～得够受）	○
～得了（～起来了）	○●
得（要）	○●
提溜（拧）	○
对劲儿（合脾气）	○
关门（歇了）	○
喝茶（吃茶）	○●
喝酒（吃酒）	○●
合算（上算）	○●
溅（灒）	○
浆洗（糨洗）	
铰（剪）	●
教学（教馆）	
叫（喊）	○●
叫喊（喊叫）	○●
叫门（敲门）	○●
觉着（觉得）	●
落价（跌价）	●
流泪（淌眼泪）	○●
没（没有）	○●
灭（㶉）	○
拿（捉）	○●
赔（贴）	○●
碰（顶）	○●
撇（丢）	○●
破（摔）	●
～起来（～将起来）	○
瞧（看）	○●
娶（将）	○
嚷嚷（吵）	○●
认识（认得）	○●
撒泼（发泼）	
撒谎（扯谎）	○●
商量（谋合）	○
上弦（开弦）	
捎（带）	○●
拾（捡）	●
收工（散工）	
睡觉（困觉）	○
说（讲）	○●
说闲话（拉闲聒儿）	○
算计（打算）	●
玩儿（耍）	○
忘（忘记）	○●
下雪（落雪）	○●
下雨（落雨）	○●
有病（生病）	○●
再见（再会）	○●
占卦（算命）	●
长疥（生疮）	○●
诊脉（评脉，号脉）	

知道（晓得） ○●
赚（寻）

5

肮脏（痈歹） ○
笨（蠢） ○
笨（拙） ○●
不济（不好） ●
不中（不行） ●
冻（冷） ○
粉红（水红） ○●
光润（鲜明）
害躁（害羞） ○●
贱（便宜） ●
结实（硬） ○●
俊（标致） ○●
快活（开味） ○●
宽绰（宽余） ●
拉遢（拉疲，拖疲）
凉（冷） ○●
便宜（方便） ○●
漆黑（墨黑，乌黑） ○
强（好） ○●
热闹（闹热） ○●
软弱（柔弱） ●
湿（润） ○
痛快（爽快） ○●
晚（黑） ○
许多（几多） ○
釅（厚） ○
脏（齷齪） ○●
真切（真确） ○

6

别（莫） ○●
从早（从先）
抽冷子（打不瞧，偷冷）
抽冷子（冷不防，冷地里）
抽冷子（偷冷子）
大约（光景） ●
当下（时下）
登时（立时） ●
登时（爽然，霎时） ●
顶（挺） ○●
动不动（好不好） ○
断然（断断）
凡常（平常） ●
反倒（倒反） ○●
赶紧的（上紧的） ○
刚（才） ○●
刚（彊） ○
刚才（才刚） ○
刚才（彊才） ○
管保（保管） ○●
管许（想必） ●
光（寡是） ○
归究（究竟） ●
归齐（到底） ●
共总（统共） ●
好容易（好不容易） ○
好生（好慎）
后头（后来）
忽然（突然） ○●
既是（既自）
既自（既己）
简直的（直绝） ○●
仅仅（可可） ○
净（尽） ○
究竟（归真） ○
来不来的（先不先的） ●
老（总） ○●
老老实实的（安安生生的） ○●
冷孤丁（冷打警，打冷警）
拢总（通统） ●
目下（眼时间）

前头（头前）	
悄悄儿（悄悄的）	
巧了（好像）	●
头里（里头）	●
头里（起先）	●
突然（聚然）	●
往后（日后）	●
先前（早前）	
想许（横竖）	●
眼看（眼见）	
眼时下（眼时间，眼前）	●
也许（行许）	○
一块儿（一堆儿）	○
原本（本来）	●
原起（起先）	
乍（忽）	○●

7

不论（随便）	○●
可（却）	○●
任（管）	●
任（随便）	●
任凭（管）	●

8

好些（一宗）	○
好些（老些）	○
好些个（一大些）	
俩（两个）	○●
一些（一点）	●
些个（一些）	○●

9

赶（等）	○●
给（替）	○●
给（与）	○●
～给（～把）	○
跟（对）	○●
叫（被）	○●

10

得了（好了）	○●
喇（咧）	○●
来着（过咯）	○
来着（来呢，的呢）	○
似的（一样）	○●

11

～不刺（～不刺拉）	
～布渍（～渍渍）	
(整天）家（～的）	○●

*原注

1. この別表の語彙は，《官话类编》にみえる並列記載された語彙の中から，生活語彙と語法語彙に限定し抽出した一部である。
2. ○印は，それぞれの側に記載された語彙がみえた時だけ記してある。

入力に際して

尾崎實先生原稿で判読できない個所は「■」で表わしている。

見出し語彙で老舎作品にもあらわれるものは○で表わしている。また（　）内の語彙で茅盾・上海作品にもあらわれるものは●で表わしている。

〔注〕

＊この『《官话类编》所収方言詞対照表』は，尾崎先生の未刊遺稿である。いつ書かれたのかは不明だが，少なくとも私（内田）が院生の頃（1973-1978）には目にしていた。B4の原稿用紙を61ページ使われている。本文は2段組の横書きだが，2つ折りの縦の左開きに製本されている。また以前に『水門——言葉と歴史』（水門の会編）第10号1977.4（pp.79-91）にその前半部分だけ掲載されたことがあるが，後半部分は未刊である。

《官话类编》は，アメリカ北長老会の宣教師C・W・Mastteer（狄考文）の著であり，外国人に対する中国語教育の教科書として，極めて大きな影響を及ぼした名著である。尾崎先生は，早くから本書の官話形成史における重要性に気付かれ，その語彙，語法について「旗人が教えた北京官話」（『中国語学』147，148）をはじめ，色んな場所で発表されてきた。健康状態が許されれば，尾崎先生の研究がさらに大きく結実されるだろうことを考えると，まことに残念でならない。

本誌は，先生のご逝去を悼み，遺稿を活字化することにした。斯道の同志のお役に立つならば，尾崎先生もきっと大いに喜んで下さるに違いないと考えたからである。

ご遺稿の活字化には，塩山正純君の手を煩わした。愛知大学の専任教師となった氏は尾崎先生の最後の教え子であった。教学，研究の忙しい中，煩雑な入力作業をこなしてくれたことに感謝する次第である。なお，校正は，内田慶市，沈国威が担当した。

【著者経歴】

昭和12年（1937年）8月10日　金沢市に生まれる
昭和31年　3月　大阪府立茨木高等学校卒業
昭和35年　3月　神戸市外国語大学中国学科卒業
昭和38年　3月　大阪市立大学大学院文学研究科修士課程中国語中国文学専攻修了
昭和39年12月　関西外国語大学短期大学部専任講師に就任（同42年3月まで）
昭和42年　3月　大阪市立大学大学院博士課程中国語中国文学専攻単位取得退学
昭和42年　4月　大阪市立大学文学部助手に就任　（同47年3月まで）
昭和47年　4月　滋賀大学経済短期大学部助教授に就任　（同53年3月まで）
昭和53年　4月　関西大学文学部助教授に就任
昭和54年　4月　東西学術研究所研究員　（平成11年まで）
昭和58年　4月　関西大学教授に昇任
昭和60年　4月　復旦大学（上海）中国語言文学研究所研究員（同61年3月まで）
平成　7年10月　関西大学大学院文学研究科長に就任　（同9年5月まで）
平成15年（2003年）2月13日　死去（享年65）

【著者論著目録　（初出一覧）】

〈編著書〉

『語言自邇集語彙索引（初稿）』　（明清文学言語研究会会報 単刊9 1965年10月）
『中国人と中国語』　（76 p. 光生館 1991年9月）

〈分担項目執筆〉

「亜細亜言語集支那官話部」
「官話指南」
「語言自邇集」　（『中国語学新辞典』中国語学研究会 光生館 1969年10月）
「曹樸」　（『中国語と中国文化』中国語学研究会関西支部編 光生館 1965年10月）

〈その他〉

『語学のレコード・テープ中国語編』　上野恵司氏との共編

（『言語生活』260 号 p. 68 − 72 筑摩書房 1973 年 5 月）

〈論文〉

「旗人が教えた北京官話（2）」（『中国語学』147 号 1965 年）

「旗人が教えた北京官話（3）」（『中国語学』148 号 1965 年）

「清代北京語の一斑」（『中国語学』156 号 1966 年）

「"汉语" のニュアンス」（『書報』第 5 号（通巻 73 号）極東書店 1966 年）

「普通話常用詞の変遷 ——清末・民国時代の語彙と現代語語彙——」

（『中国語学』170 号 1968 年）

「"一切" について——現代中国語発展の一側面——」

（『人文研究』第 19 巻 第 10 分冊 1968 年）

「"〜掉" について」（『人文研究』第 20 巻 第 10 分冊 1968 年）

「魯迅の言語（一）」（『人文研究』第 21 巻 第 4 分冊 1970 年）

「魯迅の言語（二）——接詞 "头" "儿" "子" について——」

（『人文研究』第 22 巻 第 11 分冊 1971 年）

「"〜于" 構造の語 ——魯迅の短篇小説から——」

（『鳥居久靖先生華甲記念論集　中国の言語と文学』1972 年）

「中国語表現論ノート」

（『彦根論叢』「人文科学特集」第 28 号「高野美之先生還暦記念号」昭和 47 年 1972 年 11 月）

「江南のことばと北京のことば」（『中国語教育活動家連合』1975 年 8 月）

「形容詞と "很" とピリオド」（『咿哑』4 号　昭和 50 年 1975 年 7 月）

「「数量」と「程度」——現代中国語における "很" の用法——」

（『関西大学文学論集』第 28 巻 第 3 号 1979 年）

「時点と時段—— "〜点钟" の用法から——」（『関西大学中国文学会紀要』第 8 号 1980 年）

「清代末期における外国文化受容の一斑 ——時刻法の場合——」

（『関西大学東西学術研究所所報』第 32 号 1980 年）

「已然と未然 ——近代中国語における "上" "上头" の用法から——」

（『関西大学東西学術研究所創立 30 周年記念論文集』1981 年）

「終末観とキリスト信仰」（『関西大学東西学術研究所創立30周年記念論文集』1981年）

「現代中国語の否定詞“不”と“没（有)”」（『関西大学東西学術研究所所報』第37号 1983年）

「現実を注視する描き方——老舎の《月牙儿》から——」（『関西大学中国文学会紀要』第9号 1985年）

「“怎么”について——方法・手段と原因・理由の用法から——」（『関西大学文学論集文学部創設100周年記念』1986年）

「“关于”と“对于”について（その一）——近代中国語の用法から——」（『関西大学中国文学会紀要』第10号 1989年）

「ロブシャイドの《英华字典》をめぐって」（『関西大学東西学術研究所所報』第48号 1989年）

「ゴンザルベスの《洋汉合字汇》(1831年)——ポルトガル人がまなんだ中国語について——」（『関西大学東西学術研究所所報』第50号 1990年）

「《官话指南》をめぐって——明治期日中文化交渉史の一側面——」（『関西大学東西学術研究所所報』第52号 1991年）

「清代末期におけるパンの受容度」（『関西大学文学論集』第40巻 第3号 1991年，後『文化事象としての中国』関西大学出版部2001年に収録）

「老舎の小説における“为是”の用法」（『関西大学文学論集』第41巻 第4号 1992年）

「近代中国における時間の表しかた」（『泊園』第31号 1992年）

「パンと中国人」（『関西大学東西学術研究所所報』第55号 1992年）

「《红楼梦》の中の舶来品——時計の場合——」（『関西大学東西学術研究所所報』第56号 1993年3月）

「《杭州白话报》の記事から——林白水と岸田吟香とのこと——」（『関西大学東西学術研究所所報』第63号 1996年9月）

「《官话类编》所収方言詞対照表」（『或問』6号 2003年）

あとがき

――尾崎学の魅力

尾崎實先生のことを、「尾崎先生」とお呼びすると、尾崎先生からは、きっと「あんた、やめてよ。」なんて言われそうな気がする。それくらい「尾崎先生」はきさくな方であり、全然権威ぶったところがなかった。加えて、尾崎さんとは学部が神戸外大、大学院が大阪市大で学んだという共通点があったのであろう、私の方も殊のほか親しみを覚えていたし、尾崎さんからも可愛がってもらったということがあったためであろう、「尾崎先生」とお呼びすると却ってよそよそしい感じがしてしまうので、敢えて「尾崎さん」と呼ばせていただく。

尾崎さんとは非常に親しくしていただいたと同時に、尾崎さんが書かれた論文に魅力を感じ、惹きつけられ、尊敬していた先輩でもあった。今回、このような形で、その尊敬する尾崎さんの論集を出すことができ、提案者の畏友内田慶市君、その計画を快諾された尾崎夫人、出版を引き受けてくださった好文出版の尾方敏裕社長及び編集作業をしていただいた竹内路子さんにお礼を申し上げたい。

校正作業の中で、尾崎さんご本人に確かめたいと思ったことも一再ではなかった。しかし、それもかなわず、今さらながら早すぎるご逝去が恨めしく思われる。

校正をしつつ、尾崎論文を読み返していると、新たな感銘を覚えた。何がいったいそうさせるのだろうと考えてみると、それは中国語を観察する場合の常に「ぶれない」視点と、「立体感」というべきものであろうと思う。

尾崎さんの研究の出発点は、恐らくマティアの『官話類編』にあったであろう。そこから出発し、常に脳裏にあったのは中国語の南北差ということでなかったかと思う。それが、どの論文を読んでも、直接ふれることはないにせよ、必ず底流にそれを感じさせるものが流れている、それが筆者の言う「ぶれない」視点である。むろん中国語における“内部差異”というのは南北差だけではないが、南北差に意識があるということは、その他の地域差も常に念頭にあるということである。

現代語を考察するにあたっても、その点は常にぶれない。ともすれば「現代語」という形で「一括り」で扱われ、地域差、地方差が無視されて議論が行われ勝ちな一般的傾向に対し、柳青なら陜西方言、馮徳英なら山東方言、老舎なら北京方言、茅盾、周而復なら江南語というように、その作家の拠って立つ方言差に頑なまでに拘る尾崎さんの“治学態度”に、筆者は感銘を覚える。

先にマティアのことを述べたが、尾崎学の凄さは、マティア一人に留まらないところにある。19世紀、20世紀のヨーロッパ人の中国語研究の成果に対する目配りの広さは刮目に値する。マティアと同じかあるいはそれ以上にトーマス・ウエードの『語言自邇集』に関する研究も徹している。更にはゴンザルベス、ヴィーゲル、モリソン、ウィリアムス、メドハースト、グレインガー、ボーラー等等、およそヨーロッパ人の研究成果はあますところなく目を通されているらしく思われ、嘗て内田君が尾崎さんのことを「現代の方豪」と喩えたが、言い得て妙というべきであろう。そしてこうしたヨーロッパ人の研究成果を独立したものとしてではなく、『紅楼夢』、『児女英雄傳』、『儒林外史』、『官場現形記』、『文明小史』など、中国の文献と有機的に関連付けて、われわれに示してくれている、その手法は見事というほかない。

尾崎さんは時として比喩を用いられることがある。

「一つのことばが、意味内容の異なる二つの用に当っていることである。これは、中国人の発想法とも表現法ともいえることで、数量の多いことが、程度を表し、感嘆の語気を伝え、最後には、疑問をも表す。つまり、数量の多いこと、程度、感嘆、疑問とは、数量の多いところを起点として伸びる一本の線上の、ある具体的な段階を示している、ということである。

まずい譬えだが、千里山か天六から、国鉄新幹線の上り列車に新大阪駅から乗ったとしようか。程度が名古屋、感嘆が豊橋ぐらい、とすると、疑問は、目下のところ、東京という具合なのである。」(「「数量」と「程度」」)

こういう具体的な喩えで表現できるというのは、ご本人の認識がこうしたイメージに収斂されているのであろうし、そこまで見えているのだろうな、と改めてその認識の深さに感服してしまう。

うえで「ぶれない」視点と「立体感」ということを述べたが、尾崎学の最大の魅力は、言語を常に文化と結びつけて考察されている点であろう。そんな中でも、時計とパンに対する執着は凄い。

かたや「近代中国における時間の表しかた」「『紅楼夢』の舶来品――時計の場合――」「時点と時段――“～点鐘”の用法から」「清朝末期における外国文化受容の一斑――時刻法の場合」などの論考が時計に組みするとすれば、「清代末期におけるパンの受容度」「パンと中国人」などはパンに組みする論考だといえよう。これらを読んでいると、対象に対する飽くなき追求という研究者意識の強烈さもさることながら、尾崎さん自身がよほど時計とパンが好きだったのではないかと想像したくなる、そう感じさせるくらい両者に対する思い入れは尋常ではない。

むろん、それは清末の文化状況の変化にまず興味をひかれたのか、あるいは本来時計とパンが好きで、清末の文化状況の変化に両者が大きく関わっていると感じられたのか、どちらが先かは、あるいは鶏は先か、卵が先かを決めるのが不可能なくらい、密接に結びついていたのかも知れないが、兎も角、時計とパンへの拘りは尋常ではない。

たとえば『紅楼夢』を読んだ人の中で、時計が出現するくだりに現れる、晴雯が「このわけのわからぬやつ」と時計をバカにする場面や、劉ばあさんが王熙鳳の部屋で柱の時計を見て「こりゃなんちゅうオモチャかいな。なんの役にたつんやろかいな」とつぶやく場面を読んだ時、どれだけの人がこの場面に印象づけられ、記憶として鮮明に残るだろうか。ほとんどの読者が何の気なく読み過ごす場面ではなかろうか。時計や時刻の表現方法に人一倍関心をもっていたからこそ、そういう問題意識があったからこそ、尾崎さんにはこの場面が殊のほか印象深く残ったのではなかろうか。

尾崎学の魅力は、言語現象を言語現象のみにとどめず、言語研究にこういう文化の側面の考察が常にその意識下にある、そういう視点を常に失っていないところにある。筆者の言う尾崎論文の「立体感」というのは、言語を平面的にとらえるのではなく、歴史的、地域的な立体感をもってとらえているという面はもちろんであるが、もう一方で、言語を常に文化と結びつけてとらえている、とらえようとしている、そうした研究態度が尾崎学に「立体感」を与えている所以であろうと思うのである。

それにしても悔やんでも悔やみきれないのが、尾崎さんのあまりにも早いご逝去である。もちろん、ご本人が一番無念であろう。あれだけ蓄積のある先生が、思いもなかばに逝かれたその無念さは想像に余りある。ヨーロッパ資料に限っただけでも、論文という形に結実されたのは、恐らくその蓄積の何分の一ではなかろうか。結果としてそのようになったのは、私の察するところ、ご本人の慎重さによるところが大きかったのではないかと思う。よほど自信をもたない限りはやすやすと活字にはなさらなかった。もっと気軽に文章化してほしかったと思うのは、恐らく私一人ではないであろう。尾崎さんの、文章に垣間見るあの繊細さ、緻密さが、逆にそう簡単には論文の形として公表することを許さなかったのではないだろうかと想像している。

あとは関西大学で尾崎さんの薫陶を受けられた若い研究者が、先生の意志をついで、ヨーロッパ人の研究成果を利用した研究と、これも思い半ばで止まざるを得なかった表現論の研究を継続発展させてほしいと願うばかりである。ただあの繊細さ、緻密さ、そして幅の広さを学び取るというのは並み大抵のことではできない。幸い、尾崎先生の意志をついだ若い研究者が育ちつつある。今後はかれらに期待したい。

2007年1月15日

佐藤　晴彦

人名・書名・事項索引

○事項の一部・欧文書を除いて，日本漢字音の50音順に配列してある。
○注釈に見える人名・書名・事項などは一部を除いて収めていない。

あ

阿Q正传 …… 258
アーサー・スミス …… 133, 155
愛知大学 …… 117
明六つ …… 272
亜細亜語言集支那官話之部 …… 53
亞細亞言語集 …… 27
アスペクト …… 175
アダム・シャール …… 275
アヘン戦争 …… 305
天野恭太郎 …… 27
荒尾精 …… 349
アロー号事件 …… 325
アンリ・ベルナール …… 280

い

意思・願望 …… 176
石井研堂 …… 285
石山福治 …… 23
已然形 …… 166, 168, 169, 199
“一切”和“所有” …… 108
井上支那語辞典 …… 292
井上中国語辞典 …… 36
井上哲次郎 …… 179, 180, 313, 314, 339
井上ポケット支那語辞典 …… 73
岩波中国語辞典（cf.倉石辞典）… 36, 116, 201
因果関係 …… 166, 168
インド・ヨーロッパ語 …… 99

う

ウィリアムズ(S・W・ウィリアムズ)… 317, 339
ヴィーゲル（L・ウィガー） …… 34, 282, 295, 314
ウェード（トーマス・ウェード / T・ウェード /T・F・WADE） …… 27, 28, 53, 183, 282, 296, 345, 347

え

英華学芸辞書 …… 340
英華学術辞書 …… 340
英华合璧 …… 308
英华字典 …… 23, 339
英华萃林韵府 …… 312, 339
英华大词典 …… 311
訂増英華字典 …… 179, 181, 313, 314, 339
エイテル(E. J. EITER) …… 5
エバンズ …… 309
埃凡馒头店 …… 309
燕山丛录 …… 24
燕说 …… 15
檐曝杂记 …… 276

お

欧化・新興語法 …… 62
欧化語法（欧化语法） …… 73, 241, 340
欧化的な用法 …… 99
欧阳海之歌 …… 118
王熙鳳 …… 300
王照 …… 236
王力 …… 107, 183, 223, 239

大内義隆……………………………… 272
太田辰夫……………………………… 28, 77
御幡雅文……………………………… 317

か

华音启蒙……………………………… 122
华言问答……………………………… 2, 26
華語跬歩　…………………………… 317
華語月刊……………………………… 126
华语新捷径…………………………… 281
外交官………………………………… 273
外国語の影響………………………… 178
外来語…………………………………62
開始態………………………………… 176
海上花列传…………………… 6, 25, 26
貝原益軒……………………………… 337
解放军报……………………………… 218
会話文………………………………… 209
革命现代京剧样板戏………………… 118
下江官話…………………… 32, 86, 202, 237, 248, 283, 288, 290, 296
何如璋………………………………… 286
画图新报……………………………… 290
ガスパール・ダ・クルス…………… 323
活地狱……………… 122, 237, 238, 249
仮定条件…………… 164, 165, 166, 168
河南话与普通话词汇语法比较…………… 8
河北地区……………………………… 282
カレリー（CALLERY）………… 343, 344
韓起祥…………………………………81
漢口語………………………………… 348
漢字の語源研究…………………… 117, 127
汉语跬步……………………………… 122
汉语语法教材………………………… 250
汉语语法论（修订本）……………… 220
汉语语法论文集……………………… 249
汉语史稿……………………………… 183
汉语词典……………………………… 23, 71
汉语入门……………… 34, 122, 237, 238, 249, 282, 295, 307
汉语拼音词汇………… 16, 17, 18, 23, 55, 59, 68, 69, 121, 161, 226
汉语拼音词汇（增订稿）…… 217, 252, 256
汉语拼音常用词汇……………………18
汉语方言概要…………………………80
汉语方言词汇…………… 3, 7, 8, 26, 34, 56, 68, 80, 257, 263, 266
汉洋合字汇…………………… 304, 324
简明吴方言词典……………… 287, 312, 324
簡約中日辞典………………………… 116
完了態………………………………… 176
冠詞的な機能………………………… 105
官話（官话）………………… 236, 248, 343
官話指南（官话指南）………… 6, 84, 122, 126, 310, 347
教科适用订正官话指南……………… 347
官話地区………………………………94
官话合声字母………………………… 236
官话字母读物………………………… 238
官话类编……………… 2, 6, 9, 17, 21, 28, 29, 32, 38, 116, 120, 308
官场现形记…… 30, 33, 34, 37, 122, 126, 140, 237, 238, 249, 283, 289, 292, 293, 296
広東語（广东话／カントン語）… 236, 284, 314, 343
広東時計……………………………… 274
広東方言……………………………… 340
广东新语……………………… 319, 324
广东俗语考……………………………24
関西大学………………………………64

き

機械時計……………………………… 272
既顕現………………………………… 156
既顕現の事柄……………………… 148, 151
宜興…………………………………… 345
岸田吟香……………………………… 338
客語…………………………………… 106, 111
客語の位置…………………………… 107
急就篇………………………………… 52, 84
改訂急就篇…………………………… 54, 64
官話急就篇……………………………53
新訂急就篇……………………………54
牛天赐传……………………… 145, 154, 281

旧白話…… 241
キリスト教…… 272
金国璞…… 2, 347
金受申…… 19, 56
金瓶梅词话…… 128
近世語…… 201
近代語の成立…… 339
近代中国語…… 133, 139, 167, 168, 170, 217
近代北方中国語…… 161
近四十年来中华国语变化之大略……58

く

苦社会…… 140, 289
具象の世界…… 165
屈大均…… 319, 324
久米邦武文書…… 292
倉石辞典（cf. 岩波中国語辞典）……50
倉石武四郎…… 36, 175
クーリング（COULING）…… 343
グレインガー(A・グレインガー）…… 308
暮六つ…… 272

け

京本通俗小说…… 241
京话…… 236
形容詞……94
結果補語…… 115
月牙儿…… 119
月月小说…… 288
原因・理由…… 146, 154, 155, 156, 159, 161, 163, 164, 165, 166, 169
言苑……73
現象句…… 115
現象文…… 330
現代語…… 290
現代中国語…… 100, 128, 133, 139, 160, 161, 167, 168, 175, 177, 188, 217, 229, 234, 237, 241, 242, 243, 263, 340
現代中日辞典…… 115, 116
現代北京語…… 28, 35
现代汉语外来词研究…… 60, 284
现代汉语语法研究…… 289
现代汉语词典…… 80, 84,139, 145, 150, 161, 165, 169, 303, 344
现代汉语八百词…… 145, 165, 169
现代汉语频率词典…… 303
现代吴语的研究…… 5, 11, 125
元代白话碑集录…… 170
乾隆帝…… 274

こ

故事新编…… 244, 257, 318
胡竹安…… 201
胡適…… 233, 240
行為動詞…… 104
行為名詞…… 104
巷议…… 236
康熙字典……23
康熙帝遺训…… 122
好逑传……29
口語詩…… 233
口頭語…… 290
香坂順一(香坂)…… 1, 28, 49, 83, 125, 201, 249
杭州白话报…… 337
黄遵憲…… 337
红旗谱…… 21, 118, 121
红色娘子军…… 327
红楼梦…… 2, 9, 11, 20, 21, 53, 56, 128, 139, 167, 239, 247, 260, 276, 280, 289, 299
光生館…… 115, 116
構造助詞…… 109
弘仲南……24
江南語…… 69, 258
江南書院…… 116
高名凱…… 60, 220, 284
国语辞典…… 36, 80, 318
呉敬梓…… 276
呉啓太…… 310, 347
呉趼人……33
呉語…… 56, 59, 314
呉語地区…… 67, 126
語彙……99
語法……99

语言自迩集（cf. 自迩集）… 9, 11, 12, 22, 26, 27, 52, 53, 58, 70, 82, 122, 183, 237, 240, 249, 283, 296, 307, 347
语言文字合璧…… 312
语辞辨异…… 5, 11, 17, 68, 127
语文学习…… 107, 108, 110
语法修辞讲话…… 241
五四…… 51, 99
五四以来汉语书面语言的变迁和发展……50
五四運動…… 178
五四時期…… 233
五四文学……63
五四文学作品…… 128
五车韵府…… 140, 343
後藤末雄…… 345
固有名詞…… 167
ゴンサルベス（J・A・ゴンサルベス／NOTICES OF J. A. GONSALVES）… 280, 304, 324, 343, 345

さ

蔡元培…… 240
蔡美彪…… 170, 171
最新支那語大辞典……23
斉鉄恨……36
西游记…… 29, 249
坂本一郎…… 126
杂字撮要…… 312
三侠五义…… 99, 106, 110, 128
山乡巨变…… 8, 26
山西省…… 161

し

词义辨析……50
時憲暦…… 295
狮子吼…… 284, 293
自迩集（cf. 语言自迩集）…… 29, 32, 37
指示代詞…… 105, 167
儿女英雄传（儿女／儿女英雄）…… 2, 9, 11, 12, 15, 27, 29, 32, 33, 34, 37, 38, 56, 77, 128, 165, 202, 207, 239, 260, 295, 348
官话儿女英雄传……27
市声…… 236
四声聯珠（四聲聯珠）…… 29, 32, 84, 122
持続態…… 176
時態助詞…… 330
時段…… 134, 295, 296
時点…… 134, 295
時点・時段…… 163, 164, 165, 169
字典…… 285, 305
地の文…… 209
芝田稔……64
使美记略…… 285
写本湖北官话…… 122
シャリエ…… 274
シャンゼリゼ…… 291
上海人学习普通话手册…… 126
上海繁昌記…… 313
上海洋泾浜北首租界章程…… 286
秋瑾…… 284
秋瑾集…… 284
修飾成分…… 105
绣像小说…… 288
十字架…… 273
十年来汉语词汇的发展和演变……50
十年来我国农村语言的变化和发展……50
十六世紀華南事物誌…… 323
周遐寿…… 258
周立波……20
主語…… 111
主語の位置…… 107
种谷记……78
朱子学…… 175
述語…… 111
受動文…… 332
儒林外史…… 77, 83, 101, 104, 105, 107, 139, 141, 202, 276, 289
聚珍堂……27
昭梿…… 274
饒継庭……86
小学语文课本……54
小桔……19
小说词语汇释…… 20, 21
小说林…… 288

鑲紅旗人…………………………… 345
状語………………………………… 109
状態………………………………… 328
状態の持続………………………… 330
啸亭续录…………………………… 274
商務印書館………………………… 318
商务书馆英华音韵字典集成……… 340
常用語………………………………52
常用词语例释………………………50
昌黎方言志……………………… 5, 7, 56
情话………………………………… 236
初级中学课本汉语………………… 244
初刻………………………………… 125
書報…………………………………49
書面語……………………………… 290
徐懋庸…………………………… 198, 241
新华字典………………………… 86, 256
新語…………………………………62
新興語法………… 73, 99, 105, 113, 244, 340
新小说……………………………… 288
新中国未来记………………… 238, 284, 292
新民晚报…………………………… 291
新著国语文法………………………57
進行態……………………………… 176
寻津录……………………………… 345
神宗………………………………… 273
神会和尚遺集… 102, 103, 104, 106, 107, 109
清代………………………………… 178
清代北京語………………… 28, 31, 35, 202
清文指要………………………… 82, 86
清末期……………………………… 243
清末期の言語環境………………… 235
清末期の南方官話…………………69
清末期の北京語……………………69
清末小説…………………………… 290
人民日報（人民日报）…………… 50, 234

す

水浒…………………………… 29, 56, 201
水浒词典…………………………… 201
趨向動詞…………………………… 331
鄒容階……………………… 305, 312, 314
鄒立文………………………………21
杉本つとむ………………………… 339
スペイン国王……………………… 272
するだけの価値…………………… 260

せ

正音…………………………………27
正音撮要…………………………… 345
正音咀华……………………… 29, 122
正字通………………………………23
西欧語……………………………… 108
西儒耳目资………………………… 238
西厢记……………………………… 259
西蜀方言…………………………… 308
西南戦争…………………………… 347
西南地区……………………………63
西南方言…………………………… 349
西洋天文学の東漸………………… 345
成宗康靖大王实录二……………… 348
成都…………………………………77
晴雯………………………………… 300
聖母図……………………………… 273
圣谕広训……………………………29
世界地図…………………………… 273
说书的………………………………81
绝对的性质形容词…………………93
宣教師……………………………… 273
宣樊子……………………………… 337
漸層の表現法……………………… 238
前置詞…………………… 177, 181, 186
セント・ジョセフ学院…………… 343
陜西省……………………………… 161
陜北…………………………………63
陜北地方……………………………80

そ

苏白………………………………… 236
相…………………………………… 176
创业史………………………………78
曹述敬……………………………… 108
曹雪芹……………………………… 276
续定招工章程条约………………… 282

即墨方言音韻語彙…………………………… 6
存現句………………………………………… 115
存在文………………………………………… 330

た

大马路………………………………………… 291
对比対照……………………………………… 211
太陽暦………………………………… 273, 276
宝船…………………………………………… 30, 36
打城隍…………………………………………19
単音節動詞…………………………………… 114
谈征…………………………………………… 290
谈论篇百章……………………………………82

ち

智取威虎山…………………………………… 218
茶馆…………………………………………… 30, 36
中华国语大辞典………………………………64
中華民国……………………………………… 276
中国近代报刊史……………………………… 338
中国现代语法………………………………… 239
中国語会話入門……………………………… 280
中国語教育史の研究………………………… 349
中国语法理论………………………………… 223
中国札记……………………………………… 348
中国总论……………………………………… 317
中国文法要略………………………………… 104
中国方志所录方言汇编（江苏）……… 241
中心語………………………………………… 105
中世中国語…………………………… 160, 169
中日大辞典…………………………………… 117
抽象の世界…………………………………… 165
抽象名詞……………………………………… 103
趙元任………………………………………… 125
張之洞………………………………………… 340
朝报…………………………………………… 236
長老教会派…………………………………… 308
陳天華………………………… 283, 284, 293
陳天麒………………………………………… 310
陳独秀………………………………………… 240
陳蘭彬………………………………………… 285

つ

通商航海条約………………………………… 182
椿姫…………………………………………… 290

て

鄭永邦…………………………………… 310, 347
定語……………………………………… 105, 111
定語成分……………………………………… 105
定時法…………………………………… 273, 275
程度副詞………………………………………94
程撲洵…………………………………………58
デュマ・フィス……………………………… 290
点………………………………………… 169, 171
天主教十六世紀在華伝道誌………………… 280
天主図像……………………………………… 273
テンス………………………………………… 176

と

ドゥーリトル(J・ドゥーリトル /JUSTUS DOOLITTEL) ……………… 312, 341, 339
東照宮………………………………………… 272
東北……………………………………………63
东欧女豪杰……………………………… 284, 292
东语入门……………………………………… 310
东北方言词汇例解……………………………20
同音字典………………………… 23, 116, 121
铜墙铁壁……………………………… 78, 83, 136
藤堂明保……………………………………… 117
唐通事………………………………………… 347
唐话纂要………………………………………53
徳川家康……………………………………… 272
特命全権大使米欧回覧実記………………… 292
ところ…………………………………… 169, 171
呐喊……………………………………… 244, 262
トム（R・トム） ……………………… 324
ドラグノフ…………………………… 77, 87, 289
土话指南……………………………………… 126

な

内地会………………………………………… 308
長崎…………………………………………… 276
長崎夜話草…………………………………… 313

中田敬義……27
南京官話……53
南京語……347
南京语自佐……2, 122
南京条約……306
南京路……291
南方語……56, 59, 113, 124, 268
南方語の進出……63
南洋述偶……292

に

二刻拍案惊奇……125
二十年目睹之怪现状……30, 33, 34, 37, 277
二马……203, 207, 208
西川如見……313
西徳二郎……348
日本・支那・西洋……345
日本英語文化史の研究……339
日本国志……337
日本史辞典……337
ニュールンベルクの卵……277
人称代詞……167
宁波话……236

は

博文忠公……276
白話語彙の研究……201
白話小説……236
白話新聞……236
白話文運動……236
莫谈国事……63
巴黎茶花女遺事……290
範囲・対象……177
範囲副詞……101

ひ

否定詞……175
美華書館……347
评解口语文词典……36
评书聊斋志异……120
评书聊斋志异选集……118, 121
标准语大辞典……324
広部精……27, 53
閩南語……311

ふ

不可忘记阶级斗争丛书……118
複音節の動詞……114
福芸樓書局……347
福島安正……29, 84
傅朝陽……19
普通話……54
普通话三千常用词表……18, 52, 54, 60, 64, 121
不定時法……273
负曝闲谈……11
フランシスコ・ザビエル……272
文学革命……233, 240
文学言語……113
文言……241
文康……348
文書……292
文物……278
文明小史……283, 288, 296
分単位の時間……281

へ

平湖県……324
北京官話……340
北京語（北方語）……63, 233, 344, 347, 348, 122
北京語の教科書……27, 32
北京语单音词词汇……57
北京工商史语……348
北京口頭語……124
北京土語……36, 56
北京方言……56
北京话语汇……19, 56
北京话单音词词汇……21, 80
ヘボン……338
ヘムリング（K. HEMELING）……180

ほ

蒲松齢……15, 128

方位詞…………………………………… 168
方汉奇…………………………………… 338
方言词例释……………………………19
方言报…………………………………… 236
方豪……………………………………… 344
方法・手段………………… 146, 155, 156
法汉字汇简编………………………… 306
法汉常谈……………………………… 306
法華経…………………………………… 101
宝玉…………………………………… 276, 300
彷徨……………………………………… 244
暴风骤雨………………………………20
ボーラー（F・W・ボーラー） … 70, 308
戊戌の変法…………………………… 338
戊戌変法……………………………… 236
補足語…………………………………… 115
ポット(F・L・H・ポット /POTT) … 128, 240, 309
北方官話………………… 53, 67, 237, 248
北方語………………… 56, 113, 121, 124, 233, 258, 268, 344
北方語の後退…………………………63
ホプキンズ…………………………… 347
輔立山……………… 1, 4, 13, 16, 20, 24, 26

ま

マティアー(マティーア /W･C･マティアー /C. MATEER/C・W・Mateer/Mateer/ MATEER/W. C. MATEER) ……… 6, 21, 28, 116, 128, 308, 348
マテオ・リッチ……………… 273, 280, 348
満漢合璧……………………………… 161
満洲旗人……………………………… 191
満洲族…………………………………58
満商招牌考…………………………… 319

み

ミカエル・ルジェリ…………………… 280
未顕現…………………………………… 156
未顕現の事柄……………………… 148, 150
未然形………………… 166, 168, 169, 199
宮島大八………………………………84
ミューリー（J.MULLIE） ……… 260, 282
民国時代………………………………63

め

明治事物起源………………………… 285
メドハースト（W・H・メドハースト /W.H.MEDHURST） …………… 180, 305, 312, 339, 344

も

蒙古語…………………………………… 159
毛沢東…………………………………… 234
毛泽东选集…………………………… 100
目的語…………………………………… 189
もしほ草……………………………… 338
物………………………………………… 186
森岡健二……………………………… 339
モリソン（R・モリソン）……… 280, 285, 305, 339, 340, 343, 344
门外文谈………………………… 234, 240

や

矢田堀鴻……………………………… 339
藪内清…………………………………… 345

よ

洋汉合字汇…… 280, 285, 304, 324, 343, 345
洋務運動………………………………51
庸言知旨……………………………… 345
楊聯陞…………………………………… 171
ヨーロッパ…………………………… 272
横浜新報……………………………… 338
吉野作造……………………………… 338
舆论……………………………………… 236

ら

骆驼祥子……………………… 203, 207, 208
拉丁文传入中国考…………………… 344
羅普………………………… 283, 284, 292

り

陸志韋…………………………… 21, 57, 80

陸澹安……20
李圭……286
李長之……198, 241
李伯元……33, 86, 283, 288, 296
理水……318
柳树井……10
柳青……78, 80, 82
龙须沟……30, 36
刘巧团圆……81
劉正琰……284
劉鉄雲……145
劉ばあさん……300
梁啓超……283, 284, 288, 292
梁斌……21
林語堂……77
林紓……290
林白水……338

れ

黎錦熙……9, 57, 250

ろ

老残游记……10, 122, 145
老残游记外编……10
老舍……36, 145, 191, 198, 281
老舍小说集……118, 120
老舍短篇小说选……36
老张的哲学……203, 207, 208
吕叔湘……77, 104
鲁迅……11, 128, 217, 233, 234, 268, 289, 318
鲁迅小说集……217
鲁迅小说里的人物……258
鲁迅批判……198
六角恒広……349
ロブシャイド(W・ロブシャイド／羅布存徳／Lobscheid/W. LOBSHEID)……23, 179, 312, 339

わ

和時計……272

A Chinese Dictionary in the Canton dialect……5
A DICTIONARY OF THE CHINESE LANGUAGE, IN THREE PARTS……305
A Dictionary of the English and Chinese Language……340
A Vocabulary and Hand-Book of the Chinese Language……340
AMERICAN PRESBYTERIAN MISSION……308
Arte China……343
CHINA INLAND MISSION……308
Chinese Characteristics……133
Commercial Press English and Chinese Pronouncing Dictionary……341
Diccionario China-Portuguez……343
Diccionario Portuguez-China……343
Dictionary of Spoken Chinese……107
ENGLISH AND CHINESE DICTIONARY……179, 180, 305, 312, 313
English and Chinese Dictionary with the Punti and Mandarin Pronunciation……339
ENGLISH-CHINESE DICTIONARY OF THE STANDARD CHINESE SPOKEN LANGUAGE（官话）AND HANDBOOK FOR TRANSLATORS……180
Grammatica Latina……343
KINGSELL, F……340
Lessons in the Shanghai Dialect……128, 240, 309
Lexicon magnum Latino-Sinicum……343
Lexicon manuale Latino-Sinicum……343
MANDARIN PRIMER……70
MANDARIN TONGUE……348
THE ENCYCLOPAEDIA SINICA……343
THE MIDDLE KINGDOM……317
THE STRUCTURAL PRINCIPLES OF CHINESE LANGUAGE……282
Vocabularium Latino-Sinicum……343

語彙索引

○近世語語彙・方言語彙を中心に、「漢語拼音方案」のローマ字音節順に配列した。
○特殊な方言字については、形声字では旁（つくり）の音に、会意字では主なる意味を表す部分の音によっている。

A

阿妈……58
阿斯的亚……307
阿姨……60
矮子……266
爱……31
俺们……56

B

八刻……295
把［動］……38
把［介］……10, 11
把持……106
罢了……56
白炉子……264
半……283
半碗茶时……136
半盏茶时……136
半钟茶的工夫……136
包含……74
包含总括……74
包括……73, 99
包括～在内……74
包子……262
保管……38
被……333
本儿……56
比……69, 237, 238
比方……151, 243, 344
比方说……243
比如……150, 243
比如说……149, 151
彼此……57
笔帖式……58
敝处……57
敝国……57
辫子……58
标语……60
表……277, 299, 300
婊子……264
别……1, 2, 3, 5
波棱盖……35
播种……61
脖子……266
补缺……57
不……115, 175
不成器……58
不成材料儿……58
不得好……18
～不掉……34, 38
不过……191, 198
不好……1, 2, 3
不好了……18
不可……1, 2
不利于……219
～不了……38
不舒服了……18
不要……1, 2, 3, 5
部分……109
布条子……264

C

才刚……56
才将……34, 56
财主……57
财主家……57
裁缝……61
插秧……61
～差……61
差不多儿……56
差使……57
超然……58
朝廷……57
车床……61
车间……61, 63, 64
车轴……61
车子……260
扯谎……38
辰刻……138, 275, 295
12 辰刻……138
尘头……257
臣子……57
成分……71
承认……60
吃饱……25
吃醋……287
吃彀（够）……25
吃烟……58
吃洋教者……316
匙子……266
瞅……26
出……331
初……138, 275, 295
初初刻……279
初二刻……279
初更……140, 275

初三刻 ……………… 279
初一刻 ……………… 279
除掉 ……………… 123
厨子 ……………… 61, 263
锄 ……………… 264
锄头 ……………… 257, 266
锄子 ……………… 257, 266
窗子 ……………… 59
炊事员 ……………… 61, 263
此 ……………… 59
此地 ……………… 38
醋 ……………… 287
存留 ……………… 104
矬子 ……………… 266
错 ……………… 93

D

搭铺炕儿 ……………… 16
打 ……………… 135
打门 ……………… 16
打一点钟 ……………… 285
大马路 ……………… 291
大约 ……………… 36
六鱼 ……………… 67
卅鱼 ……………… 68
但 ……………… 243
但是 ……………… 191, 241
当 ……………… 25
当心 ……………… 26
刀 ……………… 263
倒反 ……………… 38
倒了 ……………… 20
道儿 ……………… 259
得 ……………… 25, 115
V 得～ ……………… 175
～得极了 ……………… 83
地 ……………… 109
的 ……………… 95, 96, 240
～的 ……………… 243
～的多 ……………… 69
～的很了 ……………… 83
～的人 ……………… 240
～的上头 ……………… 159
的时候 ……………… 134
～的太 ……………… 161
登时 ……………… 38
等于 ……………… 219
底里 ……………… 35
底下的 ……………… 57
底子 ……………… 35, 38
弟兄两个 ……………… 31
点 ……………… 135
～点半（钟） ……………… 296
～点三十分 ……………… 296
～点钟 …… 134, 286, 290, 291
～点钟的时候 ……………… 288
店 ……………… 20
调查 ……………… 60
掉 ……………… 116
～掉 ……………… 113, 118, 120, 124, 125, 126, 128
吊 ……………… 128
钉 ……………… 262
钉子 ……………… 262
顶 ……………… 34
丢掉 ……………… 121
都 ……………… 101, 104
豆子 ……………… 260
独裁 ……………… 106
独个儿 ……………… 258
对 ……………… 186, 189
对于 …… 177, 180, 185, 186, 187, 189, 219, 225, 226, 228
对于～时 ……………… 188
多 ……………… 81, 82, 95
～多了 ……………… 69
多么 ……………… 38
多市 ……………… 313

E

二更 ……………… 140, 275
二刻 …… 282, 283, 295, 297
～儿 ……………… 243, 265
儿 ……………… 251, 257
儿化 ……………… 56, 240
儿子 ……………… 261

F

发表 ……………… 60
发财 ……………… 57
法 ……………… 262
法子 ……………… 262
番茄 ……………… 60
反常 ……………… 104
反倒 ……………… 38
反映 ……………… 71, 72
反应 ……………… 72
反正 ……………… 38
犯病 ……………… 18
房 ……………… 261
房子 ……………… 38, 261, 266
纺纺（= 访访） ……………… 19
纺棉花 ……………… 18
纺线 ……………… 18
肥皂 ……………… 35, 38, 60
废 ……………… 121
废掉 ……………… 123
废物 ……………… 58
～分钟 ……………… 137
风流 ……………… 58
风水 ……………… 58
蜂 ……………… 264
蜂子 ……………… 264
缝纫工 ……………… 61
奉求 ……………… 57
奉扰 ……………… 57
拂 ……………… 121
福利 ……………… 60
斧头 ……………… 257
斧子 ……………… 257

G

改革 ……………… 60
改于 ……………… 219
赶紧 ……………… 38
敢情 ……………… 9, 56

刚才 ……………… 34, 56
刚刚 …………………… 34
高贵 …………………… 58
高见 …………………… 57
高寿 …………………… 57
搞 …………………… 61
咯 …………………… 22
哥儿俩 ……………… 31
葛特 ……………… 284
各 ……………… 111
个 ……………… 115
V 个～ ……………… 175
～给 …………………… 38
根儿 …………………… 38
跟 ……………… 11, 12, 56
更 ……………… 279
更次 … 138, 139, 276, 289
更头 … 138, 139, 276, 289
更钟 ……………… 278
颈子 ……………… 266
工厂 …………………… 61
工地 …………………… 61
工夫 ……………… 134
功名 …………………… 57
姑儿们 ……………… 7
姑娘 ……………… 6, 7
骨 ……………… 284
谷 ……………… 263
刮 ……………… 284
乖角儿 ……………… 258
关涉 ……… 181, 183, 184
关系 ……………… 184
关于 ……… 177, 180, 181, 182, 183, 184, 185, 186, 187, 189, 225, 228, 340
管 …………………… 9, 11
管保 ……………… 35, 38
管（着）～说…………… 9
闺女 ……………… 6, 7
贵处 …………………… 57
贵干 …………………… 57

H

还得…………………… 69
孩儿…………………… 33
孩子……………… 13, 261
害病…………………… 18
行……………………… 104
好……… 31, 80, 93, 96, 176
～，好～……… 207, 208
好些…………………… 19
耗子…………………… 56
何……………………… 59
和……………………… 12
合于…………………… 219
很……… 77, 80, 86, 92, 94
～很了……………… 77, 83
狠……………… 77, 82
哏……………………… 77
横竖…………………… 38
喉咙…………………… 38
猴子…………………… 59
后晌饭………………… 34
狐儿…………………… 258
狐狸……………… 258, 262
壶……………………… 264
壶子…………………… 264
花儿…………………… 259
话头…………………… 240
画中有诗……………… 327
欢喜…………………… 60
患病…………………… 18
皇城…………………… 57
皇上…………………… 57
黄了…………………… 20
谎……………………… 21
浑小子………………… 264
货物…………………… 186

J

集子…………………… 260
楫子…………………… 264
～极了………………… 83
即使……… 191, 241, 242
几多……………… 35, 38
几更…………………… 277
几儿…………………… 56
计划…………………… 60
既然～，所以～……… 167
记得…………………… 175
记着…………………… 175
家……………………… 264
家里…………………… 7
家私…………………… 35
家子…………………… 264
假……………………… 93, 96
假如…… 148, 151, 191, 344
假若…………………… 191
价儿…………………… 35
尖儿…………………… 56
检讨……………… 60, 74
检讨书………………… 75
剪直的………………… 33
简直…………………… 243
简直的……………… 33, 35
减息…………………… 104
减租…………………… 104
贱货…………………… 57
贱姓…………………… 57
将……… 10, 11, 37, 107
将才…………………… 34
疆……………………… 34
疆才…………………… 34
讲……………………… 38
角……………………… 284
叫门……………… 16, 35
嚼子…………………… 266
轿子…………………… 58
较……………………… 94
接……………………… 56
皆……………………… 101
皆悉…………………… 101
结实…………………… 35
解……………………… 9, 57
金表…………………… 277
今儿……………… 56, 239

今儿个 ……………… 38, 239
今日 ………………………… 239
今天 …… 34, 38, 237, 239
今朝 ……………… 237, 239
津津有味 ……………… 240
尽管 ……… 237, 238, 249
进行 ……………… 61, 63, 64
经济 ………………………… 60
竟管 ………………………… 238
酒彀（够）饭饱………… 25
九六刻 …………………… 275
九十六刻 ……………… 295
久违 ………………………… 57
就 ………………………… 242
局部 ………………………… 109
锯子 ………………………… 59
句 ………………………… 135
绢头 ………………………… 68
决定 ………………………… 106
决议 ………………………… 60
角儿 ………………………… 260
君上 ………………………… 57
俊 ………………………… 56

K

喀 ………………………… 161
开除 ………………………… 115
看 ………………………… 26
可 ………………………… 34
可是 ………………………… 191
可以 ………………………… 176
客房 ………………… 25, 37
客堂 ………………… 25, 37
客厅 ………………… 25, 37
刻 ………………………… 295
96 刻 ………………………… 138
肯 ………………………… 56
啃面包 ………… 304, 323
块 ………………………… 314
狯 ………………………… 4
宽绰 ………………………… 35
阔气 ………………………… 58

L

垃圾………………………… 60
喇………………………… 32
喇嘛的帽子，黄了……… 21
来………………………… 331
劳动………………………… 60
老板…………………… 35, 38
老法………………………… 264
老法子……………………… 264
老汉………………………… 8
老汉儿……………………… 8
老妈子……………………… 9
老奶………………………… 9
老奶奶……………………… 9
老牌………………………… 57
老婆……………………… 7, 8
老婆子…………… 7, 9, 266
老婆婆儿…………………… 9
老人家……………………… 8
老太………………………… 9
老太婆……………………… 9
老太太……………………… 9
老头儿……………… 8, 259
老头子……………… 8, 259
老些………………………… 19
老子娘……………………… 264
了……………………… 21, 22
～了～了…………………… 22
V+(“了”)+O+“了” …… 22
V+“了”+O+“了” ……… 22
勒拉………………………… 69
冷………………………… 68
冷饮………………………… 68
礼拜………………………… 287
礼拜九……………………… 287
礼拜天（日）…………… 287
礼拜一……………………… 287
理发员……………………… 61
里面………………………… 258
里头………………………… 257
例如………………………… 243
立场………………………… 60
立时………………………… 38
立铺炕儿…………………… 16
利益………………………… 60
利于………………………… 229
俩………………… 15, 38, 56
俩么………………………… 16
连………………………… 99
连～也～………………… 228
连环画……………………… 327
脸………………………… 38
凉………………………… 68
凉鞋………………………… 68
两个………………………… 38
两刻……………… 282, 283, 295, 296, 297
两三锅烟的工夫……… 136
两三顿饭时…………… 136
咧………………… 22, 32, 34
林子………………………… 260
令堂………………………… 57
令尊………………………… 57
流于………………………… 219
龙珠表……………………… 277
罗宋面包………… 312, 314
～落………………………… 126

M

马达………………………… 62
马嚼子……………………… 266
马上………………………… 38
买卖………………………… 104
曼头……………… 320, 324
馒头…… 303, 305, 308, 309, 310, 311, 315, 324
馒头店……………………… 308
馒头好吃磨难挨……… 303
馒头有数客有数，一个葫芦一个瓢……………………… 303
馒头有数僧有数……… 304
猫………………………… 262
冒………………………… 4
没……………… 3, 4, 69, 262

弎 …………………………15
毵 …………………………15
撒 …………………………15
撒谎 ………………………38
赛珍会 ……………………286
三 …………………………15
三把刀 ……………………61
三更 ………………………276
三刻 ………………………295
三礼拜六点钟 ………287
三十分 ……………………283
伞 …………………………264
伞子 ………………………264
嗓子 ………………………38
嫂嫂 ………………………261
嫂子 ………………………261
杀掉 ………………………123
啥 …………………………60
衫儿 ………………………265
衫子 ………………………265
善于 ………………………219
晌饭 ………………………34
上 ………… 159, 164, 171
上紧 ………………………38
上面 ………………………168
上头 …………… 159, 164, 168, 169, 171
上行下效 ………………274
烧掉 ………………………123
烧面头的 ………………305
勺子 ………………………266
少 …………………………95
赊 …………………………23
赊欠 ………………………104
赔……………………………23
舍 …………………………121
舍弟 ………………………57
舍妹 ………………………57
设若 ………………………191
什么儿 ……………………56
婶婶 ………………………35
甚而至于 ……… 226, 228
生病…………………………18
生活…………………………60
升官…………………………57
声明…………………………60
声气…………………………35
省得……………………… 176
～，省得～……… 207, 208
省掉……………………… 121
圣饼……………………… 308
胜利…………………………61
施肥…………………………61
诗集……………………… 264
诗集子…………………… 264
诗中有画………………327
狮子……………………… 262
失………………………… 121
失（本）…………………23
蚀（本）…………………23
时辰………… 138, 140, 275, 288, 289, 290, 291
时辰钟…………………… 277
时候……………… 141, 275
十二辰刻………… 275, 295
十五分…………………… 283
石头……………………… 257
实在…………………………86
试验…………………………61
是……………………………96
手绢儿………………………68
手帕…………………………68
受………………………… 333
叔子……………………… 266
双铧犁………………………61
水儿…………………………56
水泵…………………………62
水泥…………………………62
顺利…………………………61
说…………………… 38, 72
说官话…………………… 348
私贩子…………………… 264
四更……………………… 276
四刻……………………… 295
似………………………… 239
算命的………………………58
虽然…… 149, 198, 241, 242
随便…………………………35
所谓……………………… 111
所以……………………… 159
所以上…………… 160, 161
所有………… 107, 108, 109
所有一切………………110

T

他………………………… 167
他纳…………………………37
它………………………… 240
怹……………………………37
弹棉花………………………18
坦克…………………………62
倘若………… 198, 238, 241
桃儿…………………………35
提出…………………………60
剃头的………………………61
天井…………………………38
恬本…………………………23
挺……………………………34
艇子……………………… 264
同……………………………12
统统…………………………60
偷儿……………………… 258
头………………… 251, 257
头儿……………………… 260
秃儿……………………… 258
土药……………………… 186
兔………………………… 262
兔儿……………………… 258
兔子……………………… 262
退不掉…………………… 126
退勿脱…………………… 126
托福…………………………57
拖拉机………………………62
～脱……………………… 126
脱掉……………………… 121

W

娃娃 ……………… 13, 33
外国馒头 …………… 307
外面 ………………… 258
外头 ………………… 257
玩艺儿 ……………… 260
晚 …………………… 35
晚饭 ………… 4, 5, 34, 38
晚上 …………… 140, 281
晚晌饭 ……………… 34
万一 ………………… 191
忘记 ……………… 38, 115
忘了 ………………… 38
望 …………………… 26
委员 ………………… 60
微厘 ………………… 286
～，为的是～ ……… 207
为～的上头 ………… 159
～，（ ）为好～ …… 207
为了 ………………… 176
为～上 ……………… 160
为～上头 …………… 160
为是 ……… 176, 201, 203, 207, 208, 213, 214
～，为是～ ………… 209
为是～，因此～。…… 201
为是～，故～。……… 201
A，为是 B，C。……… 210
A，为是 B，好 C。 … 209
A，为是 B。C。……… 210
A，为是 B；C。……… 210
未 …………………… 4
味儿 ………………… 260
文雅 ………………… 58
屋里的 ……………… 7
屋子 ………… 38, 261, 266
无 …………………… 262
五更 ………………… 276
五六刻钟 …………… 282
乌龟子 ……………… 264

X

西洋………………… 343
媳妇（儿）………… 8
媳妇儿……………… 7
细腰蜂……………… 265
细腰蜂儿………… 258, 265
戏子………………… 263
下…………………… 135
享受………………… 58
想……………… 175, 262
想许………………… 38
向……………… 186, 189
向于………………… 186
宵夜………………… 4, 5
消灭………………… 114
消遣………………… 58
小妮儿……………… 7
小时…… 141, 288, 290, 291
小叔子……………… 266
晓得………………… 38
星期………………… 287
兴无灭资…………… 71
虚度………………… 57
寻…………………… 24
寻钱………………… 24

Y

丫头………………… 7
哑吧………………… 263
哑子………………… 263
演员………………… 263
眼珠儿……………… 265
眼珠子………… 261, 265
要是……… 191, 237, 238
野果………………… 264
野果子……………… 264
也……………… 242, 243
也许………………… 36
夜饭………… 4, 5, 35, 38
叶子…………… 262, 263
一般………………… 111
一辰刻………… 275, 295
一顿饭时…………… 136
一个…………… 105, 241
一个时辰……… 140, 289
一（个）礼拜……… 287
一更………………… 289
一锅烟时光………… 136
一段………………… 104
一刻…… 137, 275, 283, 295
一来～，二来～…… 175
～，一来～，二来～… 175
～，一来是～，二来为～… 208
～，一来为～二来～… 207
一律………………… 103
一切…………… 99, 100, 102, 107, 108, 109, 111
一切的……………… 106
一切所有…………… 110
一下钟……………… 285
一样………………… 111
一盏茶时…………… 136
一种…………… 105, 241
胰子………………… 38
～，以便～…… 207, 208
以为………………… 175
意见………………… 72
因～的上头………… 159
因～后……………… 167
因～上起…………… 161
因～上头…………… 161
因～之后…………… 167
因此………………… 159
因此上………… 160, 161
因为～上…………… 161
因为 A，所以 B……… 166
蝇子………………… 261
硬饼干……………… 311
邮差………………… 61
邮递员……………… 61
有…………………… 330
有＋名詞＋于 … 225, 229
有病………………… 18

有病了 …………………… 18
有利于 ………… 219, 229
有着 …………………… 241
又 …………………… 175
又～又～ ……………… 93
于 …… 184, 220, 224, 229
～于 … 217, 219, 222, 226
鱼儿 …………………… 260
原子能 ………………… 62
院子 …………………… 38

Z

在 ……………………… 69
在内 …………………… 74
再 ……………………… 175
早上 …………………… 60
皂荚 …………………… 264
皂荚子 ………………… 264
贼匪 …………………… 58
贼骨头 ………………… 257
怎么的 ………………… 35
喳 ……………………… 58
乍 ……………………… 35
战于 …………………… 219
章京 …………………… 58
掌柜的 ………………… 38
折（本）……………… 23
者 ……………………… 240
这 …………… 167, 169
这儿 ……………… 35, 38
这些 …………………… 105
这般 …………………… 167
这个 …………………… 167
这上头 ………………… 161
这咱 …………………… 35
着［時助］…………… 330
～着 …………………… 69
～着的哪 ……………… 85
～着哩 ………………… 85
～着呢 ………………… 85
真 ……………… 86, 93, 96
镇链子 ………………… 31
争取……………………… 61
挣………………………… 24
正…………… 138, 275, 295
正初刻………………… 279
正二刻………………… 279
正三刻………………… 279
正午…………………… 133
政府……………………… 60
政治……………………… 60
之……………………… 240
支持……………………… 60
知道……………………… 38
指挥…………………… 106
纸煤儿………………… 265
纸煤子………………… 265
纸捻…………………… 264
纸捻子………………… 264
至于…… 183, 184, 219, 226
制造……………………… 61
中饭……………………… 35
中间…………………… 165
钟……… 135, 277, 285, 299
钟表…………………… 277
钟次…… 139, 141, 288, 289
钟点………… 288, 290, 291
钟头……………… 139, 141,
288, 289, 290
终于………… 219, 225, 226
猪蹄…………………… 264
猪蹄子………………… 264
主儿……………………… 57
主仆……………………… 57
主义……………………… 60
主张……………………… 60
爪子…………………… 261
砖……………………… 258
砖头……………… 59, 258
赚………………………… 24
准保……………………… 38
A 仔 B 哉 ……………… 22
～子…… 251, 257, 264, 265
字儿…………………… 260
自个儿……………… 34, 56
自绝于………………… 219
自鳴鐘………………… 299
自鳴鐘処……………… 299
自鸣钟……………… 274, 277
自鸣钟处……………… 278
自然…………………… 198
总之…………………… 198
走儿……………………… 56
组织……………………… 60
最………………………… 94
A 仔 B 咯 ……………… 22
作面头的……………… 305

尾崎實中国語学論集

2007年2月13日　初版発行

■著　者　尾崎實
■発行者　尾方敏裕
■発行所　株式会社 好文出版
〒162-0041　東京都新宿区早稲田鶴巻町540　林ビル3F
Tel. 03-5273-2739　Fax. 03-5273-2740
http://www.kohbun.co.jp
■組　版　ワードトップ
■装　丁　関原直子
■印刷／製本　音羽印刷株式会社

ISBN978-4-87220-110-9